세계 항공업계를 선도하는 글로벌 항공사
대한항공 오디세이아

백인호 지음

도서출판 정음서원

조중훈 창업회장

조양호 선대회장

조원태 현회장

대한항공 오디세이아

서 문

조중훈 한진그룹 창업회장은 육·해·공(陸·海·空)을 아우른 수송(輸送, Transport) 사업가다. 수송은 항공기, 배, 자동차로 사람이나 물건을 실어 옮기는 사업이다. 조중훈 회장은 1945년 해방을 맞이해 중고 트럭 한 대를 마련, 한진상사를 설립, 운송 사업을 하기 시작했다. 그의 25세 때 일이다.

그는 그러나 인천부두에서 동두천, 의정부 등 미군 기지로 수송되는 미군(美軍) 군수품 수송 용역 계약을 성공시켜 육상 운송 사업을 키웠고 외환 부족에 시달리던 국가의 달러 획득에 기여했다.

조 회장의 수송 사업력에 빛나는 부분은 미·베트남 전쟁 중에 퀴논항(港) 미군 군수물자 하역과 운송권을 획득한 것이다. 조 회장은 여기에서 막대한 성공을 거두며 일약 수송 재벌로 성장했다. 조중훈 회장은 여기에서 머물지 않고 항공(航空) 산업에 진출했다. 국영 항공사인 대한항공공사(大韓航空公社)를 박정희 대통령의 인수 권유를 받아들여 인수했다. 1968년의 일이다.

조중훈 회장은 당시 중고 프로펠러기 겨우 8대에 불과한 공항공사를 대한항공(KAL)으로 재출발시켜 눈부신 발전을 이루었다. 대한항공은 2024년 현재 항공기 159대를 보유하고 미, 일, 프랑스 등 40개국 111개 도시에서 여객기와 화물기를 운항 중이며 세계 10대

(大) 항공사로 군림하고 있다. 화물기 부문에서는 세계 3위를 마크하고 있다.

대한항공은 대한민국이 반도체, 자동차로 세계 10대 경제 부국이 되는 데 결정적 역할을 했다. 화물기(Air Cargo)를 통해 반도체를 적기에 수송함으로써 한국이 반도체 강국이 될 수 있도록 도운 것이다.

대한항공은 1970년대 중반 중동(中東, Middle-East) 진출 붐 때 연간 2만여 명의 건설, 기술 인력을 수송함으로써 오일 달러 획득에도 기여했다. 국적기인 대한항공이 존재하지 않았다면 실현할 수 없는 일이었다. 대한항공(KAL)은 세계 하늘의 길을 개척함으로써 하늘의 영토를 넓혔고 국격(國格)을 끌어 올렸다. 대한항공은 2024년 12월 12일 아시아나 항공을 인수합병함으로써 민항 1사 체제가 되면서 여객기 238대를 보유하는 세계 10대 항공사가 됐다.

21세기는 하늘을 나는 시대다. 하루에 2만 7천여 대의 비행기가 사람과 화물을 이동시키고 있는데 태극 마크의 대한항공기(KAL)도 세계의 대형 항공사들과 어깨를 나란히 하고 있다.

조중훈 회장은 경제 외교에서도 탁월한 재능을 가졌다. 일본에서 2천 만 달러의 재정 차관을 이끌어 내 나라의 외환위기를 도왔고 60만 톤의 일본 쌀 수입을 성사시켜 양곡 기근을 해소시켰다.

조중훈 창업회장의 뒤를 이은 조양호 선대 회장도 대한항공을 몇 단계 더 높이 끌어올리는 탁월한 능력을 보였으며 세계 항공산업 발전에 공헌했다.

조양호 회장은 IATA(International Air Transport Association, 국제항공운송협회)의 정책 위원으로 18년 동안 일하면서 세계 항공운송의 규정과 표준을 정하는데 활약했다. 그는 조종사(Pilot) 라이선스를 갖고 있는 전문가이기도 하다. 조양호 선대 회장은 특히 2018년 평창 동계올림픽 유치 위원장과 조직 위원장을 맡아 대회를 성공적으로 이끌면서 체육 외교에도 공헌했다.

조원태 현 한진그룹 회장은 젊은 나이에 경영 수업에 참여, 대한항공이 체코 국영 항공사(Czech Airline) 지분 참여로 정상화하는 데 책임을 맡음으로써 항공산업 경영 본질을 터득하는 기회를 가진 전문가다. 조원태 회장은 대한 배구연맹(KOVO) 총재와 대한항공 점보스의 구단주도 겸하고 있어 선대에 이어 스포츠 분야에도 강한 관심을 가지고 있다.

이 책은 '내가 걸어온 길(조중훈, 나남출판)', '사업은 예술이다(이임광, 청사록)', '지구가 너무 작았던 코즈모폴리턴(이임광, 청사록)'을 참고했으며 인터넷 검색에도 의존했다. 이 책에 나오는 실명은 가급적 한문을 병기하려고 했으나 원자료에 한문 명이 없어 한글로 씀으로써 동명이인의 가능성이 있기에 양해 있으시기를 바란다.

정영의 전 재무장관의 도움 말씀에 감사드리며 이 책 발간을 결심해 주신 박상영 정음출판 사장과 그 편집진 수고에 감사드린다. 윤승진 박사의 교열과 감수에 감사드리며 원고 정리와 자료 정리에 수고한 정소영 스태프에게도 감사드린다.

2024. 10. 28

저자 백 인 호

차례

■ 서문 · ■ 7

제 1 부

1. '국적기(國籍機)를 타고 해외에 나가는 것이 소망이요' · · · · · · · · · · 15
2. 기계를 뜯어봐야 직성이 풀려 · 21
3. 일본 조선소의 책벌레 소년 · 25
4. 넓은 세상을 본 조중훈 · 30
5. 엔진(Engine) 재생업 이연(理研)공업사 · · · · · · · · · · · · · · · · · · · 35
6. 한진(韓進)상사 출범 · 39
7. 미군 군수(軍需) 물자 수송으로 달러를 벌어라 · · · · · · · · · · · · · · 47
8. 미8군 사령관에게 편지(Letter)를 띄우다 · · · · · · · · · · · · · · · · · · 54
9. 신도로(新道路)를 양보하고 구도로(舊道路)로 · · · · · · · · · · · · · · 60
10. 베트남 군납조합 이사장을 맡아 주시오 · · · · · · · · · · · · · · · · · · · 64
11. 숨막히는「100일」의 약속 · 70
12. 베트남의 마음을 사다 · 78
13. 한진(韓進) 성장 엔진을 달다 · 83
14. 일생일대의 도전 대한항공(KAL) 인수 · 90
15. 대한항공(KAL) 본격적으로 날개를 펴다 · · · · · · · · · · · · · · · · · · 98
16. 화물기(Cargo Plane) 태평양을 날다 · 106
17. 점보기(Jumbo 機)를 띄운 승부수 · 112
18. IBM의 까다로운 고객 · 119
19. 에어버스 세 번째 구매자 KAL · 123
20. 폭우가 쏟아지면 구름 위로 올라가라 · · · · · · · · · · · · · · · · · · · 130
21. 뉴욕 취항과 2차 오일쇼크 위기 · 137

22.	중국(中國) 민항기 불시착의 행운	143
23.	박정희 대통령, "조 사장, 전투기를 만들어주시오."	151
24.	한진해운(海運) 설립	159
25.	중동-북미 컨테이너선 황금 해로(海路) 개척	164
26.	해운사를 항공사 경영기법에 접목	171
27.	힘겨운 '대한선주' 인수	176
28.	정부를 대신해 지은 인천 제2 도크	182
29.	건설업 분야 진출	188
30.	조선(造船) 분야 진입	193
31.	LNG선 설계도를 얻다.	199
32.	조중훈의 제동목장(牧場)	203
33.	민간 외교가 조중훈 (일본 재정 차관 2천만 달러 성사)	214
34.	엘리제 궁도 움직이는 콩파뇽	219
35.	바덴바덴 기적의 숨은 주역 (88서울올림픽 유치전)	224
36.	"대한항공 여객기가 중국 영공을 통과하게 해주오."	231
37.	"인하대(仁荷大)를 맡아 키워 주시오."	239
38.	호연지기(浩然之氣)를 기를 수 있는 터면 돌산도 좋다	245
39.	'항공대(航空大)를 인수해 주시오'	249
40.	조종사 용광로 '기초 비행 훈련원'	256
41.	여러분은 오늘부터 4년제 대학 졸업생입니다	260
42.	정석(靜石) 조중훈 회장의 진면목(眞面目)	268
43.	상대의 마음을 얻는 리더(Leader)	280
44.	붓다(Buddha)의 마음으로 덕을 쌓다	287

제 2 부

45.	조양호 사장 취임과 경영 혁신	295
46.	'항공 여행의 꽃' 기내식(機內食) 사업 확충	301
47.	보유 항공기 100대 돌파와 정비 능력 구축	306

차례

48. 세계 초유의 '항공기지' 탄생 ·· 313
49. 괌(Guam) 사고(事故)와 안전 운항 체제 구축 ···················· 318
50. 외환위기(IMF 사태)와 대한항공 위기 극복 ························ 326
51. 통제센터(Operation Control Center, OCC) 개원 ················ 332
52. 뉴 CI 도입과 신 유니폼 ··· 339
53. 사회적 책임 경영 전개 ·· 345
54. 인터넷 항공권(E-航空券) 구매 시대 전개 ·························· 351
55. 미(美) 항공 자유화(Open Sky)와 아시아 노선망 강화 ········ 358
56. 항공화물(Air Cargo) 세계 제패 ·· 366
57. 신 성장 동력을 위한 새로운 사업 영역 개척 ···················· 374
58. 저비용(LCC) 진에어(Jin Air) 출범 ····································· 381
59. 위기에 빛난 조양호 리더쉽 ··· 386
60. 화물 사업(Air Cargo) 세계 1위의 시련 ······························ 393
61. 세계 항공사 최초 ERP 시스템 구축 ·································· 400
62. 항공 동맹체(Air Alliance)에 가입이 아니라 창설해야 ········ 410
63. LA에 윌셔 그랜드(Wilshire Grand) 호텔을 짓다 ··············· 417
64. 2018 평창 동계올림픽 유치위원장 조양호 ························ 425
65. 항공 전문가 오너(Owner) 조양호 ······································ 434
66. 18년간 국제항공운송협회 집행-전략정책위원 대활약 ······· 443
67. 내 사람의 멘토(Mentor)와 지식 만찬(晩餐, Dinner) ·········· 452
68. 조종사(Pilot) 라이선스를 획득한 조양호 ··························· 461
69. 일본항공(JAL)보다 잘 만든 매뉴얼 ···································· 470
70. 스포츠(Sports)는 우리를 하나로 만드는 힘을 가졌다 ········ 476
71. 조양호 회장의 영면(永眠) ·· 488

제 1 부

1

'국적기(國籍機)를 타고
해외에 나가는 것이 소망이요'

조중훈 사장은 1968년 하반기 어느 날 청와대로부터 박정희 대통령이 만나고 싶다는 연락을 받았다. 조중훈 사장은 박 대통령이 무엇 때문에 자신을 찾고 있는지를 대강 짐작할 수 있었다. 최근 몇 달 동안 여당 실세인 김성곤 공화당 재무위원장, 김형욱 중앙정보부장, 이후락 대통령 비서실장이 찾아와 박 대통령의 뜻이라며 대한항공공사를 조 사장의 한진그룹이 인수해 줄 것을 요청해 왔기 때문이었다.

대한항공공사의 역사는 꽤나 길고 험난하다. 해방 이듬해인 1946년 3월 1일 대한국민항공사(Korean Airline Co., Ltd.)로 설립되었으며 1962년 3월 26일 대한항공공사로 개명했다. 우리나라 민항(民航) 개척자였던 신용욱의 대한국민항공사가 경영난으로 막을 내리고 1962년 3월 14일 국가재건최고회의(의장 박정희)에서 의결되고 3월 23일 제정 공포된 대한항공 사업법(법률 제1040호)과 4월 26일 제정 공포된 동법 시행령에 의하여 1962년 6월 15일 창립총회가 개최되고 6월 19일에 등기를 마침으로써 대한항공공사(Korea Airline Co., Ltd.)가 설립되었다. 정부가 국영 항공사인 대한항공공사를 설립한 것은 경영난을 극복하지 못하고 도산 직전 상태에서 허덕이는 대한국민항공사를 흡수하고 우리나라 민항 사업의 급속하고도 영구적인 발전을 위해서였다.

당초 계획은 항공 사업 성격상 서독의 루프트한자, 일본항공(JAL), 스칸디나비아항공, 에어프랑스, 팬암항공(Pan American Airway) 등 세계 주요 항공사의 장점을 살려서 정부 50, 민간 50의 투자 비율로 관(官), 민(民) 공영을 계획했으나 민간 항공사 자본의 취약성으로 100% 정부 출자의 국영 공사를 설립하였던 것이다.

이러한 대항항공공사는 발족 초기의 구상과는 달리 국제선 취항 부재 상태로 1962년 10월 26일 주식 전부를 한국증권거래소에 상장하려 했으나 인기를 얻지 못하고 상장에 실패했다. 당시 우리나라 경제 상황은 불모지인 항공 산업보다는 금융, 섬유 등 성장성이 보장되는 산업이 인기를 끌고 있었다.

대한항공공사는 1952년, 1953년에 대한국민항공사에서 도입한 DC-3 항공기 12대, DC-4 항공기 1대를 정부로부터 불하받아 일본에서 대대적인 정비·수리를 하고 1963년 10월 3일 국내선에 취항했다. 아울러 1962년 12월 2일 한국인 기장 8명으로 6개국 내 정기 항공 노선 조정간을 잡게 함으로써 외국인 기장 없이 자주적인 운항을 개시했으나 중형기 1대 값에 불과한 자본금으로 발족하였던 대한항공공사는 항공기 절대량 부족, 노후 기종의 대체 불능, 정비 기술과 시설 미비 등으로 경영상의 결함을 안고 있었다.

이때 이미 노스웨스트(Northwest), 중국민항공사 등은 DC-8, 콘베어 880 등 제트 여객기를 운항하고 있어 이들과 경쟁의 여지가 없는 열위에 있었다. 이로인해 대한항공공사가 적자를 무릅쓰고 8년간 지켜왔던 동남아 노선(서울-홍공-대만) 재취항은 5년 반이 지난 1967년 6월 1일 이루어졌다.

대한항공공사는 한·일 국교 정상화 기본 조약 조인 1년 7개월 전인 1963년 12월 28일 일본항공(JAL)과 상무협정을 맺고 다음 해 1964년 2월 28일 정부 승인과 함께 한일 정기 항공 노선을 개설했으며 1964년 3월 17일 오전 10시 20분 F-27 항공기로 여의도 비행장에서 서울-오사카 한일노선을 취항하는 성과를 올렸다. 우리나라 민항사(史)에 한 획을 긋는 역사적인 일이었다. 그 후 1965년 9월 1일 부산-후쿠오카, 1968년 7월 25일 황금노선인 서울-동경 노선을 취항했다.

한편 대한항공공사는 네덜란드 포커사의 F-27 항공기 2대를 1964년 1~2월에 도입하였고 4, 5월에는 미국 유니버셜항공으로부터 FC-27 항공기 2대를 추가로 도입했다. 또한, 정부는 1967년 7월 6일 미국 수출입은행 차관으로 맥도널드 더글러스 사 DC-9 항공기 도입을 승인해 이 항공기가 1969년 7월 23일 김포국제공항에 첫 착륙함으로써 우리나라 민항사상 최초의 제트 여객기 시대를 개막하였다.

이후 제트 여객기로 8월 14일 서울-대만-홍콩 노선에, 8월 19일에는 서울-오사카 노선에 취항했다. 그러나 DC-9 제트 여객기가 국제선에 취항한 지 한 달이 안 된 9월 1일 오사카공항 이륙 직후 엔진 고장으로 비상착륙 하는 사고로 서울-동경 노선 개설이 무기 연기되는 등 동남아 노선도 휴항에 들어가 1970년 3월 DC-9이 재등장하기까지 6개월 동안 모든 국제선은 외국 항공사에 의해 독점 운항되어 대한항공공사의 경영은 날로 악화되었다.

정부는 경제개발 5개년 계획의 성공적인 수행으로 국가 경제 발전과 더불어 민간 자본도 크게 성장하여 항공 산업을 민간에게 불하할 수 있다는 판단 아래 1968년 대한항공공사를 민간에게 불하하기로 결정했다. 문제는 민간 누구에게 항공 산업을 맡기느냐였다.

조중훈 사장, 박정희 대통령과 면담

조중훈 사장은 청와대로 박 대통령을 찾아갔다. 박 대통령이 무슨 말을 할지 대강은 알고 갔지만 긴장되었다.

대한항공공사는 당시 22개 국영 기업체 중에 가장 경영 내용이 부실했다. 누적적자도 컸으며 매년 적자 폭도 커져갔다. 항공기 기계 고장으로 결항과 연발착이 빈번해 국민들의 신뢰도도 바닥 수준이었다. 조 사장은 청와대에 가면서도 대통령의 인수 제안을 거절할 생각이었다.

"조 사장, 어서 오십시오."

박 대통령은 특유의 부드러운 음성으로 인사말을 건넸다.

박 대통령은 그의 강직한 인상과는 달리 아주 부드럽고 따뜻한 음성을 가졌다. 이병철 삼성그룹 창업회장이 부정 축재자 신분으로 박 대통령과 처음 면담할 때 그의 음성을 듣고는 안도감을 가졌다고 그의 회고록에서 밝혔다. 조중훈 사장도 긴장을 했지만 편안한 마음으로 대통령과 대화를 시작했다.

"조 사장님. 바쁜 시간을 내주어 감사합니다. 오늘 조 사장님을 만나자고 한 것은 우리나라 경제 발전에 꼭 필요한 항공 산업에 대해 논의하고자 해서입니다. 조 사장님도 아시는 바와 같이 대한항공공사는 더 이상 우리나라 항공 산업을 이끌고 갈 힘이 없습니다. 그래서 항공공사를 국영 체제에서 민영체제로 전환시켜 민간 기업에서 이끌어가도록 정부에서는 결정했습니다. 조 사장님이 이끄는 '한진그룹'은 운송이 주력 기업이고 운송에 대한 노하우를 가지고 계실 테니까 항공공사를 인수하셨으면 합니다."라고 박 대통령은 말문을 열었다.

"그런 중요한 국가 기간산업을 저희 그룹에 맡기시겠다는 말씀은 대단히 영광스럽고 감사합니다. 그러나 저희 그룹은 항공공사를 맡기에는 힘이 부족한 수준입니다. 특히 저희 그룹이 육운이나 해운에는 약간의 우위를 가지고 있습니다만은 항공 산업 분야는 경쟁력이 전무한 편입니다."라고 조 사장은 정중하게 대응했다.

"조 사장님의 한진그룹은 항공 산업 분야에서도 얼마 지나지 않아 강한 경쟁력을 갖게 될 것입니다. 그동안 조 사장님의 경영 수완과 능력을 본 바 나는 그렇게 결론 내고 있습니다."

"과분한 칭찬이십니다. 만일 저희 한진이 힘이 없으면서도 중요한 국가 기간산업을 맡아 성공하지 못한다면 국가에 큰 손실을 가져올 것을 두려워하는 것입니다."

박 대통령은 조 사장의 거듭된 사양 의사에 난감한 표정을 감추지 못했다. 박 대통령은 마침내

"조 사장님! 나는 국적기(國籍機)를 타고 해외에 나가 보는 게 나의 소망입니다."라고 토로했다. 일국의 대통령으로서 흔히 할 수 있는 말이 아니었다. 박 대통령의 국적기에 대한 애착은 남다른 것이었다.

박정희 대통령은 1964년 12월 6일, 대한민국 국가 원수로서는 처음으로 하인리히 뤼브케 서독(西獨, 통독 이전) 대통령 초청으로 국빈 방문했다. 그 방문은 한국으로서는 대단히 중요한 행사였다. 경제개발 계획 수행에 부족한 외자를 조달하기 위한 일종의 경제외교 행사였다.

대한민국은 당시 세계 제일의 달러 보유국인 서독에서 2천만 달

러 차관을 획득해 올 계획이었다. 2천만 달러는 대한민국의 경제개발 1차 5개년 계획이 실패하느냐 성공하느냐를 가를 수 있는 큰 돈이었다.

그런데 서울에서 서독 퀼른공항까지 가는 것이 문제였다. 한국은 그곳까지 날아갈 수 있는 국적기를 갖지 못하고 있었다. 국적기란 일국에 소속된 항공기를 말한다. 독일에서는 한국 대통령의 그런 사정을 알고 독일 국적기 루프트한자 649호기를 내주었다. 박 대통령은 루프트한자 기를 타고 가면서 국적기를 갖지 못한 처지를 비참하게 생각했을 것이다. 박 대통령이 조 사장에게 '국적기를 타고 해외에 나가 보는 게 소원'이라는 심정을 토로한 것은 그런 역사적 배경을 갖고 있다.

조중훈 사장은 대통령의 이 말을 듣고는 더 이상 반론을 할 수 없었다. 흔히 '사업보국'이라는 말이 있는데 대사업가들이 사업 규모가 일정 수준을 넘어 국가 사회에 책임을 느끼게 되면 그 사업가는 공인으로 존경받게 된다. 조중훈 사장도 박 대통령의 말을 들으면서 공인의 입장이 되어 대통령의 말을 외면할 수 없었다. 조중훈 사장은 박정희 대통령에게 대한항공공사를 인수하겠다는 약속을 하고 청와대를 나섰다.

(독자들이여. 우리의 이야기는 여기에서 시간을 꽤 뒤로 돌려 조중훈 사장의 소년기와 청년기로 가보기로 한다.)

2

기계를 뜯어봐야 직성이 풀려

조중훈은 일제 강점기인 1920년 2월 11일(음력) 서울 서대문구 미근동에서 아버지 조명희 선생과 어머니 태천즙 여사의 4남 4녀 중 둘째 아들로 태어났다. 1920년대는 일제가 조선을 집어삼킨 지 10년째로 3.1 독립만세운동이 반도 전체를 휩쓴 이듬해였다. 10대째 서울 토박이로 살아온 전형적인 서울 사람이었다. 조상 대대로 물려받은 전답이 있어 소문난 큰 부자는 아니지만 형편이 넉넉한 편이었다.

조중훈은 어릴 때부터 책 읽기를 좋아하고 과학과 수학 과목에서 재능을 발휘했다. 한 가지 공작(工作, 물건을 만드는 일)에 뛰어난 재능을 가지고 있었다. 손에 잡히는 기계란 기계는 무엇이든 뜯어 봐야 직성이 풀렸다.

여덟 살이던 어느 날 조중훈은 집에서 어머니 태천즙 여사의 치맛자락을 붙들고 졸라댔다. 어머니가 재봉틀 바느질을 하고 계시는 그 재봉틀을 뜯어보고 싶다는 것이었다. 당시 재봉틀은 한 집의 가보적 존재였다. 재봉(裁縫)틀은 천, 가죽, 종이, 비닐 등을 실(Thread)로 바느질을 하는 데 사용하는 기계다. '미싱'이라고 부르기도 하는데 영어의 소잉머신(Sewing Machine)이 일본에 전해지면서 뒷부분 '머신'이 변화된 것이다.

어머니는 귀한 재봉틀이 못 쓰게 될까 봐 보채는 아들을 나무랐지만, 아들은 포기하지 않고 종일 졸라댔다. 어머니는 하는 수 없이 허락했고 아이는 고사리 손으로 드라이버를 움켜쥐더니 부품을 하나하나 뜯어내 분해하기 시작했다. 해체된 부속품들은 마룻바닥에 놓여졌다. 어머니는 재봉틀을 버리게 되었다며 체념하고,

"중훈아! 다시는 집안 물건에 손대지 말거라."고 타일렀다.

그러는 순간 아이는 이마에 송송 맺힌 땀을 기름 묻은 손으로 훔치더니 널려있는 부품을 하나하나 집어들고 해체하던 역순으로 조립하기 시작했다. 아이는 신통하게 재봉틀을 완벽하게 만들어냈다.

"아니, 중훈이가 재봉틀을 완전히 뜯어내 분해하더니 이렇게 멀쩡하게 다시 만들어 냈네요!"

어머니는 아버지와 가족들을 불러 신기해하면서 아들의 공작 재능에 감탄했다.

조중훈의 기계를 뜯어보고 싶어 하는 호기심은 성년이 되어서도 여전했다. 해방 이후 '한진상사'를 창업한 이후에도 기계에 얽힌 일화가 많다. 당시 조중훈은 '할리 데이비슨'을 타고 집이 있는 서울에서 회사가 있는 인천을 오갔는데 한 번은 금강산에 다녀오는 길에 엔진이 고장 나 시동이 걸리지 않았다. 주위를 둘러보아도 시골 마을이라 오토바이를 수리할 곳은 없었다. 낭패였다. 조중훈의 기계를 고치는 천재성은 여기에서도 발휘되었다. 동네를 샅샅이 뒤져보았다. 그러다 어느 집 처마에 걸려있는 질긴 빨랫줄이 눈에 띄었다. 조중훈은 집주인의 양해를 구하고 그것을 꼬고 엮어 엔진 실린더가 새는 것을 막았더니 시동이 걸리고 무사히 집으로 돌아갈 수 있었다.

조중훈의 기계를 다루고 고치는 천재성은 훗날 수송 사업을 할 때도 빛을 발휘했다. 트럭 엔진 소리만 들어도 몇 번째 실린더에 문제가 있는지 알아맞힐 정도였다. 정비사가 혹시나 하고 뜯어 보면 틀림이 없었다.

어릴 때부터 남달랐던 조중훈의 기계에 대한 재능은 아버지 조명희 선생에게는 칭찬 거리가 못 되었다. 학문에 열중하고 사색을 즐기는 장남과는 달리 기계 만지는 것을 좋아하는 둘째 아들이 탐탁지 않았다. 아버지는 둘째도 학문에 열중하고 기계보다는 공부로 출세하기를 바랐다. 뚝딱뚝딱 뜯고 고치며 집안 곳곳을 어질러 놓는 둘째 아들이 걱정스러웠다.

아버지는 지나치게 동(動)한 것을 경계하고 정(靜)한 성품을 더해 동과 정이 조화를 이루는 사람이 되라는 뜻으로 '정석(靜石)'이란 아호를 지어 주었다. 하지만 어린 정석은 정석으로 살아가기에는 너무나도 동적이었다. 꿈과 모험심은 끊임없이 그의 가슴 속에서 꿈틀댔다. 조중훈의 이런 동적 에너지는 한국의 경제 성장사(史)의 한 페이지를 화려하게 장식하고 대기업 그룹이 만들어지게 하는 원동력이 되었다.

휘문(徽文)고보 중퇴

조중훈은 서울 미동초등학교를 졸업하고 휘문고보(현 휘문고교)에 진학했다. 그러나 조중훈은 가정 형편으로 휘문고보 3년 중퇴하고 진해(鎭海)의 해원양성소(현 국립 해양대학 전신)를 거쳐 일본으로 건너가 일본 후지무라 조선소에 입사했다. 조중훈이 휘문고보에 진학해 그가 추후 대한항공(KAL)을 일으켜 세계적 항공인이 되었지만 휘문고보 출신에는 또 하나의 우리 항공사에 빛나는 인물인 안창남(安昌男, 1900.3~1930.4) 비행사가 있다. 안창남도 서울 미동초등학교를 졸업하고 휘문고를 다니다 중퇴하고 일본 오쿠라(小粟) 비행학교에 유학, 한국인 최초의 비행사가 되었다. 한국에서는 '떴다 봐라 안창남'이라는 속언이 있을 정도로 전설적인 항공인이었다.

안창남은 열세 살(1913년) 때 조선 하늘을 최초로 비행하는 비행기를 목격했다. 안창남은 다른 아이들처럼 비행기에 압도당하지 않고 "그까짓 것 우리 조선 사람도 할 수 있지!"라고 승부욕을 드러냈다.

그 후 조선 13도(道)가 일목요연하게 그려진 금강호를 타고 조선 하늘에 날아와 민족의 자긍심을 높여주었다.

3

일본 조선소의 책벌레 소년

부족할 것 없었던 집안은 조중훈이 휘문고보 3학년이던 1930년대 중반, 아버지가 사업을 시작하면서 가세가 기울기 시작했다.

아버지는 대대로 물려받은 전답을 팔아 종로2가에 대형 포목점을 차렸다. 토지 자본을 상업 자본으로 전환시킨 것이다. 일제(日帝)의 상업 자본이 침투해 돈이 생기는 사업 분야는 모두 그들이 지배하던 시기였다. 금융, 비료, 잡화점 등 전 분야를 그들이 지배했다. 상술도 한 수 위였다. 선비 집안에서 자란 아버지 조명희 선생은 상인 기질이 아직은 몸에 배어 있지 않았다. 고전을 면치 못했다. 대규모 자본과 조직적인 판매망으로 공세를 펴는 일본 도매상들과의 경쟁에서 밀릴 수밖에 없었다. 물건을 대 준 사람들은 대금 독촉을 해오는데 물건을 가져간 소매점들은 제때 물건값을 주지 않아 극심한 자금난에 시달렸다. 그나마 소매상들의 주문도 줄어들어 재고만 쌓여갔다. 엎친 데 덮친 격으로 물건을 쌓아 놓은 창고에 화재까지 발생했다. 아버지는 사업을 시작한 지 3년도 버티지 못하고 포목점은 끝내 문을 닫고 말았다. 풍족했던 집안이 생계를 이어가기도 힘들 정도였다.

조중훈은 하루아침에 가세가 기울고 아버지가 실의에 빠져 고통스러워하는 모습을 보면서 고민에 빠졌다. 조중훈은 그때 전혀 알지도 못하는 생소한 사업 분야에 뛰어드는 것이 얼마나 위험한지를 깨닫게 되었다. 그런 깨달음은 추후 그의 사업 일생에 사업 철학이 되었다.

조중훈은 이런 철학으로 무리한 사업 확장을 경계했다. 한국 경제가 고도성장 가도를 달리던 1970년대 기업마다 물불 가리지 않고 사업을 확장할 때 그룹 내 임원들이 '땅을 사고 공장을 지어 제조업에 진출해야 한다'라고 건의했지만 조중훈은 그때마다 고개를 저었다. 잘 알지도 못하면서 남들이 한다고 따라 하는 것은 기업가의 길이 아니라고 했다. 오직 그가 잘 알고 있는 '수송(輸送, Transportation) 외길'을 지킬 뿐이었다. 수송이란 기차, 자동차, 배, 비행기 등으로 사람이나 물건을 실어 옮기는 것이다.

조중훈은 이런 사업 철학을 '낚싯대론'으로 변형시켜 자신의 이론으로 정립시켰다. 낚시꾼이 낚싯대를 여러 개 드리운다고 고기를 많이 잡는 게 아니라 하나의 낚싯대라도 포인트(Point)를 잘 잡아야 한다는 것이다.

1980년대 외환위기 때 이 낚시론은 빛났다. 우리 재계가 대마불사(大馬不死)론을 펴면서 몸집을 무한히 키웠으나 그 무게에 짓눌려 줄도산을 면치 못했지만 하나의 낚싯대로도 포인트만 잘 잡으면 성공할 수 있다는 것을 조중훈이 보여주었기 때문이다.

조중훈은 '넓이'가 아니라 '깊이'의 경영을 했다. 돈이 되는 것이면 무엇이든지 다 하겠다는 문어발식 확장을 경계하고 가장 잘할 수 있는 '수송'에 전부를 걸고 파고들었다.

조중훈은 훗날 여러 계열사를 설립하지만 모두 수송에 필수 불가결한 업종을 수직계열화한 것뿐이었다. 조중훈은 아버지의 사업 실패로 생계가 위협받자, 마음 편하게 학교를 다닐 수가 없었다. 비록 차남이라고 하지만 여섯이나 되는 동생들을 생각하면 이들을 굶기지 않고 교육시키는 일이 예삿일이 아니었다.

조중훈은 어느 날,

"아버지, 집안 형편이 어려운 데 제가 계속 학교에 다닐 수가 없습니다. 조금이라도 부모님의 짐을 덜어드리는 것이 도리로 생각합니다. 그래서 학교 공부는 여기에서 중단하려고 합니다."

아버지 조명희 선생은 깜짝 놀랐다.

"아니 학교를 중퇴하다니 말이 되겠느냐."고 만류했다. 그러나 조중훈의 결심은 확고했다. 그리고 조중훈의 이때의 결심은 그의 인생행로를 크게 바꾸었고 우리 경제 성장사(史)에 대기업 그룹의 탄생을 가져오게 되었다. 한국에게 행운이었다.

조중훈이 선택한 곳은 경남 진해에 있는 '해원(海員)양성소'였다.

진해고등해원양성소는 1919년 1월 31일에서 1945년 8월 15일까지 있었던 전문학교였다. 한국해양대학교의 모체이기도 하다. 이곳은 학교라기보다는 선원이나 선박 정비사를 양성하는 기술 학원에 가까웠다.

이곳은 조중훈에게는 더없이 좋은 곳이었다. 먹여주고 재워주고 기술을 가르쳐 주는 데다 한 달에 8원이 넘는 봉급까지 주었다. 당시 보통학교 선생님 월급이 15원인 것을 감안하면 결코 적은 것이 아니었다. 조중훈은 월급의 일부를 부모님 생계비에 보탤 수 있었다.

해원양성소의 생활은 배가 뭔지 항해가 뭔지도 모르는 어린 학생들에게는 혹독한 교과 과정이었지만 조중훈에게는 힘든 줄도 모르고 신나는 나날이었다. 기계에 호기심이 많았던 그는 밤잠을 설칠 정도로 기술을 익혔다. 그 결과 조중훈은 2년 만에 해원 양성소 기관과를 우등으로 졸업했다. 그의 앞길이 트이는 순간이었다. 조중훈은 우등생들만 발탁되는 일본 고베(神戶)에 있는 후지무라조선소에서 일하는 수습생이 되었다.

그는 부관연락선을 타고 일본으로 갔다. 그의 나이 17세였다. 당시 일본은 조선(造船)과 함께 항해기술에서 세계 선진국 수준에 올라 있었다. 조중훈은 해원양성소에서는 상상도 하지 못한 현대식 선박과 항해술에 눈이 휘둥그레졌다.

일본에서도 그의 손재주는 인정받았다. 여덟 살에 재봉틀을 분해해 다시 복원시켰던 그 재능이 어딜 가겠는가! 조중훈의 기계에 대한 재능은 소문이 나고 배뿐만 아니라 오사카와 히로시마 등지의 공업 지대로 스카웃 되었고 다양한 경험을 쌓았다.

조중훈은 가르쳐 주는 것보다 많은 것을 배워야 한다고 생각했다. 그래서 주간에는 작업장에서 기술을 익히고 밤에는 하숙방에 돌아와 독서에 몰두했다. 매일 동네 서점에서 책을 빌려 읽었는데 그날 빌린 책은 밤을 새워서라도 전부 읽어야 했다. 조선소에서 한 달 일하고 받는 돈이 20원인데 책 한 권 빌리는 값이 2~3전이었다. 월급에서 여섯이나 되는 동생들 학비를 부치고 나면 책 반납이 늦어 벌금을 물게돼 끼니 걱정을 해야 했다. 조중훈은 이때 삼국지(三國志)를 즐겨 읽었다.

(독자들이여. 이때 조중훈이 삼국지에 심취했던 것을 기억해 둘 필요가 있다.)

왕성한 독서열은 조중훈에게 냉철한 판단력과 인문적 통찰을 단련하는 담금질이었다. 열정과 냉정을 넘나들며 무쇠처럼 탄탄해진 지혜와 통찰은 훗날 조중훈이 펼치는 사업의 견고한 지반(地盤,

Ground)이 되었다.

조중훈은 제대로 먹지도 못하면서 책을 밤새워 읽다가 폐(肺)결핵을 앓기도 했다. 헌책방에서 빌려다 본 고서(古書)가 화근이었다. 낡은 책장을 침을 발라가며 읽다가 결핵균에 감염된 것이다.

어린 나이에 학업을 중단하고 낯선 일본 땅에서 고생하다가 무서운 병까지 얻어 피골이 상접해 돌아온 아들을 본 어머니는 가슴이 미어졌다. 당시 폐결핵은 치사율이 높은 일급 전염병이었다. 치료약도 없었던 시절이었다. 폐결핵에는 단백질을 많이 섭취해야 한다. 어머니는 돈이 부족해 고기를 먹일 형편이 못 돼 이웃에서 돈을 빌려 쌀을 조금 사서 동네 설렁탕집으로 갔다. 식당 주인에게 가마솥 바닥에 남아있는 고깃국물에 쌀을 넣어 끓여 달라고 부탁해 그것을 가져다 아들에게 먹였다. 그 정성으로 몸을 추스른 조중훈은 돈을 벌기 위해 다시 일본으로 건너갔다.

4

넓은 세상을 본 조중훈

1940년 조중훈은 마침내 조선소 수습을 마치고 일본 정부 운수성으로부터 고등 기관사(고등항해사) 자격증을 따 외항선(外航船)을 탈 수 있게 되었다.

외항선이란 국제항로에 취항하는 배다. 조중훈이 탄 배는 일본우선(日本郵船) 주식회사 소속이었다. 일본우선 주식회사는 일본의 3대 해운회사의 하나로 미쓰비시 상사와 함께 미쓰비시 재벌의 원류 기업이다. 영문명은 Nippon Yusen Kaisha로 표기하며 NYK line이라고 쓰기도 한다. 국제적으로는 NYK로 알려졌다.

당시 일본은 섬나라답게 해양 강국이었다. 일본은 동아시아의 바다를 자신들의 안방처럼 지배했다.

조중훈은 외항선에 올라 중국 톈진과 상하이, 홍콩을 비롯해 동남아 각지로 항해했다. 20세 청년 조중훈에게는 돈을 주고도 살 수 없는 값진 경험을 할 수 있는 기회였다. 이 항해를 통해 세상이 얼마나 넓은지, 조선이 얼마나 좁은지를 알게 되었다. 조선의 바다보다 일본의 바다가 넓고 일본의 바다보다 중국의 바다가 훨씬 넓다는 것을 알게 되었다.

젊은 조중훈의 가슴을 뛰게 한 것은 자연의 바다가 아니라 문물(文物)의 바다였다. 그의 시야는 한없이 넓어졌다. 조중훈은 이때 자신의 가슴 속에 하나의 목표를 새겨 두었다.

'지금은 일본 배를 타고 왔지만 언젠가는 나의 배, 조선의 배를 타고 오리라'고. 그가 훗날 한진해운, 한진중공업의 배로 세계의 바다를 누비게 된 것은 결코 우연의 일이 아니다.

조중훈은 항해 도중 중국 상하이(上海)에서 아홉 달 넘게 체류했다. 상하이는 '동양의 파리'라고 불렸고 동양과 서양이 조우하며 탄생한 국제도시. 억만장자의 수가 세계에서 5번째로 많고 세계에서 마천루가 5번째로 많은 도시다. 중국에서 인구수가 가장 많은 도시로, 3,930만 명이 도시권에 거주하고 있다.

조중훈은 이곳에서 놀라운 경험을 했다.

가장 먼저 그의 눈길을 사로잡은 것은 유대인 상인들이었다. 옷가방 하나 달랑 들고 상하이에 내린 유대인들은 몇 달 만에 돈을 벌어 번듯한 상점을 차렸다.

조중훈은 어느 겨울날 몸을 녹이고 차도 들 겸 유대인이 운영하는 카페(Cafe)에 들어갔다. 자리에 앉아 마실 것을 주문하자 웨이터가 차 한잔과 함께 케이크(Cake)가 담긴 접시를 테이블 위에 놓고는 가버렸다. 조중훈은 웨이터를 불러 "케이크는 주문하지 않았다. 도로 가져가시오."라고 말했다. 웨이터는 미소를 지으며 '그냥 놓아 두는 것'이라며 '먹은 만큼만 계산한다'고 했다. 웨이터의 말을 듣고 주위를 둘러보니 테이블마다 케이크 접시가 놓여 있었다. 차만 파는 카페인 줄 알고 들어온 카페였는데 케이크도 팔고 있었다. 그런데 놀랍게도 손님들 대부분이 앞에 놓인 케이크를 집어 들고 먹고 있지 않은가.

견물생심(見物生心), 물건을 보면 갖고 싶어 한다는 말이 있다. 유대인 주인은 바로 그런 심리를 이용해 차보다 비싼 케이크를 팔고 있었다. 이 흥미로운 장면은 조중훈에게 장사에 관심을 갖게 하고 상술의 본질을 알게 해 주었다.

장사는 결국 손님의 심리를 꿰뚫어야 한다. 케이크가 눈앞에 있으면 자신도 모르게 케이크에 손이 간다. 경제학에서도 '공급이 수요를 창출한다'고 했다. 사업에 성공하려면 수요(판매)를 창출하는 어떤 고도의 전략이 있어야 한다. 유대인이 운영하는 카페의 경우도 많은 것을 가르쳐주고 있다. 손님들이 케이크를 주문하지 않은 것은 원하지 않아서일 수도 있지만 케이크가 눈앞에 없어서일 수도 있다.

훗날 조중훈의 사업에서도 이런 수요를 만들어 내는 지혜가 돋보였다. 항공 산업에 뛰어들 때도 비행기를 탈 사람이 없기 때문에 항공사 인수는 시기상조라는 논리에 충실했다면 오늘의 대한항공은 없었을지도 모른다. 조중훈이 주위의 만류를 무릅쓰고 부실 덩어리 '항공공사'를 인수해 항공업에 뛰어들 수 있었던 것도 케이크를 먼저 제시해 수요를 만들어 내는 전략을 알고 있었기에 가능했다. 조중훈이 신규 노선을 개척할 때도 케이크를 먼저 내놓는 전략을 몰랐다면 오늘날의 세계의 하늘길을 개척하지 못했을 것이다.

위대한 산악인 조지 맬러리의 명언처럼 '산에 오르는 이유는 산이 거기 있기 때문'이다. 케이크를 먹는 이유도 케이크가 거기 있기 때문이며 비행가를 타는 이유도 비행기가 그곳으로 날아가 있기 때문이다.

조중훈에게 유대인 상인이 수요 창출의 지혜를 알려주었다면 '철저한 관리의 기술'을 가르쳐 준 것은 개성상인(開城商人)이었다.

해방 전 조중훈은 철도 회사에 다니는 친구에게서 승차권을 얻어 평안도, 함경도를 넘어 중국까지도 여행했다. 유람이 아니라 견문을 넓히기 위해서였다. 그러던 어느 날 개성 근처의 '야다리'라는 개울가에서 거름으로 쓸 인분(人糞, 사람의 똥)을 사들이는 상인들을 보게 되었다. 상인들은 인분통을 휘휘 저은 후 손가락으로 찍어 맛을 보고 있었다. 조중훈은 깜짝 놀라며 '더럽게 뭘 하는 것이냐'고 묻자 상인들은 아무렇지 않게 '오줌에 물을 섞지 않았는지 검사하고 있다'라고 대답했다. 개성상인들의 이런 태도는 신선한 충격이었다. 이윤을 위해서는 인분의 품질도 감별하는 것이다.

개성상인들은 일본상인들이 개성시에서는 발을 붙이지 못하도록 했다. 일제 강점기 36년 동안 일본상인들이 상권을 지배하지 못한 유일한 곳이 개성이었다.

조중훈은 그 후 개성상인들이 생존하는 지혜와 슬기를 관찰해보았다. 겨울에 먼 곳으로 장사를 떠나기 전에 얼어 죽지 않기 위해 비상(砒霜, 독약)을 조금씩 먹는 것과 동상에 걸리지 않기 위해 눈길을 걸을 때 버선 속 발가락 사이마다 말린 고추를 끼워 넣는 것도 배웠다. 대청마루에 광을 낼 때 겉만 번지르르하게 칠하는 게 아니라 콩기름이 나무 깊이 배어들도록 여러 번 바르고 사기그릇으로 문질러 반들반들하게 하는 것도 보았다.

개성상인들에게서 사업은 한 치의 허점도 없어야 함을 터득한 조중훈은 훗날 수송 사업에 뛰어들어 '관리의 철학'을 익혀 나갔다. 육상이든 해상이든 항공이든 수송의 생명은 '운송 수단의 품질'에 달렸다. 항공기는 눈에 잘 보이지도 않는 작은 나사 하나가 승객의 안전은 물론 항공사의 사활을 결정 짓는다. 조중훈이 새벽부터 밤까지 '정비'에 만전을 기한 것도 그래서였다. 인분의 품질을 유지하기 위해 맛을 보는 정신으로 철저하게 품질을 관리한 것이 오늘날 '한진그룹'을 성장하게 만든 밑거름이 되었다.

기업의 문어발식 확장을 경계한 것도 개성상인들을 만나면서 더욱 확고해졌다. 개성상인들은 한 가지 업종만을 선택해 그 분야의 최고가 되는 것을 목표로 삼는다.

동서양을 막론하고 '돈을 빌려주어도 길을 알려주지 않는 것'이 상단의 오랜 전통이다. 길을 알려 준다 해도 그 길을 '어떻게' 갈 것인지는 자신의 몫이다.

유대인 상인의 케이크 접시는 상술로 치부할 수도 있다. 인분을 찍어 맛을 보는 개성상인들 역시 '의심 많은 장사치'로 생각할 수도 있다. 같은 것을 보고도 무엇을 배우고 깨닫느냐는 자신의 안목에 달려 있다. 조중훈은 '고객의 마음을 읽는 법'과 '철저한 품질관리 철학'을 터득했다.

5

엔진(Engine) 재생업 이연(理研)공업사

조중훈은 1942년 여름 부산행 부관연락선에 몸을 실었다. 그의 나이 22세 때다.

진해의 해원양성소를 나와 일본의 조선소와 공업 단지에서 기본적인 기술을 익혔고 2등항해사로 동아시아 바다를 누비면서 웅지를 키운 그였다. 조중훈은 그동안 머릿속에 수십 번 썼다 고쳤다를 반복한 '창업(創業) 계획'을 실행에 옮기기 위해 조선으로 오는 것이다. 창업이란 여태까지 남이 하지 않은 새로운 사업을 일으키는 것을 말한다. 영어로는 벤처(Venture)로 도전, 또는 모험을 뜻한다.

"이대로 일본에 눌려 있다가는 남 밑에서 밥벌이하는 게 고작 아닌가? 무슨 발전이 있겠나. 모험을 걸어보는 게 최선이다."

조중훈이 몇십 번이고 혼자서 되뇐 대사다. 조중훈은 부관연락선 갑판에 올라 온몸으로 바닷바람을 맞으면서 다시 한번 그의 결심을 다짐하고 손에 쥐고 있는 사업 밑천으로 쓸 돈을 만졌다. 그동안 한 푼 두 푼 월급에서 떼어내어 저축한 돈이었다. 소규모 공장은 차릴 만한 금액은 되었다.

그가 구상한 사업은 엔진 재생을 전문으로 하는 자동차 수리업이었다. 이즈음 정주영 현대그룹 창업회장도 '아도서비스'라는 이름으로 북아현동에 자동차 수리업체를 차린 시기였다. 당시 자동차는 목탄(木炭)을 연료로 썼는데 연소할 때 나오는 카본 때문에 엔진 수명이 반년을 넘기지 못했다. 서울에는 자동차가 급증했다. 자가용은 물론 운송용 자동차가 크게 늘어나는 추세를 보였다. 조중훈은 엔진 재생업이 전망이 밝다고 판단했다.

회사 이름은 '이연(理研)공업사'로 정했다. 조중훈은 사장과 기술자로 일인이역을 했다. 밤낮없이 일한 덕에 입소문이 퍼지면서 고객이 늘어나 그해 겨울에는 보링 기계 한 대를 더 들여놓고 직원도 열 명이 넘게 되었다. 조중훈은 보링(Boring)뿐 아니라 아연 주물까지 시작했다. 사업 영역을 확대한 것이다.

조중훈은 이때도 고객의 욕구를 꿰뚫고 있었다. 자가용을 갖고 있는 사람은 자동차가 발(足)이었다. 보링 수리를 빨리 해주는 것이 고객을 만족시킨다는 것을 알고 있었다.

"조 사장, 이 차 보링하는 데 며칠이나 걸립니까? 낼모레까지 해주면 감사하겠는데…"

자가용을 가진 어느 유력 인사가 하는 말이었다.

"수리 비용은 따지지 않을 테니 시간을 당겨 주세요."

고객들의 하나같은 요구였다. 당시 서울 대부분의 자동차 수리업소들은 수리 비용을 늘리기 위해 하찮은 고장이나 수리에도 날짜를 질질 끄는 것이 관례처럼 되어 있었다.

조중훈은 수리업을 하면서도 엔진에 대해 깊이 연구했다. 추후 육상운송업을 할 때 엔진 소리만 듣고도 몇 번 실린더에 문제가 있다는 것을 금방 알아낼 수 있었던 것도 이때부터 엔진을 깊이 연구했기 때문이다. 그의 기계에 대한 호기심은 못 말리는 수준이었다.

순탄하게 사업을 키워가던 조중훈에게 첫 번째 시련이 닥쳤다. 일제(日帝)가 1941년 진주만 공습 이후 전황이 악화되자 1943년 8월 조선총독부는 모든 물자와 산업 시설을 군수지원체제로 편입시키는 '기업정비령'을 내렸다. 모든 물자와 기업체는 전시 동원 체제로 전환시켜 철저하게 배급 체제로 바꿨으며 기업체들도 군부가 지정하는 곳으로 집중시켰다. 개인의 선택이 허용되지 않았다.

조중훈의 이연공업사도 번듯한 모습의 자동차 정비 공장으로 성장해 가고 있었으나 하루아침에 문을 닫아야 했다. 조선총독부는 이연공업사를 '조선화물마루니'라는 군수업체에 넘기라고 명령했다. 설상가상으로 조중훈에게 징용 영장까지 날아들었다. 식민지 시대의 비극이었다. 조중훈은 일제의 침략 전쟁 수행을 위해 전쟁의 총알받이로 끌려갈 수는 없었다. 조중훈은 용산에 있는 철도공작창에 기술직으로 들어가 가까스로 징집을 피했다.

조중훈, 김정일(金貞一) 규수와 결혼

당분간 사업의 꿈을 접을 수밖에 없었던 조중훈은 그사이 집안 어른들의 중매로 김정일 규수와 백년가약을 맺었다. 그의 나이 24세 때였다.

조중훈이 휘문고보를 중퇴하고 직업 전선에 뛰어든 것은 가족의 생계를 꾸려가기 위한 불가피한 선택이었다. 아버지는 사업에 실패하고 재기할 수 있는 형편이 못 되었고 장남인 형은 생업에 뛰어들 수 없었다. 부모님과 어린 동생들은 조중훈에 의지할 수밖에 없었다. 조중훈은 10대 후반부터 일본에 나가 물불을 가리지 않고 일했기에 대가족의 생계를 책임질 수 있었다. 아내 김정일 여사 역시 맏

며느리 역할을 하며 살림을 도맡아 했고 시부모님을 봉양하고 어린 시누이, 시동생들을 어머니처럼 보살피고 뒷바라지했다. 김정일 여사는 전형적인 현모양처였다.

6
한진(韓進)상사 출범

1945년 여름 일제에 회사를 뺏기고 강제징용을 피해 공장에 들어갔다가 나온 조중훈은 자신과 가족의 생계를 위해 일할 곳을 찾고 있었다. 당시 인천 항동 집 근처에는 일본인이 운영하는 무역회사가 있었다. 조중훈은 그곳에 취직해 무역 일을 배웠다. 기술이 아니라 무역업이었다. 그 회사가 취급하는 주 상품은 카바이드(Carbide)였다. 카바이드는 주로 가스 용접에 쓰는 재료다.

조중훈이 무역회사에 들어가 얼마 되지 않은 때인 8월 15일, 일왕의 항복 선언이 라디오를 타고 흘러나오며 해방이 되었다. 조중훈도 만세를 목청을 높여 외쳤다. 해방이 되자 본국으로 돌아가야 했던 일본인 사장은 성실하고 열정적으로 일해 온 조중훈에게 회사를 넘겨주었다. 조중훈은 해방된 조국에서 다시 사업을 시작하기로 결심했다.

당시 사회 분위기는 정치니 뭐니 해서 어수선했지만, 조중훈은 오로지 사업 일념이었다. 조중훈은 이연공업사를 정리할 때 받은 약간의 보상금과 그동안 월급에서 떼어 내어 모아둔 돈으로 트럭 한 대를 장만해 한진상사 간판을 내걸었다.

(독자들이여. 조중훈이 이연공업사나 한진상사를 창업할 때 자신이 저축한 돈으로 자본금을 삼았다는 것을 눈여겨 볼 필요가 있다. 조중훈은 장래를 대비해 돈을 아껴 저축하는 성향을 가졌다.)

1945년 11월 1일 한진상사 간판을 내걸었다. 해방된 지 2개월 반의 시점이었다. 조중훈이 한진이라는 회사명을 지은 것은 '한민족의 전진'이라는 뜻을 두 자로 압축한 것이다. 회사명이 의미심장하다. 해방을 맞아 독립한 한민족이 전진하자는 제안은 매우 진취적이고 역동적이다.

일제의 폭압에서 벗어난 한반도는 꿈틀거리기 시작했다. 사람들은 바삐 움직였고 물류는 활기를 띠기 시작했다. 인천항에는 상하이(上海)에서 건너온 온갖 물자가 밀려들었다.

조중훈이 인천을 사업의 근거지로 정한 것은 중국과 무역을 하기 위해서였다. 조중훈은 중국의 바다, 상하이가 얼마나 넓고 큰 곳인가를 알고 있었다. 소년 시절 항해사로 둘러본 중국은 광활하고 무한한 기회가 있어 보였던 것이다.

인천은 최초의 개항장(開港場)으로 운송업에는 최적의 산업 클러스터 조건을 갖추고 있었다. 경쟁력을 확보하려면 요소 조건과 수요 조건, 연관 산업까지 분석해 입지 전략을 세워야 한다. 하버드대의 유명한 경영학 교수인 마이클 포터의 '경쟁우위 모델 이론'도 그런 것이다. 조중훈은 그보다 훨씬 오래전에 그것을 구상하고 실행했다.

한진상사를 설립한 조중훈은 무역업 등록을 위해 미군정청을 찾았다. 군정청이 원/달러 환율을 50대 1로 정하고 무역 거래 자유화를 선언한 것이 불과 한 달 전이었다. 무역업 등록은 쉽지 않았다. 군정청이 경제 질서의 혼란을 막기 위해 일제 강점기 법령들의 효력을 당분간 인정했기 때문에 무역업 허가에 많은 규제가 있었다. 자격 요건을 구비한다고 해도 '배경'이 없으면 허가받기가 어려웠다. '배경'이 없는 조중훈은 방황했다.

섬광처럼 떠오른 운송업(運送業) 아이디어

조중훈은 인천항 선창가를 거닐면서 무언가를 골똘하게 생각하고 있었다. 무역업 허가 얻기가 이렇게 어려운 데 다른 길은 없는가? 그러던 중 조중훈은 인천항을 오락가락하는 수많은 화물선을 보며 섬광처럼 뇌리를 스치는 것이 있었다.

"아하! 운송업이구나. 인천항에 들어오는 화물선은 분명 많은 양의 화물을 싣고 들어 온다. 그리고 그것들을 하역(荷役, 짐을 내리는 것)해야 한다. 그리고 그 화물은 자동차에 실려 소비자에게 가야 한다."

한국에 대 운송 회사가 탄생하는 순간이다. 해방으로 일제의 전시 동원령에 의해 꽁꽁 묶여 있던 많은 화물이 움직이기 시작했다. 경제시스템이 자유 경제체제가 됨으로써 경제가 살아나기 시작한 것이다. 하지만 운송 수단은 절대적으로 부족한 상태였다. 해방 당시 남·북한을 굴러다니는 자동차는 8천 대도 되지 않았다. 조중훈은 운송업이야말로 국가적으로도 꼭 필요한 사업이라고 생각했다.

조중훈은 헐값으로 중고 트럭 한 대를 샀다. 인천항에는 생고무와 각종 화학 원료, 식용유와 생필품이 미국을 비롯한 해외 각지에서 들어왔고 선창가에 산처럼 쌓였다.

한진상사는 인천항에 들어오는 물자를 서울로 열심히 실어 날랐다. 2년이 지나자 보유 화물차가 15대로 늘어났고 수송업 면허도 정부로부터 정식으로 받았다.

　수송업을 하는 데 '이연공업사'를 운영한 경험도 큰 도움이 되었다. 자동차에 해박한 지식을 갖고 있던 조중훈은 중고차를 구입할 때 엔진 상태와 부품을 꼼꼼히 살펴 잘못 사는 일이 없었다. 당시는 중고차 시장에서 바가지를 쓰는 일이 흔했다. 조중훈은 고장 난 자동차는 신속하게 교체해 화주와 약속한 운송 기일을 어기는 법이 없었다.

　조중훈은 운송의 보조 사업으로 카바이드와 인견사(人絹絲) 장사도 병행했다. 차량과 자금 흐름을 효율적으로 운영하기 위해서였다. 트럭에 화물을 왕복으로 싣게 한 것이다.

　조중훈은 해방 전 일본인 무역상에게서 배운 카바이드 유통을 수송업에 접목했는데 수송에서 번 돈으로 여름에 강원도 삼척에서 생산되는 카바이드를 사들였다. 당시 삼척과 속초 동해안 일대 항구에는 카바이드와 글리세린 공장이 집중해 있었다. 정어리가 많이 잡혀 그 기름으로 화약의 원료인 글리세린과 카바이드를 대량생산했다. 전력이 절대적으로 부족한 시절이어서 카바이드는 수력발전소가 완전가동되는 장마철에 집중적으로 생산되었다. 그때가 카바이드 가격이 가장 저렴했다. 삼척에서 사들인 카바이드를 트럭으로 인천까지 운반해 겨울에 시장에 내다 팔면 높은 수익을 올릴 수 있었다.

　조중훈은 그 돈으로 다시 인견사를 사들여 봄철에 팔았다. 당시 인견사(Art Silk)는 인기 있는 고급 옷감이었다. 조중훈은 이를 통해 자금을 쉼 없이 회전시키고 현금 대신 물자를 보유하면서 인플레이션에 의한 화폐가치 하락을 막았다. 사업 초년생 조중훈의 자금 관리 능력은 뛰어났다.

조중훈이 인플레이션에 의한 화폐가치 손실이 무섭다는 것은 상하이 체류 중에서 배웠다. 상하이 체류 중에 아침과 저녁 맥줏값이 달라지고 지폐 뭉치가 땔감으로 사용되는 것을 보았던 것이다.

조중훈은 자금 관리와 함께 신용(信用, Credit)을 중시했다. 신용은 상호 간의 믿음의 정도를 의미한다. 한번은 자금 담당 직원이 빌린 자금을 상환하는 업무를 게을리해 약속 기일을 하루 넘기고 말았다. 조중훈은 곧바로 채권자들을 찾아가 정중히 사과하고 직원을 해고했다.

'신용은 생명이다'라는 말이 있다. 조중훈은 신용 관리에 지독하리만큼 철저했다. 그러면서도 인정이 있는 따뜻한 사업가였다. 조중훈은 훗날 항공공사와 대한선주, 조선공사 등 부실 공기업을 인수하면서 한 사람의 직원도 해고하지 않았다. 급여일을 어긴 적도 없었다. 이것은 사업가로서 그의 자랑이기도 했다. 그런 그가 지급 기일을 하루 어겼다고 경리 직원을 해고한 것은 얼마나 신용을 중시했는지를 알 수 있다.

「刻削之道각삭지도 鼻莫如大비막여대 目莫如小목막여소」 조중훈이 금과옥조로 삼은 한비자(韓非子)의 명언이다. 사람의 얼굴을 조각할 때는 코는 크게, 눈은 작게 새겨놓고 다듬어야 한다는 뜻이다. 코를 작게 해놓으면 다시 크게 만들 수 없고 눈을 크게 해 놓으면 줄일 수 없기 때문이다.

조중훈은 신용을 얻는 것도 이와 같다고 생각했다. 처음에 얻지 못한 신용은 나중에 얻기는 힘들다. 한진상사의 초기 사업이 순항한 것은 어려움 속에서도 신용을 지키려고 노력했기 때문이다. 조중훈은 고객 관리에서 신용을 철저히 지키고 경조사에도 빠짐없이 일일이 찾아다니며 인사를 잊지 않으려고 했다.

운송업은 적시적소에 운송하는 것이 생명이다. 그러려면 차량을 고장 없이 유지해야 한다. 당시는 수송 차량이 해방 전부터 굴리기 시작한 중고밖에 없었는데 조중훈은 엔진 상태가 좋은 차량을 구입했는데 신규로 구입하는 차량은 기존의 차와 동일한 엔진이 부착된 것만을 구입했다. 문제가 생겼을 때 교체하기 쉬웠기 때문이다. 엔진 고수만이 할 수 있는 노하우였다. 그 결과 경쟁사에 비해 정비와 수리가 빠르게 진행되어 '속력의 경쟁'에서 우위를 차지했다. 한진상사는 창업 5년 만에 트럭 30대와 화물 운반선 10척을 보유한 작지만 탄탄한 회사로 기반을 다졌다.

그러나 다시 시련이 닥쳤다. 6.25 전쟁이 그것이다.

재기에 성공한 한진상사

운수업과 무역업으로 탄탄한 중소기업으로 성장하고 있던 한진상사는 전쟁이 일어나자 문을 닫아야 했다. 피땀으로 만들어 놓은 차량과 장비는 군용(軍用)으로 징발되어 뿔뿔이 흩어지고 말았다. 나머지 장비도 인민군이 내려오면 온전하게 남아있을 리 만무했다. 조중훈은 그것을 고스란히 움켜쥐고 있는 것은 허망한 욕심에 불과하다고 생각했다.

조중훈은 예금을 몽땅 찾아 동고동락했던 40여 명의 직원에게 나누어주고 후일을 기약했다. 창고 문을 열어 소중한 장비도 모두 가져가도록 했다. 그렇게 주변 정리를 하느라 정작 조중훈은 피난 갈 기회를 놓쳤다. 하는 수 없이 가족을 데리고 인천에서 가까운 주안(朱雁, 현 인천시 미추홀구)의 먼 친척 집으로 피난 가 숨어 지냈다. 일제의 태평양전쟁과 6.25가 사업을 또다시 원점으로 돌려놓고 만 것이다.

UN군의 인천상륙작전이 성공하면서 전세는 역전되어 9월 28일 서울이 수복되었다. 조중훈은 주안에서 나와 인천으로 서둘러 갔다. 그러나 한진상사 건물은 잿더미로 변해 있었다. 전쟁이 터지고 얼마 안 되어 미군 폭격기가 인민군의 남하를 제압하기 위해 인천지역에 대대적인 폭격을 했는데 그 와중에 회사 건물이 형체를 알아볼 수 없는 정도로 파괴된 것이다.

조중훈은 잔해 속에 뭐라도 건질 것이 없나 해서 살펴보면서 재기할 수 있는 방안을 생각해 보았다. 그러나 얼마 지나지 않아 중공군의 참전으로 1.4 후퇴 피난길을 떠나야 했다. 이번에는 가족을 트럭에 태우고 부산으로 내려갔다.

조중훈이 인천으로 돌아온 것은 전쟁이 교착 상태에 들어간 1953년 봄이었다. 부산 피난 생활을 끝내고 다시 찾은 인천의 터전은 다시 잿더미가 되어 있었다. 조중훈에게는 아무것도 남아 있지 않았다. 징발된 차량은 돌려받을 수 없었고 재기를 위해 은밀히 숨겨두었던 정비 기구마저 온데간데 없었다. 피난 때 이용했던 트럭도 피난 생활 생계를 위해 부산에서 처분한 터였다. 남아있는 것은 쑥대밭이 된 건물부지와 은행 빚뿐이었다.

1953년 7월 27일 마침내 휴전협정이 조인되자 재기를 서둘렀다. 그의 나이 33세 때였다. 폐허 위에 천막으로 세운 가건물에 다시 '한진상사' 간판을 내걸었다. 그리고 지인들을 찾아다녔다. 트럭을 살 돈을 빌리기 위해서였다. 지인들은 두말없이 그들이 빌려줄 수 있는 만큼의 돈을 빌려주었다. 트럭을 몇 대 확보했다. 전쟁 전 쌓아 놓은 신용 덕분이었다. 옛 단골들도 기꺼이 도움을 주었다.

조중훈은 폭격을 맞아 잿더미가 된 항동(港洞) 사옥 건너편 해안

동에 땅을 구입해 사무실을 열었다. 조중훈은 전쟁 복구 물자 하역으로 꿈틀대는 인천항에서 다시 일어섰다.

  2년쯤 지났을 때는 6.25 직전의 사세를 거의 회복했다. 한진상사는 다시 트럭 30대를 보유한 중견 회사로 발돋움했다. 하지만 당시 인천항 부근에는 한진상사와 비슷한 규모의 운송업체가 50곳이 넘었다. 돌파구를 찾아야 했다.

7

미군 군수(軍需) 물자 수송으로
달러를 벌어라

조중훈은 인천항 하역 사업체가 50여 개가 넘으면서 과열 경쟁 양상을 보이자 다른 분야로 사업 영역을 옮겨볼 것을 고민하기 시작했다. 전후 복구 물자 하역으로 인천항에 기회가 있다는 것을 알고 있지만, 과당경쟁으로 시장이 혼탁해진 것이다.

조중훈은 돈을 벌려면 달러를 벌 수 있는 사업이어야 한다고 보았다. 대단한 발상이었다. 전후 불안한 경제 상황에서 항상 제값을 갖고 있는 달러화(貨)야말로 금(金)과도 같은 것이었다. 인플레이션 영향을 받지도 않으며 달러 가치는 올라만 가는 것이었다.

조중훈은 미군이 인천항으로 반입해 부평에 수십만 평 규모의 보급 창고에 쌓아 놓고 있는 군수품 수송에 주목했다. 부평 보급 창고에 있는 군수품은 의정부, 동두천 등 미군 기지로 운송되고 있었다. 군수품 운송 용역을 따낼 수만 있다면 '달러 획득'이 가능했다.

겨우 중고 트럭 몇 대를 가지고 있는 한국 수송업자가 미 군수 물자 수송을 맡다니! 누구라도 언감생심이라며 코웃음을 칠 일이었다. 당시 미군들은 한국 업체의 수송 능력은 고사하고 근본적으로 한국인을 신뢰하지 않았다. 전후 산업 기반도 일자리도 없었고 민심은 흉흉할 수밖에 없었다. 먹고 살기가 힘들어 생계형 범죄가 동정을 사기도 했다. 구걸로 연명하던 사람들에게 미군 트럭은 식량창고나 마찬가지였다.

군수 물자가 수송 트럭에 실리면 기다리고 있던 아이들이 트럭 위에 올라타 보급품을 아래에 있는 아이들에게 집어 던졌다. 레이션 박스, 초콜릿, 껌 등 질 좋은 먹을거리가 넘쳐났다. 이 아이들을 '얌생이'라고 불렀다. 얌생이는 염소를 뜻하는 경상 지역 방언이면서 남의 물건을 조금씩 슬쩍슬쩍 훔쳐내는 짓을 의미한다. 당시 미군 부대가 있는 곳이면 어디든 얌생이들이 따라붙었다. 위험천만한 일이었지만 그때는 그럴 수밖에 없는 절박한 상황이었다. 얌생이들이 트럭에서 길에 떨어져 다리가 부러지거나 미군에게 붙잡혀 철창에 갇혔다는 얘기가 심심찮게 들리는 시기였다.

미군에게도 군수 물자를 도둑맞지 않고 운송하는 것은 하나의 과제였다. 보급창에서 상자 100개를 싣고 목적지에 도착하면 50개도 남아있지 않았다. 얌생이들을 붙잡으려고 매번 차를 멈출 수도 없는 노릇이었다. 차를 멈추었다가는 트럭 채 도둑맞을 가능성이 없지도 않았기 때문이었다.

얌생이들이 훔친 물건은 대부분 서울 남대문에 있는 '도깨비 시장'으로 나와 팔렸다. 미군은 '한국인은 도둑질만 한다'는 편견을 갖게 되었다. 트럭 한 대에 몇만 달러에 달하는 군수품 운송을 한국 업체에 맡기는 것은 상상이 안 되는 일이었다. 그런 상황에서도 조중훈은 미군 군수품 수송 꿈을 꾸었다. 조중훈은 인천과 부평에서 동두천과 의정부 등지로 가는 미군 군수 물자를 수송해 보기로 결심했다.

조중훈은 우선 미군에게 신뢰를 심어주는 것이 급선무라고 생각했다. 일단은 작은 일부터 시작해 보기로 했다. 조중훈은 캔맥주

(Can Beer)에 주목했다. 미군은 장거리 운송에 파손 염려가 없는 캔맥주를 주로 선택했다. 캔 맥주를 옮기는 일이 당장은 큰돈이 되지 않지만, 신뢰를 쌓아가는 데는 가장 손쉬운 방법이라고 조중훈은 판단했다. 처음엔 지더라도 나중에 이기면 된다고 생각했다. 두 걸음 전진을 위해 한걸음 후퇴하는 전법이다. 이 전법은 역사적으로 보아도 항상 성공한다. 조중훈은 투자도 없이 이익만 바라는 것은 사업이라기보다는 도박이나 투기에 가깝다고 생각했다.

조중훈이 우여곡절 끝에 군용 캔맥주를 수송하는 일을 맡는 데 성공했다. 그것은 한시적이었으며 대리 수송 형식이었다. 미군과 직접 계약한 것이 아니라 미군과 직접 계약한 큰 업체의 하청을 받아 대리 수송해 주는 일이었지만 미군 부대의 신원 보증서와 차량 사전 검사 필증을 발급받을 수 있었다. 미군 부대에 출입하는 길이 열린 것이다. 당시 미군 부대를 출입하는 것은 출입 그 자체로 특권을 누리는 것으로 여겨졌다.

미군 물자 대리 수송은 오늘날 물류 개념으로 보면 수송 부문을 아웃소싱하는 '3자 물류(3PL, Third Party Logistics)'다. 미군 군수품 문제점은 조중훈뿐만 아니라 누구나 알고 있었지만, 조중훈처럼 같은 상황을 보고도 그걸 보자기에 싸 사업으로 만드는 능력이 있는 사람은 없었다.

조중훈은 경쟁사들보다 두 배로 열심히 뛰었다. 항구에 있는 미군 군수창고는 일과 시간에만 문을 열어주어 먼 곳에 있는 배송지까지 갔다 오면 날이 저물어 하루에 한 번밖에 수송하지 못했다. 조중훈은 군수창고에서 화물을 받아오면 집 마당에 물건을 부려놓고 한 번 더 창고에서 물건을 실어 왔다. 그렇게 해서 다른 업체들과 달리 하루에 두 차례 수송할 수 있었다.

세단(Sedan)과 부암장(付岩莊) 파티

캔맥주 운송권을 따낸 것만으로도 대단한 성공이었지만 조중훈은 이에 만족하지 않았다. 더 큰 사업권을 따내려면 미군들에게 뭔가를 보여주는 것이 필요했다.

매일 같이 수송 업무가 끝나면 조중훈은 직원들을 데리고 부두에 나가 미군들이 하역하는 것을 도왔다. 도와주는 것뿐 임금을 달라거나 어떤 것도 요구하는 것이 없었다. 순수한 우호적인 도움이었다. 미군 트럭에 문제가 생기면 고쳐주기도 했다. 처음에는 경계의 눈빛이었던 미군들도 점차 조중훈에게 신뢰를 갖게 되었다.

그들에게 자신이 믿을만한 파트너이고 동등한 계약 당사자로서 당당함을 지켜나가려고 애썼다. 미군과의 계약은 일방적인 것이 아니라 쌍무계약이었기 때문에 이쪽 입장도 존중되었던 것이다. 불필요하게 저자세로 사정하기보다는 어엿한 기업가라는 점을 보여줄 필요가 있었다. 이런 생각에서 조중훈은 미군과 만날 때는 지프차가 아니라 당시에는 구경하기도 힘든 고급 세단을 타고 다녔다.

세단이라는 명칭의 유례는 중·근세 유럽에서 왕족들이나 귀족들이 행차할 때 쓰던 가마에서 유래했다. 프랑스 스당(Sedan) 지역에서 주로 가마를 생산했던 것에 기원했다는 설과 라틴어 'Sedia'에서 유래했다는 설이 있다. 보닛과 승객 탑승 공간인 캐빈, 그리고 트렁크의 3박스로 차가 구성되며 4개의 독립된 문을 가졌다. 나라별 명칭은 미국 세단, 영국 살룬(Saloon), 독일 리무지네(Limousine), 프랑스 베를린(Berline), 이탈리아 베를리나(Berlina), 중국 자오처(Siáoché)다. 프랑스와 이탈리아에서 세단을 베를린, 베를리나라고 부르는 것은 역사적 의미가 있다. 프로이센에서 프리드리히 빌헬름이 네덜란드 출신 필립 드 히이세에게 특별히 주문한 마차를 타고 프랑스 파리로 떠났는데 이것이 큰 인기를 끌게 되어 프랑스와 이태리, 스페인 등 라틴 문화권에서 '베를린의 마차'라는 뜻에서 베를린, 베를리나라고 불렀다.

한진상사가 잘 나가는 중소기업이라고는 하지만 세단을 타고 다닐 정도는 아니었다. 당시만 해도 돈 많고 힘 있는 사람들이 군용 지프를 개조해 타고 다녔다. 한국 사람 딴에는 자가용인 양 타고 다녔지만, 미군들 눈에는 출처가 의심스러운 군용차를 부정한 방법으로 장만한 것으로 보였다. 조중훈은 자신이 당당한 계약 당사자이고 사업가라는 사실을 보여주기 위하여 약간 무리를 해서 비싼 세단을 구입해 타고 다녔다. 조중훈은 미군들이 쓰던 중고 지프를 몰고 다녀서는 평생을 가도 동등한 계약자로 대우받을 수 없다고 생각했다. 조중훈은 아무리 계급이 높은 미군에게도 허리를 굽혀 인사하지 않았다. 그런 인사법은 그들에게 익숙하지 않은 것일 뿐만 아니라 비굴하게 보일 수도 있었기 때문이다.

이런 점은 이병철 삼성그룹 창업회장과 닮았다. 이병철 회장은 아무리 큰 거래선이라도 자신의 사무실 밖으로 나가서 인사하는 법이 없었다. 자신의 존엄을 지키기 위해서였다.

미군들에게 결정적으로 깊은 인상을 심어준 것은 '부암장(付岩莊) 송별회'였다. 서울 종로구에 있는 부암동은 북악산과 인왕산 사이에 가늘게 형성된 분지에 있다. 풍광이 뛰어난 곳이다. 부암장이란 부암동에 있는 조중훈의 자택인데 이 책에서는 상황을 실감 나게 하기 위해서 부암장으로 쓰고 있다.

조중훈은 꽤 넓은 대지 위에 건축된 미완성 석조 건물을 구입해 자택으로 쓰고 있었다. 조중훈은 한번 알고 사귄 미군 장교가 임기를 마치고 귀국할 때는 부암장에 초대해 송별회를 열어 주었다. 이곳에 소공동에 있는 특급인 '국제호텔'의 요리사를 초빙해 풀코스 식사를 대접했다. 당시 국제호텔은 반도호텔 다음으로 유명했다.

미군들의 한국에 대한 당시의 인상은 '도로'하면 비포장 먼지투성이이고 '집' 하면 판잣집을 떠올리는 것이었다. 미군들에게 한국은 거지가 들끓는 더럽고 못 사는 나라, 아이들이 초콜릿을 달라고 뒤쫓아 다니는 나라, 달리는 트럭에 뛰어올라 물건을 훔쳐 가는 나라였다. 그런 미군들에게 유럽풍의 중후한 석조 건물과 본국에서도 고급 레스토랑에나 가야 맛볼 수 있는 풀코스 만찬은 한국에 대한 인식을 바꿔놓기에 충분했다. 조중훈은 미국 장교 본인뿐만 아니라 그 아내에게 줄 선물까지 준비해 주었다.

"캡틴 스미스, 이건 내 성의가 들어있는 선물인데 당신 와이프에 전달해 주기 바란다."

"땡큐 베리 머치 프레지던트 초."

만찬에서 오간 대화는 이것뿐이었다. 사업에 대한 이야기는 일절 꺼내지 않았다. 그저 친구 대 친구로 맛있게 저녁이나 먹고 가라는 것이었다. '식사 때는 사업 이야기는 금물'이라는 유대인의 상술에서 배운 것이기도 하다.

사람이란 자기에게 소용이 닿는 사람이 아니면 잘해주기가 쉽지 않은 법이다. 미군 장교들은 떠날 때 송별 파티를 열어주고 아내에게 선물까지 안겨주는 '통 큰' 한국인 사업가가 놀라울 수밖에 없었다. 그렇다고 무슨 부탁을 들어달라든지, 편의를 봐달라는 말도 일절 없으니 더욱 감동이 컸다. 미군 장교들은 조중훈의 한결같은 매너에 호감을 갖게 되었고 후임자에게 조중훈에 대한 칭찬을 아끼지 않았다.

두터운 신뢰감은 기업의 성장과 존속을 위한 핵심 요소다. 신뢰는 무형의 자산이고 사회적 자본이다. 기업은 끊임없이 소통하지 않으면 지속성장할 수 없다. 조중훈의 부암장 파티는 그런 의미에서 소중한 신뢰라는 무형자산과 훌륭한 네트워크를 구축한 것이다. (독자들이여, 우리는 이 사실을 꼭 기억해둘 필요가 있다. 이때 심은 미군과의 인간관계가 후일 상상을 초월하는 보답으로 돌아오는 것을 볼 수 있을 것이다.)

조중훈의 선견지명은 놀랍다. 미 국방성 펜타곤에서 수송 장교 출신이면 코리아의 조중훈을 모르는 이가 없게 되었다. 한국을 거쳐간 그 많은 장교에게 환송회를 해주었으니 '한진 코리아'와 조중훈을 모르는 게 이상할 정도였다.

8

미8군 사령관에게 편지(Letter)를 띄우다

조중훈은 캔맥주 대리 수송으로 미군으로부터 신뢰를 확보했다. 그동안 캔맥주 수송에 아무런 사고도 발생한 것이 없었고 제때 공급되어 맥주를 마시고 싶어 하는 미군 병사들의 욕구를 충족해 주었다. 조중훈은 보다 큰 사업을 일으킬 수 있는 때가 무르익었다고 생각했다. 그리고 미8군 사령관에게 한 통의 편지를 썼다.

「존경하는 사령관께

한진코리아 CEO 조중훈이라고 합니다. 지금 인천과 부평에서 들어오는 군수 물자의 절반 이상을 도난당하고 있습니다. 군수 물자 수송을 우리 한진에게 맡겨 주신다면 정확하게 수송하겠습니다. 수송 중에 물자를 분실하면 한진상사가 전액 변상하겠습니다. 단 운송대금은 달러로 지급해주시기 바랍니다.」

트럭 30대 규모의 조그마한 한국 업체가 트럭 한 대당 수만 달러에 이르는 미군 군수품을 수송하겠다고 나선 것이다. 사상 초유의 일이었다. 세계 곳곳에 미군 기지를 갖고 있는 미군이지만 이런 당돌한 제의를 일찍이 받아본 일이 없었다. 미8군 사령관은 군수품 수송에서 꽤나 많은 양이 도난당한다는 보고를 받고 있기는 했다. 하지만 군수품이란 적기에 기지에 도착해야 하기 때문에 한국 업체에 수송을 맡긴다는 것은 생각하지 못하고 있는 터였다. 그러나 새로운 제안이었다. 미8군 사령관은 생각 끝에 수송 담당관에게 검토를 지시했다.

"군수 담당관. '한진코리아'라는 수송업체를 알고 있는가?" 사령관이 물었다.

"알고 있습니다. 현재 캔맥주 수송을 하고 있는 업체입니다."

"그 업체에서 군수 물자 수송을 맡겨 달라는 제의가 있었다. 그 업체가 수송을 감당할 수 있는지 검토해 보고해 달라."

조중훈의 실력을 알고 있는 수송 담당관은 긍정적인 보고서를 올렸다. 협상은 몇 달이 걸렸다. 미8군의 조사는 세밀하고 까다로웠다.

드디어 구매 담당관이 한진상사의 차고와 정비 시설을 둘러보고 갔다. 구매 담당관이 왔다는 것은 일이 거의 성사단계에 이르렀다는 것을 의미한다.

마침내 1956년 11월 1일 미8군 군수 참모부장실에서 7만 달러 규모의 첫 수송 계약이 이루어졌다. 우리나라 군수 물자 수송 역사에서 새로운 장이 열리는 순간이었다.

한진상사가 당시 수송업체로서는 유일하게 자체 정비 공장을 운영하고 있었던 게 미군의 신뢰를 얻는 데 결정적 역할을 했다. 조중훈이 자체 정비 공장을 가지고 있었던 것은 일제에 빼앗겼던 이연공업사 경험이 있었기 때문이다. 경험의 축적은 언제든 빛을 발휘한다.

미군과의 계약 조건도 좋았다. 수송 도중 사고로 인한 손해는 한진상사가 모두 배상하는 대신 수송에 소요되는 유류(油類, 휘발유)는 미군 측에서 현물로 지급하기로 했다. 이것은 대단히 유리한 조건이었다. 당시 우리나라는 정유회사가 없기 때문에 휘발유 확보가 어려웠다. 시중에서 판매되는 휘발유는 언제나 공정가격보다 높은 프리미엄이 붙어 있었다. 그나마 품귀 상태였다.

1인당 국민소득이 100달러 미만이고 국가 전체의 외환보유고가 1억 달러 수준인데 단일 계약으로 7만 달러는 국가 외환 수지에 보탬을 주는 것이었다.

조중훈은 계약서에 사인을 하면서도 애써 기쁨을 억눌렀다. 이것은 시작에 불과하고 내년에는 더 좋은 조건으로 더 큰 계약을 꿈꾸고 있었기에 그러했다. 그날은 우연의 일치이기는 하지만 '한진상사' 창립 11주년 기념일이기도 했다.

첫해의 7만 달러 규모는 계속 확대되어 1959년에는 수십만 달러 수준에 이르렀다. 한진상사는 군수품뿐 아니라 물(生水, Mineral Water)까지 수송하게 되면서 계약고는 하루가 다르게 늘어났다.

당시 미군은 그들이 마시는 물은 전량 본국에서 들여다 마셨다. 한국의 수돗물을 마시지 않았다. 위생상의 이유였다. 그래서 서울 용산 미8군 사령부에 PX(Post Exchange)에서 유출되는 미군들이 마시는 생수는 일부 부유층이 선호하는 귀중품이었다. 우리나라 생수 시장이 형성되기 이전의 일이었다. 일부 업자는 '다이아몬드'라는 상표를 붙여 가정에 배달해 주기도 했다. 주한미군 전체가 마시는 물의 양은 생각보다 컸다. 이것은 운송비 규모도 크다는 것을 의미했다.

도난 파카 회수 사건

조중훈이 미군에게 확실한 신뢰를 얻게 된 결정적인 사건이 있었다. 어느 트럭회사로부터 임차한 차량의 운송기사가 수송을 맡은 미군 파카를 차떼기로 팔아먹은 것이다.

파카란 큰 후드가 달린 앞이 열리는 방한용 외투다. 원래 아노릭이라고 불리는 에스키모들의 의상에서 유래됐다. 어렵사리 미군에게서 신뢰를 얻어가는 때여서 난감하기 짝이 없는 일이었다. 계약상으로는 사고 났을 때는 한진상사가 책임지는 것으로 되어 있으나 운송기사는 무슨 재주를 부렸는지 미군의 어느 기지 책임자의 인수 사인까지 받아왔다. 문서상으로 운송은 정상적으로 완료됐고 한진상사는 책임이 없다고 버티면 되는 일이었다. 조중훈에게는 그건 가당치 않은 것이었다. 신뢰를 생명처럼 여기는 그에게 상상도 안 되는 일이었다.

조중훈은 도난품이 틀림없이 남대문 시장에 넘겨질 것이라고 확신했다. 직원을 시장에 보내 지키게 했다. 예상했던 대로 물건이 시장에 나돌기 시작했다. 그러나 조중훈은 섣불리 움직이지 않았다. 그랬다가는 상인들의 원망만 사고 물건은 자취를 감추기 십상이었다. 상인들과 장물이니 뭐니 다투는 것은 문제만 복잡하게 만드는 것이다. 여기서 조중훈의 어떤 사태를 보는 시각이 합리적이고 신중하다는 것을 볼 수 있다.

파카는 아직 겨울이 되기 전이라 팔리지 않고 있었다. 조중훈은 우두머리로 보이는 상인에게

"시장에 나와 있는 파카를 전량 살 테니 좀 모아줄 수 없겠소?"
하고 말을 건넸다.

"값을 좋게 주면 그럴 수 있지요. 그런데 당신은 의류 사업자입니까? 그렇게 많은 양을 사려고 하게."

"나는 의류사업을 하는 사람은 아닙니다. 운수업잡니다. 사실은 시장에 나와 있는 이 파카들은 미군 부대로 가는 군수품인데 운송을 하던 기사가 차떼기로 팔아먹은 것입니다. 장물입니다. 우리나라는 미군이 나라를 지켜주고 있는데 군수품이 제 때에 운송되지 않으면 미군들이 우리를 어떻게 보겠습니까."

"…."

"나는 장사하는 당신이 손해 보게 할 생각이 없습니다. 그러니 정상 판매에서 얻는 이문을 보장해 드릴 테니 동료 상인들에게 잘 말해서 전량 회수토록 해주십시오."

이렇게 해서 1,300벌에 달하는 파카를 되찾아왔다.

조중훈은 파카 구입비용으로 사채 시장에서 3만 달러나 융통했다. 빚을 내 신용을 산 것이다. 조중훈은 미군에게 변상금이 아니라 현물을 인계했을 뿐 아니라 미군에게 확고한 신용을 얻는 결과를 가져왔다. 추후에 이 사실을 알게 된 미군들은 '한진'과 조중훈을 대하는 태도가 달라졌다. 조중훈은 3만 달러로 그것과는 가치를 따질 수 없는 믿음을 얻었다.

조중훈은 한 걸음 한 걸음 건실하게 사업을 추진하면서 먼저 주고 나중에 받는 것, 지고 이기는 것이야말로 성공의 비결임을 확신하게 되었다. 이런 신념으로 욕심을 버리고 신용을 두텁게 쌓아갔다.

'한진상사'의 사업은 순조롭게 성장해 갔다. 미8군과 본격적인 수송 계약을 체결한 이듬해인 1957년 1월 자본금 1,000만 원의 법인 한진상사주식회사(韓進商事株式會社)로 전환했다. 본사도 인천에서 서울로 옮겼다. 그해 10만 달러에 달하는 계약을 체결한 이후 해마다 3배 이상씩 성장했다. 1960년에는 한 해 동안 220만 달러의 외화를 획득하고 보유 차량이 500대에 이르렀다.

9
신도로(新道路)를 양보하고
구도로(舊道路)로

조중훈은 소모적인 과당경쟁을 극히 혐오했다. 모두 제 살을 깎아 먹는 어리석은 짓이기 때문이다. 경쟁에도 도리가 있다고 생각했다. 경쟁사와 동반 성장할 수 있는 길이 있다면 그 길을 선택하려고 했다. 기업은 업계 발전을 도모하고 국익에 보탬이 되어야 한다고 생각했다.

조중훈은 운수업체 간 소모적인 과당경쟁을 피하기 위해 애썼다. 미군과의 계약고를 담보로 은행으로부터 대출을 받아 새 차를 사 단독으로 용역을 수행하는 것도 얼마든지 가능했지만 그렇게 하지 않았다. 경기도 일대 운수업자들의 차량을 골고루 이용할 수 있게 하기 위해서였다. 용차(庸車) 방식을 택했다. 용차 방식이란 필요에 따라 불러 쓰는 것이다. 굳이 용차 방식을 고집한 것은 운수업자들이 제 살 깎아 먹기 식 경쟁에 뛰어들 것을 염려해서였다. 조중훈은 경쟁을 하더라도 눈앞의 이익에 급급하기보다는 미래에 대한 비전을 가지고 순리에 맞게 해야 성공할 수 있다고 믿었다. 그런데 조중훈은 경쟁을 피할 수 없는 새로운 사업을 시작하게 되었다.

1961년 서울-인천을 운행한 국내 최초의 '지정 좌석버스' 사업이 그것이었다. 주한 미군에게 통근 버스를 납품하고 있는 일본인 사업가를 주한미군 장성의 소개로 알게 되었는데 그 사업가는 버스를 2년마다 새 차로 교환해 주고 있었다. 2년마다 버스를 새 차로 바꾸는 것은 주한미군의 룰이었다. 조중훈은 그 일본 사업자로부터 일본으로 되돌아갈 중고버스 20대를 장기할부로 인수해 서울-인천에 투입했다.

당시 인천 시민들은 짐짝 실듯하던 시외버스와 만원 열차에 시달리고 있었다. 한진이 좌석버스 운행을 시작하자 반색했다. 좌석이 지정되어 편안하게 버스를 타는 것은 환상적인 일이었다. 시민들이 한진으로 몰리는 것은 당연했다.

그러자 기존 업체들이 거세게 반발하면서 한진은 신도로를 이용하지 못하게 했다. 신도로란 1968년 3월 1일에 개통된 경인고속도로다. 도로에 주인이 있는 것도 아니다. 억지를 부리며 신도로의 기득권을 주장하는 선발업체와 싸우려고 한다면 못 싸울 것도 없었다. 그러나 조중훈은 그러지 않았다. 평소 과당경쟁을 혐오한 신념에 따른 것이다.

조중훈은 번듯한 신도로를 놔두고 구도로를 이용했다. 김포 사거리에서 뒷길을 따라 내리쪽으로 빠져나가 배다리를 거쳐 동인천으로 나가는 구도로는 먼지가 앞을 가로막는 비포장길이어서 정시 운행이 불가능했다. 조중훈은 길을 닦아가면서 정시 운행에 만전을 기했다. 맑은 날에는 먼지가 나지 않도록 물차를 동원해 물을 뿌리며 운행했고 비가 온 다음 길이 울퉁불퉁해지면 버스가 덜컹대지 않도록 불도저와 그레이더를 투입해 길을 닦았다.

구도로도 '한진'이 운행하는 동안에는 신도로 못지않아 승객은 늘 만원이었다. 하지만 도로를 정비하는 비용이 많이 들어가 적자를 면치 못했다. 적자를 보며 언제까지 운행할 것인가가 선발업체들의 관심사였고 한진 직원들도 언제까지 길을 닦으며 운행을 계속할 수 있을지 불안한 눈으로 지켜보고 있었다.

조중훈은 '지고 이기'는 결론을 내놓고 있었다. 한진 좌석버스가 항상 만원임을 보여주면 구도로로 다니든 신도로로 다니든 선발 버스회사들이 신경 쓰지 않을 것이라고 생각했다. 선발업체들 입장에서도 최악 상태의 구도로를 사용케 하면 '한진'이 망할 것으로 보았으나 여전히 만원이면 더 이상의 견제는 의미가 없는 일이었다.

조중훈이 예상대로 꾸준히 구도로로 운행한 지 반년 만에 선발업체들은 한진의 경쟁력을 인정했다. 마침내 한진버스는 새로 개통된 경인고속도로를 마음껏 다닐 수 있게 되었다. 이 지정 좌석버스는 나날이 인기가 높아져 후에 전국을 연결하는 '한진 고속버스'의 기틀이 되었다. 한진고속은 차내에서 비디오를 상영하는 등 참신한 서비스를 개발해 화젯거리를 제공하기도 했다.

바이 아메리칸 정책(Buy American Policy)

1961년 순탄하던 미군 수송 용역 사업도 고비를 맞게 되었다. 미 정부가 국제수지 역조를 개선하기 위해 '바이 아메리칸 정책'을 채택했는데 그 여파가 한국 내 수송 용역에까지 영향을 주었다. 바이 아메리칸 정책이란 미 연방정부 기관이 물품과 서비스를 조달할 때 미국산을 우선 구매토록 하는 것이다.

계약조건이 까다로워졌다. 단가도 박해진 데다 몇 년 동안 한진상사에 용차를 들여놓고 있던 어느 업체가 갑자기 경쟁상대로 돌변

했다. 그리고는 입찰에 덤핑 가격으로 들어와 군납권을 따냈다. 한진상사에 전폭적인 신뢰를 갖고 있던 미군도 어쩔 수 없이 거래처를 바꿔야 했다. 하지만 부족 차량이 생기면 우선적으로 한진상사의 차량을 배정해야 한다는 단서를 달았다. 한진에 대한 미군의 신뢰는 절대적이었다.

이듬해에도 그 업체는 덤핑으로 치고 들어왔다. 조중훈도 더 낮은 가격으로 응찰할 수도 있었다. 그러나 그런 방식으로 대응하면 한국 업체의 공멸을 자초할 뿐임을 알고 그렇게 하지 않았다. 조중훈의 평소 신념과도 맞지 않는 일이었다.

그 덤핑 업체 때문에 한진상사는 물론이고 그동안 한진상사에 용차를 들여놓아 높은 가격으로 사업하던 경인 지역 수송업체 모두가 낮은 단가를 적용받게 되었다. 결과적으로 한국의 외화 획득이 감소되는 나쁜 현상을 가져왔다. 계약권을 따낸 업체도 고전하기는 마찬가지였다. 말 그대로 제 살 깎아 먹기가 된 것이다. 게다가 수송 도중에 도난 사고가 잇달아 일어나고 수익이 없다 보니 용차 대금을 지급하지 못하는 일이 빈번하게 일어났다. 군소 차주들의 반발로 적시 수송에도 문제가 생겼다. 운수 용역에서 적시 수송은 생명이다.

결국 1963년을 마지막으로 그 덤핑 업체는 용역 군납 자격을 상실하고 도산했다. 미군 수송 용역은 다시 한진상사로 넘어오게 되었지만, 조중훈은 못내 입맛이 씁쓸했다. 조중훈은 사업이 번창하고 안정 궤도에 올라있지만 더 큰 도약을 위해서 무언가 획기적인 사업이 필요했다. 조중훈은 육지가 끝나는 곳 바다를 바라보고 있었다.

10

베트남 군납조합 이사장을 맡아 주시오
(배船 반, 물水 반의 퀴논Qui Nhon 항구)

1965년 어느 날 조중훈은 장기영 경제기획원 장관이 찾는다기에 그를 만났다.

"조 사장, 우리나라는 베트남에 파병합니다. 그 숫자는 말할 수 없습니다. 그러나 베트남에 우리 군인들이 가게 되면 자연히 군납 용역 사업이 생기기 마련입니다. 그래서 정부는 한국 용역 군납 조합을 만들기로 했으니 조 사장이 이사장을 맡아 주십시오."라고 말했다.

조중훈은 군납 용역이라면 미8군과의 수송 용역 등으로 잘 아는 분야이고 경험도 많았다. 그렇지 않아도 새로운 사업 진출을 모색하고 있는 시기이기도 했다. 조중훈은 6.25 전쟁 때 일본이 군수 경기를 타고 막대한 외화를 번 것처럼 우리나라도 베트남전에서 사업 기회가 있을 것으로 보고 "그런 분야라면 맡아보겠습니다."라고 말했다.

미국은 베트남전이 확대되자 천문학적인 전비를 쏟아붓고 있었다. 미국은 베트남 전쟁이 장기화되고 어려움을 겪게 되자 한국에 파병을 요청했다.

베트남 전쟁의 역사는 길고 비극이었다. 1960년부터 1975년까지 지속된 남베트남 민족해방전선과 미국 사이의 제2차 인도차이나 전쟁을 통상 '베트남 전쟁'이라고 부른다. 남베트남 내의 남베트남 민족해방전선과 남베트남 정부 사이의 내전(內戰)으로 시작되었으나 1964년 8월 7일 미국이 '통킹만 사건'을 구실로 북베트남을 폭격한 뒤에 전쟁은 미국과의 전면전으로 확대되었다. 통킹만 사건(Gulf of Tonkin Incident)이란 1964년 8월 2일 통킹만 해상에서 북베트남 해군의 135편대 소속 어뢰정 3척이 미 해군 구축함인 USS 매독수함을 선제 공격하여 양국 함대가 교전한 사건이다. 이 사건으로 베트남 전쟁이 본격화되었다. 이후 필리핀, 오스트레일리아, 뉴질랜드, 한국이 참전한 국제전으로 확대되었다.

미국은 1968년까지 북베트남에 약 1백만 톤에 이르는 폭탄을 퍼부었으며 약 55만 명에 이르는 지상군을 파견했다. 한국은 1964년 7월 31일에 국군의 베트남 해외 파병을 위한 제2차 파병동의안이 국회에서 가결되었다. 한국 정부는 공산 침략을 경험한 국가로서 아시아 지역의 안보와 자유 수호를 위한 명분이 있었다. 그러면서도 차관(借款) 마련 등의 경제적 목적도 있었다.

조중훈은 한국에서 듣는 베트남전 정보만으로는 사업 구상이 떠오르지 않았다. 조중훈은 전쟁 당사국인 미국으로 날아갔다. 전쟁의 주도권을 쥐고 있는 미 국방부와 접촉해야 한다고 판단한 것이다. 올바른 판단이었다.

펜타곤(Pentagon, 미국 국방부 본부 청사를 가리키는 별칭. 오각형이라는 뜻)에는 낯익은 얼굴들이 많았다. 한국에 주둔하는 미군은 해마다 교체되었기 때문에 조중훈은 미군 용역 사업을 수행한 10년 동안 수많은 미군 간부와 안면을 익혔다. 특히 장교들 뇌리에는 아내의 선물까지 준비해 주면서 고급스런 송별회를 마련해주었던 '부암장 파티'와 품위와 신용을 지켰던 의리의 사업가 조중훈이 자리잡고 있었다.

펜타곤에서 만난 미군 고위 장교들은 조중훈이 베트남에 진출하려는 계획을 말하자 격려와 조언을 아끼지 않았다. 미군 관리들도 '한진'이 주한미군과 어떤 인연이 있는지 자료를 들여다보고는 깜짝 놀랐다. 캐비닛 하나를 가득 채운 방대한 양의 서류철에는 조중훈과 한진이 얼마나 성실하고 열정적으로 사업을 수행했는지가 상세하게 기록되어 있었다.

조중훈은 워싱턴에 40일 넘게 머물렀다. 조중훈은 베트남 상황을 낱낱이 파악한 다음 베트남에서의 사업에 확신을 갖게 되었다. 조중훈은 주도면밀했다. 하지만 '펜타곤'에서 모든 것을 해줄 수는 없었다. 펜타곤은 전폭적인 지원을 약속하고 강력한 추천서를 써주는 데 그칠 수밖에 없었고 결정권은 베트남 현지 사령관에 있었다. 펜타곤 관계자들은 그곳에서 승부를 걸어보라고 귀띔해 주었다.

조중훈은 그해 12월 경제시찰단을 꾸려 동남아 순방에 나섰다. 시찰단이 탄 비행기는 베트남 퀴논항을 내려다보고 있었다. 퀴논은 베트남 중부 빈딘주에 속한 휴양지이며 한국인들이 많이 찾는 다낭과 나트랑의 중간 지점에 위치하고 있다. 조중훈이 내려다보는 퀴논항은 그야말로 '물 반 배 반'이었다. 미국과 홍콩 등지에서 물자를 싣고 온 대형 선박들이 몰려와 정박하고 있었다. 순간 조중훈은 감각적으로 배들이 몰려있는 것은 '하역(荷役)'이 제대로 이루어지지 않고 있다는 것을 알아차렸다. 본능에 가까운 느낌이다.

조중훈은 이곳에서의 사업 아이템은 '하역'이라는 것을 확신했고 성공 가능성이 충분하다고 판단했다. 함께 간 기업인들이 이 광경을 볼세라 고개를 다른 곳으로 돌렸다. 뜻이 있으면 길이 있다고 한다. 조중훈에게만 그 광경이 사업 아이템으로 보였다. 조중훈에게는 퀴논항의 그 광경이 누구에게도 들키고 싶지 않을 만큼 가슴 벅찬 장면이었다.

조중훈은 귀국하자마자 사업 준비에 착수했다. 당시 한진상사는 수송에는 상당한 경험을 쌓았지만 하역은 생소한 편이었다. 조중훈은 인천항과 부산항의 하역장을 찾았다. 이곳에서 화물 처리 과정을 파악했다. 그리고 일본 요코하마(橫浜)로 건너가 하역 요금표를 구해왔다. 요코하마항은 쇄국 당시의 일본에서 가장 먼저 세계에 개방된 항구이기도 했다. 조중훈은 미국 브루클린(Brooklyn)을 비롯한 주요 국제항구의 하역자료도 확보했다.

이듬해 1월 음력설을 앞두고 조중훈은 동생 조중건과 함께 다시 베트남으로 갔다. 조중건은 당시 미국 캘리포니아 버클리대를 졸업하고 한진상사에 입사해 있었다. 6.25 전쟁 때 미군 통역장교로 활약한 뒤 미 포병학교에서 근무한 경험이 있는 조중건도 미군과 인맥이 좋았다.

사이공에 도착한 형제는 미군사령부를 찾아갔다. 그곳에도 낯익은 인물들이 다수 있었다. 조중훈은 워싱턴에서 받아온 펜타곤의 추천서를 사령부에 내밀었다. 이 추천서는 조중훈이 베트남에서 펼치고자 하는 사업 계획에 강력한 공신력을 부여해 주었다. 미군 장교들은 마치 예전 '부암장 송별 파티'에서 받은 환대에 보답이라도 하듯 퀴논으로 가는 헬기까지 내주었다. 조중훈은 덕불고필유린(德不孤必有隣, 덕이 있으면 반드시 따르는 이들이 많이 생긴다)이라는 말을 실감했다.

조중훈은 퀴논(Qui Nhon)을 베트남 진출의 발판으로 삼기로 했다. 사이공은 안전에 대한 위험이 컸지만, 퀴논에는 한국의 맹호(猛虎) 부대가 가까이 있어 안심이 되었다.

퀴논에 주둔하고 있는 미군은 예상대로 군수 물자 하역에 골머리를 앓고 있었다. 조중훈은 군수 물자 하역을 적군일지도 모를 베트남 업체에 맡기느니 한진상사에 맡겨달라고 제안했다. 하지만 미군 베트남 사령부 수송 책임자는 일감을 맡고 싶으면 공개 입찰에 참여해 달라고 일축했다. 한진상사는 '하역'에 경험이 없으니 수의계약으로 일을 맡길 수 없다는 것이었다. 베트남 국경 밖에서 인력과 장비를 들여와야 하는 한진상사 입장에서는 베트남 업체와 경쟁하면 승산이 없었다.

조중훈은 파격적인 제안이 필요하다고 생각했다. 사활이 걸린 건곤일척(乾坤一擲, 하늘과 땅을 걸고 승패를 하는)의 싸움이다. 조중훈은 한진상사에 맡겨 주면 100일 안에 작업을 시작해 3일에 한 척씩 하역을 완료하겠다고 제안했다. 당시 미군들의 하역 속도는 1주일에 한 척도 하역을 마치지 못하는 상태였다. 이 제안을 듣고 미군 책임자는 '불가능하다'고 했다. 조중훈은 '약속을 지키지 못하면 하루에 1만 달러의 벌금을 내겠다'고 승부수를 던졌다. 대신 '하역비는 국제 기준의 세 배를 달라'고 했다. 그 수준은 되어야 한다고 주장했다. 일종의 전쟁 위험수당을 요구한 것이다.

미군 측은 조중훈의 제안에 적잖게 당황하면서도 한편으로는 하루가 다르게 긴박해지는 전쟁 상황, 군수품 수송의 긴급성을 걱정하지 않을 수 없었다. 미군 자체의 하역 작업 속도로는 밀려드는 군수품 수송선의 하역 작업은 감당이 되지 않았다. 더구나 월맹군 첩자들은 각 분야에 잠입해 많은 문제를 일으키고 있는 상황이 아닌가. 조중훈은 미군의 이런 딜레마를 꿰뚫어보고 있었던 것이다.

밀고 당기는 협상 끝에 마침내 조중훈은 주월 미군 사령부에서 군수 담당부 사령관 앵글러 중장과 계약서에 서명했다. 계약금 790만 달러, 10년 전 한국에서 미군과 맺은 첫 계약의 100배가 넘는 계약이었다. 조중훈은 상대의 것을 빼앗는 협상이 아니라 쌍방 모두 이익이 되는 협상을 했다. 제로섬(Zero-sum) 게임이 아니라 통합적 협상을 추구하는 포지티브섬(Positive-sum) 게임을 한 것이다.

한국의 다른 기업들이 미국 기업의 하청을 받는 간접계약 형식으로 베트남에 진출한 데 반해 '한진'은 주월 미군 사령부와 직접 계약을 한 점에서 의미가 컸다.

국가적으로도 의미가 컸다. 월남 파병으로 국민들의 관심이 비상한 상황인데 한진의 거액의 계약 체결은 적으나마 국민들에게 위안을 주는 것이었다. 조중훈은 이 계약을 통해 베트남에서 성공을 예감했다.

11

숨막히는 「100일」의 약속

조중훈은 파격적인 제안으로 790만 달러의 계약을 성공시키고 귀국했지만, 그룹 내 임원들의 반대가 만만치 않았다. '100일'의 약속은 한진이 감당할 수 없는 무모한 도전이라고 입을 모았다.

조중훈은 사업은 '타이밍'이라는 한마디로 모든 반대를 물리쳤다. 이것은 그동안 사업을 해오면서 체득한 경험칙(經驗則)이었다. 조중훈에게는 구체적인 경험이 축적되어 있었다. '타이밍'은 남이 만들어 주는 것이 아니라 스스로 포착하는 것임을 알고 있었다. 타이밍은 지혜와 감각으로 포착해야 한다. 스코틀랜드 출신의 철학자이자 경제학자인 데이비드 흄(David Hume)은 '경험을 통해 배우며 경험의 힘이 기회 포착 능력을 가져온다'고 했다. 조중훈은 '한진'이 도약하기 위해서는 반드시 베트남에 진출해야 한다고 확신했다.

조중훈은 일차적으로 정부(재무부)로부터 해외 지사 설치 허가를 받아 퀴논에 지사를 설치했다. 동시에 주월 미군 사령부와 체결한 계약 이행에 필요한 자금과 장비, 인력을 확보하기 위해 밤낮없이 뛰어다녔다.

정부의 지불 보증을 받아 은행에서 대출을 일으켰지만, 턱없이 부족했다. 사채 시장에 의존할 수밖에 없었다. 당시 국내에서 제일 규모가 큰 사채 시장은 명동(明洞)이었다. 명동의 사채업자들의 정보력은 제도 금융권인 은행을 능가했다.

한진의 조중훈 사장이 사채를 쓴다고 하니까 너도나도 자기 돈을 써달라고 아우성쳤다. 신용도가 높은 '한진'을 믿는 것이었다. 한동안 명동 사채시장은 한진에서 모든 돈을 몰아갔기 때문에 돈이 말라버렸다는 말이 나돌기도 했다.

미군은 계약 당시 운송 수단으로 미국산 트럭을 사용할 것을 요구했다. 조중훈은 포드, GM, 크라이슬러 등 미국의 3대 자동차에 자동차 출고 가능성을 문의했다. 3사 모두 계약일로부터 90일이나 걸린다는 답변이 왔다. 미국 디트로이트에서 베트남으로 수출하는 기간까지 감안하면 조중훈이 약속한 '100일' 안에 하역 준비를 마치기는 불가능했다. 약속을 지키지 못하면 계약은 취소되고 하루에 1만 달러씩 수십만 달러의 벌금까지 물어야 한다.

조중훈은 자동차 산업이 선진국 수준인 일본으로 달려갔다. 운송업을 하면서 알게 된 일본의 지인들에게 도움을 청하기 위해서였다. '100일'의 약속을 꼭 지켜야 하기 때문에 상황이 절박했다. 일본의 지인들은 기꺼이 자신들이 주문해 놓은 차량까지 내주었다.

160만 달러 상당의 다른 장비도 일본 지인들의 지급 보장으로 조달할 수 있었다. 평소 신용을 최고 가치로 관리해 온 덕분이었다. 일본 지인들은 아무 담보없이 조중훈의 신용을 믿고 거금을 지원한 것이다.

조중훈은 신의를 지키기 위해 서울 사채 시장에서 자금을 융통해 3개월 후에 150만 달러를 일본 지인들에게 갚았다. 미군은 일본산 트럭을 가져오겠다고 하자 미국산 차를 쓰겠다고 한 계약 위반이라고 반대했다. 조중훈은 미국산 트럭은 기간 안에 조달되지 않으니 그것이야말로 계약 위반이 될 것이라고 응수했다. 미군은 더 이상은 따지지 않았다.

일제 트럭은 운전석이 미국산과는 달리 오른쪽이어서 현장에서 운전하기가 힘들었지만 좌우를 따질 겨를이 없었다. 약속을 지키는 것이 우선이었다. 인력 확보가 문제였다. '인력 확보가 문제인데 좋은 방안이 없을까.'하고 조중훈은 임원 회의에서 대책을 논의했다.

"그룹 자체에서 필요한 인원은 일부 충당할 수 있지만 외부 인력으로 채우는 것이 불가피합니다."

"신문에 광고를 내 모집하는 방안이 있는데 우리가 원하는 기술을 가진 사람들이 응모할지는 미지수입니다."는 의견도 나왔다.

신문광고를 냈더니 수천 명이 응모해 왔다. 당시 국내 고용시장은 실업 비율이 아주 높은 때였다. 응모자 중에는 아무 기술도 없이 전쟁터에서 한몫 챙겨보겠다는 사람이 부지기수였다. 인력은 한진의 정규직 200명과 신문광고를 보고 온 사람 중 500명, 총 700명으로 구성했다. 기술이 없는 사람들은 현장에서 기술을 가르치기로 했다.

숨 막히는 장비, 인력 확보전이 마무리되고 장비와 선발대 300명을 실은 화물선이 퀴논항에 도착한 것은 정확히 98일 만이었다. 약속 시한 2일 전, 아슬아슬하게 위약을 면할 수 있었다.

선발대가 퀴논항에 도착했지만 당장 선발대의 잠자리, 먹는 것, 의식주가 문제였다. 숙소로 사용할 만한 건물도 없고 천막(天幕, Tent)도 군수품이란 이유로 부산항에서 출항할 때 헌병에게 압수당해 가져오지 못했다.

미군과의 계약서에는 의식주 문제는 한진이 자체적으로 책임지도록 되어 있었다. 선발대는 맹호부대를 찾아가 천막, 침대, 모기장, 담요, 식기를 2주만 빌려달라고 요청했다. 피는 물보다 진하다고 찾아갈 곳은 맹호부대였다. 맹호부대는 기꺼이 요청한 물건을 빌려주었다.

조중훈은 맹호부대에서 빌려온 천막을 쳐 놓고는 미군 부대를 찾아가 따졌다. 계약 관계도 없는 맹호부대도 도와주는데 계약 파트너인 미군이 이럴 수 있느냐고 했다. 계약 파트너를 돕는 것은 미군을 돕는 거나 마찬가지 일 아니겠느냐는 것이 조중훈의 주장이었다. 대답이 궁색해진 미군 군수 책임자는 "잘 알겠다. 앞으로 도울 일이 있으면 힘껏 도와주겠다. 도울 사항이 생기면 언제든지 말해 달라."고 말했다. 조중훈의 돌파력은 뛰어나다.

한진상사는 첫 임무를 부여받았다. 베트남 도착 3일 만이었다.

'미군 수송함이 싣고 온 1,500톤의 군수품을 하역해 인근에 있는 미 27 수송대대 기지창까지 운반할 것'이었다. 한국에서 채용한 직원의 상당수는 아직 퀴논항에 도착하지도 못한 상황이었다. 조중훈은 첫 임무를 얼마나 성공적으로 해내느냐가 앞으로 베트남에서의 사업 성공 여부가 결정된다는 것을 잘 알고 있었다. 자사 직원 본대가 도착하지 못한 상태니 일정을 연기해 달라고 양해를 구할 일이 아니었다.

조중훈은 선발대를 직접 지휘해 군수품 하역을 시작했다. 다리가 후들거릴 정도로 갑판과 부두를 쉴 새 없이 뛰어다녔다. 잠잘 시간도 없었다. 첫 업무로 주어진 1,500톤을 운반하는 데 걸린 시간은 불과 32시간이었다. 번개의 속력이었다. 미군들이라면 1주일이 걸릴 작업량이었다. 미군들은 도저히 믿을 수 없다는 표정이었다. 그들은 아직 한국의 '빨리빨리' 속성을 알지 못하고 있었다.

한국에서 직원들이 속속 도착하면서 하역 작업에 탄력이 붙기 시작했다. 베트남 전쟁이 가열되면서 미군 군수품을 실은 배는 퀴논항에 물밀 듯이 밀려왔고 하역은 지체되어 배들은 하역을 기다리며 정박하고 있었다.

미군의 하역은 느리기 짝이 없었다. 배에서 기다리는 게 지루한 선원들은 육지에 내려 며칠씩 음주가무를 즐기며 시간을 보낼 정도였다. 한진이 하역을 맡으면서 항구에 도착하는 배는 즉시 하역이 이루어져 더는 항구에 정박하는 배는 없게 되었다. 퀴논항에 도착하면 퀴논항의 번화가에서 휴가를 즐기려고 했던 선원들은 하룻밤도 머물지 못하고 본국으로 돌아가야 했다. 퀴논항 번화가의 미 선원 특수로 재미를 보았던 업자들도 울상이 되었다.

이후 한진에 맡겨진 임무는 전략 물자와 식료품을 퀴논항에서 하역해 반경 25마일 안에 주둔하고 있는 미군 부대로 운송하는 것과 안케와 두코 두 도시를 왕복하며 운송하는 것이었다.

미군 군수 물자를 부두의 크레인에서 트럭으로 옮기는 기술자들의 동작은 현기증이 날 정도로 기민했다. 작업 현장은 전장(戰場) 그대로였다. 월맹군의 기습을 의식한 공포감, 보급 물자를 약속 시간 내에 운반해야 한다는 강박감, 달러를 한 푼이라도 더 벌겠다는 의욕이 어우러진 숨 막히는 현장이었다.

한진상사의 초인적인 단합과 조화에 누구라도 압도당할 수밖에 없었다. 이 현장을 지켜본 사람들은 도대체 '한진'이 어떤 회사이기에 미국의 일류 하역회사와 나란히 용역을 맡았는가, 이토록 일사불란하게 업무를 수행해 내는가에 놀라움과 찬탄을 금치 못했다.

사선(死線)을 넘는 수송 용사들

돈을 벌겠다는 일념으로 전쟁터에 온 한진 직원들은 사실은 고도로 숙련된 작업 능력을 갖추지 못하고 있었다. (우리는 베트남에 온 한진 직원들 대부분이 구인 신문광고를 보고 채용되어 온 사람들이라는 것을 알고 있다.)

조중훈은 현장을 둘러보면서 즉석에서 운송 기술을 가르쳤다. 기술보다 중요한 것은 '안전(安全)'이었다. 조중훈은 안전 의식을 각인시키기 위해 숙소와 식당, 작업장, 운전대 앞창에 이런 표어를 써 붙였다. 「나의 안전은 가족의 안전!」. 베트남은 전선 없는 전장이었다. 그 한복판에서 군수 물자를 운반하는 일은 목숨을 담보로 하는 것이었다. 조중훈은 처음부터 현장을 직접 감독하겠다고 마음먹었다.

하역이 집중되는 퀴논항 주변은 월맹군의 기습이 잦았다. 군수품은 월맹군이 노리는 첫 번째 노획 대상이다. 안케와 두코 사이 왕복 노선에는 중부 고원지대의 전략 도시인 '플레이꾸'가 자리 잡고 있었다. 플레이꾸(Pleiku)는 베트남 중부 잘라이성의 성도로 베트남전쟁 중에는 남베트남 민족해방전선에 의해 미국의 공군기지 캠프 할로웨이가 공격당하고 북폭의 계기가 된 것으로 유명하다. 도처에 위험이 도사리고 있어 한순간도 긴장을 늦출 수 없었다.

수송 작업이 시작된 지 며칠 되지 않았을 때였다. 퀴논항에서 하역을 마치고 목적지로 이동하던 한진 수송단에 월맹군의 기습 공격이 시작되었다. 당시 육상 운송은 한진의 수송 차량 수백 대가 꼬리를 물고 이동했는데 월맹군의 기습에 대비해 기관총을 장착한 건 트럭(Gun Truck)이 수송 트럭 10대당 한 대씩 따라붙었다. 월맹군의 타겟은 건 트럭이었지만 한진의 수송 트럭 운전사들도 총격에 대비해 철모를 쓰고 운행했다. 건 트럭 운전은 미군이 했다. 총성이 들리자, 운전사들은 반사적으로 트럭을 세우고 밖으로 나와 재빨리 트럭 밑으로 들어갔다. 그렇게 하도록 철저하게 훈련받았다. 미군 쪽 화력이 월맹군보다 월등했기 때문에 교전이 벌어져 차량이 타격을 받아도 기사들은 비교적 안전한 편이었다. 트럭 밑에서 몸을 피하고 있다가 교전이 끝나면 다시 이동했다.

그날은 달랐다. 월맹군의 타겟은 건 트럭이 아니라 수송 트럭이었다. 월맹군들은 아예 수송 트럭을 겨냥해 집중사격을 가했다. 여기저기서 비명 소리가 나더니 순식간에 아비규환이 되었다. 건 트럭 위의 미군들은 피를 흘리며 쓰러지는 기사들을 엄호하며 총알이 날아오는 방향으로 즉각 반격하기 시작했다. 미군들은 수년째 고락을 함께한 동료나 다름없는 한진 기사들이 희생되는 모습에 미친 듯이 응사했다. 인근 부대에서 지원병이 급파되었지만 수송단 중 3명은 이미 목숨을 잃었고 5명이 중상을 입은 뒤였다. 기사들은 동료들의 갑작스러운 사상으로 공포에 휩싸였다.

"돌아가겠습니다. 목숨보다 중한 게 어디있습니까?" 일부 기사들은 흔들렸다. 조중훈은 비상 상황을 해결하기 위해서는 자신이 직접 나서는 길밖에 없다고 판단했다. 조중훈은 수송 트럭 대열 맨 앞에서 진두지휘했다. 이 모습을 보고 겁에 질려있던 기사들이 하나 둘 따라나서기 시작했다. 조중훈은 솔선수범으로 패닉 상태에 빠진 직원들을 신속하게 통솔할 수 있었다. 이러한 리더십은 자기 희생에서 나온 것이었다.

어느 날에는 숙소로 사용하는 배가 월맹군의 기습 공격을 받았다. 조중훈은 급히 피신하다가 발을 다치고 말았다. 하지만 부상을 당하고도 현장을 떠나지 않고 수시로 하역 작업을 둘러보았다.

피습 사고 후 조중훈은 강력한 기습 방지 대책을 강구해야 했다. 그래서 낸 아이디어가 현지에서 전역한 맹호부대 대원을 채용하는 것이었다. 현지 사정을 잘 알고 있고 전투 경험을 갖춘 맹호부대 출신 직원들은 한진이 사선을 뚫고 임무를 수행하는 데 든든한 버팀목이 되었다. 당시 수송 도중 월맹군의 기습을 받아 대항하는 장면을 그린 그림이 현재도 미국 국방부 군사박물관에 걸려있다.

12

베트남의 마음을 사다

직원과 현지인이 조중훈을 믿고 따르지 않았다면 '한진'의 베트남 사업은 성공하지 못했을 것이다. 조중훈은 현지에서 늘 솔선수범했다. 이선에서 지휘하는 일은 없었다.

하역 작업에는 바지선(Barge)이 필요했다. 바지선이란 항만 내부나 하구 등 비교적 짧은 거리에서 화물을 수송하는 동력장치가 없는 거룻배를 말한다. 한진은 바지선 건조를 홍콩 업자에게 맡겼고 조중훈이 직접 퀴논항으로 가지고 왔다.

한번은 바지선이 퀴논항에 도착할 무렵 파도가 거세게 쳤다. 그러자 예인선에 연결된 밧줄이 풀려 금방이라도 바지선이 떨어져 나갈 것 같았다. 바로 그때 반사적으로 뛰어나가 밧줄을 잡아끄는 사람이 있었다. 조중훈이었다. 깜짝 놀란 직원들이 부랴부랴 달라붙어 힘을 모았다. 다행히 바지선을 무사히 항구까지 끌어왔는데 당시 직원들은 위기 상황에서 몸을 아끼지 않는 조중훈의 모습에 큰 감명을 받았다.

한번은 홍콩에서 베트남 하역 작업에 투입될 바지선 건조 상황을 살펴보다 크게 다친 적이 있었다. 상처가 깊어 주위에서는 수술을 받으라고 권유했지만, 인부들과 호흡을 맞춰야 한다며 몸을 돌보지 않았다. 병원에 가지 않고 그들과 숙식을 함께 할 것을 고집하다가 끝내 상처가 곪아 병원 신세를 져야 했다. 현장 순찰 중에 피곤해 졸고 있는 불침번(不寢番)이 있더라도 야단치는 대신 '이 사람아, 자네만 자면 어떡하나?'가 적힌 쪽지를 머리맡에 하나 남기고 갔다.

조중훈은 직원들의 노고를 누구보다 잘 헤아리고 있었다. 직원들이 아침에 잠을 깨면 입이 칼칼하니 북엇국을 끓여주고 싶다며 한국에서 북어를 공수해 가기도 했다. 그 후로 한국에서 베트남으로 가는 배에는 언제나 북어가 가득 실렸다.

한국 사람이 김치를 못 먹는 것처럼 괴로운 일이 없다며 베트남 현지에 김치공장까지 지었다. 아마 우리나라 김치 산업 역사에서 외국에 김치공장을 세운 첫 번째 사례일 것이다. 베트남은 아열대 기후라 채소가 잘 자라지 않는 탓에 배추는 베트남 고산지대에서 공수해 와야 했다. 사업이 본궤도에 올랐을 때 베트남 현지의 직원이 400명에 달했는데 김치공장 직원만 80명에 이르렀다.

조중훈의 아내 김정일 여사도 큰 역할을 했다. 남편을 총알이 빗발치는 이역만리 전장에 보낸 후 하루도 마음 편히 지낼 수 없던 아내는 주위의 만류를 무릅쓰고 베트남 현장으로 갔다. 김 여사는 소매를 걷어붙이고 김치공장에서 김치를 담그고 식당에서 직원들에게 밥을 퍼주면서 궂은 일을 도맡아 했다. 돈을 벌겠다고 고향과 가족을 떠나 머나먼 전장에서 위험천만한 수송 작업을 하던 한국 직원들은 어머니처럼 헌신하는 김 여사의 모습에서 큰 위안을 받았다.

조중훈은 베트남에 파병된 한국군 장병들에게도 각별히 신경을 썼다. 한국군 군복을 입은 사람이 한진상사를 방문하면 누구나 식사를 무료로 제공하도록 했다. 미군 시레이션(C-Ration, 미군의 전투 식량)이나 찐 밥이 입에 맞지 않는 한국 병사들은 한진상사에서 정성스럽게 주는 밥에 김치와 찌개를 먹는 맛에 외출이나 외박을 나오면 한진상사부터 찾았다. 조중훈은 한진상사 직원들이나 파월 장병들이나 모두 이역만리 전장에서 목숨을 걸고 싸우고 일하고 있는 만큼 서로 의지하고 도와야 한다고 강조했다. 한진상사의 파병 장병들에 대한 배려는 한국군 사기 진작에 큰 역할을 했다.

조중훈은 베트남 현지인에게도 인정을 베풀었다. 이것은 대단히 중요한 일이었다. 조중훈은 베트남 현지인의 마음을 사지 않고는 베트남 사업의 대성공을 거두기는 어렵다고 판단했다. 현지인의 한국인에 대한 인식은 좋을 수만은 없었다. 자기 나라에 와서 전쟁을 하고 사업으로 돈만 벌어간다는 반감이 일어날 수 있었다. 더구나 베트남 사람은 자존심이 강해 조금만 실수해도 이해해 주지 않는다. 그러잖아도 벌써 '어글리 코리안'이라는 비난도 들려왔다. 조중훈은 직원들에게 베트남 주민들에게 폐를 끼치거나 탈선 행위를 하지 말라고 엄중히 지시했다. 이를 어기는 직원은 즉시 귀국시켰다.

조중훈은 사소한 부분까지 세심하게 관심을 기울였다. 조중훈은 베트남 현지인의 마음을 사기 위한 '현지화 정책'의 일환으로 한진의 수송 작업에 베트남 사람들의 참여를 유도했다. 안전과 교통사고 처리를 위해 언어가 통하는 현지인을 고용했다. 베트남 사람과 한진 직원 간에 사고나 다툼이 발생할 경우 그들이 만족할 만한 보상을 신속하게 해주기 위해서였다.

대민 지원도 활발하게 전개했다. 자재로 쓰고 남은 재목은 인근 주민에게 땔감으로 나누어 주고 의무실 문을 개방해 무료 진료를 해주기도 했다. 베트남인 직원을 위한 연수원을 설립해 한국어와 기술도 가르쳤다. 김치공장에도 베트남 여성을 최우선으로 채용했다. 현지인의 취업 비율이 높아지자, 현지인에 대한 취업 규칙을 따로 정해 공정한 노무 관리를 하도록 했다. 작업 현장에 있는 기술 훈련소에서 주민들에게 무료로 기술 교육을 제공하기도 했다.

베트남에서의 사업이 절정에 달한 1968년 당시 한진 베트남 지사 직원의 1/4에 해당하는 1,000여 명이 현지인이었다.

'한진'에서 일하는 현지 여성이 걸어갈 때 뒷모습만 봐도 한진에서 일한 지 몇 년이 되었는지를 알 수 있다는 우스갯소리가 나돌기도 했다. 당시 베트남인들은 전쟁 중이라 잘 먹지 못해 마른 사람이 태반이었는데 '한진'에서 3~4년 일하다 보면 여성들이 잘 먹어서 허리가 굵어진다는 뜻에서였다. 실제 그런 현상이 보인 것이다.

조중훈의 현지화 정책은 베트남인들 사이에 널리 퍼져 나갔다. 미풍에 실려 가는 꽃향기처럼 베트남 전역에 확산되었다. 덕분에 한진 직원에 대한 월맹(越盟, 북베트남 통칭)군의 기습은 눈에 띄게 줄어들었다. 반미(反美) 시위가 거세게 일어났을 때도 한진은 피해를 입지 않았다. 월맹군이 '한진'만 공격하지 않는 것을 두고 한진과 월맹군이 내통하지 않느냐는 유언비어가 돌기도 했다.

종종 현지에서 채용한 베트남 직원들과 현지 마을을 방문하는 경우가 있었다. 그럴 때마다 베트남 직원들은 '이곳에 가면 안 된다', '저곳은 위험하다'는 식으로 귀띔해 주었다. 한마을, 한 가족 안에도 베트남군과 월맹군이 공존하던 상황에서 자신들에게 진심으로 호의를 베풀어주는 한진 사람들에게 은혜를 갚았던 것이다.

조중훈이 적극적인 난민 구제와 대민 사업을 펼치면서 베트남 주민들 사이에서는 '따이한 넘버원', '한진맨 넘버원'이 유행어가 되었다. 조중훈이 보여준 현지 직원과 주민에 대한 세심한 배려는 그들에게 신뢰를 심어 주었고 나아가 '한진' 뿐만 아니라 '대한민국'에 대한 신뢰를 쌓아가는 데도 기여했다.

전쟁과 그림은 멀리서 보아야 한다. 조중훈은 베트남 전쟁이라는 그림을 멀리서 바라보았다. 베트남 전장을 가까이서 보면 당장 운송과 직결되어 있는 미군밖에 안 보이지만 멀리서 보면 현지인들이 보이고 그들의 고통까지 보인다. 멀리서 보면 미군을 보는 시각도 달라진다. 그들이 목숨을 걸고 작전을 수행하는 과정에서 얼마나 큰 고통이 있는지까지 헤아리게 된다. 그래서 미군들과 베트남 현지인들의 마음을 읽을 수 있었고 그들의 마음을 샀다.

상대의 마음을 읽으면 이루지 못할 일이란 없다. 조중훈은 상대의 마음을 읽는 방법을 터득했고 추후 자신의 기업 경영의 대원칙으로 삼았다.

13

한진(韓進) 성장 엔진을 달다

한진은 번개의 속도로 업무를 수행한다.

미국이 베트남전을 치르면서 군수품 수송이나 하역에서 한진의 일 처리 속도로 덕을 많이 봤다.

미군 주월 사령부나 베트남 현지인들의 호평은 뜨거웠다. 선박 접안 시설이 부족해 늘 하역할 물건이 산더미처럼 쌓여있던 퀴논항은 '한진'의 손길이 닿으면서 말끔하게 정리되었다. 군수품을 실은 선박이 외항에서 하역을 기다리고 있는 일은 없어졌다. 군수 물자는 부지런한 한진 직원들 덕분에 신속하게 전선의 각 부대로 전달되었다. 수송을 관리하는 미군들은 한진 직원들을 볼 때마다 엄지를 추켜세우면서 환호했다.

1급 서비스를 제공하는 만큼 한진에 대한 대우도 1급이었다. 당시 다낭과 사이공 등지에는 한진 외에도 천여 개의 한국 업체가 진출해 있었다. 그러나 한진이 받는 용역비는 다른 한국 회사와 비교가 되지 않을 만큼 높은 수준이었다. 한국의 다른 업체들은 대부분 하청 형식으로 사업을 진행했지만 '한진'은 주월 미군 사령부와 직접 계약한 원청 기업인 것이다. 최고 수준의 대가를 받으며, 그러나 많은 물량을 처리하면서도 파손 하나 없고 적기에 완벽하게 수송해 내는 한진이었다. 현지에 진출한 미국의 업체들도 전쟁이 끝날 때까지 퀴논항을 넘보지 못했다.

조중훈은 미군 수송 담당관으로부터 이런 말을 들었다.

'전장에서 수송은 탄약과 같다. 수송이 잘못되어 배상이 된다고 하더라도 그 돈이 전투 중의 탄약을 대신할 수 없다'

명언이었다. 인류의 오랜 수많은 전쟁에서 수송로가 길고 수송이 늦어져 패전한 사례는 수없이 많다. 당시 미국의 베트남전은 고전이었다. 개전 초기 미국의 군사력으로 보아 쉽게 승전할 수 있으리라는 예상과는 달리 울창한 숲과 미로처럼 얽혀 있는 월맹군의 땅굴에는 미국의 첨단 무기나 융단 폭격도 힘을 발휘하지 못했다. 조중훈은 베트남에서 군수품 수송전을 벌이는 내내 그 수송 담당관의 말을 잊지 않았다.

당시 베트남에 진출한 한국 업체들은 자금난에 허덕였다. 장비 구입 액수가 점점 증가하자 외국 거래선들은 한국 업체들에게 정부의 지불 보증을 요구했다. 하루 이틀 단위로 장비와 돈이 돌아야 하는 급박한 전쟁 상황에서 정부의 지불 보증 절차를 밟는 것은 물리적으로 거의 불가능했다. 하기 때문에 한국 업체 대부분이 자금난에 시달릴 수밖에 없었다.

조중훈은 장기영 부총리 겸 경제기획원 장관의 명의로 된 백지 신용장을 받았다. 완벽한 정부 지불 보증을 받아 놓은 것이다. 조중훈의 평소 닦아 온 탄탄한 신용 덕분이었다. 백지 신용장 내용은 64만 달러 범위 내에서 어떤 물건을 구입해도 결제가 되는 것이었다.

그런데 어느 날 이 신용장에 문제가 발생되었다. 홍콩에서 건조하는 바지선이 완공될 즈음 대금을 지불하려고 백지어음 신용장을 들고 미국 FNCB은행(현재의 씨티은행)에 대출을 요청했는데 거절당한 것이다. FNCB의 거절 이유는 신용장 유효기간이 너무 짧다는 것이었다. 미국 금융기관의 콧대는 예나 지금이나 높았다.

한국 정부의 지불 보증을 트집 잡다니. 조중훈은 하는 수 없이 장기영 부총리에게 전보를 쳤다. 마침, 장 부총리는 유럽 출장 중이었다. 장 부총리는 독일로 이동 중이었고 독일로 급한 사정임을 알리고 지원을 요청했다. 신용장 기간이 연장이 안 되면 조선소에 7만 달러를 배상해야 하고 수송 스케줄에 차질이 불가피할 상황이었다. 모든 것이 수포로 돌아갈 절체절명의 순간에 전보가 날아들었다.

「신용장 기한을 1년으로 연장함 – 한국은행 이사회」

조중훈의 신용도는 이런 수준이었다.

이런 우여곡절을 겪으며 1967년 5월 '한진'이 미군과 맺은 2차 계약 규모는 1차 계약의 5배가 넘는 3,400만 달러로 늘어났다. 국가 외환 계정에 보탬이 되는 수준이었다.

한진이 1966년부터 1971년까지 5년 동안 미군 용역 사업으로 베트남에서 벌어들인 외화는 1억 5천만 달러에 달했다. 외채(外債) 상환에 쫓기던 정부를 크게 도와주었다. 당시 한국의 1인당 국민소득(GNP)이 200달러도 안 될 때였으므로 한진이 벌어들인 외화가 국가 경제성장에 얼마나 큰 기여를 했는가를 짐작할 수 있다. 게다가 '한진'의 수송 사업은 물자 수출보다 외화가득률(外貨稼得率, Rate of Foreign Exchange Earning)이 몇 배나 높았다. 외화가득률이 높다는 것은 '돈을 많이 번다'는 것이다. 정부는 매년 수출의 날 행사에서 '한진'을 포상했는데, 한진은 국내 기업 가운데 최다 수상 기록을 세웠다.

사업가 조중훈에게 베트남에서 얻은 금전적인 수입이나 훈장보다 값진 소득은 아무리 어려운 일이라도 도전하면 성공을 거둘 수 있다는 자신감이었다.

이것은 조중훈에게 인생 최대의 자산이었다. 이 자신감이야말로 '한진'이 베트남 사업 이후 종합 운송그룹으로 성장해 가면서 어려움을 극복해 내는 정신적 지주가 되었다. 아무리 좋은 기회라도 이를 포착하고 실천에 옮기는 결단이 없으면 발전이란 있을 수 없다는 교훈도 얻었다. 그 모든 것의 근간은 조중훈이 평소 쌓은 신용과 신뢰였다.

한진의 베트남 사업은 '조중훈'이란 이름을 세계에 알리는 계기가 되었다. 베트남 사업을 발판으로 한진은 계열회사를 거느린 '그룹'으로 발전해 나갔다. 당시 국내에서 손꼽히는 톱(Top)클래스 대기업은 대부분 성장 기반을 국내에 두고 있었다. 반면 '한진'은 해외에서 거둔 성공을 기반으로 성장했다.

조중훈에게 신용은 평소에 쌓는 것이었다. 사업 초기부터 신용을 가장 중요한 덕목으로 삼았다. 신용(Credit)이란 차입 능력 또는 일정 기간 지급을 연기하고 갚을 수 있는 능력을 말한다. 자본주의와 상업 활동이 발달하게 되면서 신용은 필수 요소가 되었다.

한국의 재벌 1세 들의 공통점은 높은 수준의 신용을 가지고 있었다는 것이었다. 정주영 현대그룹 창업회장도 '신용은 생명이다'라는 신념의 소유자였다.

정주영 회장은 사업 초창기에 '아도서비스'라는 자동차 정비 업체를 세웠다. 자본금이 없어 신설동에 있는 꽤 큰 사채업자로부터 2천 원을 빌렸다. 당시 2천 원은 거금이었다. 아도서비스는 개점하자마자 성업이었으나 초급 직원의 실수로 화재가 발생해 정비 업소는 전소되고 말았다. 정주영 회장은 다시 그 사채업자를 찾아가 3천 원의 돈을 빌려 달라고 했다. 그 사채업자는 '나는 평생 사채업을 해오면서 사람을 보고 돈을 빌려주지, 담보는 잡지 않는다'는 명언을 남기면서 다시 돈을 빌려주었고 정주영 회장은 성공해 오늘의 현대자동차 기틀을 마련했다.

조중훈도 높은 수준의 신용을 갖고 있었다. 사업 초기부터 신용을 가장 중요한 덕목으로 삼았기 때문이다. 처음에 얻지 못한 신용은 나중에 얻기는 힘들다.

한국전쟁 직후 미군 보급 물자 수송권을 따낸 것도 시험적인 대리 수송을 할 기회를 만들어 당장의 이익에 집착하지 않고 완벽하게 일을 처리함으로써 신용을 얻었기에 가능한 일이었다. 베트남에서 미군 군수품 수송을 맡을 수 있었던 것이나 위기 상황 속에서 거액의 자금을 동원할 수 있었던 것 모두가 철저하게 신용을 지켰기에 가능했던 일이다.

조중훈이 미군 수뇌부로부터 어느 정도로 전폭적인 신뢰를 받고 있었는지는 다음의 일화에서 엿볼 수 있다.

베트남전이 끝나갈 무렵 조중훈과 친분이 있던 미 육군 소장이 일본 주둔지에서 퇴역식을 거행했다. 조중훈도 퇴역식에 초청되었는데 비행기가 연착하는 바람에 행사장에 제때 도착하지 못하고 있었다. 퇴역식이 시작되려는 순간 장군은 조중훈이 도착하지 않은 것을 보고 받고 행사 시작을 미루었다.

"장군, 코리아 조중훈 사장이 아직 도착하지 않았는데 전역식은 어떻게 하시겠습니까?"라고 부관이 물었다.

"프레지던트 조는 틀림없이 참석할 거야. 그가 도착할 때까지 전역식 시작을 미루지….”

그 장군은 조중훈을 전적으로 신뢰하고 있었다. 조중훈이 황급하게 식장에 들어서자, 퇴역식은 시작되었다.

베트남에서 성공을 거두고 도약의 기회를 얻은 조중훈은 성장을 이끌어갈 사훈(社訓)이 필요하다고 생각했다. 사훈이란 사원으로서 지켜야 할 회사의 방침(행동규범)을 뜻한다. 사훈은 경영이념(經營理念, Management Philosophy)을 보다 구체화한 것으로 경영자의 의지를 견인하는 역할을 하면서 회사 구성원들에게 요구되는 정신상과 행동상을 제시해준다. '수송을 통해 국가, 사회, 인류의 발전에 기여한다'는 수송보국(輸送報國)의 창업 정신에 입각해 다음과 같은 사훈이 탄생했다.

「創意창의와 信念신념」
「誠意성의와 實踐실천」
「責任책임과 奉仕봉사」

여섯 단어, 세 묶음으로 이루어진 사훈은 조중훈의 창업 정신과 경영철학이 응축된 '한진호(韓進号)'의 엔진이나 방향키 같은 것이었다.

'창의'는 남이 닦아놓은 길에는 절대로 뛰어들지 않겠다는 자긍심을, 신념은 한번 시작한 사업은 끝을 볼 때까지 완성하겠다는 기업가 정신을 뜻하는 것이었다.

'성의'는 수송 사업의 필수 불가결한 가치인 안전과 고객 만족을 위한 신용과 서비스 정신을, 실천은 지식과 생각을 행동과 성과로 이끌어 내는 도전 정신을 담고 있었다.

'책임'은 돈만 벌기 위해서 사업을 하는 것이 아니라 기업 활동을 통해 국가와 국민을 이롭게 하는 사업 보국, 수송 보국의 의지를, 봉사는 기업과 기업가는 경제 외적인 부분에서도 국가와 사회에 기여해야 함을 반영하는 가치였다.

사훈을 3단계로 보면 '창의와 신념'으로 사업을 일으키고 '성의와 실천'으로 사업을 발전시키며 '책임과 봉사'로 사업의 성과를 나누고 사회에 기여하겠다는 각오와 의지를 담고 있다.

조중훈은 사업을 예술(藝術, Art)로 정의한다. 예술에는 창작 활동이 포함되는데 조중훈이 사훈에서 정한 창의가 이 활동에 포함되는 것은 당연하다.

조중훈이 수송의 길을 고집한 것, 신용을 절대 가치로 여기고 고객 관리를 하며 척박한 환경을 뚫고 땅길(육운), 바닷길(해운), 하늘길(航空)을 개척해 온 것, 이윤과 무관한 교육과 외교(外交) 현장에서 어느 기업가보다 헌신적으로 활약한 것 모두가 그가 금과옥조로 삼은 다섯 단어의 사훈에서 그 DNA(생명체 정보)를 발견할 수 있다.

14

일생일대의 도전 대한항공(KAL) 인수

항공 산업은 항공기를 활용하여 여객과 화물을 수송하는 산업 활동이다. 항공 산업은 21세기 들어 대국지표(大國指標)를 구성한다. 일국의 항공 산업 크기가 그 나라의 국세(國勢)를 가늠하는 기준이 된다는 것이다.

21세기는 '하늘을 날아다니는 시대'다. 세계의 하늘은 하루에 약 2만 7천 대의 비행기가 날고 있다. 사람과 물류가 국경을 넘어 지구촌을 누빈다.

(우리의 이야기는 이제 이 책 첫 장에서 조중훈이 박정희 대통령을 만나 박 대통령으로부터 '항공공사' 인수를 제안받고 처음에는 제의를 거절했으나 '국적기를 타고 외국 나가는 것이 내 소원이요'라는 말을 듣고는 더 이상 거절하지 못하고 인수 의사를 밝히고 청와대를 나와 자신의 사무실로 돌아온 이후로 계속된다.)

조중훈은 회사로 돌아와 중역 회의를 했다.

"박 대통령께서 우리 한진그룹이 항공공사를 인수해 주면 좋겠다는 말씀을 하시기에 그렇게 하겠다고 약속했다. 여러분의 의견을 말해 주기를 바란다."

중역들의 반대는 예상보다 거셌다.

"누적 적자가 27억 원이나 되는 회사를 인수해서는 절대 안 됩니다."

"22개 국영 기업체 중에 제일 골치 아프고 부실 덩어리를 인수해 어떻게 키울 수 있겠습니까."

"국제 경쟁이 되지 않습니다. 100% 민영(民營)인 미국을 제외하고는 영국, 프랑스, 독일, 일본 등은 반관반민(半官半民) 형태로 운영되고 있는데 경제 후발국인 한국이 100% 민영 형태의 항공사를 경영하는 것은 불가능합니다."

"우리나라가 1, 2차 경제개발 성공으로 물류, 운송이 이제 싹을 튼 단계이기는 해도 항공 쪽은 아직 요원합니다."라는 반대 의견이 나왔다. 특히 '베트남에서 고생해 모은 돈을 밑 빠진 독에 쏟아부을 순 없다', '다른 조건을 내걸더라도 항공사 인수만은 거절해야 한다'는 의견과 누군가의 '현재의 한진의 자금 동원력이라면 차관(借款)을 얼마든지 들여올 수 있으니 차라리 중화학 공장을 짓는 게 낫다'는 의견도 있었다.

당시 정부는 중화학공업 육성 정책을 내걸고 철강, 조선, 화학, 자동차 산업에 집중하고 있던 때라 마음만 먹으면 그런 방면에 한진그룹도 진출할 수 있는 기회는 있었다.

조중훈은 그즈음 베트남에서의 성공으로 도약의 발판을 만들어 해운업 진출을 모색하고 있었다. 해상운송으로 미국이나 유럽과 대규모 무역을 하면 크게 성공할 수 있다고 판단했다. 해운업에 진출하기 위해 인천항에 컨테이너 전용 민자 부두를 착공하고 30억 원 이상을 투자할 계획까지 세워놓고 있었다.

항공업은 조중훈이 운송 업계에 뛰어들면서부터 관심을 둔 사업이기는 했다. 1960년에 이미 세스나 비행기로 에어택시 사업을 시작했고 5.16으로 중도에 하차하긴 했지만 한국항공주식회사(에어코리아, Air Korea)를 설립하기도 했다. 일본의 세스나는 전후 호황기를 맞아 다양한 경비행기와 비즈니스 제트기를 만들어 팔았다. 세스나 172S는 세계에서 가장 많이 팔린 비행기라는 기록을 가지고 있다.

조중훈은 정부가 항공공사 민영화를 놓고 고심하던 시기에서 베트남에 진출해 있는 한진 인력을 수송하기 위해 90인승 중형 항공기 슈퍼 컨스텔레이션(Super Constellation) 4발기 한 대를 사들였다. 항공공사가 적자 경영을 개선하기 위해 주 2회 운항하던 서울-타이페이-홍콩 노선을 휴항하고 있어 서울과 베트남을 오가는 자체 인력 이동에 불편이 컸기 때문이다. 하지만 부실 덩어리 항공공사를 인수할 생각은 전혀 없었다.

조중훈은 임원들의 말이 틀리지 않다고 생각했다. 그래서 임원들의 말을 경청하고 고개를 끄덕였다. 현실론의 입장에서는 임원들의 말이 맞다. 임원들 말대로 적자투성이 항공공사를 인수했다가 생사를 넘나들며 어렵게 키운 회사의 존립이 위태로워질 수 있음을 조중훈도 잘 알고 있다. 아무리 오너라 해도 고락을 함께한 임원들의 충언을 무시하고 독단적으로 밀어붙일 수는 없는 노릇이었다. 진심을 담은 설득으로 공감대 형성이 필요하다고 판단했다.

"후진국에서 항공업을 한다는 게 얼마나 어려운 것인지, 더구나 빚투성이 항공공사를 인수하는 게 무모한 모험이라는 걸 왜 모르겠는가. 그렇다고 건너야 할 강(江)인데 빠져 죽을지 모른다고 건너지 않는다면 선 자리에서 그냥 죽고 말 것이다. 결과만 예측하고 시작하지 않는 사업, 이익만 생각하고 수단과 방법을 가리지 않는 사업은 진정한 의미의 사업이라고 할 수 없다. 만인에게 유익하다고 생각되는 사업이라면 온갖 어려움과 싸워 나가면서 키우고 발전시켜 나가는 게 기업의 진정한 보람이 아니겠는가."

조중훈은 폐부에서 우러나오는 열변을 토해냈다. 중요한 순간이었다. 이 나라에 번듯한 항공사 하나가 탄생하고 세계적인 항공사가 출현하는 순간이기도 했다. 조중훈의 간곡한 설득에 임원들도 따랐다. 그야말로 무모한 도전이 시작되었다. 성공한 도전치고 무모하지 않은 도전은 없다.

직원 감원(減員)은 없다

조중훈은 1968년 11월 1일 정부에 항공공사 인수 의사를 공식 통보했다. 그날은 한진상사 창립 23주년 기념일이기도 했다.

박정희 대통령도 부실 공기업 정리 정책 수행 과정에 한시름 덜었다. 박 대통령은 조중훈 사장에게 항공공사 경영 과정에서 어려울 때 3번까지는 연락을 받겠다고 약속했다. 도움을 주겠다는 뜻이었다. 그러나 조중훈 사장은 한번도 연락을 하지 않았다.

(독자들이여. 이제부터는 '사장'의 존칭을 쓰게 됨을 알려드린다.)

인수 조건은 납입자본금 15억 원을 5년 거치 10년에 걸쳐 분할 상환하고 27억 원이 넘는 부채는 그대로 껴안는 조건이었다. 부실 회사를 인수하는 조건으로는 턱없이 불리했다. 반면 특혜 시비는 일어날 일이 없었다. 재계에서는

'조 사장, 베트남에서 조금 성공한 것 몽땅 집어넣는 것 아닌가', '바가지를 쓴 것 같다' 하는 동정론이 쏟아지기도 했다.

1969년 3월 1일 대한항공(KAL Korean Airline)이 출범했다.

예상은 했지만, 인수를 하고 보니 문제가 이만저만이 아니었다.

'항공공사'는 방만하고 비효율적인 국영기업의 문제점을 고스란히 안고 있었다. 당시 석탄공사, 해운공사, 대한중석 등이 부실의 상징처럼 여겨졌었는데 항공공사도 그에 못지않았다.

조중훈 사장은 인수 초기 회사를 어떻게 해야 정상 궤도에 올려놓을까 하는 걱정으로 밤을 지새웠다. 당시 항공공사는 실무급 직원보다 자리만 꿰차고 앉은 임원이나 간부의 수가 더 많았다. 역삼각형 구조였다. 경영학에서 가장 나쁜 구조로 여기는 역삼각형 그대로였다.

역삼각형 구조가 나쁜 것은 일하는 직원은 소수인데 명령권자가 많다는 것이다. 이 때문에 관료적 색채가 짙었다. 항공기가 고작 8대에 불과한데 직원 수는 7백 90명이 넘었고 이런저런 인맥으로 채용된 인원이 절반을 넘었다. 당시 각 국영 기업체는 정치인들의 인사 청탁이 기승을 부리는 때였다. 심지어 이름만 걸어놓고 출근 도장만 찍고 월급을 타가는 유령 직원도 있었다.

민영화 이후 항공공사 직원들 사이에는 감원 소문이 끊이지 않았고 이 때문에 직원들 사기는 가라앉았다. 인사 책임자는 조중훈 사장에게 부적격자를 해고해야 한다고 건의했다.

"사장님! 현재 사원들 중에는 항공 사업에 전혀 전문 지식이 없는 사람이 적지 않습니다. 이런 사원은 해고 조치를 해야 회사가 살아날 수 있습니다."

"그렇긴 한데 경영에 있어서 감원만이 능사가 아닙니다. 나는 한 사람도 해고시키지 않을 생각입니다."

조중훈 사장은 자신의 인사방침을 밝혔다. 조중훈 사장은 이런 인사방침을 공개석상에서 세 번이나 밝혔다. 해고 불안감에 휩싸여 있는 직원들을 안심시키고 조직의 안정을 기하기 위해서였다.

인재는 교육을 통해 얼마든지 만들 수 있다고 믿고 있었다. 조중훈 사장은 능력이 부족한 사람이면 자리를 바꿔주거나 교육시키면 된다는 신념을 가지고 있었다. 그 결과 '항공공사'를 인수한 후 감축된 인원은 스스로 물러난 몇 명을 제외하고는 전무했다.

조중훈 사장은 한진 직원의 60% 선에 불과했던 '항공공사' 직원의 임금을 한진 직원 수준과 동일하게 올려주었다. 그리고 당시에는 찾아보기 힘든 '성과급 제도'를 도입했다. 성과급 제도란 임금과 성과를 연동시켜 사원들의 동기 부여를 통한 기업의 경쟁력 향상을 도모하는 수단이다. 인센티브(Incentive) 시스템을 도입한 것이다.

조중훈 사장은 1973년 국내 기업 최초로 직원 자녀 학자금 제도를 도입하기도 했다. 직원 자녀의 대학 등록금까지 전액 지원하는 당시로서는 파격적인 복지제도였다. 한국 사람에게 애들을 교육시키는 일은 인생의 가장 중요한 일이었다. 돈이 없어 학교에 못 다니는 것을 가장 비참하게 여기는 것이다. 이런 사회적 풍토에서 대학 등록금 전액을 지원받는 일은 꿈같은 일이었다.

이 조치로 대한항공(KAL)은 대졸자들이 취직하기를 선호하는 직장의 제일 순위로 인기가 올라갔다. 조중훈 사장은 집안 형편 때문에 학업을 중단하는 아픔이 어떤 것인가를 자신의 경험에 비추어 잘 알고 있었다. 그는 집안 형편 때문에 휘문고보(현 휘문 고등학교) 3년 때 학교를 중퇴하지 않았던가!

조중훈 사장은 직원들이 해고되지 않는다는 생각이 그들에게 동기를 부여하고 사기를 끌어 올릴 것으로 확신했다. 아무리 무능한 사람이라도 자신의 위치가 있는 법이며 그것을 알고 적재적소에 배치하는 것이 리더의 역할이라고 생각했다.

조중훈 사장은 평범한 사람도 비범한 성과를 창출할 수 있도록 사람을 키우는 일에 심혈을 기울였다. 그에게 필요하면 쓰고 불필요할 때 버리는 일은 없었다. 누구나 인재가 될 수 있고 인재가 되는 교육을 받을 기회가 있어야 한다는 것이 조중훈 사장의 인재관(人材觀)이었다. 이러한 인재관의 바탕에는 인간에 대한 애정과 존중이 있다. 직원의 복지에 관심을 쏟은 것도 '인간 존중 경영'이라는 큰 틀에서 이루어진 것이다.

자료 공개(公開) 포상금 제도

조중훈 사장은 구 항공공사 직원들에 대한 인화 정책을 펼치는 동시에 교육 체계를 확립해 나갔다.

항공사 직원은 전문성이 생명이다. 사소한 항공 용어에서부터 항공요금 계산법, 조종사들이 사용하는 통신망인 텔렉스(Telex, 인쇄전신 교환 장치) 이용법까지 모든 업무에 전문 지식이 필요했다.

문제는 실무자들이 자신이 터득한 노하우(Know-how, 지식)를 공유하지 않으려는 데 있었다. 외국 항공사에서 어렵게 구해 온 자료와 매뉴얼(Manual, 기계나 컴퓨터 따위의 사용법이나 설명한 책)을 각자 비밀스럽게 보관하고 있는 것이다. 노하우나 매뉴얼을 다른 직원에게 알려주었다가는 자리를 빼앗길지도 모른다는 두려움 때문이었다. 심지어 사내 교육 강사들조차 강의만 할 뿐 문서로 된 교재를 만들지 않았다. 이런 현상을 개선하기 위해 강사들의 강의 내용을 녹음해 교재로 만들자는 아이디어까지 나왔을 정도였다.

상황이 이렇다 보니 신입 사원이 입사해 제대로 업무를 익히기까지 4~5년이 걸렸다. 대학을 졸업하고 입사한 직원들은 고졸 직원보다 많았지만, 실무 지식은 오히려 적었다.

조중훈 사장은 고민 끝에 대안을 내놓았다. 자료 공개를 독려하기 위해 자료 공개에 포상금을 건 것이다. 자료의 내용에 따라 등급을 매겨 포상금을 지급했는데 1급 자료일 경우에는 포상금이 한 달 월급보다 많았다.

조중훈 사장은 사내 교육원을 설립했다. 각 업무 분야에서 가장 우수한 직원들을 교육원 강사로 발령냈다. 강사로 차출된 직원에 대해서는 2~3년간 교육원에서 일하며 교재를 잘 만들면 자신이 희망하는 해외 지사로 파견해 주겠다는 파격적인 조건을 제시했다. 당시는 해외 근무가 선호되는 때였다.

이렇게 해서 2년 만에 비로소 대한항공의 사내 교재가 편찬되었다. 여객 영업, 화물 영업, 운송 기본 등으로 분야를 나눠 초, 중, 고급 단계별로 작성된 짜임새 있는 교재였다. 당시 만들어진 〈항공 약어집〉은 현재도 대한항공 교본의 토대로 활용되고 있다.

머릿속에 있거나 데이터화되지 않은 지식을 문서로 체계화해 모든 직원이 공유하게 한 것은 국내 기업 중 '대한항공(KAL)'이 최초였다. 조중훈 사장은 그것을 '지식 투자'라고 했다. 그것은 경영학 개념으로는 지식경영시스템(Knowledge Management System) 구축이었다. 조중훈 사장은 회사가 성장하기 위해서는 구성원 사이의 지식, 기술, 정보, 경험의 공유가 가장 중요하다고 생각했다.

오늘날 경영 체계에서는 지식 공유에 적합한 조직 체계와 관리 방식을 도입하고 있는데 조중훈 사장은 이미 오래전 그것을 터득하고 있었다. 조중훈 사장은 지식은 나누면 커진다는 것을 알고 있었다. 자본, 기술, 직원(인력) 세 가지 중 한 가지를 고르라고 한다면 조중훈 사장은 틀림없이 '직원'을 택했을 것이다. 직원을 교육하면 얼마든지 기술을 습득할 수 있고 기술을 통해 얼마든지 매출을 올릴 수 있다고 믿었다. 조중훈 사장은 인본주의(人本主義, Humanism)자였다.

15
대한항공(KAL) 본격적으로 날개를 펴다

조중훈 사장은 내부 틀이 잡히자 과감한 투자에 착수했다. 조중훈 사장의 대담성이 제 모습을 드러내기 시작한 것이다.

기종(機種)을 늘리는 것은 물론이고 프로펠러기가 아닌 성능 좋은 4발 제트기(Jet Aircraft)로 업그레이드하기로 했다. 제트기는 프로펠러기보다 훨씬 더 높이, 더 빨리 날 수 있다. 당시 선진 외국 항공사들은 대형 제트기를 띄우며 '하늘의 전쟁'을 벌이고 있었다. 신생 대한항공(KAL)이 살아남으려면 무리가 따르더라도 단기간에 최대 수송 능력을 갖추어야 한다.

조중훈 사장은 인수 2년 만에 국내선용으로 신형 YS-11 8대를 들여왔다. YS-11은 일본항공기제조(NAMC)에서 개발한 터보프롭 여객기 및 화물기로 일본이 개발한 최초의 상업용 여객기 및 화물기다. YS는 일본어로 수송비(Yusoki)와 설계(Sekkei)에서 따온 것이다.

동시에 국제선 진출에 대비해 중·장거리용 항공기 도입을 서둘렀다. 미래를 위한 투자였다. 대한항공이 국영에서 민영으로 바뀐 효과를 단적으로 보여준 것도 상상을 초월한 속도로 과감히 항공기를 도입하는 그것이었다.

'항공공사' 시절에는 도입할 항공기 기종 선택을 두고도 1년이 넘도록 검토만 하고 있었다. 더글러스냐 보잉이냐를 놓고도 사장은 정부의 눈치를 보느라 결재란에 사인은 하지 못한 채 시간만 허비하고 있었다. 국영 기업의 단점이었다.

조중훈 사장이 항공공사를 인수하고 난 후 그런 문제는 일거에 해소되었다. 정치적 이해관계를 고려하는 것이 아니라 항공 사업의 경쟁력만 보고 신속하게 결정을 내릴 수 있었기 때문이다. 조중훈 사장은 항공 사업을 멋지게 하고 싶었다. 그것이 한진그룹이 생존하는 길이기도 했다.

민영 '대한항공'을 이륙시키면서 사업가를 뛰어넘어 예술가처럼, 사장이 아니라 화가(畫家, Painter)처럼 노선도(路線圖)를 그리기 시작했다.

항공기 도입을 결정한 다음 조중훈 사장은 국제선(國際線) 항로를 확보하기 시작했다. 국제선으로 외화를 벌어들여 적자를 메우기 위해서는 외국 항공사들이 선점하고 있는 국제선을 확보하는 것이 절실했다. 조중훈 사장은 세계지도를 펴놓고 향후 10년, 20년, 50년을 내다보면서 대한항공이 취항할 노선을 그렸다.

조 사장은 서울을 아시아의 중심으로 두고 미주(美州) 노선과 유럽(Europe) 노선의 거점으로 잡았다. 오늘날 대한항공이 개척해 운항하는 그물망 같은 노선도를 보면 50여 년 전 조중훈 사장이 얼마나 주도면밀하게 밑그림을 그렸는지 그의 선견지명에 감탄하지 않을 수 없다. 오늘날 대한항공의 노선도는 그 자체로 하나의 멋진 그림이며 예술작품이다.

밑그림을 제대로 그렸다고는 해도 신생 항공사가 선발 항공사의 견제를 뚫고 항로를 개척하는 것은 무척이나 어려운 문제였다. 항로는 비행기와 여객 수요만 있다고 해서 얻을 수 있는 것이 아니다. 하늘은 열강의 각축장이다. 각국이 자국의 이익을 최대한 확보하려고 타국을 견제하고 외교 문제로 비화시키기도 한다. 여기에 군사적 목적으로 영공(領空)이라는 개념으로 하늘을 갈라놓기도 한다. 강대국의 힘에 눌려 항로를 빼앗기는 수도 있다.

대한항공이 1969년 당시 그나마 외화(外貨)를 벌어들이는 국제선은 서울-도쿄, 서울-오사카, 부산-후쿠오카 노선이 고작이었다. 미주(미국) 노선은 수익을 떠나서 국적 항공사가 있다는 존재감을 알리기 위해서라도 꼭 취항해야 했지만, 한미항공협정(韓美航空協定)에 따라 한국 항공사에는 알래스카(Alaska)를 경유해 시애틀(Seattle)까지 가는 북태평양 노선으로 제한되어 있었다. 이 노선은 먼 거리로 우회하는 것이다. 한국인이 가장 많이 이용하는 호놀룰루(Honolulu)나 로스앤젤레스(Los Angeles) 등 중부 태평양 노선에는 운항이 허용되지 않았다. 중동(中東)으로 가는 발판이 되는 서울-방콕 노선이나 동남아 진출의 전초기지 역할을 할 서울-마닐라 노선, 서울-사이공 노선도 취항이 안 되었다.

1969년 10월 조중훈 사장은 일단 서울-사이공 노선에 B720 여객기를 띄웠다. 당시 베트남 노선은 파병을 비롯해 한국 건설사와 용역업체들의 진출이 많아 항공 수요가 폭증하고 있었다. 귀국하는 장병이나 기술 인력의 수송을 위해 취항을 서둘러야 할 노선이었다. 그러나 정상적인 절차를 밟아 협정을 맺으려면 시간이 오래 걸릴 것이 뻔했다. 조중훈 사장에게 베트남은 너무 잘 아는 사업 연고지였다. 퀴논항의 미군 군수품 운송 사업을 수행할 때 베트남 현지인의 마음을 사 놓은 곳이기도 했다.

조중훈 사장은 베트남 정부에 한국의 병력과 근로자 수송을 위해 취항이 긴요하다고 설명해 취항 허가를 받아냈다.

1969년 대한항공 B720 여객기가 사이공에 취항하면서 서울-오사카-타이베이-홍콩 노선은 사이공까지 연장되었다. 대한항공은 이 노선을 다시 방콕까지 연결해 동남아 최장 노선 기록을 세웠다. 동남아 노선 확장에 따라 옛 항공공사 시절 운항이 중단되었던 서울-홍콩 직항 노선도 부활시켰다. 동남아 지역과의 교류가 활발해질 것이라는 조중훈 사장의 이 예측은 적중했다.

한국 경제의 비약적인 성장 속에 조중훈 사장은 동남아를 발판으로 꾸준히 항로를 늘려나갔고 '대한항공'은 국제 항공사로서의 면모를 갖추기 시작했다.

동남아 노선을 확장하는 것은 단기적인 목표에 지나지 않았다. 조중훈 사장은 훨씬 더 큰 그림을 그리고 있었다. 한국, 즉 '서울'을 전 세계 하늘길의 중심으로 만드는 구상이었다. 당시 대한항공의 규모나 한국의 국제적 위상으로서는 도저히 가능할 것 같지 않은 꿈이었다. 하지만 조중훈 사장은 가능할 것이라는 확신을 가졌다. 조중훈 사장다운 발상이었다. 고작 트럭 15대로 주한 미8군의 군수품 운송을 따냈던 조중훈 사장 아니던가.

그 도전의 첫발은 서울-도쿄의 이원권(以遠權) 확보였다. 이원권(Beyond Right)이란 자기 나라 비행기가 어디 가서 내릴 수 있고 어디서 어디까지의 영업이 가능한가를 정하는 권한이다. 다른 말로는 항공 자유화 단계를 말한다. 일본과의 항공 협정은 전 세계적으로 유례가 없는 빅딜(Big Deal)이었다.

조중훈 사장은 서울-도쿄 노선을 개척하면서 일본 측에 '이원권'을 요구했다. 즉 서울에서 출발한 대한항공 비행기가 도쿄에서 출발하는 승객이나 화물을 싣고 제3국으로 갈 수 있는 권리를 요구한 것이다. 물론 일본항공사(JAL)가 도쿄에서 서울을 거쳐 제3국으로 갈 수 있는 권리도 주겠다고 했다. 명목상으로는 양자가 서로 이원권을 보장해 주는 공평한 협정으로 보이지만 실질적으로는 일본에게는 이렇다 할 이득이 없고 대한항공만 혜택을 보는 불평등 협정이었다.

당시 도쿄에서 제3국으로 가는 승객이나 화물은 넘쳐났지만, 도쿄에서 온 비행기를 서울에서 타고 제3국으로 가는 승객이나 화물은 거의 없었다. 일본의 하네다 공항은 국제공항으로 동남아 허브 역할을 했지만, 우리 김포공항은 변방의 간이역 수준이었다. 누가 보아도 일본에게 불리한 이 협상이 이루어진 데는 조중훈 사장 특유의 외교력이었다. 조 사장은 이미 일본 정·재계에 깊숙이 선이 닿아 있었다.

일본과의 항공 협정을 유리하게 끌어낸 조중훈 사장의 다음 목표는 일본 승객을 태우고 서울을 거쳐 유럽으로 가는 것이었다. 조중훈 사장이 유럽 구상을 말했을 때 실무자들은 납득하지 못했다. 누가 들어도 일반 통념에 어긋나는 경로였기 때문이다. 유럽으로 가는 일본 승객이 무엇 때문에 자국 항공사의 직항노선(直航路線)을 놔두고 외국 항공사인 대한항공을 타고, 그것도 번거롭게 서울을 거쳐 가려고 하겠느냐며 모두 고개를 저었다.

조중훈 사장의 생각은 달랐다. 일본 승객 모두가 도쿄 승객일 거라고 생각하는 것은 겉만 보는 것일 뿐이고 '일본에서 유럽으로 가는 사람들이 도쿄에만 있겠느냐'고 반문하는 것이다. 수도 도쿄만 보지 않고 일본의 지방 도시에서 유럽이나 미국 등지로 가는 승객을 붙잡겠다는 것이 조중훈 사장의 생각이었다. 조중훈 사장의 시장을 보는 시각은 보통 사람의 몇 수 위인 것이다.

열도인 일본은 홋카이도나 구마모토 등 지방 도시에서 유럽을 가자면 일단 국내선을 타고 도쿄로 올라와야 했다. 조중훈 사장은 바로 그 점을 본 것이다. 대한항공이 일본의 주요 지방 도시에 취항하면 그 지역에서 대한항공을 타고 서울을 거쳐 유럽으로 갈 승객이 적지 않을 것으로 내다보았다. 그 승객들 입장에서는 자국 항공사를 이용해 도쿄를 거쳐 유럽으로 가는 것보다 자신이 사는 곳에서 대한항공을 거쳐 유럽으로 가는 것이 거리와 시간, 비용을 줄일 수 있어 수요가 충분할 것으로 판단한 것이다.

조중훈 사장의 이런 시각은 훗날 동북아-유럽 노선의 중심이 도쿄가 아니라 서울이 된 결정적인 포석이 되었다.

조중훈 사장은 '디테일(Detail, 세부적인 사실)'에 강한 것이다. 모두가 겉으로 나타난 일본을 하나의 열도로 수도인 도쿄에만 집중할 때 그는 일본의 지방 곳곳의 승객 수요까지 꼼꼼하게 관찰했던 것이다. 조중훈 사장은 어떻게 보느냐에 따라 없던 시장을 '있는 시장'으로 만들 수 있음을 알고 있었던 것이다.

보이는 시장은 경쟁사에게도 보인다. 경영자는 보이지 않는 시장을 볼 수 있어야 한다. 블루오션이든 틈새시장(Niche Market)이든 미래의 시장은 지금 보이지 않는 시장이다. 경영자란 모름지기 남이 가보지 않은 길을 먼저 가는 개척자가 되어야 한다. 조중훈 사장은 그런 경영자였다.

미주(美州)노선 확보로 태평양 하늘길 뚫어

하늘길 개척에서 가장 큰 난관은 미주노선이었다.

미주노선은 황금노선이다. 한미의 경제, 안보 협력 차원에서 한국에서 미국으로 이동하는 인적 규모나 수출 화물 등의 운송 시장 규모는 막대하다.

1957년 4월 한국과 미국이 체결한 항공 협정은 한마디로 전형적인 불평등 조약이었다. '항공 협정'이란 항공사가 국가의 영공 통행이나 운수권 등을 자유롭게 설정할 수 있도록 하는 것이다. 즉 자기 나라 비행기가 어디 가서 내릴 수 있고 어디서 어디까지의 영업이 가능한가를 정의하는 권한이다.

한국은 김포공항에서 출발해 미국의 특정 도시에만 취항할 수 있도록 지역이 제한되고 있는 반면, 미국은 미국의 어느 도시에서나 출발해 한국으로 들어올 수 있는 권리와 한국을 거쳐 제3국으로 갈 수 있는 이원권(以遠權, Beyond Right)을 확보하고 있었다. 당시 한미 간 조속한 항공기 취항을 위해 불가피하게 맺어놓은 협정이 오히려 '대한항공' 미주 노선 취항을 가로막고 있었다.

대한항공의 국제선 사업이 본궤도에 오르기 위해서는 한·미 항공 협정 개정이 시급했다. 국제선이란 출발 장소와 도착 장소의 국적이 서로 다른 경우를 말한다. 국내선과 국제선을 구분하는 이유는 국제선에 필요한 시설인 출입국 관리사무소, 세관, 면세구역 등을 따로 설치해야 하기 때문이다. 그러나 미국은 협상 테이블에조차 나오려 하지 않았다.

조중훈 사장은 미국 정부와 끈질기게 협상의 줄다리기를 벌였다. 그러면서 1970년 11월 로스앤젤레스에 지점을 설치하고 뉴욕, 시카고, 휴스턴에도 영업소를 열었다. 조중훈 사장은 배수진을 친 것이다.

미국 정부는 조중훈 사장의 집요하게 밀어붙이는 협정 개정 요구에 마침내 1971년 중부 태평양 노선 취항 허가를 내주었다. 대한항공은 출범 2년 만에 태평양(Pacific Ocean)의 하늘길을 뚫은 것이다.

국제선 사업이 본격적으로 궤도에 오르자 국내선 사업도 체계적인 기틀을 잡아나갔다. 1969년 서울-포항 노선을 신설하고, 1971년 말 국내 15개 도시, 17개 노선을 매일 49회 넘게 왕복 운항하는 전국 순환 노선망을 구축했다. 전국 「1시간대 생활권 시대」를 연 것이다.

김포공항에 B747 1대, F-27 4대를 동시에 수용할 수 있는 격납고도 준공했다. 시장을 창출하는 조중훈 사장의 능력은 타고난 재능이라기보다는 먼 앞날을 보는 안목과 끊임없는 열정의 소산이었다.

'길을 여는 것이 곧 사업'이라는 철학의 바탕 위에 하늘길, 바닷길, 땅길은 물론 사람 길, 나라 간(間) 길을 여는 것까지 '사업(Business)'이라는 신념으로 열정을 쏟아부었다.

16

화물기(Cargo Plane) 태평양을 날다

조중훈 사장은 1971년 1월 미국과의 항공협정을 개정해 미주노선 취항을 허가받는 직후 4월부터 제일 먼저 화물기를 띄우기로 했다. 화물기는 화물만을 운송하는 항공기다. 항공공사를 인수한 지 2년 만의 일이다. 이렇게 빠르게 변신할 수 있는 것이 민영화의 장점이다.

미주노선은 서울-도쿄-로스앤젤레스를 잇는 태평양 횡단 노선이다. 조중훈 사장이 첫 취항 도시로 로스앤젤레스(LA)를 선택한 것은 놀라운 선견지명이 아닐 수 없다. 조중훈 사장은 미국 시장을 주도면밀하게 조사했다. 지도를 펴보고 미국의 발전 과정을 훑어보면서 로스앤젤레스가 장차 대도시로 급부상할 것으로 내다본 것이다. 뉴욕이나 워싱턴이 좋아 보이기는 해도 신생 항공사로 미국의 대형 항공사들의 견제를 의식하지 않을 수 없었다.

태평양 노선에 여객기가 아닌 화물기를 먼저 띄운 것도 절묘한 선택이었다. 당장은 여객 수요가 별로 없는데 화물기를 띄워 안전과 품질을 확보하기 위해 검증할 시간을 벌겠다는 전략이 깔려 있었던 것이다.

우여곡절 끝에 취항이 결정되었지만, 여전히 갈 길이 멀었다. 우선 내부적으로 전담 조직을 구성하려고 보니 항공 화물 운송에 종사해 본 전문가가 전무했다. 또한, 당시 한·미 간 무역 규모가 크지 않은 때여서 취항 일정을 정하고 나서도 실어 나를 화물을 확보하기가 쉽지 않았다. 당시 우리나라의 수출 화물은 무게가 많이 나가는 중량품이어서 해상 운송에 의존하고 있었다.

상황이 이렇게 되자 중역들 사이에서는 취항을 연기하자는 말까지 나왔다. 정부의 정책적인 배려도 기대할 수 없었다. 세계 각국이 자국의 항공 산업을 키우기 위해 국민들이 자국기를 이용하도록 권장하고 있지만 우리나라는 국적기에 대한 인식이 부족해 정부 지원은 전무했다. 항공 산업의 민영화 역사가 일천한 데서 오는 현상이기도 했다.

조중훈 사장은 고민에 빠졌다. 이륙도 해보지 못하고 주저앉을 수는 없었다. 어떻게 획득한 미주노선인가! 피 말리는 협상 끝에 겨우 얻은 기회 아닌가. 화물기를 띄우기로 한 이상 무엇이라도 실어야 했다. 조중훈 사장은 항공 화물을 물색하기 시작했다. 조중훈 사장에게 가발(假髮, Wig)이 눈에 띄었다. 가발은 머리카락이나 이와 유사한 것으로 머리 모양을 만들어 쓰는 것을 통칭한다. 가발은 당시 우리나라 주요 수출품이었다. 변변한 공산품이 없었던 한국은 시골 처녀들의 머리를 돈을 주고 잘라 와 가발을 만들어 수출했다. 가발은 가볍고 부피가 적어 항공 화물로는 적격이었다.

조중훈 사장은 실무자들에게 가발 제조업체를 찾아가 물량을 확보하라고 지시했다. 락희화학(현 LG그룹)도 초기에 가발을 대량 수출했다. 그러나 가발업체들은 대부분 중소업체들로 곳곳에 흩어져 있어 소재를 파악하는 것조차 쉽지 않았다. 대한항공 영업 직원들은 가발 수출조합을 찾아가 가발업체의 주소록을 받아 위치를 물어 한곳 한곳 찾아다녔다.

어렵사리 수출업체를 찾았다 하더라도 힘겨운 설득 전을 벌여야 했다. 가발업체들에게 같은 값이면 우리나라 비행기로 수출해 달라고 설득했다. 외국 바이어들에게 KAL(대한항공) 화물기를 이용해 줄 것을 설득하기 위해 그들이 머무는 호텔을 찾아가 숙박부를 뒤지기도 했다. 하지만 화주들은 갓 화물 노선을 개설한 대한항공에 대한 불신이 컸다.

"이왕이면 우리나라 비행기를 이용해 주십시오."

"대한항공이 미국까지 갑니까. 이 화물이 미국에 늦게 도착하면 클레임 당합니다."

대부분의 화주들은 외국 항공사에 맡겨야 안심이 된다며 항공사 교체를 꺼렸다. 어려움 속에서 가까스로 확보한 화물을 실은 대한항공 KE801 편 화물기가 1971년 4월 26일 오후 5시 마침내 김포공항을 이륙했다. 역사적이었다. 중간 기착지인 하네다공항에 잠시 착륙했다가 다시 이륙한 항공기는 태평양 상공을 가로질러 12시간 4분 비행한 후 로스앤젤레스공항에 무사히 착륙했다. 대한항공(KAL)의 태평양 횡단이 성공하는 순간이었다.

서울에서 일본 하네다를 거쳐 로스앤젤레스까지는 장장 1만 km에 달한다. 대한항공 조종사들이 경험해 보지 못한 장거리 노선이었다. 대한항공은 미주노선에 진출했지만, 초기에 고전을 면치 못했다. 당시 태평양 노선의 화물 시장은 미국 노스웨스트항공과 플라잉타이거(Flying Tiger), 일본항공(JAL) 3사가 장악하고 있었다. 플라잉타이거라인은 1945년 설립되어 1989년에 페덱스익스프레스에 합병된 미국의 화물 항공사다. 이 회사는 로스앤젤레스 국제공항을 허브공항으로 삼았다.

한·미 노선의 경우 미국 노스웨스트, 플라잉타이거 양사가 B707과 DC-8 화물 전용기를 운용하며 화물 시장을 양분하고 있었고 미·일 노선만 운용하던 일본항공도 1970년부터 한·일 노선에 화물기를 띄우며 미국의 두 항공사를 추격했다.

화물기 부분이 적자가 났다. 예상은 한 일이었다. 조중훈 사장은 공격적인 판촉에 나섰다. 대한항공에 관심을 보이는 화주들이 늘어나고 운항 횟수가 쌓이면서 신뢰도 두터워졌다. 해외에서도 '칼(KAL)'의 이름이 조금씩 알려지기 시작했고 대한항공의 시장 점유율은 상승곡선을 그리기 시작했다.

조중훈 사장은 미주노선을 개설한 지 1년이 지난 1972년 4월 도쿄를 경유하는 미주노선 화물 편을 주 3회에서 2회로 줄이는 대신 서울-로스앤젤레스 화물 직항 4편을 신설하는 증편을 단행했다. 조중훈 사장이 예상했던 대로 화물 수요는 빠르게 늘어나고 있었다. 당시는 우리나라 수출액도 폭발적으로 신장하는 때이기도 했다.

대한항공은 항공 화물 운송 사업을 진행하면서 특수화물 분야에서 몇 가지 기록을 세우기도 했다. 특수화물(Special Cargo)은 화물의 성질, 형상, 중량, 가격 면에서 특수한 화물로써 특수한 조치나 취급상 주의가 필요하다. 1982년 일본 도쿄에서 쿠웨이트로 77톤에 달하는 송유관 33개를 한 번에 수송한 것이 대표적이다. 일본항공과 플라잉타이거 등 대형 항공사들도 불가능하다고 포기한 사업이었다.

1983년에는 미국 댈러스에서 서울까지 살아있는 동물 418마리를 수송하기도 했다. 서울대공원에 수용될 동물들이었다. 이를 두고 언론에서는 현대판 '노아의 방주'라고 대서특필하기도 했다.

가발로 시작된 화물은 오늘날 반도체와 휴대전화로 바뀌었고 대한항공은 화물운송 부문에서 세계 최고의 항공사로 도약했다.

미주노선에 첫 여객기(Passenger airplane) 취항

조중훈 사장은 미주노선에 화물기를 성공적으로 취항시킨 경험을 축적하여 여객기(旅客機) 운항을 준비했다. 여객기란 여행객 수송을 위한 항공기다.

1972년 4월 19일 오후 하와이 호놀룰루공항은 태평양 횡단의 첫 임무를 띤 대한항공 KE002 편 B707 여객기가 활주로에 바퀴를 내리자 '대한민국 만세'를 외치는 교민들의 함성으로 가득했다.

비행기에서 내린 조중훈 사장은 태극기를 흔들고 있는 교민들을 향해 손을 흔들었다. 조중훈 사장은 태평양 횡단 첫 여객기에 탑승했다. 일제의 강압을 피해 정든 고향을 등지고 이역만리 타국에서 고단한 삶을 견뎌 온 동포들에게는 태극 마크가 새겨진 국적기는 국력의 상징이자 그들의 자랑이었다. 조중훈 사장은 악수를 나누기 위해 교민들에게 다가섰다. 부둥켜안고 눈물을 흘리는 할머니도 있었고 당장 대한항공 비행기를 타고 고향으로 가고 싶다는 할아버지도 있었다. 조중훈 사장은 눈시울이 뜨거워졌다. 그는 하와이 동포들의 열광적인 환영 장면을 평생 잊지 못했다.

로스앤젤레스에 도착해서도 마찬가지였다. 감격에 젖어있는 교민들의 모습은 조중훈 사장에게 국적기 사업의 의미를 다시 생각케 했다. 국적기는 해외 동포들에게 조국애를 불러일으키는 국가적 대업이자 특별한 의미가 있는 사업이었다. 돈을 번다는 것 이상으로 국민적 우월감을 충족시켜 주는 고상한 일이었다.

대한항공의 태평양 횡단은 현대자동차의 포니(Hyundai Pony, 현대자동차의 첫 고유 모델)가 미국 고속도로를 달리게 된 것과 함께 미국 교민들에게 자랑스러운 사건으로 기억되고 있다.

박정희 대통령의 거듭된 요청에 따라 적자투성이었던 '항공공사'를 인수했을 때 조중훈 사장은 기업가로서의 소명의식과 국가 경제 발전에 헌신하겠다는 마음가짐을 굳게 가지고 있었다. 돈만을 벌겠다는 장삿속이었다면 회생 전망이 불투명한 항공사를 맡을 이유가 없었다. 조중훈 사장은 국적기 사업을 국익 차원에서 이끌어야 할 소명으로 여겼고 미국에서 교민들이 열광하는 것을 보면서 국적기 사업의 소중함을 다시 깨닫게 되었다.

대한항공이 미주에 여객기를 띄운 뒤 재미동포들 사이에서는 '칼(KAL)기 타고 왔수다'라는 유행어가 생겼다. 재미동포들에게 '칼(KAL)'기 운항은 그만큼 자랑스럽고 유쾌한 일이었다. 당시 한 주요 언론사 주미 특파원이 이 유행어를 타이틀로 한 책을 내기도 했다.

대한항공이 태평양을 횡단한 것은 세계 항공사(史)에서도 유례를 찾아볼 수 없는 획기적인 사건이었다. 신생 항공사가 일천한 사업 역사에도 불구하고 태평양(Pacific Ocean)을 횡단한 것은 하나의 사건인 것이다. 또 그것은 대한민국의 자존심을 높여주는 일이기도 했다. 전쟁의 폐허 위에서 세계 최빈국이었던 대한민국 국적기로 세계의 하늘을 누비는 것은 기적 같은 일이었다. 이런 일이 한 기업가의 결단과 용기로 이루어진 것이다.

여객 노선은 화물 노선과 달리 취항 초기부터 탑승률이 높았다. 조중훈 사장은 미주 취항 3개월이 지난 7월 도쿄를 거치지 않고 서울-호놀룰루-로스앤젤레스를 연결하는 직항(直航) 노선을 개설하고 10월에는 주 1회를 증편했다.

17

점보기(Jumbo 機)를 띄운 승부수

대한항공이 잇달아 국제선을 개설하면서 세계적인 항공사로 발돋움하는 무렵 세계 항공업계는 대형기를 이용한 대량 수송 체제로 전환되고 있었다. 이른바 '하늘의 궁전'으로 불리는 B747 점보기의 등장이다.

1966년 3월 미 보잉사가 B747 제작 계획을 발표하자 미국의 팬암(Pan Am) 항공은 한꺼번에 25대를 구입하는 계약을 체결했다. 구매 계약 규모는 무려 5억 2,500만 달러였다. 세계 항공 시장은 경악했다. 대형 항공기 등장 자체도 놀라운 일이지만 팬암의 결정도 상상을 뛰어넘는 것이다. 팬암은 팬아메리칸월드항공(Pan American World Airway)의 약칭으로 1927년에 설립된 항공사다. 허브공항은 워싱턴 덜레스 국제공항이다.

팬암항공의 결정은 세계 항공업계에 B747 붐을 일으켜 그해 연말까지 무려 12개 항공사가 보잉에 총 138대를 주문했다. 보잉 747은 점보제트(Jumbo Jet)라고도 불린다. 세계에서 가장 거대한 비행기다. 대한민국, 미국, 중화인민공화국 등 세계 여러 나라에서 국가 원수의 전용기로 사용된다. 최대 정원은 524명이다. 보잉 747

은 보잉이 1965년 미국 공군의 거대 화물기 프로젝트에서 만든 시제기(試製機, Prototype)를 기반으로 한다. 시제기란 대량생산에 앞서 제작해 보는 원형으로 시험제작한 비행기를 말한다. 록히드마틴에게 밀린 이후 보잉은 팬아메리칸월드항공의 요구로 747을 만들었다. 초기 계획 시기에 보잉은 초음속기가 여객 항공기 시장의 중심으로 성장하리라고 예상했다.

B747 1호기가 완성된 것은 1968년 9월 일이었다. B747에 붙어 다니는 애칭인 '점보(Jumbo)'는 본래 영국 런던 동물원에 있던 몸집이 큰 코끼리의 이름이었다. 이후 덩치 큰 동물의 대명사가 되었고 B747이 처음 등장했을 때 유난히 큰 동체를 보고 미국 언론사 기자들이 '점보기'라는 애칭을 붙였다.

조중훈 사장도 B747 도입을 추진했다. 세계 여객기 대세를 따라가야 한다고 판단했다. 공항공사 인수 후 얼마되지 않아 벅찬 과제이지만 결심을 굳혔다.

1970년 4월 'B747 도입추진위원회'를 구성하고 타당성을 검토했다. 위원회는 B747의 특성과 제원, 다른 항공사의 운영 실적, 사업성과 경제성, 자금 조달 방안과 상환 능력 등을 면밀히 분석했다.

대한항공은 보잉과 B747 점보기 2대를 구입하는 가계약을 체결했다. 팬암을 시작으로 B747 취항 경쟁이 시작되고 있지만, 이는 어디까지나 선진 항공사에 국한된 것이었다. 아시아 하위권 항공사로 치부되던 대한항공이 가계약을 체결하자 세계 항공업계는 놀라움을 감추지 못했다. 'KAL(대한항공)이 점보기를 2대나 계약했다고, 그거 무리하는 것 아닌가?', '아마도 본 계약 단계에 가면 구입을 포기하거나 유보하겠지...' 모두 그렇게 생각했다. 그러나 조중훈 사장의 의지는 확고했다. 남들이 무리라고 말하거나 말거나였다.

정주영 현대그룹 창업회장이 사우디아라비아 주베일 산업항 입찰에 성공해 소요 철강재를 운송하려 할 때 울산에서 주베일항까지 가는 게 무리라고 외국 경쟁 건설사들이 비웃고 있을 때 정 회장은 '많이 웃고 있거라' 하면서 끝내 운송을 성공했던 거나 마찬가지였다.

총 470만 개의 정밀부품으로 이루어진 B747은 당대 최첨단 기술이 집약된 전대미문의 작품이었다. 기체 높이가 19.3미터로 6층 건물과 맞먹었고 길이는 70m, 폭은 60m에 달했다. '하늘을 나는 궁전'이라고 불릴만했다.

B747은 외형만큼이나 성능도 압도적이었다. 당시 국제선 주력 기종인 B707의 2.5배에 이르는 500명의 승객을 태울 수 있고 25톤의 화물을 탑재할 수 있었다. 속도는 시속 625마일(마하 0.8)로 B707보다 50마일이나 빨랐다. 내비게이션 항로 오차 범위를 10마일에서 1마일로 단축한 관성항법장치(INS, Inertial Navigation System)를 장착하고 있어 항법사(航法士) 없이도 안전 운항이 가능했다.

항법사란 항공기에 탑승하여 조정 장치를 제외한 항공기의 위치 및 항로의 측정과 여러 가지 자료를 산출하여 항공의 안전을 도모하는 사람이다. 항공기관사다. 달 탐사선 아폴로 우주 계획에 처음 적용된 이 장치는 지상 지원 장비 없이도 항공기의 고도와 속도, 방향을 정확히 계산해 냈다. 또 자동조종 장치가 항공기의 속도와 수평 비행, 고도 변경 등을 자동적으로 수행해 조종사의 부담을 크게 덜어주었다.

조중훈 사장은 또다시 임원들의 반대에 부딪쳤다.

"자금 부담이 만만치 않습니다. 점보기 2대면 7천만 달러인데 자금 조달이 문젭니다."

"점보기를 운용할 기술도 아직 준비되지 않은 상태입니다."

"점보기를 채울 여객 수요도 충분하지 않습니다"라는 의견이 분출됐다.

항공공사를 인수할 때와 비슷한 상황이 전개되었다. 하지만 조중훈 사장에게 점보기 도입은 대한항공의 사활을 좌우할 중요한 선택이었다. 세계의 항공사들이 B747을 대량 주문하는 것은 향후 여객의 대량 수송 시대를 예고하는 일인데 기존의 기종으로는 경쟁이 불가능한 것이다. 경쟁에 밀리고 여객 확보에 뒤지게 되면 회사 성장은 멈출 수밖에 없다. 조중훈 사장은 미래의 대한항공의 모습을 제시하면서 회사 내의 반대를 잠재우고 1972년 9월 5일 점보기 도입 본 계약을 체결한다. 이것은 대한민국이 세계의 항공 전쟁에서 당당히 본류에 합류하는 것을 뜻하는 것이기도 했다.

점보기에 태울 만큼 승객이 없는 상황에서 점보기를 들여오는 것은 무리일 수도 있다. 그러나 조중훈 사장의 생각은 달랐다. 승객이 없어서 점보기를 띄우지 않는 것이 아니라 점보기가 없어서 대규모 승객을 태울 수가 없는 것일 수 있다.

(독자들이여. 우리는 조중훈 사장이 오래전 상하이의 유대인 카페에서 케이크 상술을 보면서 터득한 시장 원리를 되새겨 볼 필요가 있다.)

'눈에 보이면 손님이 있고 눈에 보이지 않으면 손님이 없다' 이와 마찬가지로 점보기가 있으니까 손님이 있고 점보기가 없으면 손님이 없다는 시장 원리에 닿을 수 있는 것이다.

세계의 대부분 항공사가 그랬듯이 대한항공도 점보기 도입에 드는 막대한 자금을 외국 차관(借款)으로 충당할 수밖에 없었다. 당시 대한항공의 대외 신용은 대규모 차관을 일으키기에는 미흡한 수준이었다. 조중훈 사장의 개인적인 신용과 보증에 의존해야 했다.

여러 어려움 속에서 점보기 도입 자금을 확보하고 나서도 애를 먹어야 했다. 당시 일본에 파견되어 있던 '보잉'의 마케팅 직원은 대한항공의 구매 제안을 완벽하게 믿으려 하지 않았다. 마케팅 관련 직원에게 서울에 와서 프리젠테이션(Presentation, 사전 설명회)을 하라고 요청해도 응하지 않았다. 조중훈 사장이 계약금 10만 달러를 주겠다고 하자 그 직원은 그때서야 조중훈 사장을 찾아왔다. 보잉 직원은 미지의 신생 항공사인 대한항공에게는 점보기는 가당치 않다고 생각했던 것이다. 조중훈 사장은 입술을 깨물었다. 그리고 현금으로 구매하겠다고 말하자 그때야 계약이 이루어졌다. 갑을의 입장이 뒤바뀐 모양새가 이상한 거래였다.

그로부터 10년 후 조중훈 사장은 점보기 10대를 구입하는 계약을 체결했다. 보잉에게는 어마어마하게 큰손 고객이 된 것이다.

보잉사 사장은 조중훈 사장을 시애틀로 초청해 만찬을 베풀어 주었다. 고객사 대표에게 감사를 표하기 위해서였다. 이 자리에는 보잉사 회장도 참석했다. 파티가 무르익어갈 무렵 조중훈 사장은 보잉사 회장에게 웃으면서 10년 전 처음 점보기를 구입할 때 있었던 이야기를 꺼냈다. 보잉사 회장은 낯이 뜨거워 고개를 들지 못했다.

1973년 5월 2일 대한항공이 도입한 B747 1번 점보기가 미 시애틀공항을 출발한 지 11시간 만에 김포공항에 모습을 드러냈다. 역사적인 순간이었다.

김포공항은 점보기 도입을 앞두고 활주로 길이를 확장해 놓았다. 우리가 비행기를 이용할 때 곧고 길게 뻗어있는 활주로를 보기 마련인데, 활주로에 숨어있는 기술적 비밀도 한두가지가 아니다. 국제 상업 수송에 사용하는 활주로는 ①이륙 활주로 거리 ②이용할 수 있는 착륙거리 ③이용할 수 있는 가속 정지거리 등이 있다. 당시 김포공항은 점보기가 착륙할 수 있는 활주로가 없었기 때문에 새로 활주로를 만든 것이다.

김포공항 상공에 이르러 한국 최초의 점보기 착륙을 기내 방송으로 알리자 탑승한 보잉사 중역들과 미국 기자들이 일제히 박수를 쳤다.

조중훈 사장은 착륙 2주가 지난 1973년 5월 16일, 이 비행기를 태평양 노선에 투입했다. 이날 김포공항에서는 점보기의 미주노선 정식 취항을 기념하는 행사가 열렸다. 김종필(金鍾泌) 당시 국무총리를 비롯한 정부 요인과 주한 외교사절, 각계 대표와 그룹사 대표 등 800여 명이 참석했다. 당시에는 그만큼 의미 있는 행사였다. 한국 항공 발전사(史)상 한 획을 긋는 순간인 것은 틀림없는 일이었다. 공군 군악대의 연주가 울려 퍼지면서 비둘기 수백 마리가 하늘을 향해 날아오르자 행사는 절정에 달했다.

단상에 오른 조중훈 사장은 '점보기 취항은 번영된 내일을 향한 국민 의지의 표현인 동시에 복지사회 건설을 위한 우리 기업의 사명감을 고취시켜 준 계기가 되었습니다'고 말했다.

조중훈 사장은 임직원 부인들을 기념식에 초청해 행사 직후 B747 내부를 두루 관람시켰다. 대한항공 가족들에게 긍지와 사명감을 불어넣어 주기 위해서였다. 1번기는 이날 오후 7시에 각계 인사와 언론인 100여 명을 태우고 미국행 장도에 올랐다.

조중훈 사장은 그해 7월 B747 2번기를 인수해 역시 태평양 노선에 추가로 투입했다. 세계 최대 항공 화물 시장인 태평양 노선이었다.

당시 조중훈 사장과 개인적인 친분이 있던 일본항공(JAL)의 한 고위 중역은 회사의 체면이 걸린 일이니 대한항공 '점보 화물기' 취항을 한 달만 늦춰 달라고 부탁하기도 했다. 그만큼 대한항공의 화물기 취항은 세계 항공업계에서 의미 있는 일이었다. 그러나 조중훈 사장은 그 부탁을 들어주지 않았다. 우정은 우정이고 사업은 사업이었다.

일단 점보기 도입은 적지 않는 재정적 부담이었지만 경쟁력이 약한 '신생 항공사'라는 대한항공에 대한 세계인의 인식을 바꾸는 계기가 되었다. 당시 세계 유수 항공사들도 오일쇼크(Oil Shock)와 여객 감소로 점보기 운영을 꺼리고 있었다. 조중훈 사장은 '도전 없이는 발전도 없다'라는 특유의 신념으로 밀어붙였고 이후 점보(Jumbo)기는 대한항공 성장의 원동력이 되었다.

18

IBM의 까다로운 고객

조중훈 사장은 항공공사 인수 직후부터 업무 전산화에 깊은 관심을 가졌다. 기종 선정을 비롯한 전산 정책을 협의하기 위해 '컴퓨터 도입 추진위원회'를 설립하고 전산 전담 부서를 설치했다. 한국 IBM에 위탁해 대한항공 직원들에게 컴퓨터 교육도 실시했다.

IBM은 미국 종합기술업체로 1911년 6월 CTR이라는 업체로 시작하여 1924년 현재의 IBM으로 변경되었다. 원래는 상점용 금전출납기를 제조하는 회사로 출발하였으며 2차대전 때는 총기도 생산했다. 1964년 컴퓨팅 관련 역사적인 제품을 개발해 냈다. 당시 사장인 토마스 왓슨은 사운을 걸고 최초의 현대적인 메인 프레임이라 불리는 'IBM 시스템 360'을 발표했다. 이로써 이 분야의 세계적 기업으로 성장하고 시장을 지배했다.

조중훈 사장 자신도 컴퓨터 공부에 열중했다. 당시 일본에서 IBM은 경영자들을 대상으로 경영에 필요한 전산화 개념을 교육하고 있었는데 조중훈 사장은 일본으로 날아가 머물며 그 수업에 열성적으로 참여했다. 현대 용어로는 얼리어답터(Early Adopter)였다. 얼리어답터란 남들보다 빨리 새로운 것을 구매하거나 배우는 것을 말한다.

조중훈 사장이 전산화 시스템 구축에 일찍이 관심을 갖게 된 계기가 있었다. 1970년대 초 어느 늦은 저녁 상업은행 본점 남대문로 2가 대한항공 신사옥에 들렀다가 사무실 한 곳에 불이 환하게 켜 있는 것을 발견하고 문을 열고 들어갔다.

"이 시각까지 할 일이 그렇게 많은가?"라고 묻자 책임자가 대답했다.

"수만 장이 넘는 탑승권 전표를 일일이 수작업(手作業)으로 집계하느라 시간이 걸립니다. 손이 모자랍니다. 앞으로 승객과 화물이 더 늘어날 텐데 걱정입니다."라고 대답했다. 조중훈 사장은 안쓰러운 표정을 남기고 갔으나 내내 마음에 걸렸다.

그 후 1년 대한항공에 처음으로 컴퓨터가 도입되었다. 기종은 1130으로 용량은 16킬로바이트에 불과했다. 당시는 한국 재계가 컴퓨터를 접촉하는 초기였다. 대한항공은 이 컴퓨터를 가지고 국내선 여객 운송 수입관리 업무를 전산화했다. 당시 영업 규모 내용은 국내선 비중이 압도적으로 커 국제선에 비해 복잡했기 때문에 초기 개발 대상으로 적합했다.

여기에서 자신감을 얻은 조중훈 사장은 곧 국제선 여객 운송 수입관리 전산화에 착수했다. 그때만 해도 컴퓨터에 대한 직원들의 호응도가 높지 않았다. 그 때문에 전산 담당자는 직원들에게 컴퓨터의 효용성을 이해시키는 것이 중요한 업무였다. 직원들이 컴퓨터에 익숙하지 않아 기존 수작업에 비해 컴퓨터로 하는 업무 처리가 늦어지거나 제대로 처리하지 못하는 일도 종종 발생했다. 그로 인해 화물 운송 수입 관리 시스템을 개발해 놓고도 실제 업무에 적용하기까지는 상당한 시일이 걸렸다.

1973년에 이르러 국제선 비중이 커지면서 치열한 국제 경쟁에 대처하기 위한 서비스 개발이 필요했다. 특히 국제선 여객 예약 업무의 전산화는 시급했다. 조중훈 사장은 이를 위해 30여 명 규모로 개발팀을 구성하고 10개월 동안 국내외에서 위탁교육을 받게 했다. 그리고 당시 선진 항공사들이 주로 사용하던 IBM의 국제항공 예약 시스템(PARS)를 도입해 국제선 예약 시스템인 'KAL COS-1'을 가동시켰다. 이후 시스템을 계속 보완하면서 해외 지점으로 확장해 1977년 말에는 대한항공 예약망의 90% 수준으로 전산화했다.

1977년은 한국의 수출이 100억 달러를 돌파한 역사적인 해였다. 한국의 수출 드라이브 정책이 성공해 세계의 찬사를 받으며 중진국 대열에 합류했다. 항공 산업도 성장 기류를 타고 급신장했고 대한항공이 이를 이끈 것이다. 예약 전산망이 90% 수준으로 오른 것은 대한항공이 세계 항공시장에서 뚜렷한 자리를 잡았다는 것을 의미한 것이다.

조중훈 사장의 전산화에 대한 과감한 투자 덕분에 선진 전산 시스템을 구축할 수 있었다. 전산 시스템에 참여한 IBM도 대한항공의 요구 수준이 너무 높아 골치를 앓았다. 세계 최고의 IBM도 그들이 개발한 기술을 뛰어넘는 대한항공의 요구에 쩔쩔맸다. 조중훈 사장의 기계에 대한 이해도가 그만큼 높았다.

대한항공에 파견된 IBM 직원 대부분이 당시 다른 고객사들에 비할 수 없을 만큼 까다로웠던 전산 시스템 구축 경험을 인정 받아 추후 본사에서 고위직으로 승진한 정도였다. IBM 직원들에게 대한항공은 고난도 전산 시스템을 익히는 사관학교나 다름없었다.

대한항공의 사세 신장은 거저 얻어진 것이 아니다. 대한항공이 자체 전산 시스템을 구축한 것은 장기적으로 엄청난 효과를 발휘했다. 이후 한국에 진출한 외국 항공사들은 공항에 자사 예약 시스템을 운영하려고 했다가 자사보다 훨씬 효율적인 대한항공 시스템을 돈을 내고 사용하게 되었다.

비행기는 인류가 공간의 장벽을 극복하게 했고 컴퓨터는 시간의 한계를 뛰어넘게 했다. 비행기와 컴퓨터는 지구를 좁게 만들었고 세계인을 한동네 이웃으로 만드는 데 결정적 역할을 했다.

컴퓨터가 없었다면 오늘날 비행기의 완벽한 운항은 불가능했을 것이다. 조중훈 사장은 컴퓨터를 이해했고 항공 운항에서 정보와 데이터의 중요성을 누구보다 잘 알고 있었다.

19

에어버스(Airbus) 세 번째 구매자 KAL

조중훈 사장은 대한항공의 점보기가 태평양을 횡단하면서 미주 항로가 본궤도에 오르자, 유럽(Europe) 노선에 관심을 갖기 시작했다. 대한항공이 모름지기 세계적인 항공사가 되려면 미주와 유럽 노선 확보는 꼭 필요한 일이었다.

조중훈 사장은 1971년 초 조사단을 꾸려 유럽 시장을 파악했고 그해 말에는 파리(Paris)에 영업소도 설치했다. 조중훈 사장은 유럽 시장의 교두보로 파리를 점찍은 것이다.

당시 유럽 각국은 자국기를 애용하면서도 항공사들은 미국 항공사들과 대결하기 위해 '범유럽의 기치' 아래 똘똘 뭉쳐 있었다. 그런 시장에 극동의 신생 항공사인 KAL이 노선을 개척하는 것은 불가능해 보였다. 전략이 필요했다. 조중훈 사장은 단독으로 뛰어드는 것은 여의치 않다고 생각하고 프랑스의 '에어프랑스(Air France)'와 손잡는 전략을 폈다. 에어프랑스는 1919년 루이 샤를 브뢰게가 설립한 항공 수송회사(Compagnie des Messageries Aériennes)를 중심으로 1993년 에어 오리엔트(Air Orient), 에어 유니언(Air Union) 등 총 5개 회사를 통합시켜 출범했다.

조중훈 사장이 에어프랑스와 손잡는 것은 독일, 영국 등을 분리시켜 유럽 시장 장벽을 허무는 전략이었다. 이러한 과정 중에 대한항공이 프랑스와 긴밀한 관계로 변하는 계기가 있었다.

1971년 가을 조중훈 사장은 김종필 총리로부터 긴급한 요청을 받았다. 프랑스가 제작하는 '에어버스' 항공기를 구입해 달라는 것이었다. 조중훈 사장은 이 요구를 받고 할 말을 잃었다. 너무나 어려운 요청이었기 때문이다. 에어버스의 최대 공장이 프랑스 옥시타니주 툴루즈에 있고 에어버스가 프랑스 경제에 적잖이 기여하고 있어 프랑스 정부가 지분을 20% 소유하고 있었다. 에어버스는 성능과 안전 테스트조차 제대로 마치지 못해 세계 어느 노선에도 투입되지 못하고 있는 상태였다. 드골 정부는 2차 세계대전이 끝나자 프랑스를 유럽의 중심으로 도약시킨다는 비전을 세우고 미국에 맞설 항공 산업을 키우는 데 박차를 가하고 있었다. 에어버스는 그런 목표를 달성하는 구심점으로 설립되었는데 항공기 개발은 천문학적인 자금이 들어가는 만큼 영국, 독일, 스페인이 지분 참여를 했다. 그런 에어버스가 한국 정부에 항공기를 사달라고 요청한 것이다.

외교 문제가 걸려있는 에어버스 구매

한국 정부는 왜 프랑스의 에어버스 구매 요청을 받아들일 수밖에 없었을까? 여기에는 심각한 외교 문제가 걸려 있었.

당시 북한(北韓)은 UN 산하 세계보건기구(WHO, World Health Organization) 단독 가입을 추진하고 있었는데 프랑스의 지지를 얻기 위해 안간힘을 쏟고 있었다. 세계보건기구는 국제 공중보건을 책임지는 UN 전문기구다. 북한은 아프리카의 옛 프랑스령 나라들에 막강한 영향력을 행사하는 프랑스를 통해 그들 나라의 표를 얻어 WHO에 가입한다는 계산이었다.

북한은 프랑스의 지지를 이끌어내는 조건으로 프랑스로부터 2억 달러에 달하는 건설 장비를 구매해 주었고 그 결과 북한의 WHO 단독 가입이 유리해졌다. 이것은 당시 국제무대에서 치열하게 경쟁하던 남·북 관계를 감안하면 한국 정부에 적잖은 위협이 되었다.

프랑스가 한국을 배제하고 북한과 손잡은 데는 또 다른 이유가 있었다. 한국 정부가 도시 지하철(地下鐵, Subway)를 추진하면서 프랑스에 기술 용역을 주었다가 분명치 않은 이유로 일본으로 돌아선 것이다.

당시 프랑스는 떼제베(TGV)라는 고속철도를 가지고 있는 철도기술 용역의 강자였다. 그것은 프랑스 정부의 심기를 건드렸고 외교단절을 운운할 정도로 두 나라 관계가 파국으로 치닫는 심각한 상황이 조성되었다. 김종필 총리가 갈등을 풀기 위해 프랑스 정부와 접촉을 시도했는데 프랑스 정부가 관계를 개선하려면 에어버스 항공기를 구매해 달라고 요청한 것이다.

국제사회에서 국익을 확보하기 위한 경제 전쟁은 치열하기 그지없다. 프랑스 정부의 구매 요구 규모는 앞서 북한이 구매한 건설장비 규모에 상응하는 2억 달러였다.

조중훈 사장의 결단

조중훈 사장은 난감하기 짝이 없었다. 국익이 걸려있는 이 문제를 풀 수 있는 사람은 자신뿐이었다. 에어버스 항공기는 성능 파악도 안 되어 있는 데다 에어프랑스와 독일의 루프트한자 외에는 어느 항공사도 주문을 하지 않고 있었다. 두 항공사는 에어버스의 주주다. 주주국인 영국과 스페인의 항공사들도 주문을 미루고 있는 상황이었다.

조중훈 사장은 외교상 어려운 상황에 처해 있는 것을 알고는 정부의 요청을 거절할 수 없었다. 결국 에어버스 항공기를 구매하기로 단안을 내렸다. 이로써 대한항공은 에어프랑스와 루프트한자에 이어 에어버스의 3번째 고객이 되었다. 아시아존 항공사가 그것도 미국의 영향력을 무시할 수 없는 대한민국 항공사가 개발된지 얼마 되지 않아 운항 경험이 적은 유럽의 신생 항공기 제작사의 비행기를 도입하는 것은 프랑스 정부의 화를 누그러뜨리고 오히려 대한민국에 감사하게 만들기에 충분했다.

구매를 결정하기는 했지만, 조중훈 사장은 마음이 놓이지 않았다. 성능 검증이 되지 않은 항공기를 띄운다는 것은 안전상 심각한 문제를 일으킬 수 있다. 특단의 대책이 필요했다.

조중훈 사장은 계약서에 단서를 달았다. 「계약 후 5년 안에 100대 이상 팔리지 않을 경우 구매한 항공기를 모두 반납하고 환불받겠음」이 단서의 내용이었다. 에어버스는 당혹스러웠지만 이 조건을 받아들이지 않을 수 없었다. 자존심이 걸린 문제였다. 이 단서를 받아들이지 않는 것은 자신들의 제품 안전성을 스스로 인정하지 않는 것이 되기 때문이다.

다행히 에어버스는 큰 문제없이 5년이 되기 전에 200대가 팔려 나갔다. 에어버스가 예상 이상으로 많이 팔려나간 데는 KAL의 덕도 컸다. 대한항공이 에어버스를 구매하자 다른 나라 항공사들도 구매 의사를 보였던 것이다.

조중훈 사장은 에어버스를 구매하면서 실질적인 안전장치도 마련했다. 대한항공의 에어버스 항공기가 취항하는 공항마다 에어버스 본사 정비 기술자들을 충분히 배치해 줄 것을 에어버스에 요구한 것이다.

대한항공이 에어버스를 구매한 것은 한국과 프랑스 간 외교 마찰을 풀고 유대를 강화했을 뿐 아니라 대한항공 성장에도 커다란 전기를 가져다주었다. 외교적 문제를 푼 이상 조중훈 사장 입장에서도 에어버스 구매가 '울며 겨자먹기식'이 되어서는 안 되는 것이었다. 위기를 기회로 전환시키는 전략이 필요했다.

조중훈 사장은 에어버스를 구매하면서 대한항공의 파리 취항을 내걸었다. 당시 프랑스에 거주하는 교민은 500명도 되지 않았다. 프랑스에서 한국이나 일본으로 가는 승객이 훨씬 많았다. 대한항공 취항으로 직접적인 타격을 받을 수 있는 에어프랑스가 펄쩍 뛰었다. 하지만 조중훈 사장은 에어버스 3번째 고객사임을 내세우면서 결국 대한항공의 파리 취항을 끌어냈다. 1973년 조중훈 사장이 한불경제협력위원회(韓佛經濟協力委員會) 위원장을 맡으면서 협상은 급진전되었다.

그해 10월 6일 대한항공은 서울과 파리를 잇는 북극 항로를 타고 유럽에 진출하게 되었다. 조중훈 사장은 파리 노선에 화물기를 먼저 띄우고 1년 후 여객기를 띄웠다. 미주 노선에서와 마찬가지로 화물기 운항을 통해 안정성을 확인하고 시장 상황을 충분히 파악한 것이다. 그는 노선을 개척할 때마다 이 원칙을 지켰다. 다른 항공사와는 달랐다.

유럽으로 가는 하늘길이 열리면서 대한항공은 세계 일주 노선망 구축에 한 발 더 다가섰다. 유럽의 관문이자 세계문화 예술의 중심인 파리에 취항하면서 동북아발 유럽행 항공 수요를 확보하게 되었으며 이는 유럽 내 다양한 주요 목적지로 이동하는 승객에게 커다란 편의를 제공해 주었다.

나아가 한국과 유럽 간 교역과 문화 교류에도 이바지하게 되었다. 파리의 지정학적 의미를 확보하는 단초가 되었다.

또 다른 유럽의 관문인 프랑크푸르트가 아닌 파리를 유럽 노선의 거점으로 삼은 것은 독일보다 긴밀하게 협조할 수 있는 프랑스와의 관계를 십분 활용하기 위한 포석이었다. 서울-파리 노선은 개척할 때부터 대한항공에 유리한 것이었다. 대한항공은 주 2회 띄운 반면, 에어프랑스는 1회밖에 띄우지 못했다. 에어프랑스는 그것이 불만이었다. 그래서 에어프랑스는 주 2회 운항할 것을 요구해 왔다. 조중훈 사장은 '에어프랑스가 주 2회 운항하면 대한항공은 주 3회 운항하겠다'라고 맞불을 놓았다. 에어프랑스의 요구는 정당한 것이었고 대한항공의 대응은 무리가 따랐는데도 어찌 된 영문인지 협상은 대한항공의 요구대로 이루어졌다. 조중훈 사장의 설득에 수긍한 엘리제궁(프랑스 대통령 궁)의 전폭적인 지지가 있었기에 가능했다. 파리에서 협상이 열렸을 때 대한항공 측 대표가 자사 참석자 소개를 마치자 에어프랑스 측 대표가 '당신들 중에 소개하지 않은 사람이 있다. 아마도 그 사람은 엘리제 궁에서 왔을 것이다'라고 말했을 정도로 엘리제궁의 협력이 있었다.

조중훈 사장은 한진상사 설립 때부터 프랑스 역사와 문화에 관심이 많았다. 당시 한진상사는 직원 복리 차원에서 인천에 지정병원을 두었는데 조중훈 사장은 그 병원에 들를 때마다 원장이 소장하고 있는 프랑스 역사서와 문학서를 빌려다 보고 많은 이야기를 주고받았다. 그때부터 깊어진 조 사장의 프랑스 역사와 문화에 대한 조예는 훗날 대한항공이 파리 노선을 개척하고 프랑스 정부의 협조를 이끌어내는 데 큰 힘이 되었다.

조중훈 사장은 프랑스 사람들과 식탁에서 이야기를 나눌 때 그들을 곧잘 감화시키곤 했다. 알베르 카뮈의 문장을 줄줄 암송해 프랑스 고관대작들을 깜짝 놀라게 한 적도 있다. 그러면 도저히 풀릴 것 같진 않던 난제들이 해결의 실마리를 찾아갔다.

최신 항공기를 확보하고 신규 노선을 잇달아 개설하면서 대한항공은 고공비행을 시작했다. 항공공사를 인수하고 각고의 노력 끝에 1972년 처음으로 2억 원의 흑자를 기록했고 이듬해에는 8억 원으로 늘어났다. 인수 당시 액면가의 절반에도 미치지 못했던 대한항공 주가는 8배까지 치솟았고 투자자들은 투자금의 50%나 배당받는 즐거움을 가졌다. 에어버스를 구매할 당시 회사 내에서는 반대의 목소리가, 밖에서는 우려의 목소리가 높았다. 자칫 한국과 프랑스의 외교 마찰의 희생양이 되고 말 것이라는 관측까지 나왔다.

50년이 지난 현재 대한항공 성장의 발자취를 되짚어 볼 때 에어버스 구매는 없어서는 안 될 중요한 기회였음을 부정할 사람은 아무도 없을 것이다. 조중훈 사장의 '지고 이기는 지혜'가 위기를 기회로 만든 것이다.

20

폭우가 쏟아지면 구름 위로 올라가라

조중훈 사장은 충분한 환경 분석과 내부 분석을 통해 위기 요인과 기회 요인을 도출하고 대응 전략을 구사한다. 시장 환경이 급변하는 것을 오히려 기회로 활용하는 공격적인 경영이 효과적일 수도 있다. 조중훈 사장은 그것을 간파하고 있었다.

대한항공 화물기가 파리에 취항한 1973년 10월 6일은 공교롭게도 이스라엘과 아랍의 전면전이 발발한 날이었다. 이른바 제4차 중동전쟁이었다. 이로 인해 1차 오일쇼크가 시작된 것이다.

이 오일쇼크는 아랍 지역의 산유국들이 대대적으로 석유 무기화 정책을 추진하기로 결정하면서 시작되었다. 세계의 하늘로 성장 가도를 달리던 대한항공에도 먹구름이 엄습해 왔다. 항공기의 동력인 유가 급등은 항공사에겐 악재 중의 악재였다. 아랍의 석유 무기화 공격은 세계 항공업계에 대한 원자 폭탄 폭격이나 다름없었다. 페르시아만 6개 산유국은 원유 값을 대거 17%나 올렸다. 이어 이스라엘이 아랍 점령지에서 철수할 때까지 원유 생산을 매월 5%씩 감축하겠다고 발표했다.

전쟁의 파편은 대한항공에도 날아들었다. 연료비 부담이 4배로 늘어난 것이다. 조중훈 사장의 머릿속은 온통 기름 걱정뿐이었다. 당장 한 달 안에 유류 대금을 결제하지 않으면 유류 공급이 중단될 위기에 처했다. 새로 들여온 점보(Jumbo)기를 담보로 내놓아야 할 만큼 사정은 절박했다. 당장 5,000만 달러가 필요했다.

조중훈 사장은 프랑스 소시에테제네랄 은행에 지불 보증을 부탁했지만, 담보가 없다는 이유로 거절당했다. 그런데 소시에테제네랄의 로제 총재로부터 한 가지 제안을 받았다. 건강 검진을 받으라는 것이었다. 한진이나 대한항공, 한국 정부가 아니라 '조중훈'이라는 개인의 신용을 믿고 지불 보증을 해주겠다는 것이었다. 조중훈에 대한 프랑스의 신뢰가 어느 정도였나를 가늠할 수 있다. 조중훈이라는 브랜드가 기업이나 국가 브랜드보다 담보 가치가 크다고 본 것이다. 이때 맺은 인연으로 조중훈 사장은 훗날 소시에테제네랄과 합작해 서울에 '한불종합금융'을 설립하기도 했다.

급한 불은 껐지만, 위기는 이제 시작이었다. 오일쇼크는 전 세계 경기 침체로 이어졌고 항공 수요도 급격히 감소했다. 게다가 항공기의 대형화로 공급 과잉인 시장에 베트남전이 끝나면서 군수 물자를 수송하던 항공기까지 민간 항공에 투입되자 세계 항공업계는 빈사 상태에 빠졌다. 미국 최대 항공사 팬암(Pan Am)과 유나이티드 항공은 수천 명의 직원을 감원할 정도였다.

대한항공도 여객은 물론 화물 수요까지 급격히 감소하면서 1974년 80억 원의 대규모 적자를 냈다. 시련이었다. 그러나 조중훈 사장은 절망하지 않았다. 폭우가 쏟아지면 구름 위로 올라가라는 조종술을 알고 있었다. 줄일 수 있는 원가는 줄이되 시설과 장비 가동률은 높여갔다. 미래를 보고 투자를 멈추지 않았다. 호황일 때 불황을 대비하는 것처럼 불황일 때도 호황을 대비한 것이다. 외국 항공사들이 20~30%씩 감원하는 상황에서도 조중훈 사장은 오히려 임금을 인상하면서 직원들의 불안을 잠재웠다. 일본에 사원 아파트를 지어 현지 직원의 사기를 높였다. 항공기 구매도 계획대로 추진했다. 전 세계 항공사들이 움츠리고 있을 때 대형기를 앞세워 장거리 노선을 계속 확장하겠다는 전략이었다.

김포공항 인근에 대한항공과 계약을 맺은 외국 항공사들의 기내식을 조달하는 케이터링 서비스 빌딩도 지었다. 케이터링이란 이벤트 장소 등의 지역이나 원격지에서 음식 서비스를 제공하는 사업이다.

위기 상황에서 최고 경영자의 선택은 힘들고 괴로운 일이다. 불황에서 대규모 투자는 더욱 그랬다. 장남 조양호(趙亮鎬)가 대한항공에 입사한 것도 이 무렵이었다. (독자들이여, 장남 조양호의 입사를 기억해 둘 필요가 있다. 이때를 기업 승계로 보는 시각도 있기 때문이다.)

미국 유학(서던 캘리포니아대, University of Southern California) 중이던 조양호는 병역을 위해 귀국해 전방과 한진상사가 진출해 있는 베트남에서 군 복무 한 후 미국지사에서 자재(資材) 쪽 실무를 쌓고 귀국해 항공기 정비 현장에서 경영 수업을 받았다.

오일쇼크로 조중훈 사장에게 모진 시련을 안겼던 중동(中東)은 전쟁이 끝나자 대한항공에게 새로운 기회로 떠올랐다. 막대한 오일달러(Oil Dollar)를 거머쥔 중동 국가들은 대규모 경제개발에 착수했고 한국 기업들이 앞다퉈 진출하기 시작했다. 특히 현대건설 등 건설 분야가 두드러졌다. 이른바 중동 붐이 시작된 것이다.

1974년 400명에 불과했던 중동행 국내 기술자는 이듬해 7,000명으로 늘어났고 건설 수주가 본격화된 1976년에는 2만 명을 넘어섰다. 석유파동 때 움츠리지 않고 직원들의 사기를 북돋우며 공격 경영을 펼쳤던 조중훈 사장의 해법이 적중했다.

1975년 대한항공의 매출액은 1,000억 원을 돌파했고 원가 인상 요인을 생산성 향상으로 막아내 약간의 흑자를 냈다. 조중훈 사장은 중동 정기노선(定期路線)을 개설할 타이밍이라고 판단했다. 중동 건설 현장을 돌아보며 구상한 것을 차근차근 실행에 옮겼다.

　1976년 바레인 노선 부정기 운항을 계속해 14차례에 걸쳐 많은 인력과 화물을 수송했다. 중동 최대 시장인 사우디아라비아에 들어가기 위해 사우디항공과 공동 운항 협정 체결도 추진했다.

　중동에 정기노선을 개설하는 것은 간단치가 않았다. 왕복 27시간이 걸리는 장거리인 데다 중간 국가로부터 이원권 확보가 쉽지 않아 중간 시장 수요를 흡수할 수 없었다. 조중훈 사장은 그럼에도 불구하고 정기노선 개설을 밀어붙였다. 중동노선 주변국에 항공 협정 체결을 요청하는 한편 바레인에 영업소를 개설하고 사우디, 이란, 쿠웨이트, 시리아 등 중동 10개국에 총판 대리점을 설치했다.

　조중훈 사장은 충분히 준비가 되었다고 판단, 1976년 5월 서울과 바레인을 연결하는 정기 여객 노선을 개설했다. 두 달 후에는 이 노선을 스위스 취리히까지 연장했다. 서울-바레인 정기노선의 첫해 수송 인원은 1만 3,500명에 달했다. 대성공이었다.

　대한항공이 중동 최대 산유국인 사우디아라비아에 정기노선을 개설한 것은 1977년 4월이었다. 1년이 넘는 마라톤협상 끝에 얻어냈다. 사우디 제다(Jeddah)에 취항할 수 있게 되었다. 제다는 사우디아라비아 수도에서 서쪽으로 50km 떨어진 인구 4백만 규모의 제2의 도시이다.

　2주 후에는 사우디항공과 공동운항하는 형태로 다란(Dhahran)에도 노선을 개설했다. 다란은 사우디아라비아 동부 주에 위치한 도시로 사우디아라비아 석유산업의 중심지 역할을 한다. 1931년 이곳에서 유전(油田)이 발견되었으며 1935년 미국의 캘리포니아스탠더드오일이 이곳에 유정을 설치했다. 이듬해에는 쿠웨이트에도 정기여객노선을 개설했다. 이란, 이라크, 요르단 지역으로 인력 진출이 늘어나면서 취항 직후부터 대형 기종을 투입할 정도로 수요가 많았다. 중동으로 가는 기술자가 늘어나자 사우디 대사관은 대한항공 탑승권이 없으면 비자를 내주지 않는 현상까지도 벌어졌다.

중동 특수는 1980년대 초까지 지속되었다. 서울에서는 이른바 '중동 달러'라는 중동 건설 기술자들이 송금해 오는 돈이 넘쳐나 부동산 투기가 일어나 주택이나 부동산값이 폭등하는 부작용이 일어나기도 했다.

대한항공은 중동 6개 도시에 취항했고 중동 붐은 대한항공이 오일쇼크를 극복하고 세계적인 항공사로 성장하는 동력이 되었다.

한국 경제가 세계 10대 부국으로 폭풍 성장하는 과정에는 두 가지 중요한 계기가 있었다. 그중 하나는 베트남 전쟁이고 다른 하나는 중동 붐이다. 조중훈 사장은 이 두 차례 기회를 놓치지 않았다. 특히 조중훈 사장이 항공 산업을 이끈 것은 한국에게 큰 행운이었다. 가정이지만 중동 붐이 일어났을 때 우리 기술자들을 실어나를 국적기가 없었다면 어떤 일이 일어났을까? 외국 항공사의 전세기 신세를 지거나 아예 기술자를 보내지 못하는 일이 벌어졌을 것이다. 중동 붐으로 한국이 막대한 외화를 획득해 당시 외채(外債) 상환에 쫓기는 한국을 살려냈던 것을 생각해 보면 대한항공의 존재는 하나의 항공사라는 의미를 뛰어넘는 자랑스러운 국가적 자산이다.

중동 붐이 한창일 때 말레이시아항공이 우리 정부에 취항 허가를 요청한 일이 있었다. 당시 말레이시아항공은 중동 각국에 노선을 확보하고 있었는데 중동 붐으로 늘고 있는 우리 근로자들을 고객으로 확보하려는 계산이었다. 정부가 말레이시아에 취항권을 허가해 줄 경우 대한항공은 엄청난 타격을 받을 수밖에 없다. 문제는 정부가 취항 허가를 내줄 수 있는 가능성이 있다는 것이었다.

당시 현대건설이 말레이시아와 페낭(Penang) 대교 건설을 수주하는 빅딜을 벌이고 있었다. 페낭 대교는 말레이시아 본토와 동양의 진주로 불리는 페낭을 연결하는 총연장 13.5km의 다리로 해상구간만 8.5km에 이르는 교량이다. 당시만 해도 세계에서 3번째로 길고 아시아에선 가장 긴 다리였다. 당시 현대건설 현장소장 백이호(伯伊鎬) 이사는 유지보수에서의 단점을 들어 아치교 대신 사장교로 바꾸도록 설득해 사장교로 건설했다. 세계 업계의 관심을 불러 일으켜 호주 1개 사, 프랑스 5개 사, 독일 3개 사, 일본 13개 사 등 총 41개 업체가 입찰에 참가해 치열한 각축전을 벌였다.

입찰 결과 프랑스의 캄프농 베르나사가 최저 입찰가를 써냈고 현대건설은 2위를 차지했으나 비용이 좀 더 들더라도 내심 완공을 앞당겨 주기를 원했던 말레이시아 정부의 바람을 간파한 현대건설이 30개월의 공기 단축을 제안함으로써 극적으로 공사를 확보했으나 말레이시아 정부가 페낭 대교 건설권과 서울 취항권을 맞바꾸자는 제안을 우리 정부에 한 상태였다. 현대건설이 페낭 대교 수주를 우리 정부에 강력하게 호소하고 있어 반대급부인 말레이시아항공의 서울 취항 허가는 초읽기에 들어가 있었다. 조중훈 사장은 그런 사실을 알고 이번만큼은 절대로 양보할 수 없다는 입장을 분명히 했다.

'말레이시아항공의 서울 취항을 허가하는 것은 국가 전체적으로 이익보다는 손해가 더 큰 것입니다. 말레이시아항공은 이원권을 이용, 중동으로 가는 우리 기술자들을 실어 나를 것입니다. 그렇게 되면 페낭 대교 수주에서 오는 외화 획득보다 중동 기술자 항공료 손실이 더 커지게 되는 것입니다'라고 조중훈 사장은 정부에 강력히 호소했다. 늘 '지고 이기라'는 전법을 구사해 온 조 사장이지만 이번만은 물러서지 않았다. 주말레이시아 대사(大使)가 취항 '허가' 서명을 하기로 했다가 이튿날 아침 우리 외교부의 '보류' 조치가 나올 정도로 상황은 긴박하게 돌아갔다.

  조중훈 사장은 중동으로 가는 하늘길을 지켜냈다. 이 싸움은 어떻게 보면 대한항공과 현대건설이 주역인 셈이다. 조중훈 사장은 정주영 회장과 친하게 지내는 사이다. 조중훈 사장은 후일 정주영 회장과 현대건설의 사우디아라비아 주베일 산업항 입찰 과정에서도 이해가 상반되는 입장에서 만나게 된다. 또한 88 서울올림픽 유치전에서도 함께 뛰게 된다.

21

뉴욕 취항과 2차 오일쇼크 위기
(대한항공이 맨해튼에 떠내려간다)

위기와 기회는 반복된다. 오일쇼크라는 위기 뒤에 '중동(中東) 붐'이라는 기회가 찾아왔고 중동 붐이 한창이던 1978년 말 2차 오일쇼크가 전 세계를 덮쳤다. 이란이 회교 혁명 이후 석유 수출을 중단했고 때맞춰 석유 수출국들은 유가 인상을 발표했다. 1차 오일쇼크 이후 배럴당 10달러 선을 조금 넘던 원유 값은 20달러를 돌파했고 현물시장에서는 배럴당 40달러까지 올랐다.

설상가상으로 국내에서는 박정희 대통령이 서거하고 12.12 사태, 5.18 광주 민주화 운동으로 이어지는 혼란이 계속되었다.

1차 오일쇼크에 의한 항공시장 불황이 끝나기도 전에 미국은 자국 항공사의 권익과 자국민의 편익을 위해 항공 규제 완화법과 국제항공 운송 경쟁법을 발효시켰다. 미 항공시장은 무한경쟁 시장으로 바뀌었고 노선 개설 자유화로 36개였던 미국 항공사가 무려 123개로 늘어났다. 하늘길이 복잡해졌고 약육강식의 정글로 변했다. 유나이티드, 아메리칸, 델타 등 미국 대형 항공사들이 태평양 노선에 대거 진출했다. 동남아 항공사들까지 가세해 태평양 노선은 공급 과잉 상태가 되었다. 공급 과잉은 저운임 경쟁을 불러왔고 항공사들의 수지는 크게 악화되었다. 팬암항공을 비롯해 전통의 항공사가 결국 도산하고 말았다.

대한항공의 조중훈 사장은 이번에도 위기를 도약의 기회로 활용했다. 인력을 감축하는 대신 민영화 초기부터 숙원 사업이었던 뉴욕 취항을 감행했다. 뉴욕 취항은 아시아권 항공사로서는 일본(JAL)에 이어 두 번째로 이룬 쾌거였다. 뉴욕노선은 흑자를 기대하기 어려웠지만 세계 최대 도시라는 상징성이 있는 만큼 항공사와 국가 위상을 생각할 때 중요했다.

1979년 3월 대한항공(KAL)이 뉴욕에 취항하겠다고 하자 미국 항공사들의 반대가 극심했다. 예상했던 대로였다. 가장 결사적으로 반대한 항공사는 플라잉타이거(Flying Tiger) 사였다. 플라잉타이거는 대한항공이 뉴욕에 취항하면 시장을 빼앗길 것이라며 지방 정부를 앞세워 취항을 원천봉쇄하려 들었다. 조중훈 사장은 플라잉타이거의 사주가 중국계라는 사실에 주목했다. 조중훈 사장은 미국으로 날아가 사주를 만나 같은 동양인임을 강조하며 설득했다.

"우리는 같은 아시아권 동양인이다. 우리는 백인들과 싸워야 하며 동양인들끼리는 서로 협력해야 한다. 서로 외로운 싸움을 하고 있지 않는가?"라고 감성을 파고들었다. 그리고는 플라잉타이거 경영진에게는 서울-뉴욕 노선에서 양사의 항공 화물 규모를 투명하게 공개하자는 강수를 두어 협상을 승리로 이끌어 냈다.

2차 오일쇼크는 예상보다 컸다. 역사적인 뉴욕 취항을 며칠 앞두고 연료를 구하지 못하는 초유의 사태가 벌어졌다. 2차 오일쇼크가 일어나면서 중동 산유국들의 파워가 강해져 미국 석유 재벌들의 입지가 좁아졌고 원유 구득난이 심한 때였다. 뉴욕에서 첫출발할 비행기를 띄울 기름도 없었다. 조중훈 사장은 임원을 뉴욕 현지에 급파했다. 역시 취항을 연기할 수밖에 없다는 보고가 올라왔다. 다른 기종의 항공사들도 항공유를 줄여 공급받는 실정이라 신규 취항하는 항공사에 배당할 몫이 없다는 것이었다.

조중훈 사장은 '대한항공이 맨해튼에 떠내려 간다!'고 탄식했다. 뉴욕 노선은 어느 때보다 치밀한 준비와 미국과 줄다리기 협상 끝에 '한미 항공 협정'을 개정해 어렵사리 따낸 노선이었다. 연료 때문에 취항을 연기해야 한다는 것은 도저히 받아들일 수 없었다.

'끈질기게 노력하면 안 될 일이 없다. 뉴욕에서만 시간을 허비하지 말고 다른 지역 정유사들과 접촉해 보라'며 활용 지역을 넓혀 보라고 지시했다.

"사장님, 최소한의 양이긴 합니다만 취항에 지장이 없는 양을 확보했습니다."

텍사스로 날아간 임원에게서 연락이 왔다. 궁즉통(窮卽通), 궁지에 몰려 어렵게 돼도 헤쳐 나갈 길이 생긴다는 말이 틀린 말이 아니었다. 이후에도 대한항공 임원들은 기름을 구하기 위해 알래스카 페어뱅크스까지 뛰어다녔고 평소의 두 배 가격을 불러도 마다할 형편이 아니었다. 연료를 비축하기 위해 해외에서 들어오는 비행기에 연료를 가득 채워 귀항하기도 했다.

이런 노력에도 대한항공은 1980년 한 해 300억 원대 적자를 냈다. 항공공사 인수 이래 최대의 위기에 봉착했다. 조중훈 사장은 위기 타개를 위해 기민하게 아이디어를 짜냈다. 항공기 가동률을 최대한 높이는 것이었다. 비행기는 날고 있는 시간이 많아야 수익률이 높아진다. 트럭이 운행 시간이 많아야 수익이 높아지는 것과 같다. 조중훈 사장은 항공스케줄을 영업 위주에서 항공기 가동률 위주로 개편했다. 낮에 국내선이나 한·일 노선에 운항한 항공기를 밤에 동남아 노선에 띄웠다. 장거리 노선도 일본이나 동남아 여러 도시에서 서울을 경유해 미국이나 유럽으로 가도록 바꾸었다. 그리고 수익을 확보하기 위해 일본 시장을 집중 공략했다. 해외여행 자유화 이전이라 국내 승객만으로는 수지를 맞출 수 없기 때문이었다. 일본 지방노선을 확장하고 한·일 노선 편수를 늘려 일본인 수요를 서울로 끌어들여 미국과 유럽으로 수송했다. '비용 20% 절감, 수입 20% 증대' 캠페인을 전사적으로 벌여 사소한 지출까지 철저하게 줄였다.

1980년 초 화물기 2대를 도입할 때는 기체의 중량을 가볍게 하기 위해 페인트 도장도 하지 않았다. 누드 상태로 도입하는 것이다. 점보기 한 대를 칠하는 데 드럼통 6개 분량의 페인트가 들어간다. '누드 점보기'로 점보기 한 대당 연간 5,000 갤런의 연료를 절감할 수 있었다. 그야말로 마른 수건을 짜고짜는 피나는 절약을 했다. 그 결과 대한항공은 적자에서 벗어났을 뿐 아니라 '저원가 저운임'의 경쟁력을 갖추게 되었다.

이런 노력의 결과는 경영성과로 나타났다. 대한항공은 혹독한 오일쇼크 속에서도 1982년 다시 흑자를 달성했다. 세계 항공업계는 그해 82억 달러의 적자를 기록했다. 세계의 항공업계는 대한항공을 경외의 눈으로 바라보기 시작했다.

창립 14주년을 맞은 1983년 3월 1일 조회에서 조중훈 사장은 말했다. "우리는 치열한 저운임 경쟁 속에서 위기와 시련을 용기와 지혜, 인내로 이겨냈다. 경영은 호조건과 악조건이 되풀이된다. 항상 기반을 다지고 경쟁력을 키워 대비해야 한다는 것이 이번 위기와 시련이 우리에게 가져다 준 값진 교훈이다."

위기를 기회로 바꾸는 조중훈 사장의 힘은 사업에 대한 확고한 철학과 신념에서 나온다. 조중훈 사장의 미래를 내다보는 안목은 뛰어나다. 기회를 놓치지도 않는다. 기회 포착 능력은 경험을 바탕으로 생긴 예지력에서 생겨나는 것이다.

새로운 CI(Corporate Identity) 선포

대한항공의 설립 당시 마크는 고니새(鳥)가 원을 약간 벗어난 형상이었다. 한계를 뚫고 세계의 하늘로 날아가겠다는 의지를 담은 것이었다. 1984년 대한항공은 창립 15주년을 맞아 새로운 CI를 선포했다. 이때 탄생한 것이 현재의 대한항공의 상징이 된 '태극마크'다.

태극 마크 디자인에도 조중훈 사장의 아이디어가 담겨 있다. 대부분의 기업들이 거금을 들여 외국 유명 디자인 업체에 맡기는 것과는 달랐다. 조중훈 사장은 새로운 상징을 구성하던 중 어느 날 항공기 프로펠러가 고속 회전할 때 태극 문양이 나타나는 것을 포착했다. 뜻이 있는 곳에 길이 있다고 했다. 생각하고 있는 사람에게만 보이는 것이다. 이를 보잉사 디자이너에게 알려 주었고 그 결과 한민족의 전통과 국적기의 위상을 형상화한 오늘의 태극 마크가 탄생하게 되었다.

이 태극 마크는 공군기에 새겨 있는 태극기와 유사하다는 이유로 공군(空軍)을 자극하기도 했지만 큰 문제가 되지는 않았다. 태극 마크는 기체의 스카이블루(하늘색)와 어우러지면서 '세계의 하늘을 나는 대한의 날개'로 이미지를 굳혔다.

부실 덩어리 '항공공사'를 인수할 때 '항공을 예술처럼 하고 싶다'고 했던 조중훈 사장은 두 차례에 걸친 오일쇼크의 위기를 뚫고 태평양 횡단에 이어 유럽 하늘에 태극 마크를 그림처럼 수놓았다. 하지만 유럽으로 가는 길은 아직 멀기만 했다. 거대한 대륙 중국(中國)이 가로막고 있어 명실상부한 하늘의 실크로드(Silk Road, 비단길)라고 할 수 없었다. 아쉬움을 안은 채 유럽 시장 개척에 박차를 가하던 조중훈에게 만리장성 저편에서 운명처럼 기회가 날아왔다. 조중훈 사장은 그 기회를 포착하고 미완의 실크로드에 한점(·)을 찍었다. 화룡점정(畵龍點睛), 용의 눈동자에 점을 찍는 순간 잠자던 용이 꿈틀대기 시작했다.

22

중국(中國) 민항기 불시착의 행운

역사의 흐름은 어느 순간 예상하지도 못한 사태를 만들어 낸다.

1983년 5월 5일 어린이날 오후 2시. 미확인 비행기가 대한민국 영공으로 날아와 강원도 춘천 비행장에 불시착한 사건이 일어났다. 승객과 승무원 105명을 태우고 중국 선양공항을 이륙해 상하이로 가던 중국 민항기가 무장 괴한들에 의해 공중납치된 것이다.

비행기를 끌고 타이완(현 대만)으로 향하던 납치범들이 항공기 연료가 떨어진 것을 확인하고 방향을 바꿔 우리 휴전선(DMZ)을 넘자 즉각 출동한 우리 공군 전투기 편대가 10분 만에 춘천기지 활주로에 착륙을 유도했다. 승객들은 무사했지만, 승무원 1명이 부상 당한 상태였다.

전쟁이 일어난 줄 알았던 국민들은 가슴을 쓸어내렸다. 하지만 정부는 난감하기 짝이 없었다. 당시 적성국인 중국 민항기의 불시착은 그 자체만으로도 비상사태였다. 만리장성은 높았고 '죽(竹)의 장막'은 걷히지 않은 채였다. 한국과 중국은 대화 통로가 없었다. 이 사건이 불씨가 되어 전쟁이라도 일어나지 않을까 한반도는 불안에 휩싸여 술렁거렸다.

당황하기는 중국도 마찬가지였다. 중국 정부는 1978년 말 전국인민대표 회의에서 개혁 실용주의 노선과 개방정책을 표방한 이후 이제 막 '죽의 장막'을 조심스럽게 걷어내고 있었다. 하지만 북한과의 관계 때문에 한국과는 외교적 접촉이 없었다. 1980년 중국 정부가 공식 석상에서 '대한민국 올림픽위원회(IOC)'를 언급하고 1982년 베이징에서 개최된 세계 식량 위원회(WFP, World Food Program) 세미나에 한국 대표가 참석한 것이 그때까지 양국 간 교류의 전부였다.

피랍 항공기의 한국 불시착 소식이 알려지자 중국 민항공사는 즉시 승무원과 승객의 안전을 묻는 전문을 보내왔다. 중국민항공사는 중화인민공화국 국무원 직속 행정기구다. 양국 간 수교가 이루어지지 않아 중국 측이 아직 한국 정부를 인정하지 않고 있는 때였다. 그러나 전문에는 'Republic of Korea(대한민국)'라는 국가명이 뚜렷하게 찍혀 있었다. 중국 정부가 상황을 얼마나 심각하게 인식하고 있는지 짐작할 만했다.

중국민항은 다급한 나머지 이희성(李熺性) 당시 교통부 장관 대신 김철용 교통부 항공국장을 수신인으로 전문을 보냈다. 이를 놓고 외교적 해석이 분분했지만, 중국민항은 훗날 '한국에 전문을 보낸다는 게 쉬운 일이 아니었으며 싱가포르 국제회의에서 김철용 국장과 인사를 나눈 사람이 중국민항에 있어 이 항공기 소재 확인을 부탁한 것'이라고 해명했다. 중국 사람들은 한 번 관계를 맺은 사람을 공식 외교채널보다 더 믿는 경향이 있다.

승무원과 승객의 안전을 확인한 중국은 한국 정부에 센투(沈圖) 민항 총국장 일행의 방한을 요청해 왔다. 우리 정부도 외무부 공노명(孔魯明) 1차관보, 김병연 아주국장, 김철용 교통부 항공국장 등으로 협상단을 구성했다.

불시착 2일 후 중국 승무원과 기체 송환을 위해 중국 정부 대표단 33명이 한국에 도착했다. 대한민국과 인민공화국 간 이루어진 최초의 공식적인 접촉이었다. 한·중 외교사(史)에 물꼬가 터지는 순간이었다.

중국 대표단이 방한하는 날 조중훈 사장은 조용히 춘천으로 향했다. 불시착한 항공기의 엔진과 랜딩기어가 어느 정도 손상이 되었는지 기술 자문을 하기 위해서였다. 정비사만 보내도 될 일이었지만 조중훈 사장은 직접 가는 쪽을 택했다. 사안의 중대함을 알고 있었기 때문이었다. 자신의 역할이 단순한 기술 자문 이상이 될 것을 직감했다.

중국 대표단의 방한에 우리 정부는 지나치게 흥분하고 있었다. 언론은 이 사건으로 당장이라도 한·중 사이에 엄청난 변화가 이루어질 것처럼 앞서가고 있었다.

조중훈 사장의 생각은 달랐다. 34년 동안이나 단절되었던 한·중 관계가 쉽게 풀릴 것 같지 않았다. 자칫 외교적 마찰이 불거질 수 있는 민감한 사안이었다.

조중훈 사장은 이 문제를 원만하게 풀기 위해서는 민간항공사인 대한항공이 나서야 한다고 판단했다. 한국과 중국 대표단의 협상은 조중훈 사장의 예상대로 시작부터 불협화음을 내기 시작했다. 양국은 본격적인 논의를 시작하기도 전에 서명인의 지위와 자격 문제를 놓고 신경전을 벌였다.

한·중 대표 롯데호텔 오찬

조중훈 사장은 서울로 돌아와 양국 대표단을 롯데호텔로 초청했다. 롯데호텔은 서울 소공동에 소재하는 최고급 유명호텔이다. 조중훈 사장은 협상은 일단 접어두고 손님들이 왔으니 한국의 항공사 대표로서 식사를 대접하고 싶다고 말했다.

오찬장의 공기는 살얼음판 위를 걷는 듯 냉랭하기만 했다. 조중훈 사장은 자리에서 일어나 건배를 제의했다. 그러고는 느닷없이 중국의 '삼국지(三國志)' 이야기를 꺼냈다.

"저는 사업하는 사람으로서 국가 경제에 보탬이 된다면 언제든지 온몸을 바쳐 일하는 조자룡 같은 사람이지요. 여기에 계시는 공노명 선생님(한국 측 수석대표)은 제갈공명 같은 분이 아닌가 생각합니다. 경제는 조자룡이 책임지고 외교는 제갈공명이 적격이지요. 제갈공명과 조자룡이 머리를 맞댄다면 해결하지 못할 문제가 뭐가 있겠습니까." 발음이 유사한 조자룡과 조중훈, 제갈공명과 공노명을 절묘하게 빗댄 조중훈의 화술에 중국 대표단이 감탄하며 웃음을 터뜨렸다.

(독자들이여. 우리는 조중훈 사장이 소년기에 일본 고베에서 공부하면서 중국의 삼국지에 내심 취했던 것을 기억한다면 오늘의 결정적인 유머가 나오는 것을 쉽게 이해할 수 있을 것이다.)

이데올로기나 문화에서 전혀 공감할 수 없을 줄 알았던 한국 사람이 중국 고전을 잘 이해하고 있다는 사실 또한 중국 대표단의 마음을 누그러뜨렸다. 긴장감에 살벌해 있던 오찬장은 화기애애한 분위기로 바뀌기 시작했다.

다음날 양측 대표단은 피랍기 승객과 승무원 송환에 관한 합의각서를 교환했다. 조중훈 사장은 14년 전인 1969년 대한항공 YS-11기가 납북된 일을 가슴 아파했다. 1969년 12월 11일 대한항공의 YS-11 여객기가 북한의 지령을 받은 헌병 출신 고정간첩에 의해 공중 납치돼 함흥시 인근의 선덕 비행장에 강제 착륙한 사건이다.

조중훈 사장은 동병상련으로 중국 민항기의 승객과 승무원, 기체를 무슨 일이 있어도 중국에 돌려보내 주고 싶었다. 이런 조중훈 사장의 뜻은 비공식 채널을 통해 센투민항 총국장에게 전달되었다. 중국민항은 중국 정부에 '칼(KAL)기 피랍 같은 일이 다시 일어나지 않도록 하겠다'는 조중훈 사장의 의지를 담은 보고서를 올렸고 중국 정부는 경계심을 상당히 풀게 되었다. 오히려 조중훈 사장의 호탕하고 인간적인 면에 호감을 갖게 되었다. 이후 중국 민항 총국장이 여러 번 바뀌었지만, 그때마다 조중훈 사장과 장남 조양호를 찾아 은혜를 잊지 않겠다는 인사를 전했다.

조중훈 사장은 중국 대표단이 베이징으로 떠난 후에도 뒷마무리에 만전을 기했다. 중국 민항기의 피해 정도가 예상보다 크면 부품 교환이 필요할지 모른다며 사고 비행기와 동일한 기종을 갖고 있는 홍콩과 영국 항공사에 전문을 보내 필요할 경우 협조를 얻을 수 있도록 했다.

중국과 대한항공 기술진으로 구성된 한·중 합동 기체 점검반이 이틀에 걸쳐 정밀조사한 결과 무리한 불시착으로 엔진 3개 중 오른쪽 엔진 코일이 절단되고 랜딩기어 휠 브레이크에 손상을 입었다는 결론이 나왔다. 대한항공은 손상 부위를 보수한 뒤 안전한 이륙을 위해 기체를 김포공항으로 옮기는 작업에 들어갔다. 춘천기지는 활주로가 짧아 기체 무게를 줄여야 했다.

우선 대한항공 기술진이 투입되어 좌석 110개를 떼어냈다. 객실

의자와 수하물 등을 옮기려니 트레일러 두 대가 가득했다. 타이어도 새것으로 교체했다. 대한항공의 완벽한 지원 아래 피납기는 춘천 기지를 무사히 이륙해 김포공항에 안착했다. 당시 이륙 장면을 구경하기 위해 서울에서 내려온 사람들 때문에 춘천 시내 숙박 시설이 만원을 이룰 정도로 국민의 관심이 대단했다.

조중훈 사장은 비행기가 김포에서 베이징으로 무사히 귀환할 수 있도록 급유도 지원했다. 중국 승객과 승무원을 위해 중국 사람들이 좋아하는 메뉴로 특별 기내식을 마련하고 인삼주와 넥타이, 동화책 같은 선물 꾸러미까지 전달했다. 외교적인 긴장 관계 때문에 우리 정부가 베풀지 못한 호의를 조중훈 사장이 대신한 것이다.

피랍기는 베이징으로 향하는 3시간 16분 동안 대한항공에 두 차례나 감사 전문을 보냈다. 중국 대표단 단장이었던 센투 총국장은 훗날 회고록에서 당시 상황을 소개하며 고마움을 표했다.

"1930년대에 상하이를 방문한 적이 있는 조중훈 사장은 중국 문화를 잘 알고 열정적이고 우호적인 사람이다. 그가 회담을 맡게 되면서 긴장된 분위기가 화기애애하게 바뀌게 되었다. 그는 이후 중국과 한국의 민간 교류에서 지속적으로 가교 역할을 했다."

유럽 최단 항로 개척

중국을 거쳐 러시아 영공을 지나 유럽으로 가는 최단 항로를 개척할 때도 조중훈 사장의 외교력은 놀라움 그 자체였다.

86 아시안게임을 앞두고 조중훈 사장은 중국 정부에 기막힌 제안을 했다. 중국 선수들이 서해 영공을 통과해 서울로 바로 올 수 있게 하고자 하는 것이었다. 당시엔 한국과 수교하지 않은 상태여서 서

울 베이징 노선은 양국 해안을 따라 U자로 돌아가야 했다. 조중훈 사장의 제안을 중국 정부는 흔쾌히 받아들였다. 제안 자체가 합리적이기도 했지만, 조중훈 사장에게 피랍기 사건 때 입은 은혜를 갚겠다는 취지가 컸다.

조중훈 사장은 중국 정부가 허가한 사항을 우리 정부에 즉각 알려주었고 우리 정부도 미세 조정을 거쳐 이를 허가해 주었다. 양국 정부의 협상이 아니라 조중훈 사장의 중계로 단거리 직항노선이 만들어진 것이다.

그것은 시작에 불과했다. 서울-베이징 서해노선이 뚫리자, 중국과 러시아를 통과해 유럽으로 가는 최단 거리 노선이 열리게 되었다. 조중훈 사장은 1988년 서울올림픽 기간에 중국을 방문해 센투 총국장에게 전세기 운항 허가 취득을 도와줄 것을 요청했고 이듬해 봄 중국 정부로부터 한국 항공사의 전세기 운항과 단계적인 확대에 대한 확약을 받아내는 데 성공했다.

1994년 여름 마침내 한·중 양국 간 항공협정이 타결되어 베이징과 톈진, 선양에 정기노선이 뚫렸다. 수교도 이루어지지 않은 중국의 만리장성을 넘고 나서 유럽으로의 하늘길은 더욱 활짝 열리게 되었다.

그 후 아시아와 유럽, 러시아에 이르기까지 국제노선을 급격하게 확장해 나갔다. 1984년 프랑크푸르트에 취항했고 1988년 런던, 1990년 모스크바와 호주 시드니, 1991년 로마, 1994년 블라디보스토크와 베이징 취항이 숨 돌릴 틈 없이 이어졌다.

조중훈 사장의 집무실에 걸린 대한항공의 노선도는 거미줄처럼 변해갔다. 항공사의 위상과 규모는 취항 노선 수로 결정된다. 1971년 로스엔젤레스 취항으로 태평양을 가로지르며 시작된 '노선 개척'은 20년 만에 대한항공을 세계 일류 항공사로 변모시켰다.

태평양 노선에 이어 유럽 노선에 태극 마크를 단 항공기가 날아다니면서 조중훈 사장은 세계 일주 노선에 한 걸음 더 다가가게 되었다. '자국기를 타고 해외에 나가고 싶다'는 박정희 대통령의 소망으로 시작된 대한항공의 역사는 '대한의 날개'에서 '세계의 날개'로 뻗어나갔다.

항공의 불모지 나라에서 세계 굴지의 항공사들과 날개를 나란히 하는 항공사로 키우면서 온갖 어려움과 시련을 겪었다. 부실 국영 항공공사를 맡아 달라는 박정희 대통령의 요청을 받아들이며 조중훈은 어려운 사정이 생기면 꼭 세 번만 대통령을 찾아가 의논하겠다는 조건을 달았었다. 그러나 그것으로 끝이었다. 조중훈 사장은 단 한 차례도 대통령을 찾아가 하소연한 적이 없었다. 모든 고통을 혼자서 감내하며 대한항공을 키우고 이륙시켰다. '항공공사' 인수 대금도 인수 후 5년의 거치 기간이 끝나는 날 당초 10년 분할 상환이라는 조건과는 달리 한꺼번에 상환했다. 국영기업 불하 역사상 찾기 힘든 깨끗한 처리였다.

조중훈 사장이 개척한 항공로는 단순한 사업의 길이 아니었다. 국토 확장이었고 국세(國勢)를 끌어 올렸고 국가 간 이념과 문화의 차이를 극복하는 소통과 공감의 길을 연 것이다.

23

박정희 대통령
"조 사장, 전투기를 만들어주시오."

조중훈 사장은 배를 구입할 때도 언제나 발품을 팔아 눈으로 확인하고 직접 실물을 만져보고 결정했다. 같은 배라도 얼마나 오랫동안 바닥이 바닷물에 잠겨 정박해 있었는지부터 체크한다. 물속에 잠겨 보이지 않는 부식 상태까지 보았던 것이다. 항공에는 두 세배 더 현장에서 살았다. 새벽잠에서 깨면 오토바이를 타고 공항으로 나가 정비 현장을 둘러보았다. 작업장에 나뒹구는 나사못 하나까지 직접 주워 작업대에 올려놓는 철저한 모습을 보여주곤 했다.

항공은 안정과 정시성(定時性)이 생명이고 이는 현장에서 뛰는 정비 기술자들의 손에 좌우된다고 믿었다. 추운 겨울에는 철야 작업하는 정비사들에게 두툼한 방한복을 지급하고 야간 작업을 하다 깜빡 잠이 든 정비사를 보아도 야단치거나 깨우는 법이 없었다. 현장에서 그들의 노고를 함께 보고 느끼기에 가능한 일이었다.

배는 항해 중에도 고칠 수 있지만, 비행기는 한 번 이륙하면 수리가 불가능하다. 조중훈 사장은 땅에서 할 수 있는 모든 것을 완벽하게 해야 한다며 만전을 기했다.

조중훈 사장은 '항공공사'를 인수한 후 항공 관련 외국 서적을 독파했다. 정비사가 고장 난 엔진의 문제에 대해 브리핑을 할 때 포인트를 잡아주는 정도가 되었다.

한번은 외국에서 온 엔진회사 사장에게 즉석에서 '이게 미국이 독일의 제트엔진 정보를 구해 만든 엔진'이라고 말했다. 엔진회사 사장이 어리둥절해하자 전문 화학 용어를 써가면서 제트엔진의 재질에 대해 상세하게 설명해 주는 수준이었다. 당시 화공학을 전공한 임원이 통역을 했는데 자신도 그 용어를 잘 몰라 나중에 찾아봤더니 실제로 존재하는 용어였다. 정비와 수리를 반복하다 보면 부품을 알게 되고 엔진도 알게 된다.

조중훈 사장은 비행기도 자꾸 고치고 분해하다 보면 언젠가는 비행기를 만들지 못할 이유도 없다고 생각했다. 비행기를 만드는 것은 훨씬 오랜 전통과 경험을 가진 글로벌 항공사들도 시도하지 못하는 일이다. 하지만 언제나 그랬듯이 세상은 조중훈 사장을 수송의 길에만 매달리도록 내버려두지 않았다.

1975년 8월 철원 비무장 지대에서 북한의 남침용 땅굴이 추가로 발견되자 한반도는 충격에 휩싸였다. 4월에는 남베트남 정부가 끝내 항복하고 인도차이나반도가 공산화되었다. 자주국방이 최대 국정 현안으로 떠오른 무렵 남부 지방에 소재하는 방위산업체를 시찰한 박정희 대통령은 기자회견을 열고 '1980년대 중반에 대한민국은 전투기(戰鬪機)를 생산할 것'이라고 선언했다. 전투기(Fighter)는 공중에서 전투 임무를 수행하는 항공기이다. 최첨단 기술 집합체인 전투기를 10년 안에 우리 손으로 만들겠다는 대통령의 말을 국민들은 쉽게 믿을 수가 없었다. 며칠 후 박 대통령은 조중훈 사장을 찾았다.

"조 사장님, 국가 안보상 우리 손으로 전투기를 만드는 것은 대단히 중요합니다. 조중훈 사장님은 전투기를 제조하는 사업을 하는 것은 아니지만 비행기 관련 사업을 하고 계시지 않습니까. 비행기 엔진이나 수리를 하는 일은 하실 테니까 전투기를 생산하는 데 가장 근접해 있습니다. 전투기를 생산해 주시오."

박 대통령은 진심 어린 어조로 말했다. 박 대통령은 항공공사를 인수해 줄 것을 요청하던 때와 마찬가지로 국가 장래에 대한 비전을 내비쳤다. 조중훈 사장은 "네, 알겠습니다. 너무 생소한 분야이기 때문에 자신 있게 말씀 못 드리지만, 최선을 다해 보겠습니다."라고 말했다.

전투기 제작은 막대한 투자 비용과 불확실한 수익성을 감안하면 그룹 전체의 사운을 거는 일이었다. 우리나라에서는 일제 강점기인 1944년 설립된 조선항공공업(주)이 일본에서 시설을 옮겨다 부산에 공장을 짓고 항공기 제조에 착수한 적이 있었고 화신백화점 그룹의 박흥식(朴興植) 사장이 안양에 조선비행기공업(주)을 설립해 항공기 실험 제작을 시도한 일이 있었다. 그러나 1945년 해방과 동시에 미군정에 의해 이 시설들이 해체되면서 우리나라 항공 산업의 싹이 잘리고 항공기 제작은 실현 불가능한 꿈으로 남아 있었다.

1974년 겨울, 정부는 미국 항공기 제작사들에게 용역을 주어 국내 항공 관련 업체들의 시설과 기술 수준을 평가하도록 했다. 노스롭, 맥도널더글러스, 록히드 같은 굴지의 회사들이 참여한 용역 사업은 항공기 공동 생산을 위한 구체적인 계약 단계로까지 접근했으나 여건 미비로 끝내 실현되지 못했다.

조중훈 사장은 박 대통령의 간곡한 요청에 1975년 대한항공 정관을 고쳐 사업 목적에 '항공기 제조 및 판매 사업'을 추가했다. 수송 외길을 고수해 오고 있는 조중훈 사장이 제조업으로 뛰어드는 순간이었다.

700억 원을 투입해 경남 김해공항 인근 늪지대를 메워 항공기 공장을 지었다. 조중훈 사장은 우선 헬기 조립에 착수했다. 당시 북한이 보유한 수백 대의 전차(Tank)를 견제하기 위해서는 미사일을 장착할 수 있는 헬기가 필요했다. 육군이 적극 지지한 벨(Bell)의 UH-1 모델이 검토 대상이 되었다. 그러나 이 모델은 가격이 턱없이 고가인 데다 병력 수송용이 아니어서 미사일을 장착한다 해도 공격용 헬기로는 적당하지 않았다. 게다가 UH-1은 소음 때문에 쉽게 노출될 수 있기 때문에 오히려 적의 전차 공격을 받을 위험이 있었다.

조중훈 사장은 동생 조중건을 휴즈(Hughes)로 보내 500 계열을 알아보라고 지시했다. 휴즈 500 계열은 미국 휴즈 사가 설계 생산하는 군사용 다목적 경헬리콥터다. 500 계열은 기체가 작아 제작비가 적게 들면서도 소음이 적고 기동성이 뛰어나 기습 공격용으로는 적합하다는 결론이 나왔다. 한반도 같은 산악 지대에서는 아주 적합하다는 것이다.

조중훈 사장은 500 계열을 들여와 군 관계자들을 모아 놓고 시연회를 열었다. 군 관계자들은 시큰둥한 반응이었다. 조중훈 사장의 항공기에 관한 뛰어난 식견은 장성들의 선입견에 가려 빛을 보지 못할 것 같았다. 그런데 오원철(吳源哲) 청와대 제2 경제수석이 시연 모습을 비디오카메라로 찍어 박정희 대통령에게 보여 주었다. 오원철 제2 경제수석은 한국 경제의 압축 성장과 중화학공업 정책을 설계한 유능한 경제관료였다.

박 대통령이 회의 시간에 '휴즈 모델이 어떠냐'고 물으면서 극적인 반전이 이루어졌다. 조중훈 사장은 대통령의 낙점을 받은 500 계열 생산을 위해 휴즈와 기술 도입 계약을 맺었다. 우선 정비본부 산하에 사업부를 신설하고 500MD 계열 생산에 착수해 4대를 육군에 납품했다.

1976년 12월에는 김해 헬기공장이 준공되었다. 조중훈 사장은 정비본부 산하 사업부를 항공기 제작을 전담하는 사업본부로 승격하고 인원도 40명에서 240명으로 늘려 양산 체제를 갖추었다.

500MD/D 생산 대수는 1980년 초 200대를 넘어섰다. 1978년에는 항공기 연구와 개발을 전담하는 항공기술연구소를 설립했다. 연구소는 항공대(航空大)를 비롯한 국내외 연구기관과 교류해 항공기용 재료 개발과 항공기 설계 능력을 확보해 나갔다. 해외에 나가 있는 과학자들을 유치하는 데도 공을 들였다.

1978년 국군의 날을 이틀 앞두고 조중훈 사장은 연간 60대 규모의 전투기를 정비하는 사업계획서를 만들라고 지시했다. 이 보고서를 미군에 제출해 지역 군용기의 정비 계약을 추진했다.

조중훈 사장의 사업을 보는 안목은 뛰어나다. 당시 미군 군용기 정비 기지는 타이완에 있었다. 그러나 중·일 수교로 미국은 중국과 수교를 서둘렀고 타이완 정비 기지를 다른 곳으로 이전할 필요가 있었다. 국제 정세의 긴박한 흐름을 읽고 있었던 조중훈 사장은 그 동안 대한항공이 쌓은 정비 노하우와 500MD/D 생산 경험을 내세워 대한항공을 새로운 정비 기지로 지정해 줄 것을 미군에 요청했다. 대안을 찾지 못하고 고심하던 미군은 조중훈 사장의 제안을 흔쾌히 받아들였다.

이듬해 1월 조중훈 사장의 예상대로 미국과 중국은 수교를 맺었고 대한항공은 미국의 주력 기종인 F-4 팬텀기 정비를 시작하게 되었다. 항공기 정비는 자동차 정비와는 다르다. 항공기는 분해와 결합이 기본이고 수리를 위해서는 생산하는 것 이상의 기술이 필요한 만큼 항공기 제조 노하우를 축적할 절호의 기회였다. 게다가 안정적인 거래선을 확보함으로써 경영 개선은 물론 외화 획득에도 큰 도움이 될 수 있었다.

국산 전투기 제공호(制空號) 날다

항공기 제작 기반을 다지고 있던 1979년 7월 어느 날 조중훈 사장은 박정희 대통령을 또다시 만났다. 박 대통령은 '수익성도 보장되지 않는 헬기 사업을 성공적으로 수행해 낸 것에 대해 감사하다'고 말했다. 그러더니 박 대통령은 1980년대 중반까지 전투기를 우리 기술로 만들겠다고 한 국민과의 약속을 상기시켰다. 조중훈 사장은 때가 되었음을 직감했다. 조중훈 사장은 3년 안에 반드시 전투기를 출고하겠다고 약속했다.

우선 기종 선정을 위해 항공기술 연구소 안에 테스크포스 팀을 만들고 10개월에 걸친 검토 끝에 기종을 노스롭 F-5E/F 모델로 정했다. 노스롭 F-5는 미국 노스롭 사가 1962년부터 설계하고 생산한 전투기다. 그러나 국방부와 노스롭 사의 협상이 한창이던 10월 26일 박 대통령이 유명을 달리하고 말았다. 10.26 시해 사건이 발생한 것이다.

불안한 정국 속에서 1년 넘게 끌던 협상은 이듬해 11월에야 타결점을 찾았다. F-5E/F 기종의 판매와 면허 생산 계약이 체결되고 대한항공은 전투기 제작사로서 본격적인 개발을 시작했다. 조중훈 사장은 기술을 전수받을 전문가들을 노스롭에 파견하는 한편 공장을 짓고 설비를 확장하는 데 박차를 가했다. 기술 인력만 600명에 달했다.

우여곡절 끝에 '제공호'로 명명된 첫 국산 전투기가 1982년 9월 9일 대한항공 항공우주 사업본부 김해공장에서 위용을 드러냈다. 제공호는 활주로를 가뿐히 차고 올라 날카로운 금속음을 내더니 북쪽으로 솟구쳤다가 다시 식장 상공에 나타나 한 차례 멋진 곡예비행을 뽐냈다.

대통령 석에는 박정희 대통령이 앉아 있지 않았지만, 조중훈 사장은 3년 안에 전투기를 출고하겠다는 약속을 지켰다. 이로써 우리나라는 일본과 타이완에 이어 아시아에서 세 번째 전투기 생산국이 되었다. 제공호는 고성능 초음속 전투기로 당시 북한 공군의 주력기였던 미그-21보다 성능이 뛰어났다.

대한항공은 전투기 생산으로 돈을 벌지는 못했다. 돈을 벌고자 시작한 사업은 아니었다. 방위산업은 국민의 세금으로 진행하는 사업이기에 손실만 나지 않으면 족하다고 조중훈 사장은 생각했다. 전투기는 국방력의 상징이며 자주국방이라는 국가적 대의에 기업이 동참하는 것은 명예로운 일이라고 생각했다.

조중훈 사장은 제공호 사업이 막 시작되었을 때 항공우주 사업본부를 맡고 있는 책임자를 불러 "대한항공이 방위산업으로 돈을 벌었다는 얘기를 들어서는 절대 안 된다"고 당부했다. 방위산업에서는 원가를 부풀리거나 비용을 과대 계상해 문제가 되는 경우가 허다하지만 조중훈 사장은 적자를 보는 한이 있어도 품질에 안전을 기하도록 했다.

조중훈 사장은 수익을 기대하기는커녕 오히려 투자가 더 필요했지만 제공호를 만든 이후에도 항공기 제작을 계속했다. 무엇보다도 제공호를 개발하기 위해 채용하고 육성한 많이 기술 인력을 포기할 수 없었기 때문이다. 조중훈 사장에게 그들은 무엇과도 바꿀 수 없는 국가적 자산이었다. 기술과 인력이 있으면 일감은 얼마든지 있을 것이라며 항공기 제작 사업을 계속 키워 나갔다.

제공호 부품의 국산화율을 23%까지 끌어올리는 한편 설계 기술을 꾸준히 축적해 1985년까지 독자기술로 1인승 경비행기 '창공 2호'를 개발하는 개가를 올렸다. 이어 1988년 2인승 '창공 3호', 1991년에는 '창공 91호' 개발에 성공했다. 항공91호는 국내 최초의 실용 항공기로 기록되어 있다.

대한항공은 전투기뿐만 아니라 민항기 제작과 우주항공 사업에도 뛰어들었다. 보잉과 에어버스 항공기 제작에 참여한 데 이어 무궁화 1, 2, 3호의 본체 및 탑재체, 태양전지 패널, 다목적 위성의 본체 구조물까지 제작했다. 이렇게 축적한 기술은 오늘날 '나로호' 개발을 주도하는 수준에까지 이르렀다.

조중훈 사장은 사업으로 돈을 벌겠다는 생각보다는 국익과 공익에 기해야 한다는 생각이 늘 앞서 있었다. 방위 산업에 뛰어든 것도 국방에 기여하기 위함이었고 '아는 사업'에 집중한다는 원칙이 뒷받침된 것이다. 항공사가 항공기 제작까지 하게 된 것은 사업으로서의 수직계열화 전략이기도 했지만, 국익을 우선한 것이었고 그런 사업 보국 정신이 오늘날 대한항공이 항공기 제작 역량을 갖추게 된 원천이다.

24

한진해운(海運) 설립

  조중훈 사장은 해운, 즉 해상 운송 분야로 사업 영역을 확대했다. 해운이란 바다를 이용한 운수이다. 육운, 항공에 이어 이제 바다가 그의 활동 무대가 되는 것이다. 조중훈 사장에게 바다는 특별한 의미를 갖고 있다. 집안 형편으로 휘문고보(현 휘문고등) 3년을 중퇴하고 처음 사회에 진출한 곳이 진해 해원 양성소(海員養成所)로 바다와 연관되었다. 조중훈 사장은 일찍이 2등 항해사 자격을 취득하고 중국 상하이 등 동남아 바다를 누볐다. 그때 그는 추후 성인이 되어 '반드시 자신의 배로 이곳을 다시 오리라'고 다짐하기도 했다. 바다는 그의 꿈의 무대였다.

컨테이너(Container)의 충격

  1966년 어느 날 조중훈 사장은 베트남 퀴논항에서 미국 화물선의 하역 작업을 지켜보면서 넋을 잃었다. 눈앞에 거대한 갠트리크레인(Gantry Crane)이 화물선에서 기관차만 한 철제 궤짝을 하나씩 부두에 내려놓고 있었다. 갠트리크레인은 꼭대기에 세워진 크레인으로 물체나 작업 공간을 가로지르는 데 사용되는 구조다. 컨테이너 한 개의 무게는 40톤에 달했다. 그것을 배에서 부두에 옮기는 데는 2분도 걸리지 않았다.

'열두 사람이 한 시간 동안에 작업해야 겨우 옮길 수 있는 물량을 그 짧은 시간에 옮기다니!'

그뿐만 아니라 컨테이너 속에 든 군수품은 따로 부리는 과정 없이 통째 트럭에 실려 부대를 향해 순식간에 사라졌다. 조중훈 사장은 100개가 넘는 컨테이너가 다 내려질 때까지 꼼짝도 않고 지켜보았다. 충격이었다.

컨테이너선의 출현은 범선(帆船, 돛단배 Sailboat)의 바다에 증기선(蒸氣船)이 출현한 것에 맞먹는 해운의 혁명이었다. 증기선은 증기기관을 통해 앞으로 나아가는 배로 선박명 앞에 접두어 'SS'를 붙인다. 컨테이너가 도입되기 이전에는 잡화, 액체화물, 냉동화물 같은 여러 형태의 화물을 적재할 수 있도록 선박의 갑판을 이중으로 건조하고 화물의 특성에 맞춘 자체 하역 장비까지 갖추어야 했다. 다양한 화물을 취급할 수 있는 장점이 있지만 하역하는 데 많은 인력과 시간이 소요되었다. 배 한 척에서 짐을 내리려면 꼬박 닷새는 쉬지 않고 일해야 했다. 인건비는 계속 상승하고 생산성은 떨어질 수밖에 없었다. 인건비를 획기적으로 줄일 방법을 모색하다가 탄생한 것이 바로 컨테이너였다. 화물을 규격화된 컨테이너에 담아 야적장에 쌓아 두었다가 화물선이 항구에 도착하자마자 갠트리크레인으로 신속하게 싣는 것이다. 세계 최초로 컨테이너 시스템을 갖춘 '씨랜드'는 하역비를 20분의 1로 줄이고 정박 기간도 7일에서 15시간으로 단축했다.

컨테이너는 다른 운송 수단과도 효과적으로 연결된다. 배에서 내린 화물을 곧바로 철도나 트럭으로 옮겨 실어 바닷길과 땅길을 하나로 잇는 해륙 일관(海陸一貫) 수송이 가능하다. 그러나 컨테이너선은 건조비가 비쌀 뿐 아니라 컨테이너와 컨테이너 전용 터미널이 필요해 대규모 투자가 뒷받침되어야 했다. 재래선은 '포트 투 포트(Port to Port, 항구에서 항구)' 서비스지만 컨테이너 수송은 '도어 투 도어(Door to Door, 문에서 문)' 서비스가 이루어져야 하므로 육상 수송 체계도 겸비해야 한다.

경영자의 눈은 '발견의 눈'이다. 퀴논항에서 컨테이너를 본 사람이 조중훈 사장 한 사람뿐이겠는가. 당시 국내 해운사들도 컨테이너의 존재와 위력에 감탄했을 것이다. 그러나 누구도 컨테이너 전용 해운사를 만들겠다고 엄두를 내지 못했다. 그저 부러운 그림의 떡이었다. 조중훈 사장은 같은 그림의 떡을 보고도 실제 사업의 큰 그림을 그릴 수 있는 눈을 가지고 있었다. 그것은 컨테이너라는 세계 해운 역사의 대발명 못지않은 경영자의 위대한 혜안이었다.

대진해운 해체

퀴논항에서 컨테이너에 매료된 조중훈 사장은 귀국하자마자 해운사 설립에 착수했다. 컨테이너선으로 우리나라 해운의 현대화를 이룩하겠다고 결심한 것이다.

1967년 7월 조중훈 사장은 대진해운을 설립했다. 한진상사 시절에도 화물선 10여 척을 운용한 적은 있지만 정식으로 해운사를 설립한 것은 처음이었다. 당시 컨테이너선을 도입하고 싶었지만 그러기 위해서는 컨테이너 하역과 일관 수송에 필요한 항만 시설을 구축하고 장비를 확보해야 했다. 당시 국내에는 컨테이너 전용 부두가 전무했다. 삼면이 바다이고 수출로 먹고사는 나라인 한국이 컨테이너 인프라가 깔려있지 않다는 것은 한심한 일이었다.

조중훈 사장은 인천항 민자(民資) 부두 사업에 뛰어들었다. 컨테이너 시스템이야말로 수송을 현대화하는 지름길이라 생각하고 투자를 아끼지 않았다. 공사가 진행되는 동안 조중훈 사장은 노르웨이에서 1만 2,000톤급 화물선을 들여와 '오대호'라고 이름을 붙이고 한-미-일 정기항로에 투입했다.

1972년 드디어 컨테이너선을 확보했다. 일본 조선소에 컨테이너선 두 척을 주문해 한 척을 인도받아 부산-고베 항로에 투입했다. 이것이 국내 해운사(史) 상 최초의 컨테이너선인 '인왕호'다. 예상대로 컨테이너선은 대진해운의 성장을 이끌었다. 1971년 2억 남짓했던 대진해운의 매출액은 3년 만에 10배 이상 뛰었다.

원양어업에도 진출했다. 원양어업(Deep Sea Fishery)이란 해외 수역을 조업 구역으로 행해지는 어업이다. 스페인에서 트롤 어선 6척을 들여와 인도네시아 근해와 라스팔마스 등 대서양에서 조업했다. 그러나 대진해운의 전성기는 오래가지 못했다. 오일쇼크(Oil Shock)라는 암초에 부닥치고 원양어업 불황까지 겹쳐 대진해운은 끝내 해체되고 말았다.

씨랜드 총대리점

조중훈 사장의 컨테이너 전용 선사 설립을 향한 계획은 착실하게 진행되었다. 1970년 컨테이너를 통한 하역 작업이 이루어졌다. 씨랜드 대리점에 우수 인력을 배치해 컨테이너 해운 업무를 익히도록 하고 해운사 운영에 필요한 노하우를 축적해 나갔다.

1974년 5월 그토록 기다리던 인천항 컨테이너 전용 부두가 준공

되었다. 만반의 준비를 갖춘 조중훈 사장은 컨테이너 전용 선사 설립에 착수했다. 컨테이너선 운항에는 막대한 시설과 장비, 영업망, 그리고 전문적인 경영기법이 필요했다. 조중훈 사장은 신규 투자에 대한 부담을 줄이기 위해 씨랜드가 갖고 있던 세계 주요 항구의 시설과 장비를 이용하기로 했다. 조중훈 사장의 가장 큰 장점은 새로운 사업을 시작할 때 선발주자들의 경험을 배우고 익혀 그 이상의 실력을 갖추는 것이었다.

항공업에 뛰어들 때도 일본항공(JAL)을 비롯해 선진 항공사들의 시행착오와 노하우를 공부했다. 항공이든 해운이든 앞선 회사들의 발자취를 따라가면서 곳곳에 남아 있는 파행의 흔적을 분석했다. 같은 실수를 범하지 않기 위해서였다. 그것이 바로 늦게 시작하고도 더 빨리 더 크게 성장하는 비결이었다.

해운사 설립을 준비하던 조중훈 사장은 1977년 초 박정희 대통령을 만났다. 큰 사업이 시작되는 길목에는 항상 박정희 대통령이 있었다.

"조 사장님, 요사이는 어떤 사업에 전념하고 계십니까?"

"해운업 진출을 준비하고 있습니다."

"조 사장은 항공 사업을 참 잘 키우셨어요. 대단하십니다. 육상운송과 항공에서 쌓은 경험을 살린다면 해운에서도 큰 진전이 있을 것을 확신합니다."

"힘껏 노력해 보겠습니다. 감사합니다."

해운 발전에도 힘써 달라는 대통령의 격려까지 받게 되자 조중훈 사장은 1978년 예정했던 컨테이너선사 설립을 1년이나 앞당겼다. 세계 1위 컨테이너 해운사로 우뚝 선 한진해운이 닻을 올린 것이다.

25

중동-북미 컨테이너선 황금 해로(海路) 개척

우리 역사에서 1,200년 전 신라시대에 태평양의 장보고(張保皐)라는 해상 무역을 주름잡은 걸출한 인물이 있었다. 그는 그 시대에 중국 당과 일본, 우리의 해역을 왕래하며 무역업을 해 많은 재력을 쌓은 인물이다. 그는 청해진(현재의 완도)에 진을 설치하고 해상 무역의 거점으로 삼은 해상왕이다.

조중훈 사장은 한진해운 설립 후 '씨랜드'가 사용하던 컨테이너선을 추가로 들여올 계획이었다. 그러나 실사를 해보니 너무 낡아 경제성이 없었다. 조중훈 사장은 어느 날 현대조선(현 HD 현대해상) 정주영 사장에게 전화를 걸었다.

"정 사장님, 현대조선이 컨테이너선 건조 능력을 갖추고 있습니까?"

"능력이야 충분히 갖고 있습니다. 우리에게 아직 주문량이 확보되지 않아 건조를 하지 않고 있을 뿐입니다."

"그렇다면 우리 한진해운이 대형 컨테이너선 2척 건조를 발주할 텐데 납기를 맞출 수 있겠습니까?"

"물론입니다. 철저히 품질에 신경을 써 완벽하게 건조할 수 있습니다."

이렇게 해서 현대조선에 컨테이너선 2척을 발주했다. 현대조선으로서는 최초의 컨테이너선 건조 주문이었고 이것이 우리 조선사(史)에 기록되는 컨테이너선 건조 시발점이다.

조중훈 사장은 컨테이너선 확보에 박차를 가해 갔다. 조중훈 사장은 이듬해 일본에서 컨테이너선을 인수하고 자신의 호를 따 '정석호'로 명명했다. 그 후 인수한 컨테이너선 이름도 직접 지어 자신의 필체로 새겼다. 서울, 인천, 부산, 포항, 제주, 광양, 군산 등 국내 주요 항구 이름을 단 선박들은 세계의 바다를 누비며 한국의 주요 항구 이름을 알렸다. 1985년부터는 뉴욕, 롱비치, 요코하마, 지롱, 사바나 등 해외 기항지 이름을 사용했다.

조중훈 사장은 중동(中東) 항로를 주목했다. 1차 오일쇼크 이후 막대한 오일 달러를 벌어들인 중동 산유국들이 대대적인 경제개발에 착수함에 따라 중동 항로의 물동량은 4년 새 3배 이상 늘었다. 조중훈 사장에게 중동은 꿈의 사업 연고지 같은 곳이다. 항공사를 경영할 때도 중동노선이 대한항공 성장에 결정적 역할을 한 것을 우리는 잘 알고 있다.

중동 항로 역시 만만치 않았다. 중동 항로에 물동량이 늘어나 사업성이 있게 되자 중국, 일본 등 주로 아시아권 해운사들이 취항하던 이 항로에 미국, 영국 등 대형 해운사들이 가세하면서 경쟁이 과열되었다. 자연히 운임 덤핑 경쟁이 나타났다.

1978년 2차 오일쇼크가 일어나자, 물동량이 감소세로 돌아섰다. 한진해운은 중동 항로에서 고전을 면치 못하다가 결국 '정석호'를 중동 항로에서 철수시켜 한·일 항로에 투입해야 했다. 중동노선은 수익에서는 실패했지만, 원양 장거리 정기선 운영 경험을 쌓는 기회이기도 했다.

다음으로 조중훈 사장은 극동-북미 항로에 주목했다. 극동-북미 항로는 세계 컨테이너선의 황금 노선이었다. 당시 전 세계 컨테이너선의 30%가 이 항로를 오갔고 한국 수출입 화물의 50% 이상이 이 항로에 집중되고 있었다. 미주시장을 개척하기 위해서는 선대를 키우고 영업망을 넓혀야 했다. 미국 오클랜드에 미주 본부를 설치하고 롱비치, 뉴욕, 샌프란시스코, 휴스턴에 지점을 설치했다. 또 극동지역 영업망을 확장하기 위해 도쿄에 지점을 내고 고베와 요코하마에도 사무소를 추가했다.

1979년 한진해운은 현대조선이 건조한 '서울호'를 인수했다. 컨테이너 1,150개를 적재할 수 있는 서울호를 극동-북미 항로에 취항시켰다. 이날 조중훈 사장은 대한항공 여객기에 화주 대표와 임직원들을 태우고 2만 1천 피트 상공에서 '서울호' 취항을 지켜보았다. 조중훈 사장의 사업력에서 이 순간은 잊을 수 없는 가슴 벅찬 순간이었다. 하늘과 바다에서 동시에 '한진의 배와 비행기'가 움직이고 있는 것은 세계 어느 운송그룹도 실현해보지 못한 일이었다.

서울호는 화물을 싣고 부산항을 출발해 일본 고베와 요코하마를 거쳐 미국 시애틀에 도착했고 돌아올 때도 화물을 가득 실었다. 한진해운은 서울호에 이어 '인천호', '부산호', '포항호', '제주호', '광양호'를 차례로 투입하며 정기 컨테이너 선대를 구성했다.

1986년에는 북미 동안(北美東岸)로에도 취항했다. 당시 북미 동안 항로는 세계적 선사들이 초대형 컨테이너선을 투입해 각축전을 벌이고 있었는데 한국의 '대한선주'가 수익성 악화를 이유로 철수해 공백 상태에 있었다. 조중훈은 한진해운이 세계적인 선사로 도약하기 위해서는 북미 동안 항로 취항이 반드시 필요한 선택이며 국가의 주요 무역 항로를 국적선 공백 상태로 내버려둘 수 없다는 사명감에서 취항을 결정했다.

　미국의 동안 항로는 미국 동쪽에 있는 여러 주를 가리키는 말로 여기에 뉴욕 같은 대도시 항구들이 몰려있다. 한진해운은 '뉴욕호'를 비롯해 당시 최신형 컨테이너선 6척을 북미 동안 항로에 집중 투입했다. 기항지는 홍콩, 지룽, 부산, 고베, 요코하마, 롱비치, 뉴욕, 사바나 등이 있다.

　이로써 한진해운은 바닷길을 활짝 열었다. 15년 전 화물기로 태평양의 하늘길을 열었을 때의 감회를 다시 한번 만끽하는 순간이었다. 오래전 식민지 청년으로 일본 배를 타고 상하이에 갔을 때 '반드시 우리 배를 타고 다시 오겠다'던 다짐은 중국해(中國海)가 아니라 태평양을 건너 뉴욕항에서 실현되었다.

　한진해운이 태평양 횡단을 시작한 후 한진해운의 선대는 태평양의 파도를 힘차게 가르며 항해를 계속했다. 하지만 한 치 앞을 모르는 것이 바다다. 조중훈 사장은 잔잔한 수평선 너머를 응시하며 숙명 같은 해일이 밀려오고 있음을 감지하고 있었다.

세계 해운 불황과 한진해운 재건

　1978년 2차 오일쇼크는 세계 해운업계를 미증유의 불황으로 몰고 갔다.

　불황(不況, Depression)이란 경기 후퇴가 지속되어 경제 상태가 나빠진 것을 말한다. 해상 물동량이 북미(北美) 항로에서만 40% 감소하는 등 불황은 1980년 말까지 계속되었다.

　이에 따라 해운사끼리 경쟁이 격심해지고 운임이 크게 낮아져 대부분 적자의 늪에서 헤어나지 못해 항로에서 철수하거나 도산했다.

게다가 국제 카르텔(Cartel)인 '해운동맹'이 해체되면서 해운 시장이 사활을 건 무한경쟁 체제로 바뀌었다. 해운동맹이란 높은 효율성과 낮은 비용을 달성하기 위해 고안된 컨테이너선 운송 부문의 결성체를 말한다.

1984년 미국에서 신 해운법이 발효되자 선사 간 동맹이 약화되고 동맹 안에서도 운임 경쟁이 가능해져 저운임이 중요한 경쟁 수단이 되었다. 저운임을 유지하면서 수지를 맞추려면 원가를 낮추어야 했다.

해운 불황이 계속되면서 신 해운법에 대응하지 못한 해운사들은 북미 항로를 떠나야 했다. 국내 해운사들도 경영 수지와 재무구조 악화로 일부 선사가 도산했고 나머지도 도산은 시간 문제였다.

사태가 심각해지자 정부는 이른바 '해운산업 합리화'를 단행해 100개가 넘는 해운사를 20개로 통폐합했다. 하지만 그 후에도 '국제해운'이 도산했고 대한선주가 법정관리에 들어갔으며 '범양사건'까지 터져 국내 해운업계는 최악의 상태에 직면했다. 범양 사건이란 범양상선의 박건석 회장이 거액의 외화를 해외로 도피시킨 사건을 말한다. 해운산업 합리화는 1983년 12월 23일에 세계적인 해운 불황을 극복하기 위해 정부가 제시한 특별 지원책을 말한다. 한진해운은 외국과의 합작사라는 이유로 산업 합리화 대상에서 제외되어 아무런 지원도 받지 못했다.

1986년 5월, 조중훈 사장은 소공동 해운센터빌딩 집무실에서 세계 각지에서 수집해 온 자료를 검토하고 있었다. 한진해운 때문이었다. 계열사별로 매월 올라오는 경영정보보고서가 '한진해운'에서만 올라오지 않고 있었다. 한진해운은 자본잠식으로 채무 초과기업으로 전락했고 선박과 장비 구입으로 인한 부채는 상환 능력을 넘어섰다. 한진해운 책임자는 대책이 없어 보고서 제출을 늦추고 있었던 것이다.

조중훈 사장은 그룹 조정실을 통해 독촉하다가 그만두었다. 대신 세계 해운 자료를 수집하기 시작했다. 조중훈 사장은 친분이 있는 도쿄은행 홍콩지점의 해운 부장을 불렀다. 이 사람은 세계 해운업계를 꿰뚫고 있는 전문가였다.

"현재 한진해운은 자본잠식 상태다. 해결책이 없겠는가?"

"사장님이 알고 계시듯이 세계 해운업계는 무한경쟁 상태입니다. 무자비한 정글의 법칙이 있는 것뿐입니다. 이런 때의 최선책은 '재건'을 서둘러야 합니다."라고 말했다. 모든 것을 다시 일으켜 세우라는 권고였다.

조중훈 사장은 뜬눈으로 밤을 새웠다. 적자투성이 항공공사를 인수할 때나 대진해운을 정리할 때 그랬던 것처럼 창업주만이 겪어야 하는 외로운 고뇌의 시간이었다. 한진해운이 좌초한다면 육·해·공 통합 수송 체계를 구축하겠다는 포부는 물론 해운왕이 되겠다는 젊은 시절의 꿈도 물거품이 될 상황이었다.

조중훈 사장은 이번 기회에 한진해운을 백지상태에서 재건하겠다는 결심을 굳혔다. 이른바 '5월의 결심'은 이렇게 이루어졌다.

그룹 경영 조정실을 중심으로 구성된 태스크포스팀이 10일 동안 한진해운 본사를 실사했다. 적자를 본 외부 요인으로는 북미 항로 전체의 선복량(선박의 적재 능력) 과잉에 따른 선박 이용률 하락과 가격 경쟁으로 인한 수입단가 하락이, 내부적으로는 판매력 취약, 고원가 구조에 따른 원가경쟁력 부족, 경비 절감 의욕 미흡, 조직의 취약, 인력 부족 등이 지적되었다.

조중훈 사장은 미국 현지까지 실사하라고 지시했다. 한진해운의 문제점을 정확이 파악하기 위해서는 수입과 비용의 대부분이 발생하는 미주 지역의 실태를 파악하는 것이 필요했다. 여기에는 조중훈 사장이 평소 품고 있던 문제의식도 반영되었다.

어느 해 조중훈 사장은 미국 오클랜드 현장을 둘러보고 롱비치로 돌아오는 길에 도로변에 '한진해운' 로고가 붙은 컨테이너를 보고 무척 반가웠다. 그런데 1년 후 다시 그곳을 지나는데 예의 그 컨테이너가 그대로 있었다. 일련번호를 적어두었다가 조회해 보라고 했는데 엉뚱하게도 담당자는 그 컨테이너가 요코하마에 있다고 보고했다. 컨테이너 관리가 엉망인 것이다. 당시 한진해운 컨테이너는 2만 개가 넘었다. 엄청난 물량이었다. 미국에서는 컨테이너가 방치되고 있는데 국내와 일본에서는 부족해 빌려쓰고 있었다. 이런 기본적인 비용을 줄이지 않는 한 한진해운의 수지는 절대로 개선될 수 없음을 조중훈 사장은 간파했다.

대한항공, ㈜한진, 한진해운 임직원으로 구성된 실사팀은 2주 넘게 미주 전역을 돌며 관리 실태를 조사했다. 조중훈 사장은 두 달 동안 대한항공과 한진의 부문별 전문인력으로 구성된 경영개선팀을 한진해운에 투입했다.

경영개선팀은 개선의 중점을 판매 증대와 원가경쟁력 강화에 두었다. 그 결과 3달 만에 흑자로 전환되고 영업력이 강화되기 시작했다.

경영개선팀은 수지가 개선되었으니 임무가 끝났다고 생각했지만, 조중훈 사장에겐 시작에 불과했다. 경영 개선이 아니라 기업 개혁을 통한 창조적 파괴로 한진해운을 완전히 바꾸는 것이 목표였다. 위기를 기회로 삼아 세계적인 해운사로 거듭나겠다는 '5월의 결심'이 실행 단계에 접어든 것이다.

26

해운사를 항공사 경영기법에 접목

조중훈 사장은 한진해운의 조기 경영 정상화를 위해 대한항공의 지원을 결정했다. 그것은 그룹 실무를 총괄하는 조양호 당시 수석 부사장의 주장이기도 했다.

문제는 대한항공의 경영기법을 어떻게 한진 해운에 접목하느냐였다. 대한항공의 분야별 전문가로 구성된 개혁팀이 한진해운과 함께 개혁을 추진하자는 의견이 지배적이었지만 조중훈 사장은 상황이 호전되기만을 기다리는 의식 구조가 바뀌지 않는 한 개혁팀이 투입되더라도 성공할 수 없다고 보았다.

조중훈 사장의 목표는 개선이 아니라 개혁이었다. 개선은 기존 경영 기반에서 조직을 간소화하거나 인력과 비용을 줄이는 수준이지만 개혁은 백지상태에서 재건하는 창조적 파괴를 의미했다.

대한항공도 한진해운과 동일한 위기를 1970년대 중반에 겪었다. 조중훈 사장은 위기를 극복하고 경쟁력 있는 기업으로 거듭난 대한항공을 통해 어떻게 한진해운을 위기에서 구할지를 잘 알고 있었다. 해운 경험이 없는 대한항공이 해낼 수 있을까 하는 우려가 컸지만, 조중훈 사장은 해운이나 항공이나 운영 방법은 같다고 생각했다. 조중훈 사장은 그룹 조회에서 말했다.

"한진그룹은 한진해운 없이 존재할 수 없다. 나는 그룹의 힘으로 한진해운이 위기를 극복할 수 있다고 확신한다."

조중훈 사장은 한진해운에 '항공사식 경영'을 도입했다. 대단한 발상이었다. 항공과 해운은 이질적이다. 그럼에도 조중훈 사장은 접목이 가능하다고 보았다. 항공화물은 운항 원가가 높아 경비 절감으로 원가를 낮추는 노하우를 쌓아왔다. 조중훈 사장은 그 노하우를 해운에 도입하기로 한 것이다.

1986년 10월 조중훈 사장은 해운의 조직을 대폭 축소하고 본사와 사무소를 소공동 해운센터빌딩에서 서소문 대한항공빌딩으로 이전했다. 선원과 현지인을 제외한 인력의 20%를 대한항공을 비롯한 그룹 계열사로 보냈다. 그리고 대한항공 안에 '해운 조직'을 신설했다. 운항 정시성을 유지하기 위해 종합통제 담당을 신설하고 한진해운 미주 지역의 관리기능을 통합 운영했다.

항공화물과 해운화물의 화주가 같고 대부분 항공 대리점이 해운 대리점을 겸하고 있어 대한항공과 총판매 대리점 계약을 하고 한진해운의 국내 영업을 대한항공이 전담하도록 했다. 이는 해운의 판매 증대에 도움이 되었고 영업소 인건비와 운영비를 35% 이상 줄일 수 있었다.

매출도 1년 새 1.5배 가까이 늘었다. 기존 배선 방식도 선박과 기항지를 줄여 원가 중심 스케줄로 바꾸었다. 컨테이너선의 운항은 갈 때와 올 때 한 번씩 두 번 기항했던 것을 해안선을 따라 한 바퀴 도는 '주유 운항'으로 바꾸어 중복 기항을 피해 운항일수를 단축하고 선박 수도 감축했다. 항차별 소요 일수도 42일에서 35일로 단축했다. 그 결과 빠르게 화물을 인도할 수 있어 서비스가 향상되고 연료비가 절감되어 월평균 38억 원 적자에서 1년 새 10억 원대 흑자로 전환되었다.

조중훈 사장은 항공 수송의 생명인 정시성을 해운에도 적용했다. 전에는 해운사들이 예정보다 2~3일 늦어지는 것은 예사로 여기고 있었다. 조중훈 사장은 대한항공이 100대가 넘는 항공기 운항을 24시간 감시해 정시 운항하도록 통제하는 시스템을 한진해운에 도입했다.

정시운항은 화주들로부터 큰 호응을 얻었다. 토요타 자동차를 비롯해 국제 분업 생산을 하는 글로벌 기업들이 한진해운에 운송을 맡겼다. 국제 분업을 하는 글로벌 기업 입장에서 2~3일 빠르게 화물을 받을 수 있다는 것은 경쟁력 향상에 결정적인 일인 것이다. 한진해운은 1987년부터 7년 동안 정시율이 80% 선을 웃돌아 영국 화주협의회로부터 정시성 부문 세계 최고 해운사로 선정되기도 했다.

대한항공 전산실이 중심이 되어 화물 수송에 적용하던 최신 IT와 전산 시스템을 응용해 1986년 한진해운의 온라인 실시간 전산 시스템인 한코스(Hancos)도 개발했다. 그 결과 업무 처리가 신속해져 업무 능력이 획기적으로 향상되었다.

1978년 6월에는 국내 해운사 최초로 북미 서안의 시애틀과 중부의 시카고 동안의 뉴욕을 잇는 2단 적열차(DST) 서비스를 개시했다. 대륙횡단 열차에 컨테이너를 2단으로 적재해 수송함으로써 미국 내륙 수송비를 대폭 절감했다.

선박 정비에도 전산 시스템이 도입되자 잔고장이 거의 없어졌다. 선박을 부두에 정박해 놓고 정비하면 항해 중에 정비할 때보다 훨씬 많은 비용이 들어간다. 한진해운은 선박이 고장 나면 수리하던 것을 항공기의 예방 정비 방식으로 바꾸어 항해 중에 수리하도록 했다. 2

만 개가 넘는 컨테이너와 5,000개가 넘는 새시도 이동 상황을 파악해 컨테이너 회전율을 높이고 빈 컨테이너를 조기에 회수했다.

선원(船員) 이직을 줄이는 것도 급선무였다. 한번 배를 타고 나가면 집에 돌아올 날짜를 기약할 수 없어 몇 해가 가지 않아 직장을 그만두는 젊은 선원이 적지 않았다. 연간 선원 이직률이 20%에 달했다. 조중훈 사장은 항공사 식 승무원 교체 방식을 도입했다. 항공 수송에서는 비행기가 목적지에 도착하면 비행기를 조종해 온 기장이 다시 그 비행기를 몰고 돌아가는 것이 아니라 현지에서 기다리던 다른 기장이 교대해 곧바로 승객을 태운 후 출발지로 돌아온다. 하루의 손실도 없이 인력과 비행기를 효율적으로 활용하는 방식이다. 여섯 달마다 선원들을 가까운 항구에 내려놓고 교대 인원을 항공편으로 현지에 파견해 예정된 날짜에 귀국할 수 있게 했다. 선박은 쉬는 날 없이 계속 운항할 수 있고 짜임새 있는 운항노선 배정으로 운항 경비가 크게 줄어들었다. 새로운 선원 교체 방식이 도입되자 이직률이 눈에 띄게 낮아졌다.

해운업계 최초로 '가족 동승제'도 실시했다. 거친 항해와 외로움에 시달리는 선원들에 대한 배려였다. '여자가 배에 타면 액운이 낀다'는 속설 때문에 여성 선원조차 뽑지 않던 시절에 가족 동승제는 혁명이나 다름없었다. 선원들의 이직률은 더욱 낮아졌다.

한진해운은 기존의 장점을 최대한 살리면서 대한항공의 경영기법을 접목해 단기간에 개혁을 이루어내 경쟁력 있는 글로벌 해운사로 재건되었다. 모두가 밤낮없이 혼신의 힘을 쏟은 결과였다. 한진해운은 대한항공의 적극적인 지원과 신속한 개혁으로 흑자 전환되었다.

한진해운은 당초 계획보다 1년 앞당겨 1987년 8월부터 독자 조직으로 환원되고 1년 만에 위탁경영은 종료되었다. 대한항공으로 전출되었던 해운 사원도 원래 자리로 복귀했다. 개혁에 참여했던 대한항공 임직원들은 본인의 희망에 따라 한진해운으로 전출되었으며 그 뒤로도 한진해운 성장에 기여했다.

한진해운은 창립 10주년 만인 1987년 세계 15위 해운사로 발돋움했다. 세계 1위 해운사는 덴마크의 머스크(Maersk), 2위는 스위스 MSC(Mediterranean Shipping Company)이다. 기업 재건을 시작한 지 2년 후 한진해운은 완전히 흑자기조로 돌아섰고 3년 후에는 대한항공보다도 이익을 더 많이 냈다.

기업 개혁에서 성공할 수 있었던 것은 위기를 기회로 삼아 한진해운을 세계적인 해운 기업으로 재건해 육·해·공 수송 그룹을 구축하겠다는 조중훈 사장의 확고한 의지가 있었기에 가능했다. 한진해운의 경영을 일정 기간 대한항공에 위탁하는 방식을 제시한 조양호 수석 부사장의 추진력, 그리고 굳은 의지로 이에 동참한 대한항공과 한진해운 임직원의 헌신도 큰 몫을 했다.

조중훈 사장의 원래 꿈은 해운이었다. 우리는 그의 꿈이 언제부터 싹 터왔는가를 알고 있다. 정부가 국영인 항공공사를 맡아 달라는 요청이 없었다면 당연히 항공보다 해운이 먼저였을 것이다. 국익을 우선시했던 조중훈 사장의 사업 보국 신념이 없었다면 한국의 운송 산업 운명은 어떻게 되어 있을까.

안심입명(安心立命), 복은 짓는 대로 받는다는 말이 있다. 적자투성이 항공사를 세계적인 항공사로 키우면서 치러야 했던 엄청난 수업료와 피나는 노력은 그것만으로도 위대하지만, 해운의 위기에서 더욱 빛을 발휘했다. 조중훈 사장은 복을 크게 지었다.

27

힘겨운 '대한선주' 인수

 (우리는 이 책 전 장에서 1980년대 중반 한국 해운업계가 사활의 기로에서 활로를 찾아 고전했다는 것을 알고 있다.)

 제2차 오일쇼크로 세계의 해운 물량이 40% 감소하는 와중에 미국의 신 해운업 법 발효로 국제 카르텔인 '해운동맹'이 와해 되면서 세계 해운업계는 생존이 걸린 무한경쟁 체제로 변했다.

 조중훈 사장은 한진해운을 대한항공에 위탁시키는 특단의 대책으로 살려냈다. 그렇게 해서 한진해운의 경영이 정상화되기 시작한 1987년 새로운 난제를 만났다. 정부로부터 대한선주를 인수해 달라는 요청을 받은 것이다.

 한진해운이 중병을 이겨내고 몸조리를 하고 있는 상태였기 때문에 조중훈 사장은 깊은 고민에 빠졌다. 조중훈 사장은 박정희 대통령이 부실 덩어리 '항공공사'를 맡아 달라고 요청할 때나, 또 국산 전투기를 개발해 달라고 요청했을 때도 수익성을 따지지 않고 흔쾌히 요청을 받아들였다. 그러나 이번에는 망설이지 않을 수 없었다. 세계 해운 경기가 너무 나빴기 때문이다. 황금 항로인 북미노선에서 선진국들의 해운사들이 도산을 면치 못하고 있는 것이다. 그러나 6공화국은 국내 해운사들이 이러한 세계적인 불황을 감내할 수 없다는 판단으로 '해운산업 합리화' 정책을 펴 100여 개가 넘는 해운사를 20여 개로 통폐합하는 획기적인 조치를 단행하고 최후로 남은 매머드급 해운사인 대한선주를 한진해운에게 인수시키려는 것이다.

대한선주는 국내 최초의 국영기업이던 해운공사(海運公社)가 민영화되어 출발한 해운사다. 해운에서 국적선사 격이다. 대한선주는 1980년대 중반 세계적인 해운 불황이 계속되면서 과당경쟁과 운임 하락의 악순환에 빠져 누적적자가 7,500억 원에 달했다. 대형 부실 선사 모습 그대로다.

윤석민 대한선주 회장은 국민당 부총재, 국회의원직까지 내려놓고 '마지막으로 회사를 살려보겠다'며 주거래 은행인 외환은행에 자금 관리를 위탁했지만 두 달 만에 '회생 불가' 판정을 받았다. 대한선주를 부도 처리하는 것은 상상도 할 수 없는 일이었다. 한국의 대표 해운사인 대한선주가 도산할 경우 그 파장은 세계시장에 파문을 일으키게 된다. 세계시장에서 신용을 잃어 대한민국 해운업계 전체가 타격을 입게 된다. 대한민국 해운업계는 현대그룹의 현대상선, 한진그룹의 한진해운 등 세계적 상위 랭킹에 속하는 선사들도 있다. 대한선주가 도산하면 하청업체의 연쇄 도산, 금융기관 연쇄 부실화, 실업난도 우려되었다.

대한선주의 매각 방침은 결정되었지만, 인수에 관심을 보이는 곳은 없었다. 정부는 내심 한진해운이 맡아 줄 것을 기대한 것이다. 대한선주를 인수하는 것은 기름통을 안고 불 속으로 뛰어드는 것이나 다름없는 것이다.

조중훈 사장은 수차례에 걸친 검토 끝에 정부와 외환은행에 인수할 수 없다는 뜻을 전했다. 재차 요청이 왔지만 역시 거절했다. 그러자 정인용 재무장관으로부터 연락이 왔다.

"조 사장님, 한진해운, 외환은행, 재무부, 은행감독원이 참석하는 회의를 열어봅시다. 참석해 주십시오."

관계기관이 참석한 긴급회의가 열렸다. 이 회의에서 정인용 장관은 조중훈 사장에게 대한선주 인수를 다시 한번 요청했다. 조중훈 사장은 이제는 중대한 결정을 내려야 할 시점에 다다랐다고 생각했다. 세계에서 유일하게 육·해·공을 아우르는 종합 수송그룹을 이끄는 조중훈 사장은 더는 정부와 업계의 고충을 외면할 수가 없었다. 조중훈 사장은 정인용 장관과 외환은행 측에 대한선주를 인수하겠다는 의사를 전달했다.

"정 장관님, 대한선주는 문제가 많은 해운사입니다. 하지만 대한선주는 국적 선사이므로 파산하게 내버려둘 수 없다고 생각됩니다. 정부가 원하시는대로 한진해운에서 인수하겠습니다."

"조 사장님, 감사합니다. 적극적으로 도와드리겠습니다."

조중훈 사장은 특별금융지원을 요청했다. 부실기업을 인수하는 대신 부채 탕감을 해달라는 뜻이었다.

다시 마라톤 회의가 열렸다. 정인용 장관은 '대한선주 인수로 떠안게 될 누적 손실은 부실기업 정리 기준에 따를 수밖에 없다'라고 원칙론을 고집했다. 정 장관은 재무관료 출신으로 재무 행정에 밝은 데다 일선 금융기관장도 지내 금융 제도 이해도가 높다. 원칙주의자로 청백리에 오르기도 했다.

정 장관이 대한선주 문제를 대통령에게 보고하는 날 아침, 조중훈 사장은 정 장관 집으로 전화를 걸었다.

"정 장관님, '백지종군(白紙從軍)'의 심정으로 외환은행의 조건을 따르겠습니다."

조중훈 사장은 이순신 장군의 백의종군을 빗대 백지종군이란 새로운 용어를 쓰며 정부의 부담을 덜어주겠다고 말했다. 외환은행은 대한선주의 총부채 7,000억 원 중 한진해운이 4,000억 원을 떠안을 것을 주장해왔다. 이 액수는 인수자 입장에서는 부담스러운 것이었다. 조중훈 사장은 언제나 그랬듯이 기업 이익보다 국익이 우선한다는 원칙을 지켜왔고 이번에도 눈앞의 부채에 연연하지 않고 앞으로의 가능성에 투자하겠다는 의지에서 나온 파격적인 수용 결정을 내렸다.

조중훈 사장은 부실기업인 대한선주를 인수하게 된 것을 숙명처럼 생각했다. 18년 전 항공공사를 인수할 때의 심정이었다. 조중훈 사장은 그간의 경험을 되새겨 보았다. 국가산업 발전의 동맥인 운송 사업을 고집하며 대한항공을 키웠고 한진해운을 창설하고 재건에 성공하지 않았던가. 대한선주 재건에 성공하면 한진그룹의 육·해·공 수송 그룹으로서의 위상이 더욱 높아질 것은 확실하며 국가 발전에도 도움이 될 것이다.

문제는 인수가격이었다. 정 장관은 원칙대로 하는 것이 좋겠다며 시가(時價)로 인수할 것을 권유했고 조중훈 사장은 흔쾌히 받아들였다. 그룹 내에서는 대한선주 같은 부실회사는 공짜로 주고 시드머니(Seed Money)까지 주는 게 관례라며 펄쩍 뛰었지만, 조중훈 사장의 뜻을 꺾지는 못했다.

그 후 정권이 바뀌고 당시 부실기업 정리와 관련해 청문회가 열리고 후폭풍이 휘몰아쳤지만, 그 와중에서도 대한선주 정리에 관해서는 아무 말썽이 없었다. 조중훈 사장이 손해를 감수하고 시가로 인수했기 때문이다.

정인용 장관이 아시아 개발은행(ADB) 부총재를 거쳐 홍콩에서 중책을 맡은 뒤 1997년 10년 만에 귀국했을 때 조중훈 사장은 점심을 하자고 연락했다. 조 사장이 대한선주 이야기를 꺼내며 감사를 표하자 정 장관이 손사래를 쳤다.

"감사 인사를 할 사람은 접니다. 대한선주 인수 후 한진을 세계적인 해운사로 키우셨으니 그때 제 판단과 제가 취한 조치가 옳았음을 입증해 주신 거니까요."

1988년 대한선주는 한진해운에 인수합병 되었다. 한국 최대 해운사가 탄생한 것이다.

조중훈 사장은 합병 후 조회에서 이렇게 말했다.

"대한선주를 인수한 것은 노후 선박과 부채 등 유형 자산을 인수한 것이 아닙니다. 그동안 우리나라 해운을 이끌어 왔던 직원들의 경험과 노하우를 인수한 것입니다."

아주 멋진 말이었다.

인수 당시 대한선주가 보유한 선박은 가장 많았지만 6년 이상 노후 선박이 14척이나 되었다. 디젤 엔진보다 연료 소모량이 두 배 이상 많은 터빈(Turbine) 선도 5척이나 되었다. 조중훈 사장은 사업성이 없는 선박을 인수 당시 산정한 가격의 절반에도 못 미치는 값으로 처분했다. 운항 노선을 조정하고 물량을 확보하기 위해 해외 시장을 적극적으로 개척해 나갔다.

한진해운은 대한선주와 합병 후에 국내 최대 해운 기업의 위상에 걸맞게 1년 만에 독자적인 힘으로 기반을 다지고 경영 능력을 키웠다. 그 후 지속적으로 선대(船隊)를 확대하고 항로를 확장하면서 꾸준히 성장해 나갔다. 이를 발판으로 유나이티드 얼라이언스(United Alliance)를 형성하고 세계 최대인 CKHY얼라이언스를 결성해 세계 해운을 선도할 수 있었다.

　돌이켜보면 대한선주는 한진해운뿐 아니라 조중훈 사장의 사업력에도 치명적인 암초가 될 수 있었다. 대한선주가 부실하기도 했지만, 인수 과정에서 손실을 감수하지 않았다면 틀림없이 화근이 되었을 것이다. 앞을 멀리 내다보고 사업을 만들어가는 혜안과 '지고 이기는' 초연함으로 정치적 풍파를 피했을 뿐 아니라 한진해운을 세계적인 해운사로 키울 수 있었다.

　조중훈 사장은 대한선주 인수 후 미주 동안(美州東岸) 항로에 다시 선대를 투입했다. 대한선주가 적자가 난다고 철수한 항로인 것이다. 이 항로는 우리나라 수출업체들이 미국 동부에 갈 때 꼭 지나야만 하는 곳이다. 대한선주가 이 항로에서 철수한 후 우리나라 수출업체들은 배가 없어 애를 먹었다. 조중훈 사장은 적자가 나더라도 이 항로를 다시 연 것이다. 국익을 우선하는 사업 신념에서 나온 선택이었다.

28

정부를 대신해 지은 인천 제2 도크(Dock)

도크란 짐을 적재하거나 하역하는 데 쓰이는 시설인 선거(船渠, 뱃도랑)를 말한다. 1975년 5월 10일 인천항, 박정희 대통령을 비롯한 정, 재계 인사와 인천 시민이 지켜보는 가운데 제2 도크 준공식이 열리고 있었다. 대통령이 스위치를 누르자 1,200톤에 달하는 육중한 갑문(閘門)이 열렸다. 갑문은 간만의 차이가 심한 항만이나 하천, 운하 등의 수로를 가로지르는 댐으로 선박을 통과시키기 위하여 수위의 고저를 조절하는 수문이다. 박정희 대통령은 이 거대한 갑문이 열리자, 만면에 미소를 지으며 감탄하는 표정을 감추지 않았다.

"우리는 조수간만이라는 자연의 장애를 땀과 의지로 극복하고 대한민국 항만 역사에서 신기원을 이룩했습니다."라고 축하 말을 했다.

당시 인천항에는 제1 도크가 있었지만, 밀려드는 화물을 제때 내리지 못해 외항에서의 선박의 대기 시간이 길어져 막대한 하역비가 들어갔다. 그뿐만 아니라 경제개발 계획의 성공으로 원자재 등 해외에서 오는 화물이 폭증하면서 화물을 시간을 다투어 하역을 해

내륙으로 들여와야 생산공장에서 제품을 만들어 내는 선순환을 이룰 수 있는 것이다. 인천은 조수간만의 차가 심해 큰 배는 입항할 수도 없어 부산이나 다른 항구로 우회해서 그곳에서 하역을 통해 서울로 올라오는 역류 구조였다. 인천이 서울과 가장 가까운 항구임에도 부두가 작아 지리적 잇점을 제대로 누리지 못하고 있었던 것이다. 국가 경제 차원에서도 막대한 손실을 가져왔다. 하지만 먹고사는 기초 문제가 산적해 있는 형편에 국가로서도 엄청난 예산을 들여 부두를 증설하는 문제는 엄두가 나지 않는 일이었다.

정부는 인천항 제2 도크 축조에 필요한 조사를 마치고도 언제 착공할지 계획조차 못 잡고 있었다. 인천상공회의소를 중심으로 지역 유지들이 당국에 건의서를 제출하고 국회 건설 분과 위원들이 인천항을 둘러보자 정부도 그대로 있을 수만은 없었다.

제2 도크는 당시로서는 아시아 지역을 통틀어 최대 규모였다. 박정희 대통령은 5만 톤급 선박이 접안할 수 있도록 설계하라고 지시했다. 당시 제1 갑문은 4천 5백 톤급 선박이 오갈 수 있는 소규모 시설이었다. 이 정도로는 수출입 물류 중심 항이 될 수는 없었다.

공사는 당초 계획과는 달리 인천항 전체를 도크로 만드는 것으로 확대되었다. 공사 범위가 확대되면서 공사비도 크게 늘어나게 되었다. 정부는 하는 수 없이 민간 자본을 유치하기로 방침을 세우고 수송기업인 한진과 대한통운에 투자를 권유했다.

조중훈 사장은 정부의 투자 권유에 부담감을 느끼기 보다는 오히려 기쁨이 앞섰다. 베트남 퀴논항에서 컨테이너 하역 작업을 처음 보고 컨테이너 전용 선사 설립을 결심한 그에게 도크 건설은 꿈을 실현할 플랫폼이었기 때문이다. 갠트리크레인이 화물선에서 집채만 한 컨테이너를 부두에 올려놓으려면 그런 시스템을 갖춘 부두가 필요했다.

사내에서는 이번에도 반대의 목소리가 거셌다. 국가가 책임져야 할 사회간접자본 비용을 기업이 떠맡는 것은 부당하고 수익성도 불투명하다는 것이었다. 그러나 조중훈 사장은 미래를 내다보고 있었다. 조중훈 사장은 제2 도크 남부두 1,160m 전체에 대한 투자 허가를 신청했다. 한진의 과감한 투자에 자극을 받았는지 주춤하던 대한통운도 시설 투자 신청서를 제출했다. 건설부는 한진에 625m를, 대한통운에 535m를 각각 허가했다.

완공을 두 달 앞둔 1974년 3월, 민자 부두를 포함한 제2 도크 전체에 대한 시운전이 실시되었다. 제2 도크로 들어서는 대한해운 공사 소속 '여수호'에는 조중훈 사장이 베트남 퀴논항에서 보았던 갠트리크레인이 두 대나 실려 있었다. 제2 도크 건설을 통해 부산항으로 집중되던 물동량을 인천으로 유치해 불필요한 수송비를 줄일 수 있었다.

한진으로서는 처음으로 사회간접자본 건설에 참여한 것이었고 인천항의 현대화에 일조했다는 의미에서 큰 자부심을 가질 수 있었다. 조중훈 사장은 어떤 사업이든 20~30년 앞을 내다보고 추진했다.

1969년 항공공사를 인수한 직후에도 김포공항의 열악한 시설부터 확충했다. 김포공항에 활주로가 처음 닦인 것은 1939년이었다. 당시 활주로 길이는 1,300m에 불과했다. 이를 터전으로 1942년 김포공항이 준공되었지만 6.25 때 파괴되고 말았다. 1957년에야 보수공사를 해 아쉬운 대로 사용했는데 국제공항이라고 하기에는 시설이 형편없었다. 낡은 격납고 1개 동이 전부였는데 중형 제트기 DC-9도 정비할 수 없는 정도였다.

조중훈 사장은 항공공사를 인수한 지 두 달 후 항공기를 자체 정비할 수 있는 격납고를 짓기 시작해 1년 반 만에 완공했다. 국제선 청사도 조중훈 사장의 노력으로 현재의 모습을 갖추었다.

1980년대 들어 국제선 여객이 늘어나고 외국 항공사의 서울 취항도 잇따랐다. 아시안 게임과 올림픽까지 유치하게 되자 국제선 2청사 건립이 불가피해졌다. 이 프로젝트에도 예산이 문제였다. 정부가 미국에서 차관을 들여와 재원을 조달했지만, 공사비가 턱없이 부족했다. 결국, 대한항공에 도움을 요청했다. 조중훈 사장은 청사와 계류장 확장 공사를 맡았고 완공 후에 정부에 기부했다. 추후 화물청사 신축 등을 포함해 대한항공이 김포공항 시설을 확충하는데 기부채납한 돈은 340억 원이 넘었다.

항공공사를 인수할 당시에는 항공유를 저장할 장소도 없었다. 항공유를 안전하게 보관하고 품질을 관리하기 위해 저장 시설은 필수였다. 조중훈 사장은 항공공사를 인수한 이듬해 말 12만 6,000갤런 용량의 저장탱크를 설치했다. 당시 대한항공의 하루 급유량은 3만 갤런 수준이었다. 이듬해에는 같은 규모의 저장시설이 증설되었다. 신기종 도입과 노선 확장으로 급유량이 늘어나자 21만 갤런을 저장할 수 있는 탱크를 증설해 총 46만 갤런 이상의 저장 능력을 확보했다.

1993년에는 인천 앞바다 율도(栗島)에 초대형 비축 기지와 1만 톤급 유조선이 접안할 수 있는 시설을 완공했고 1995년에는 5만 톤급 유조선이 접안할 수 있는 유류 부두도 완공해 전천후 항공유 수급 시스템을 갖추었다. 2년 동안 170억 원을 부은 공사였다. 율도에는 바다 위에 건설된 해상도로가 있고 유류 부두는 철 구조물 위에 만들어졌다. 유조선이 접안하면 항공유는 송유관을 따라 율도 항공유 비축 기지로 흘러간다.

제주공항이 현재의 모습을 갖추고 국제공항으로 발돋움하는데도 조중훈 사장의 기여가 컸다. 제주공항은 활주로가 짧은 데다 관제시설이 제대로 갖추어지지 않아 기상 상태가 나쁘면 이착륙이 어려워 결항이 잦았다. 신혼 여행객들이 한 번 발이 묶이면 예물 반지를 팔아 숙박비를 내야 하는 일이 비일비재했다.

조중훈 사장은 관제시설 확충과 활주로 확장 공사에 과감한 투자를 하고 서울-제주 노선에 대형항공기를 투입하는 등 적극적인 지원을 아끼지 않았다. 그 결과 제주공항은 오늘날 하루에 100회 넘게 이착륙이 이루어지는 국제공항으로 성장했다.

세계 최고를 자랑하는 영종도(永宗島) 신공항 부지 선정에도 조중훈 사장의 혜안이 돋보였다.

당시 충남 태안이 유력한 후보지로 거론되고 있었는데 자문을 맡은 조중훈 사장은 '태안 불가론'을 주장했다. 태안은 섬이 아니고 육지여서 나중에 초음속기가 24시간 이착륙하게 되면 인근 주민들이 소음 때문에 고통을 받게 될 뿐만 아니라 서울과도 거리가 멀어 승객들이 불편할 것이라는 논리였다. 일본 나리타공항의 실패를 거울삼아 신공항은 육지가 아닌 섬에 건설해야 함을 역설했다. 영종도는 그런 고민 속에서 선택된 후보지였다. 현재 인천국제공항이 세계 3대 허브공항으로 발전한 것을 보면 조중훈 사장의 안목이 어떻다는 것을 알 수 있다.

대한민국 운수업 역사에서 조중훈 사장의 선구자적 역할의 작품은 또 하나가 더 있다. 바로 국내 최초의 차량용 LPG 충전소다. 1967년 서울 남영동에 자동차용 LPG 충전소를 설치했는데 아무도 무엇인지 몰랐을 정도로 생경했다. 당시 조중훈 사장은 일본 택시들이 휘발유에 비해 값이 저렴한 LPG로 연료를 전환하고 있는 것을 보고 국내에서도 머지않아 LPG 차가 등장할 것을 예견했다. 조중훈 사장은 당장은 수요가 없을 것을 알면서도 LPG 충전소를 설치한 것이다. 설치 초기에는 LPG 차가 없어서 가정용 LPG를 충전하는 것으로 쓰였다. LPG 차가 양산되고 보급된 것이 1980년대 후반인 것을 감안하면 조중훈 사장의 안목은 20년 앞을 내다본 것이다.

29

건설업 분야 진출

조중훈 회장은 1968년 한일개발(韓逸開發)을 설립했다. 토목, 건축 분야에 사업 영역을 확대한 것이다. (이 책에서는 앞으로 조중훈 회장으로 존칭을 사용할 것이다.)

한진그룹은 베트남 사업을 발판으로 여러 계열사를 거느리게 됐다. 당시 우리 경제를 리드하는 대기업 집단은 대부분 성장 기반이 내수(內需)였지만 한진은 해외에서 거둔 성공을 바탕으로 비약한 것이다.

조중훈 사장은 국내 기간산업이 충분히 체제가 갖춰지지 않아 건축 토목 분야에서 지원을 받을 수 없었다. 대형 사옥도 지어야 하고 버스가 달리도록 길을 닦아야 하고 배가 들어오게 하려면 부두도 만들어야 했다. 조중훈 회장은 모르는 사업은 절대 손을 대지 않겠다는 원칙에는 변함이 없었지만, 건축과 토목에서도 실험정신으로 도전했다.

미도파백화점 인근 남대문로 2가에 그룹 사옥을 짓기로 결정했다. 우선 빌딩의 높이부터 세인의 관심을 끌었다. 26층 초고층 빌딩이었다. 당시 서울에서는 가장 높은 빌딩이었다.

조중훈 회장은 뼈대를 철골(鐵骨)로 만들었다. 당시는 철근 콘크리트가 대세였다. 철골 구조는 수직의 강철 기둥과 수평의 형강으로 골격을 짜 건물의 하중을 떠받게 하고 내장재와 외장재 등은 커튼월 형식으로 장착하는 건축 기술이다. 이렇게 하면 건물 외벽에는 그다지 하중이 걸리지 않기 때문에 고층 건물의 건축이 가능하다. 이 기술의 발달로 마천루 건설이 가능해진다. 이 공법으로 한진그룹의 본사 사옥 빌딩은 센세이션을 불러일으켰다.

이 빌딩은 한동안 해운센터 빌딩으로 쓰이다가 한진해운이 여의도로 이전하면서 다시 한진빌딩으로 바뀌었다. 이후 한일개발은 그룹 내 각종 건물 공사를 맡아 기술을 쌓아갔다.

경제개발 5개년계획으로 건설 경기가 활발해지고 부동산 개발 붐이 일어나 건설사들은 아파트 건설에 열을 올렸다. 우리의 주거문화가 단독 주택에서 아파트로 옮겨붙는 시기였다. 대부분의 건설사들이 아파트 건설에 열중했다. 하지만 조중훈 회장은 그 대열에 합류하지 않았다. 국내에서 건설업으로 돈을 벌겠다고 한일개발을 설립한 것이 아니었기 때문이다. 한일개발은 본업인 수송을 제대로 하기 위한 수단이었다. 그렇다고 의욕적으로 일하려는 한일개발 직원들이 그냥 손을 놓고 있게 할 수는 없었다. 조중훈 회장은 해외로 눈을 돌렸다. 건설과 토목을 하려면 나라 밖에서 기반을 다지겠다고 마음먹었다.

한일개발이 나라 밖에서 공사를 수주하기 위해 동분서주하고 있는데 오일쇼크(Oil Shock, 석유파동)가 전 세계를 강타했다. 1차 오일쇼크는 1970년대 중반까지 계속되었다. 오일쇼크의 회오리 속에서도 조중훈 회장은 돌파구를 찾아냈다. 중동(中東) 시장을 찾아낸 것이다. 세계 경제는 얼어붙었지만 오일머니(Oil Money, 산유국의 무역흑자)가 중동으로 몰려들고 있었다. 중동 산유국들은 전 세계에서 빨아들인 오일머니로 군비를 확충하고 경제를 부흥시키기에 분주했다.

조중훈 회장은 이 오일머니에 주목했다. 오일머니의 진원지인 중동으로 들어가 공사를 수주하겠다는 발상으로 승부수를 던졌다. 조중훈 회장의 '아라비안나이트'가 시작된 것이다.

열사의 땅에서 아랍 왕족들을 상대로 공사를 따내는 일은 쉽지 않았다. 조중훈 회장은 가급적 직접 접촉하는 쪽을 택했다. 사기당하는 것을 피하기 위해서였다. 사막을 횡단하며 중동 왕족들을 설득하기 위해 안간힘을 쏟았다. 사막의 밤하늘에 떠 있는 초승달 아래서 아랍 서적을 섭렵하며 그들의 문화를 익히고 그들의 마음을 사로잡을 화법을 연구했다.

마침내 사막 한가운데서 오아시스(Oasis, 사막 한가운데 샘)를 만나는 기회가 왔다. 홍해 연안의 움리지 고속도로 공사를 600만 달러에 수주한 것이다. 한국기업 최초로 사우디아라비아에 진출했다는 점에서 의미가 컸다.

1975년 5월 조중훈 회장은 프랑스 툴루즈에서 대한항공이 발주한 에어버스 항공기 제작 진행 상황을 살펴본 후 사우디로 날아갔다. 움리지 공사 현장을 보기 위해서였다. 사우디에 도착한 조중훈 회장은 직원용 숙소에 짐을 풀었다. 직원들과 함께 지내며 현지 상황을 속속들이 파악하기 위해서였다.

중동의 모래바람은 거세다. 서부도시 제다에서 지프를 타고 하룻밤을 꼬박 달려서야 움리지에 도착할 수 있었다. 사막을 뚫고 도착한 현지는 생각보다 훨씬 열악했다. 자연환경도 그랬지만 그곳 인심이 여간 사나운 게 아니었다. 감독관으로 파견된 파키스탄인들은 한일개발 근로자들을 무시하는 기색이 역력했다.

조중훈 회장은 감독관들에게 대한항공의 점보기 홍보물을 보여주면서 '대한항공이 머지않아 파키스탄에 취항하면 당신과 당신 가족을 초청해 탑승하도록 해주겠다'고 말했다. 대한항공이 파키스탄에 직항 노선을 개척하는 것은 요원하지만 조중훈 회장은 자신만만하게 약속했다. 그것은 한일개발 근로자들을 함부로 대하지 말라는 경고였다.

근로자들의 열악한 상황을 조금이라도 개선해 주기 위해 자금을 지원하려고 해도 당시에는 국외로 돈을 가져가는 것이 엄격하게 통제되고 있어 애를 먹었다. 조중훈 회장은 개척자는 외롭고 고달프다는 것을 통감했다. 한일개발은 그렇게 사막의 폭풍을 맨 앞에서 맞으며 한 걸음씩 전진했다.

근로자들은 고군분투했지만, 한일개발은 움리지 고속도로 공사에서 큰 손해를 입어야 했다 오일쇼크로 원자재 가격이 3배로 치솟았기 때문이다. 고생은 고생대로 하고 막대한 손해를 볼 것이 뻔했지만 조중훈 회장은 공사를 중단하지 않았다. 한국기업의 이미지를 그르칠 수는 없었다. 손해를 줄이기 위해 부실 공사를 하는 일도 없도록 했다. 손실을 입더라도 중동에 진출한 한국 업체에 대한 신뢰를 지키기 위해서였다. 한일개발의 이런 노력은 훗날 한국 건설 업체들이 중동 건설 공사를 수주하는 데 밑거름이 되었다.

1976년 움리지 건설 현장을 다시 찾은 조중훈 회장은 끝없는 사막을 뚫고 힘차게 뻗은 고속도로를 바라보았다. 그리고 북받쳐 오르는 뿌듯함을 한 편의 시(詩)로 남겼다.

새파란 홍해 잔잔한 바다에 무심한 아라비아 보름달
스산한 사우디 사막 위를 우리 고향길이 교교히 비추어 준다.
달빛 아래 한국의 나그네들
움리지의 개척자들
땅과 모래바람에서 무쇠 의지로
홍해 옆 사막에 검은 선을 긋는다.
아롱거리는 검은 빛 끝없는 신작로
아라비아 황야에 뻗은
청과 흑의 하모니
알라신 후예들의 동맥을 잇는다.
홍해. 너는 본다.
기나긴 87키로미터의 하이웨이
머지않아 유색, 무색의 군상들이
그리고 낙타와 양 떼들이
달리며 넘어갈 날을
세계의 모든 달리는 틀을 잘 모실 것이다.
또한 한국의 얼이 길~게 뻗칠 것이다.

조중훈 회장이 지은 시는 후발주자들에게 이정표가 되었고 그가 모래바람과 맞서며 무쇠 의지로 사막에 그린 검은 선은 이후 한국 건설사들의 진출을 돕는 가이드라인이 되었다.

베트남 전장에서, 태평양에서, 세계 곳곳에서 불가능이 없음을 경험한 조중훈 회장에게는 어느 분야의 사업이든 불모지(不毛地)는 없었다. 조중훈 회장은 사업가라기보다는 개척자라는 표현이 더 적절하다. 조중훈 회장은 오스트리아 태생의 미국의 경제학자인 슘페터(Joseph Alois Schumpeter)가 말하는 진정한 기업인으로서 개척과 혁신을 넘나든 경영자였다.

30

조선(造船, Shipbuilding) 분야 진입

 1984년 10월 어느 날 조중훈 회장은 한진해운 임원 회의에서 '일본에서 고장력강이란 신소재를 개발했는데 그걸로 컨테이너선을 건조하면 좋을 것 같아'라고 혼잣말인 듯이 하는 발언을 했다. 해운사에서 잔뼈가 굵은 임원들이었지만 고장력강(高張力鋼)이란 소재는 처음 듣는 이야기였다. 고장력강(High Tensile Steel)은 보통 강보다 인장 강도가 높은 강철을 말한다.

 조중훈 회장은 고장력강으로 배를 만들면 선체 두께를 5mm나 줄이면서 강도를 유지할 수 있고 화물 적재량은 30%나 늘릴 수 있다고 계산했다.

 어린 시절부터 독서 습관이 몸에 밴 조중훈 회장은 새로운 사업을 시작할 때마다 관련 서적부터 탐독했다. 1977년 한진해운을 설립한 이후에는 조선기술 서적이 서재에 쌓였고 '고장력강'은 일본의 최신 서적에서 찾아낸 지식이었다.

 조중훈 회장의 지적 탐구욕은 무서울 정도다. 우리는 대한항공의 '누드 비행기' 일화를 알고 있다. 대한항공 인수 초기 오일쇼크로 연료를 구할 수 없어 천신만고 끝에 개척한 태평양 노선에 비행기를 띄울 수 없었던 어려움 속에 기체의 무게를 줄이기 위해 항공기의 외장 페인트까지 벗겨냈던 것이다.

항공기의 무게가 줄어들수록 적재율이 높아지고 원료비가 절감된다. 조중훈 회장은 이 원리를 화물선에 적용해 보기로 한 것이다. 선체의 강도를 유지하면서 강판 두께를 얇게 해 무게를 줄여 배가 더 잘 나가게 만든다는 건 당시 세계의 조선 기술자들도 미처 생각하지 못했던 아이디어였다.

항공사가 위기를 뚫고 성장하기 위해서는 배를 잘 알아야 한다. 수송 산업은 끊임없이 길을 개척하면서 수송 수단을 정비하고 혁신해야 한다. 조중훈 회장이 항공에서 점보(Jumbo)기를 도입하고 해운에서 컨테이너 시스템을 도입한 것도 같은 이유에서였다. 조중훈 회장은 오랜 기간 축적된 경험과 독서를 통해 스스로 터득한 지식으로 신소재로 적재율을 높이고 원가를 절감하는 착상을 할 수 있었던 것이다.

조중훈 회장은 일본 히타치(日立)조선에 고장력강으로 최신형 컨테이너선을 건조해 달라고 주문했다. 놀란 것은 일본의 히타치조선이었다. 고장력강은 일본에서도 이론만 있을 뿐 고장력강으로 배를 만든 일이 없었기 때문이다. 조중훈 회장은 히타치 쪽에서 머뭇머뭇하자 어떻게 해서든 고장력강으로 배를 만들어 달라 요구했고 이를 면밀히 검토한 히타치조선은 건조에 착수했다. 조선 역사에 없었던 최초의 시도였다. 결과는 대성공이었다.

1986년 일본 히타치조선소에서 위용을 드러낸 '한진 뉴욕호'의 최대 속력은 당시 최고 수준인 24노트에 달했다. 화물 적재량 대비 연료 소비량도 기존 화물선에 비해 획기적으로 줄어들었다. 조선업계는 기존 선박에 비해 무게는 10% 이상 가볍고 적재율은 30% 이상 높은 신경제선(新經濟船)의 등장에 경탄했다. 고정관념을 깬 조중훈 회장의 새로운 사고가 한국의 조선사(史)에 새로운 이정표를 세운 것이다.

조중훈 회장은 현대중공업(구 현대조선) 정주영 회장에게 전화를 걸었다.

"정 회장님, 고장력강으로 선박을 제조하는 신경제선 설계도를 보내 드릴테니 선박 건조에 참고해 보십시오."

"감사합니다. 라이벌사에 설계도를 보내주시니 대단하십니다."

조중훈 회장은 삼성중공업과 다른 국내 조선사에도 기술을 전수해 주었다. 한국 조선산업이 세계시장을 지배하면 최상일 뿐 신경제선 기술을 한진이 독점해서는 국익에 도움이 되지 않는다는 게 조 회장의 신념이었다.

조선공사(造船公社) 인수 – 한진중공업(韓津重工業) 탄생

우여곡절 끝에 세계 최초로 고장력강 컨테이너선을 건조하는 데 성공한 조중훈 회장은 선박 건조에 자신감을 얻어 조선업 진출을 본격적으로 검토했다. 모르는 사업에는 절대 손대지 않는다는 원칙으로 수송 외길을 고집해 온 조중훈 회장이지만 조선업은 달랐다. 청년 시절 대부분을 진해 해원 양성소와 일본 조선소에서 보냈기에 배에 관해서라면 해박한 지식과 남다른 열정이 있었다. 조선(造船)은 '알고 있는 사업'이었다.

조중훈 회장은 '내가 걸어온 길'이라는 자신의 자서전에서도 '해운 사업에 있어서 보유 선박이 많던 나는 해외에서도 자사(自社)에 필요한 선박을 자체적으로 건조하는 선사(船社)는 별로 없지만 결국 조선 사업을 병행해야 경영 효율 면에서 바람직할 것이라는 판단을 내리고 있었다'라고 쓰고 있다.

한진해운은 보유 선박을 수리하기 위해서라도 조선소를 설립해야 했다. 한진해운의 규모가 커지면서 화물선 수요가 늘고 있었고 보유 선박의 수리 물량도 적지 않았다. 특히 대한선주가 보유하고 있던 선박들은 10년이 넘은 중고선이 태반이어서 조선소는 절실했다.

조선업 진출을 고민하고 있을 때 나타난 것이 대한조선공사였다. 당시 해운, 조선 경기는 장기 침체의 늪에 빠져 있었다. 2차 오일쇼크로 세계 경제는 불황으로 몸살을 앓았고 물동량은 40%나 줄어들었다.

대한조선공사는 해방 이후 부산광역시 영도구 봉래동에 있었던 선박 제조 관련 공기업이다. 대한조선공사는 일제가 남한에 남긴 몇 개 되지 않는 중공업 회사 중 하나로 유일하게 원양어선, 화물선 등 대형 강선을 건조, 수리할 수 있는 시설을 보유하고 있었다.

이승만 정권은 대한조선공사를 통하여 국내에서 필요한 대형 선박의 건조를 전담시켜 수입 대체 효과를 얻으려고 했다. 조선공사는 직원 수만 3,300명에 달하는 데다 조선 업계에 불어닥친 불황으로 수지가 극도로 악화되어 있었다. 엎친 데 덮친 격으로 노르웨이로부터 수주한 다목적선 6척을 건조하고도 인수를 거절당하는 사태까지 발생했다.

1987년 조선공사의 주거래 은행인 서울신탁은행은 자산 실사와 여신 분석에 착수했다. 채권단은 공개경쟁 입찰로 제3자 인수를 추진했지만, 부실투성이 조선공사 입찰에 참여하는 기업은 거의 없었다.

조중훈 회장은 기왕에 조선소를 만들 거라면 어려운 위기에 처해 있는 기업을 인수해 되살려 보는 쪽이 낫겠다고 생각했다. 입찰 가격이 862억 원에 달해 부담이 되긴 했지만, 그룹이 보유한 선박의 자체 수리 물량도 적지 않았으므로 수익성이 있을 것으로 보았다.

1차 입찰에서 신청서를 제출한 동부그룹은 몇 시간 만에 참여를 철회했고 3차 입찰에서는 쌍용그룹이 설명회까지 참석하며 관심을 보이다가 결국 포기했다. 마지막까지 남은 기업은 한진과 진로뿐이었다. 중공업 진출을 모색하던 진로는 조선공사를 인수하기 위해 1년 넘게 치밀한 준비를 했다. 주류(酒類) 산업으로 성장한 진로(眞露) 그룹이 중화학공업에 진출하려 했던 것은 이색적이었다.

조중훈 회장은 수지를 충분히 맞출 수 있다고 자신했다. 수송을 전문으로 하는 한진은 제조업에는 생소한 감이 있지만 조선업과 밀접한 해운사를 경영하고 있고 항공 부품 생산을 통해 제조업에 이미 발을 들여놓은 상태였다. 게다가 대한선주를 인수하고 성공적으로 경영을 정상화하면서 기업인수 합병에 자신감을 가지고 있었다.

1989년 마침내 조선공사를 인수하면서 한진중공업(韓進重工業)이 출범했다. 일본조선소에서 주경야독하면서 해운왕(海運王)을 꿈꾸었던 청년이 마침내 거대 조선사의 주인이 된 것이다.

사업장이 있는 부산 영도조선소로 향하는 조중훈 회장의 가슴에는 감동이 복받쳤다. 그러나 조선소 정문에서 그를 맞은 것은 머리에 붉은 띠를 두른 2,000여 명의 노조원이었다. 조선공사는 한국의 노조 발상지나 마찬가지였고 노조는 회사가 2년 넘게 주인 없이 떠도는 과정에서 극도로 예민한 상태에 있었다.

노조는 조중훈 회장에게 임금 인상을 요구하고 나왔다. 경영정상화보다 시급한 과제가 노사 화합이라는 것을 조중훈 회장은 새삼 깨달았다. 한진중공업이라는 한배를 탄 이상 험난한 파도를 헤치고 세계로 뻗어나가기 위해서는 노사 분쟁이란 있을 수 없었다. 조중훈 회장은 앞을 막아선 노조에게 두 가지를 약속했다.
'3년 치 작업 물량을 확보한다',
'월급이 밀리는 일은 절대 없을 것이다'
심각한 경영난을 타개하려면 인력 감축이 불가피했지만, 조중훈 회장은 구조조정 대신 임금을 제때 지급하겠다고 약속했고 노조원들은 다시 작업장으로 향했다. 한진중공업은 그렇게 무겁게 닻을 올렸다.
조중훈 회장은 노사 간 화합 분위기를 조성하기 위해 복리후생과 근무환경을 개선하는 데 주력했다. 생산성을 높일 수 있도록 직원들의 편의시설부터 정비했다. 사업장 내 직원들의 생활 공간을 살펴보다 개인용 라커가 형편없이 낡은 것을 보고 즉각 교체해 주었다. 조중훈 회장은 수시로 조선소 작업 현장을 돌며 업무 환경도 직접 살폈다. 직원들의 마음의 벽부터 허물어야겠다는 생각에서였다. 현장을 둘러보던 중 컴퓨터 방식의 철판 절단기를 도입하면 작업 능률이 크게 높아질 것이란 아이디어가 떠올라 이를 설치하기도 했다. 시설뿐 아니라 사원들의 교육에도 투자를 아끼지 않았다. 직원들의 해외 기술 연수와 견학을 추진하고 국내 기업 중 처음으로 사내에 산업 대학도 개설했다.

31

LNG(Liquefied Natural Gas)선
설계도를 얻다

　조중훈 회장은 조선공사 인수 직후 강성 노조를 품어 안으며 한배를 탄 심정으로 닻을 올리긴 했지만 3년 치 작업 물량을 확보하고 임금이 절대로 밀리지 않겠다고 한 약속을 지키는 것은 쉬운 일이 아니었다. 순풍보다는 역풍이 많았다.

　세계 조선 시장은 일본이 선점하고 있었고 국내의 현대조선, 삼성, 대우 등 선발주자들이 막강했다. 기존 방식대로 선박을 수주하고 선발회사들이 하는 방식으로는 승산이 없다고 생각했다. 조중훈 회장은 한진중공업의 활로를 찾는 데 밤낮없이 고심에 고심을 거듭했다.

　1990년 조중훈 회장은 '한진 카오슝호'를 진수한 후 첨단기술 도입에 착수했다. 첨단기술을 도입하지 않고서는 이길 수가 없었다.

　당시 세계 조선 업계 화두는 차세대 고부가가치 선박으로 꼽히는 LNG(액화 천연가스) 운반선이었다. LNG선은 모스(Moss)형과 멤브레인(Membrain)형 두 가지가 있다. 모스형은 갑판 위에 둥근 화물 탱크를 설치한 데 반해 멤브레인형은 선박 내부를 5각형으로 만들고 선체에 직접 방열 자재를 설치해 탱크를 만드는 것으로 LNG 탱크가 선체와 일체를 이루고 있다.

멤브레인형은 프랑스의 GTT사가 특허 기술을 가지고 있고 마크 Ⅲ형과 No96E²형으로 나누어진다. 모스형은 노르웨이 모스 로젠베르그 사가 특허 기술을 가지고 있다. LNG선은 영하 162도에서 기체의 천연가스 부피를 약 1/600으로 감소시켜 만든 액화 천연가스를 전문적으로 수송하는 배다. 높은 압력과 극저온을 버텨야 하는 LNG선은 어려운 기술을 필요로 한다.

1990년대 이후 이 두 가지 타입은 서로 앞을 다투며 LNG선 시장의 주도권을 형성하였고 1990년도 초반까지 일본은 모스 타입 LNG선을 주로 건조하며 LNG선 시장을 독점했다. 이후 1990년대 초반 한국 조선사(한진, 대우, 삼성, 현대)들이 멤브레인형을 선택하며 일본 업체와 10년간 경쟁을 벌였고 2000년 이후 한국은 LNG선 시장 주도권을 가져왔다.

'멤브레인'은 '두께가 얇은 막'이라는 뜻으로 단열재의 두께가 기존 LNG선의 절반에 불과해 더 많은 양의 LNG를 운반할 수 있다. 멤브레인형은 바람의 영향도 최소화할 수 있어 운항 성능도 뛰어났다.

조중훈 회장은 멤브레인형이어야 한다고 판단했다. 당시 멤브레인형 LNG선 건조 기술은 프랑스가 독점하고 있었고 한진중공업은 경쟁 조선사에 앞서 프랑스 조선사와 LNG선 건조에 필요한 기술 도입 계약을 체결해 놓았지만 더는 진척되지 않고 있었다. 프랑스는 경쟁사에 핵심 기술을 순수히 주려고 하지 않았던 것이다.

조중훈 회장은 직접 부딪쳐 보기로 하고 프랑스로 날아갔다. 조중훈 회장은 프랑스 멤브레인사 사장에게 단독 면담을 신청했다. (독자들이여, 조중훈 회장의 시장 개척 방식은 이처럼 우회 없이 직선적이라는 것을 우리는 알고 있다.)

조중훈 회장은 통역도 없이 일대일 협상을 진행했다. 조중훈 회장은 불어가 유창하지 않다. 옆방에서 기다리는 임원들은 행여 난감한 상황이라도 발생하지 않을까 애를 태우고 있었다. 도대체 무슨 대화를 어떻게 하고 있는 건지. 그림을 그려 가면서 대화를 하고 있는 건지 임원들은 식은땀이 줄줄 흐르고 있었다.

그런데 갑자기 회의실 문이 활짝 열리면서 조중훈 회장이 만면에 웃음을 띤 채 나왔다. 모두들 어리둥절했다. 협상 30분 만에 한진중공업에 멤브레인형 LNG선 건조 기술을 모두 이전해 주겠다는 확약을 받아낸 것이다.

회의실 안에서는 어떤 일이 벌어졌을까? 후에 밝혀진 협상 뒷이야기는 이러했다. 1973년 조중훈 회장은 김종필(金鍾必) 총리의 부탁을 받고 에어버스 항공기 6대를 구입해 에어버스사가 항공사로서 성장하는 데 절대적인 기여를 해주었던 것은 우리가 알고 있는 사실이다. 조중훈 회장은 피에르 베레고부아 당시 프랑스 총리에게 LNG선 설계도를 한국에 넘겨주도록 도와달라고 부탁해 놓았던 것이다. 20년 전 대한항공의 호의를 잊지 않고 있던 총리는 조중훈 회장의 요청을 받아들여 조선사 측에 전폭적인 지원을 부탁했던 것이다. 20년 전 조중훈 회장이 뿌려놓은 신뢰의 씨앗이 숨어 있었던 것이다.

한진중공업은 1992년 한국 최초로 멤브레인형 LNG선을 수주해 3년 후 아시아 최초로 자체 건조한 LNG선을 인도했다. 악화일로에 있던 경영수지와 계속되는 노사 분규로 몸살을 앓던 한진중공업이 도약의 발판을 마련한 것이다.

한진중공업은 이어 첨단 전동차 등 철도 차량의 양산 체제를 구축했고 항만 운송기까지 만들어 내면서 종합 물류기기 제조사로 발전해 나갔다. 조중훈 회장은 LNG선 기술 역시 삼성중공업과 현대중공업, 대우조선 등 국내 경쟁사들에게 전해 주어 한국 조선 기술의 발전을 이끌었다.

"정주영 회장, LNG선은 차세대 고부가가치 선박입니다. 내가 마침 프랑스에 인맥이 있어 LNG선 제조 핵심 기술을 획득했습니다. 이 기술을 한진중공업만 가지고 있으면서 사업을 할 수 있지만 그 기술을 '현대'에게도 드리려고 합니다. 우리나라 조선 산업 발전을 위해 공유하는 것이 좋다고 생각했습니다."

"조 회장님, 대단히 감사합니다. 현대가 양질의 LNG선을 만듦으로써 은혜를 갚겠습니다."

한진중공업은 LNG선과 중대형 컨테이너선, 화학제품 운반선, 냉동선, 케이블선 등에서 세계적인 경쟁력을 가지고 있다. 조선뿐 아니라 건설, 플랜트 등에서도 승승장구하는 세계 최고 수준의 종합 중공업사로 성장했다.

한진중공업의 정상화로 항공사와 대한선주, 조선공사로 이어진 조중훈 사장의 부실기업 정상화 프로젝트도 큰 매듭을 짓게 되었다. 한진중공업의 도약과 더불어 한진그룹은 ㈜한진과 대한항공, 한진해운, 한진중공업을 아우르는 종합물류 기업의 큰 틀을 갖추며 재계 7위로 올라섰다.

32

조중훈의 제동목장(牧場, Ranch)

목장이란 한 가지 동물을 전문적으로 기르는 농장을 말한다. 조중훈 회장은 제주공항에서 서귀포로 넘어가는 제1 횡단도로 한라산 동쪽 기슭에 자리 잡은 제동목장을 개간했다. 목장은 운송산업과는 무관해 보이지만 꼭 그렇지만은 않다. 이 목장에서 생산하는 소고기와 광천수는 칼(KAL) 기내식으로 제공되고 기내식은 대한항공 운영에 필수 원료이기 때문에 서로 연관되어 있는 것이다. 조중훈 회장은 이 목장을 자식처럼 아꼈으며 애정을 가졌다.

그는 목장을 개간한 이래 병상에 눕기 전까지 30년 동안 가꾸었다. 조중훈 회장이 제주도와 인연을 맺은 것은 1969년 3월 대한항공을 출범시키면서다. 조중훈 회장이 부실 국영 항공사인 '항공공사'를 박정희 대통령의 인수 권유를 받고 인수한 것이 1968년이었고 대한항공이라는 상호로 출범시킨 것이 1969년 3월 1일이었다. 조중훈 회장이 제동목장 개간 일을 시작한 당시의 제주도는 수백 년 동안 긴 겨울잠을 자고 있었다. 관광지로 개발되기 전이라 여행객도 많지 않았고 항공노선이 개설되어 있었지만, 사람들은 주로 뱃길을 이용했다.

이조(李朝) 시대부터 계속되어 온 뱃길이다. 조중훈 회장은 항공사를 인수한 뒤 제주 노선에 항공기를 집중 투입했다. 조중훈 회장은 제주도가 가지고 있는 관광자원의 가능성을 일찍이 알아본 것이다. 제주도가 깊은 겨울잠에서 깨어나지 못하고 있는 것은 관광자원으로서의 매력이 없어서가 아니라 사람들이 오지 않아서이기 때문으로 보았다.

항공편이 늘어나자 경주와 온양온천을 찾던 신혼 여행객들이 제주도로 몰려들기 시작했다. 제주 관광 붐의 서막이 열렸다. 이 무렵 조중훈 회장은 매물(賣物)로 올라온 한라산 기슭의 황무지를 매입했다. 흥한방직과 화신(和信)백화점을 운영하던 박흥식(朴興植) 사장이 재정난을 타개하기 위해 내놓은 땅이었다.

박흥식은 일제 강점기에 조선인으로는 최고의 갑부였으며 일제 강점기에 이 황무지를 불하받아 활주로를 닦고 조종사 훈련장을 만들려고 했었다. 하지만 조중훈 회장이 매입하려고 하는 때까지 황무지 그대로 방치되어 있었다.

조중훈 회장이 이 황무지에 마음이 끌린 것은 두 가지 꿈이 있었기 때문이다. 두 가지 꿈 중 하나는 역시 점보(Jumbo)기 이착륙이 가능한 조종사 훈련장을 건설하는 것이었고 또 하나는 현대화된 목장을 만드는 것이었다.

우리 재벌 1세 들은 자연 친화적이다. 숲이나 수목, 농장 등에 관심이 많았다. 이병철 삼성그룹 창업회장은 경기도 용인군 포곡면에 용인 자연농원(현 에버랜드)을 조성하고 4백50만 평 규모의 숲을 조성했다. SK그룹 최종현 회장도 충청북도 인등산에 3,000만 평 규모의 황무지 산에 자작나무, 흑호두나무 숲을 가꾸었다.

목장은 한진그룹의 주력인 대한항공과 유관하고 시너지 효과를 낸다. 정상궤도에 오른 대한항공의 기내식(機內食, In-flight Meal)에 양질의 쇠고기를 조달할 수 있는 것이다. 기내식은 여객기 내에서 승객에게 제공되는 식사를 말한다. 세계 유수의 항공사들은 나름대로 특색있는 기내식을 제공하려고 경쟁하며 기내식의 품질이 그 항공사의 경쟁력으로 인정받기도 한다.

그 무렵 정부에서도 '축산 입국' 정책을 내걸고 축산업을 장려했다. 낙농업이 농가의 인기 부업으로 떠올라 있던 시기에 정부는 본격적으로 '축산 개발계획'을 세워 초지법 개정을 통해 대단위 기업목장 제도를 도입해 대기업의 자본 참여를 유도했다. 전국 각지에서 목장이 우후죽순처럼 생겼다. 서울에서 춘천까지 경춘가도를 달리다 보면 도로변에 'OO목장'이라는 푯말이 수없이 많았다. 그러나 정작 목장을 찾아가 보면 젖소 한 두 마리를 키우면서 목장이라고 하는 곳이 대다수였다.

조중훈 회장은 국제적으로도 손색이 없는 대단위 목장을 만들어 보겠다는 생각을 굳혔고 제주에 매입한 황무지를 기계화를 통한 현대적 시설의 대단위 기업형 목장을 만들겠다고 청사진을 꾸었다.

1972년 3월 제동흥산주식회사가 탄생했다. 이렇게 생겨난 '제동목장'은 훗날 제주도 최대 목장으로 성장했다. 제동목장은 제주시 조천읍 교래리에 위치해 있다. 구 제주시에서 약 25km 정도 떨어져 있으며 한라산의 동부 350~400m 고지, 1~5°의 완만한 평원 대지에 있다. 제동목장은 조선 후기에 설치되었던 산마장(山馬場) 터를 개간한 것이다. 조선 후기 영·정조대에 들어 제주 지역에는 가뭄과 흉년이 빈발하면서 목마장이 폐장되는 사례가 나타났다. 목마장이란 말(馬)을 먹여 기르는 곳이다. 제주 도민들은 1770년(영조 45년)부터 일부 폐장된 목마장의 개간을 허락해 줄 것을 요청하기 시작하였고 제주목에서는 관아의 재정 수입을 위해 개간을 해 준 곳이다. 이곳은 강우량이 많고 일조량이 짧은 결점은 있었지만, 겉보기에는 목장으로 개발하는 데 큰 무리가 없어 보였다.

그러나 황무지는 황무지였다. 황무지(荒蕪地, Waste Land)란 개발되지 않은 채 척박한 상태를 유지하는 거친 땅을 말한다. 이 땅은 길은 고사하고 접근조차 할 수 없었다. 조중훈 회장이 이 땅을 답사할 때는 헬리콥터를 타고 가야 했다. 제주에서도 그 지역으로는 딸을 시집보내지 말라는 말이 있을 정도였다.

조중훈 회장은 그 특유의 밀어붙이는 기질이 꿈틀거렸다. 무에서 유를 창조하는 각오로 황무지를 개간하기 시작했다. 황무지로 아무도 거들떠보지 않는 땅을 개간해 쓸모있는 땅으로 국가에 바친다면 목장으로 성공하는 것과는 별개로 뜻있는 일인 것이다.

당시 제주에는 굴착기도 구할 수 없었다. 그룹 계열사인 한일개발을 통해 중장비를 구해 왔지만 정작 중장비가 들어갈 수 있는 길이 없었다. 제주시와 서귀포를 연결하는 한라산 제1 횡단도로(5.16도로)에서 목장에 이르는 9km의 진입로부터 뚫어야 했다. 한라산 제1 횡단도로가 5.16 도로로 불리는 것은 박정희 정부가 건설한 데서 유래했고 실제 박정희 대통령이 '5.16 도로'라고 쓴 휘호가 비석으로 남아 있다.

9km나 되는 진입로를 만드는 것은 난공사였다. 진입로를 만든 다음 목초를 확보하기 위한 대역사가 시작되었다. 산과 하천, 계곡을 제외한 광활한 황무지의 모든 땅을 목초지(牧草地, Pasture)로 바꾸는 것은 험난한 일이었다. 조중훈 회장은 주말마다 제주로 내려가 인부들의 거처로 마련한 임시 숙소에서 지내며 공사를 진두지휘했다. 말이 황무지이지 돌밭에 가까웠다.

"회장님, 돌 밑에 돌이 있습니다. 제주에 돌이 많다는 이야기는 들었습니다만 이렇게 많은지는 몰랐습니다."

한 작업 인부의 말이었다. 한 사람이 하루 종일 돌을 파내 봐야 한 평 일구기가 어려웠다. 4백60만 평을 개간하는 데 대형 굴착기와 트랙터 30대를 비롯해 연간 트럭 3만 대, 인력 5만 명 이상이 동원되었다.

황무지에서 캐낸 엄청난 양의 돌을 치우는 것도 문제였다. 조중훈 회장은 파쇄기를 가져와 돌을 부수라고 지시했다. 제주도 돌은 다행히 화강암은 아니었다. 잘게 부서진 돌은 목장 내 도로를 닦는 골재로 썼다.

당장 전기와 통신도 문제였다. 넓은 땅에서 작업장을 연결하는 통신망은 필수였다. 조중훈 회장은 대한항공에서 사용하던 무선 통신 장비를 가져와 비상 연락망을 설치했다. 무선기를 들고 교신하는 모습을 본 마을 주민들이 간첩이 나타났다고 신고하는 해프닝도 벌어졌다.

통신은 그런대로 가능했지만, 전기 공급은 쉽지 않았다. 조중훈 회장은 여러 방법을 고심하던 끝에 풍차(風車)를 만들어 돌리기로 했다. 제주는 바람이 많이 불고 강하다. 국내 최초로 3Kw짜리 풍력 발전기 5대를 설치해 전기를 만들어 썼다. 이 풍차는 1982년 전기가 들어올 때까지 목장을 밝혔다.

1973년 초부터 시작된 개간은 그해 말까지 15만 평이 넘는 목초지를 조성할 수 있었다. 전체 면적 450만 평에 비하면 일부에 지나지 않는다. 하지만 15만 평 내에 축사를 짓고 미국에서 애버딘앵거스를 260마리를 들여오고 이듬해에는 육우(肉牛)인 샤로레 155마리도 추가로 들여왔다.

애버딘앵거스(Aberdeen Angus)는 때때로 간단히 앵거스로 부르는 데 작은 육우의 스코틀랜드 품종으로 스코틀랜드 용어의 의미는 무각(無角)이다. 샤로레는 프랑스 흰 소로 세계에서도 손꼽히는 쇠고기 명성을 가지고 있다. 이 소들이 새끼를 치면서 이듬해에는 181마리로 늘어났다.

조중훈 회장은 처음 어미 소가 새끼를 낳을 때는 수의사와 함께 곁을 지켰고 이후에도 한동안 새끼를 낳을 때마다 보고를 받았다. 어미 소가 새끼를 낳다가 죽었다는 보고를 받으면 안쓰러워하며 대책을 마련하느라 밤잠을 설쳤다.

외래 소들은 제주에 적응하는 데 어려움을 겪었다. 폭설이 내린 어느 해 겨울에는 소가 한 마리도 보이지 않았다. 그 넓은 눈밭을 헤치며 찾아다녔는데 김이 모락모락 나는 곳이 있어 가보니 따뜻한 골짜기 속에 옹기종기 서로 의지하며 숨어 있었다. 누가 소 보고 미련하다고 했는지 잘못된 선입견이다.

한번은 이상한 일이 있었다. 소들이 나뭇가지에 걸려 조그마한 상처라도 나면 지혈이 되지 않아 죽고 마는 것이었다. 원인을 알아봤더니 '고사리' 중독증이었다. 앵거스는 식성이 좋은 소로 새파란 것은 모조리 먹어 치우는데, 제주에 지천에 깔린 고사리를 뜯어 먹은 것이다. 당시 국내에는 고사리 중독증에 관한 보고가 없어 일본에서 약을 구해와 치료했다. 나중에 서울대 약대와 함께 고사리 중독증을 연구해 학계에 발표하기도 했다. 그런 일이 있고 나서는 외국인 수의사를 고용해 예방에 각별한 신경을 썼다.

어느 해 여름에는 진드기로 인해 전염되는 피로플라스마(Piroplasma)병이 돌아 소들이 견딜 수 없을 지경이 되었다. 피로플라스마병은 진드기를 매개로 하는 원충성 병이다. 조중훈 회장은 해외 사례를 섭렵하고 전문가들의 자문을 거쳐 해결책을 찾아냈다. 소의 크기만큼 통로를 판 다음 물을 가두고 소독약을 풀어 소들이 차례로 헤엄쳐 가도록 한 것이다.

해마다 각종 질병들이 목장을 위협했지만, 그때마다 조중훈 회장의 노력으로 소를 지킬 수 있었다. 조중훈 회장은 새로운 사업을 시작할 때마다 늘 그랬듯이 제동목장을 키우면서도 소의 품종별 특성과 질병은 물론 사료용 목초까지 연구했고 제주 풍토에 맞는 사료용 옥수수 종자를 개발하기도 했다.

한번은 조중훈 회장이 수의사에게 어느 소가 제동목장의 우두머리 소인가를 물었다. 수의사가 대답을 못 하자 우두머리 소가 있을 테니 찾아보라고 했다. 수의사가 관찰을 거듭한 끝에 우두머리를 찾아내고 나니 그 후로부터 소들의 관리가 수월해졌다. 초지를 옮길 때마다 우두머리 소를 유도하자 다른 소들이 자연스럽게 따라오는 것이다. 소의 집단에서도 우두머리 수컷(Alpha Male)이 존재하는 것이다.

조중훈 회장의 소에 대한 관심과 애정은 유별났다. 목장 곳곳에 나무를 심어 소의 휴식처를 만들어 주었고 소에게 먹일 물을 공급하는 저수지도 조 회장의 아이디어로 만들어졌다.

제동 목장의 강수량은 육지의 두세 배에 달했지만, 화산암 지대여서 빗물이 곧 땅속으로 스며들었다. 조중훈 회장은 저수지를 판 다음 일본에서 들여온 고무매트를 깔아 20만 톤의 물을 저장할 수 있는 저수지를 4개나 만들었다. 가뭄 때는 급수차를 동원해 인근 마을의 소들에게도 물을 공급해 주었다.

항공과 해운에서처럼 제동목장에도 전산시스템을 도입해 과학적이고 체계적으로 목장을 운영하도록 했다. 조중훈 회장은 수의사들에게 제동목장의 소만 보살피지 말고 수의사가 없는 이웃 목장과 인근 마을에 있는 소와 말도 함께 보살피라고 지시했다. 조중훈 회장의 넉넉한 도량이 돋보이는 것이다.

제동목장의 소는 해마다 늘어나 1986년에는 3,000마리를 넘어섰다. 하지만 조중훈 회장이 쏟은 정성과 목초지를 가꾸기 위해 들인 투자에 비해 제동목장의 수입은 너무나 초라했다. 솟값이 치솟았던 1983년을 제외하고는 늘 적자였다. 적자가 난다고 목장에 들어가는 비용을 아끼는 일은 없었다. 모든 사업을 '예술'로 생각했던 조 회장에게는 제동목장이 예술작품의 하나였다. 목장 관리자들에게도 언제나 목장 일을 작품 활동으로 생각하라고 말했다.

그 결과 제동목장은 정부로부터 '대규모 목장'으로 승인받고 축산 진흥 공로로 농수산부 장관 표창까지 받았다. 조중훈 회장은 그것으로 충분했다.

먹는 샘물 개발

조중훈 회장이 제동목장에서 이룬 또 하나의 기록할 만한 사업이 있다. 국내 최초로 '먹는 샘물'을 개발한 것이다.

'먹는 샘물'이란 자연 상태의 물을 첨가물을 넣지 않고 물리 처리 과정을 통해 마시는 물을 뜻한다. 대한항공이 제주도에 취항한 이래 신혼 여행객을 비롯한 관광객이 늘어나고 있는데 숙박 시설이 턱없이 부족했다. '칼(KAL) 호텔'도 그런 수요를 충당하기 위해 지은 것이다. 문제는 호텔에서 사용할 식수가 부족한 것이다. 조중훈 회장은 육지에서 시추기와 착정기를 끌고 와 지하수를 파 제주 역사상 최초로 암반수(Artesian Water)를 뽑아내는 데 성공했다. 암반수는 지하 깊은 곳에 고여 있는 물이다.

이후 서귀포로 착정기를 옮겼다가 제동목장 부지에서 샘물을 뽑아내게 되었다. 제동목장에서 뽑아 올린 물을 먹는 샘물로 가공하기 위해 조중훈 회장은 프랑스 에비앙과 기술 제휴를 추진했다.

에비앙은 프랑스 다논사의 생수 브랜드로 프랑스 동부 알프스 산자락, 레만호 남안에 있는 에비앙 마을에서 빙하가 녹아 생성되는 호숫물로 만든 생수이다. 처음엔 거들떠보지도 않던 에비앙도 블라인드테스트 결과 에비앙에 버금가는 수질과 물맛을 인정했다.

이번에는 거꾸로 에비앙 쪽에서 합작으로 사업을 해보자고 제안했지만, 조중훈 회장은 물을 파는 일은 본업이 아니라며 기술만 제휴하자고 했다.

호텔 식수와 칼(KAL)의 기내식에 쓰기 위해 시판 허가를 받았는데 지역 주민들의 오해로 여론이 좋지 않았다. 한진이 지하 물을 다 뽑아내 제주도 지반이 약해진다는 비과학적인 낭설이 떠돌았다. 과학적인 조사로 그런 우려는 사실무근임이 입증되었다.

목장이 자리를 잡고 그 안에 비행 훈련원을 지어 교육 체계를 갖추고 있던 1990년 어느 날 청천벽력 같은 소식이 날아들었다. 정부가 재벌의 부동산 투기 근절 대책을 발표하면서 제동목장을 매각하라고 명령한 것이다. 황무지를 개간해 20년 넘게 목장을 가꾼 것이 부동산 투기로 규정되는 것은 납득할 수 없는 일이었다.

왜 그런 오해를 낳게 된 것일까? 수익이 나지 않는 목장을 계속 운영하기 위해서는 다른 계열사와의 합병이 불가피했다. 그래서 제동목장을 그룹 계열사인 평해광업개발과 합병했다. 평해광산은 석회석을 캐 당시 포항제철(현 포스코)에 공급하고 있었는데 평해광산에서 나오는 수익의 일부로 목장의 적자를 메워가며 가까스로 운영할 수 있었다. 그것이 도리어 화근이 되었다. 정부 당국이 제동목장을 평해광산의 비업무용 부동산으로 분류해 버린 것이다. 광산업과 무관한 목장을 수익이 나지 않는 데도 운영하는 것은 투기 목적이라는 억울하기 짝이 없는 논리였다.

조중훈 회장은 자료를 갖추어 제동목장을 조성한 동기와 과정을 설명했지만, 당국은 들은 체도 하지 않았다. 황무지에서 돌을 파내고 한 뼘씩 개간한 것도, 고사리 중독에 걸린 소들을 살리고 축산 진흥 정책에 일조한 것도 한낱 추억으로 남게 되었다.

조중훈 회장은 부동산 가치 상승으로 돈을 벌려고 했던 것이 아니고 순수하게 목장을 만들기 위해 피땀으로 일군 땅이었지만 정부와 더이상 다툴 생각이 없었다. 조중훈 회장은 다만 그 땅이 마구 나뉘어져 가치 없는 토지로 전락하지 않고 나라의 미래를 위해 가치 있게 활용되기를 바랐다.

조중훈 회장은 매각 대신 기부(寄附, Donation)를 택했다. 기부란 자선이나 대의를 목적으로 대가 없이 내놓는 것을 말한다. 장학재단을 설립해 390만 평을 기부하고 황무지를 개간할 때 도움을 주었던 인근 주민들에게 10만 평을 낮은 가격으로 양도했다. 그리고 61만 평은 성업공사를 통해 매각했다. 매각을 위한 공개 입찰은 9차례나 유찰되었다. 제동목장이 투기나 투자용 부동산이 아니었음이 입증된 것이다.

제동목장은 1999년 한국공항(주)과 합병되었다. 이후 경주마 생산 사업에도 참여하고 있으며 '제동 한우'를 브랜드로 키우고 있다. 목장 안에 설치한 유리 온실에서는 파프리카를 대규모로 재배하고 있다. 한국공항(주)은 제동목장 내 정석비행장과 정석항공관, 인근 제주민속촌 박물관을 연결하는 관광 레저 벨트 사업을 구상하고 있다.

조중훈 회장의 국토 개발 의지는 사업을 위한 수단이 아니었다. 황무지를 개간해 목장을 만든 것은 축산업 진흥과 생수 개발로 사업 영역을 확대한 것이기도 하지만 그보다 더 중요한 것은 지역 사회의 발전을 위한 관광 레저 벨트 구상의 일환이었다.

부동산 투기라는 오해를 받았을 때 조중훈 회장은 허탈한 마음을 달랠 길이 없어 한동안 제동목장에 발길을 끊기도 했다. 그러나 그가 세상을 뜨기 직전까지 주말이면 가족과 함께 제동목장을 찾았다. 목장에 대한 그의 애정이 얼마나 컸던 가를 보여 주는 것이다. 이것은 이병철 삼성그룹 회장이 생전 마지막 나들이 했던 것이 안양칸츄리였던 것과 대비된다. 골프 애호가였던 이병철 회장의 안양칸츄리에 대한 애정은 각별했다. 목장으로 향하는 조중훈 회장의 발길은 멈췄지만, 여기에 쏟아 놓은 그의 사랑은 현재도 한라산 기슭에서 소들과 함께 살아 숨 쉬고 있다.

33

민간 외교가 조중훈
(일본 재정 차관 2천만 달러 성사시켜)

　조중훈 회장은 사업으로 국가와 사회에 기여하는 것 말고도 민간 외교를 통해 국익에 일조할 수 있음을 알게 되었다. 1964년 하반기 어느 날이었다. 조중훈 회장은 몇 달 전 취임한 장기영(張基永) 경제 부총리로부터 만나자는 연락을 받았다.
　"조 회장님, 정부를 좀 도와주셔야겠습니다."
　"무슨 일인지는 모르지만 제가 도울 수 있는 일이라면 기꺼이 받아들이겠습니다."
　"일본 정부와의 일입니다. 일본에서 재정 차관 2,000만 달러를 약속을 해놓고는 어찌 된 일인지 이행을 하지 않고 있습니다."
　장 부총리는 현재 우리나라 외환보유고는 4천9백만 달러에 불과하다며 외환 사정이 바닥이 보인다고 걱정을 했다. 조중훈 회장은 결국 정부가 이런 사정을 해결할 수 있는 사람으로 자신을 지목하고 있는 것으로 판단했다.
　조중훈 회장은 한국에 주둔하던 미군 장성들을 통해 알게 된 일본 기업인 친구들이 정·관계에 꽤 많이 있었다. 그중의 한 사람이 대장성(우리의 재무부) 다나카 가쿠에이(田中角榮)였다. 다나카는 차기 수상을 노리는 막강한 실력자였다. 그는 추후 수상 자리에 올랐다.

조중훈 회장이 그와 친하게 된 것은 평소 조 회장과 교분이 두텁던 일본인 기업가 오사노 겐지를 통해서였다. 오사노는 당시 한 때 40조 엔을 가진 일본 최고 부자였고 외교에도 막후에서 영향력을 행사했다. 오사노는 조중훈 회장보다는 두 살 위였고 다나카는 한 살 위였다. 세 사람은 형편이 어려워 학업을 마치지 못한 동병상련이 있었다.

조중훈 회장은 장 부총리의 부탁을 받고 국익을 위해 어떤 역할을 하기는 해야겠는데 난감했다. 한·일 회담을 반대하는 국내 여론이 들끓고 있는 데다 일본과 국교가 정상화되기 전이어서 정상적인 절차를 통해서 차관(借款)을 들여올 상황이 아니었기 때문이다. 하지만 국운이 달려있는 정부의 요청을 나 몰라라 할 수는 없었다.

조중훈 회장은 일단 일본으로 건너갔다. 외교도 역시 현장(現場)이었다. 사업에서도 현장을 모르고서는 성립되지 않지 않던가.

조중훈 회장은 일본 현지에서 여러 채널을 통해 정보를 수집해 본 결과 일본 정부가 우리 정부에 대해 오해를 하고 있다는 사실을 알게 되었다. 얼마 전에 있었던 니카다(新潟) 지진 때 우리 정부가 적십자사를 통해 구호품을 전달했는데 그 내용물이 성의가 없고 빈약해 오히려 일본 정부에 불쾌감을 준 것이었다. 또 우리 어선들이 일본 영해를 침범했다가 일본 해경에 나포된 사건이 있었는데 그것을 수습하는 과정에서 일본 정부를 자극했음도 알게 되었다.

조중훈 회장은 이러한 내용을 즉각 장기영 부총리에게 알려 일본 정부의 오해를 풀도록 힘을 보탰다. 이렇게 대화의 분위기를 조성해 놓고 조중훈 회장은 다나카를 만났다.

"양국 간에 오해가 모두 풀린 것 같소. 기왕 제공할 차관이라면 서둘러 이행해 주시면 합니다."라고 말했다.

조중훈 회장의 전략은 적중했다. 한국과의 관계 개선을 희망하는 '혼네(本音, 속마음)'를 숨긴 채 줄다리기를 하고 있던 다나카는 조중훈 회장의 제안에 화통하게 움직였다.

이러한 대화는 이미 쌓아놓은 친분을 바탕으로 한 민간 차원에서 나올 수 있는 것이었다. 다나카 입장에서는 친분이 두터운 조중훈 회장이 직접 찾아온 것만으로도 한국 정부에 대한 섭섭한 마음이 풀릴 수 있었다.

그해 7월 우리 정부는 일본으로부터 2,000만 달러에 달하는 협력 기금 차관을 들여올 수 있었고 외화 부족 위기를 벗어날 수 있었다.

그 이후에는 차관 이자와 상환 기간을 놓고 양국 정부는 난항을 거듭했는데 그때마다 조중훈 회장이 나서서 문제를 해결했다.

다나카와의 담판 이후 조중훈 회장은 민간 차원에서도 얼마든지 외교를 뒷받침할 수 있음을 깨달았다. 뿐만 아니라 정부 간 공식적인 외교와 민간 차원의 외교가 불가분의 관계로 발전할 수 있고 기업이 사업을 통해 국가와 사회에 기여하는 것 말고도 민간 외교로 국익에 도움이 될 수 있다는 것을 알았다.

조중훈 회장은 일본 방문으로 사업의 활로를 해외에서 찾을 수 있다는 소득을 얻었다. 조 회장은 일본에서 베트남전 양상에 관해 유용한 정보를 접할 수 있었으며 장기영 부총리도 조 회장에게 베트남에서의 사업을 권유해 2년 후 베트남 진출의 문을 열 수 있었다.

(독자들이여, 장기영 부총리가 조중훈 회장에게 베트남에서 군납 조합장을 맡아 달라는 요청을 했던 것을 기억한다면 오늘 이 장면을 더 실감 있게 느낄 수 있을 것이다.)

일본에서 쌀 60만 톤 수입

1969년 조중훈 회장은 다시 정부의 요청을 받았다.

정부는 흉년이 계속되어 식량난으로 국민이 기근으로 고통받게 되자 일본에서 쌀 60만 톤을 들여오기 위해 특사를 보냈다. 일본은 당시 농업 선진화 정책으로 쌀이 남아도는 쌀 부자국이었다. 이때도 일본 정부는 한국의 요청에 냉담한 반응을 보였다. 조중훈 회장이 나설 차례였다.

일본에 파견된 정부 특사(特使)는 베트남에 있는 조중훈 회장에게 전보를 쳐 도움을 요청했다. 특사란 특별한 임무를 띤 사절을 말한다. 특사는 주월 대사관을 통해 같은 내용의 전문을 하루에도 두세 차례나 보냈다. 베트남 일이 바쁘기는 하지만 서둘러 일본으로 갈 수밖에 없었다.

조중훈은 이번에도 일본 관계자들을 만나 광범위하게 이야기를 들었다. 그들은 공식적인 자리에서 이야기를 꺼내기 거북한 몇 가지 조건을 귀띔해 주었다. 들어보니 말을 꺼내는 쪽에서는 거북한 것이었지만 들어주기에 그다지 까다롭지는 않은 사안이었다. 조중훈 회장은 우리 정부에 연락을 취해 그 조건들을 일사천리로 해결해 주었고 쌀 60만 톤을 들여올 수 있었다. 쌀 60만 톤은 꽤 많은 양이다.

조중훈 회장은 민간 외교가로서 전후 50년 한국 외교사에 뚜렷한 족적을 남겼다. 세계 굴지의 철강회사로 우뚝 선 포스코(POSCO, 구 포항제철)의 탄생에도 조중훈 회장은 숨은 공신이었다.

포스코는 국운이 걸린 프로젝트였다. 포스코가 성공하느냐 못하느냐는 한국의 경제개발계획이 성공하느냐 못하느냐로 직결된다.

한국이 철강회사를 만든다고 발표하자 미국, 일본 두 나라는 결사 반대했다. 자금줄과 기술을 갖고 있는 미·일 두 나라는 한국이 철강을 자급하는 것은 그들의 철강 수출 시장이 사라지는 것이었다.

1970년대 초반 정부가 포항제철 건립을 위해 일본 정부와 차관 교섭을 할 때도 조중훈 회장이 나섰다. 조중훈 회장은 일본 정·관계의 두터운 인맥을 활용해 민간 차원에서 막후 지원을 펼쳤다. 조중훈 회장의 역할이 공식 기록으로 남아 있지 않은 것은 아쉬운 점이다.

해방 이후 한·일 관계는 정부 차원에서 교류하기에 여간 껄끄러운 게 아니었다. 하지만 미국의 원조가 줄어들고 자립경제의 기반이 다져지지 않은 상황에서 일본의 도움은 '울며 겨자먹기식'이지만 필요했다. 조중훈 회장 역시 일제 강점기에 태어나서 열다섯 나이에 일본으로 건너가 기술을 배우고 일하며 식민지 청년의 설움을 달래야 했다. 일본 땅에서 차별을 받으며 고통스럽게 살아가는 동포들을 보며 '반드시 이기리라' 결심하고 주경야독했던 조중훈 회장은 일본과 싸우기 위해 일본을 배웠다. 일본을 알고 일본인의 속성까지 읽는 법을 터득했기에 대일 외교의 해결사가 될 수 있었던 것이다.

34

엘리제(Elysée)궁(프랑스 대통령 관저)도 움직이는 콩파뇽(Compagnon, 친구·동료)

조중훈 회장은 하늘길로 연결된 세계 곳곳에서 민간 교류의 물꼬를 터 나갔다.

대한항공을 인수해 안정적인 성장의 기반을 다지고 있던 1970년대 대한항공 유럽 노선 취항을 계기로 조중훈 회장과 프랑스의 각별한 인연이 시작되었다. 이 인연은 대한항공에만 아니라 우리 한국에게도 대단히 긍정적인 효과를 가져다주게 된다.

조중훈 회장은 에어버스 항공기를 구매하면서 북한의 WHO(세계보건기구, World Health Organization) 단독 가입을 둘러싼 한국 정부와 프랑스 정부 간 외교 마찰을 일거에 해소한 바 있다. 대한항공의 에어버스 항공기 구매는 프랑스 항공 산업 성장의 물꼬를 트는 계기가 되었고 프랑스 정부는 이에 대한 고마움을 잊지 않았다. 조중훈 회장의 용단은 이후 프랑스와 한국 간 외교에 결정적이고 긍정적인 영향을 미쳤다.

대한항공은 1973년 10월 한국 민항 사상 최초로 서울-파리 북극 항로 취항권을 따냈다. 북극 항로란 아시아에서 유럽까지 최단 거리로 갈 수 있는 항로이다. 대한항공은 미주 항로에 이어 유럽 항로 개척에도 성공한 것이다.

이에 힘입어 세계 정치, 경제, 문화의 중심이자 유럽의 심장인 프랑스에 한국 국민의 진출이 본격화되었다. 에어버스 구매와 대한항공의 파리 취항을 인연으로 조중훈 회장은 1973년부터 20년 동안 한·불 경제협력 위원장(韓佛經濟協力委員長)을 맡아 한국과 프랑스 간 민간외교와 경제 교류에 교두보 역할을 했다.

프랑스 정부는 양국 간 우호협력에 기여한 공로로 조 회장에게 4차례나 훈장을 수여했다. 특히 1990년에 받은 '레지옹도뇌르그랑도피시에(Ordre national de la Légion d'honneur)'는 프랑스의 훈장 가운데 최고의 훈장이다. 이 훈장은 나폴레옹이 1802년 제정한 훈장으로 프랑스의 훈장 중 가장 명예로운 것으로 한국어로는 '명예군단' 훈장이다. 특히 1990년에 받은 '레지옹도뇌르그랑도피시에'는 프랑스 정부가 외국 국가 원수급에 수여하는 최고 훈장이다.

조중훈 회장이 엘리제궁에 강력한 영향력을 행사할 수 있었던 데는 당시 한·불 경제협력위원회 프랑스 측 공동 의장이던 '피에르 쉬드로(프랑스 철도협회 회장)'라는 걸출한 인물의 역할이 지대했다.

쉬드로는 2차 대전 때 레지스탕스 영웅으로 '드골(프랑스 대통령)'이 전후 프랑스를 재건하는 데 실질적인 역할을 했고 훗날 대통령이 되는 '프랑수아 미테랑'의 최측근 실세가 되었다. 쉬드로는 네 살 때 아버지를 여의고 불우한 성장기를 보냈다. 슬픔을 달래기 위해 독서에 열중했는데 열두 살 때 〈야간비행〉을 읽고 저자인 생텍쥐페리에게 편지를 보내면서 인연을 맺는다. 야간비행의 줄거리는 야간 항공 우편 창설기에 비행사들이 남미에서 유럽으로 운반되는 우편물을 야간 비행으로 운반하는 과정을 그린 것이다. 생텍쥐페리는 이 소설로 페미나 상을 받았다. 생텍쥐페리는 쉬드로를 만나 이야기를 나누다가 쉬드로의 순수함에 영감을 얻어 불후의 명작 '어린 왕자'를 썼다고 한다.

어린 시절부터 상상력과 창의력이 풍부한 쉬드로는 전후 프랑스의 여러 부서의 각료를 거치면서 창조적인 업적을 많이 남겼는데 오늘날 세계적으로 유행하는 건물 외벽이나 다리에 조명을 쏘아 아름다운 야경을 연출하는 방법을 창안해 화제를 모으기도 했다.

한불 경제협력위원회가 만들어지고 파리에서 첫 회의가 열리던 날 조중훈 회장과 쉬드로는 운명적으로 나란히 앉게 되었다. 쉬드로는 배포가 크면서도 유머러스한 인물이었다. 두 사람은 처음 만났을 때부터 서로 닮았음을 직감했다. 인물은 인물을 알아본다는 말이 있다. 불우한 어린 시절을 보낸 것이나 독서에 심취한 것, 예술적이고 창의적으로 생각하는 것 모두에서 두 사람은 공감의 기쁨을 느꼈다. 두 사람은 대화를 나눌 때 영어를 썼는데 두 사람 다 유창하지는 않았지만, 서로의 깊은 마음을 읽었다. 쉬드로 눈에 조중훈은 아주 호감이 가는 인물이었다. 한국이라는 약소국에서 왔지만 항공사를 경영하는 것이나 자신보다 국익을 우선하는 것, 그리고 프랑스 사람보다 프랑스를 더 잘 이해하고 있다는 점에서 깊은 감화를 받았다. 무엇보다 자신의 마음을 잘 알아준다는 점에서 조중훈에게 빠져들었다.

쉬드로가 조중훈 회장과 친해진 결정적인 계기가 있었다. 쉬드로와 더 가까워질 필요가 있다는 판단이 선 조중훈 회장은 그를 한국에 초청했다. 쉬드로는 레지스탕스 시절에 얻은 지병 때문에 먼 곳으로 여행하는 것이 여의치 않았고 음식도 철저히 가려야 했다. 조중훈 회장은 전용 제트기를 보내 그를 데려와 제주에서 휴양하도록 했다. 서울 일급 호텔의 요리사를 내려오게 해 그의 건강과 입맛에 맞는 음식을 대접했다. 조중훈 회장의 세심한 배려에 쉬드로는 마음을 송두리째 빼앗기고 말았다.

쉬드로가 목장에 로망이 있음을 안 조중훈 회장은 그를 제동목장으로 데리고 갔다. 당시 제동목장에는 앵거스 외에도 프랑스에서 들여온 샤로레가 1,000마리 넘게 있었다. 쉬드로는 눈이 휘둥그레졌고 너무나 흥분한 나머지 환호성을 지르며 곁에 있던 샤로레의 엉덩이를 걷어차기까지 했다.

제주에까지 와서 본국의 소를 만나게 되는 그의 기쁜 마음을 우리는 상상할 수 있다. 만일 한국 사람이 외국 목장에 가서 낯익은 한우(韓牛)를 만나는 기분과 같은 것일 것이다.

이런 만남을 통해 쉬드로와 조중훈 회장은 친한 친구가 되었다. 그는 조중훈 회장에게 '나는 프랑스 관료이지만 프랑스 국익에 도움이 되든 안 되든 당신을 돕겠다. 무슨 일을 하든 나와 당신은 공범이다'라고 말하기도 했다.

1980년대 고리원자력발전소 4호기를 건설할 때도 조중훈 회장의 외교력은 빛을 발했다. 당시 한국전력은 4호기 건설에 프랑스 알스톰사의 기술이 절대적으로 필요했는데 좀처럼 협조를 구할 수가 없었다. 원전에 관한 핵심 기술은 국가적으로 보호받는 비밀사항이다. 정부는 이때도 조중훈 회장에게 도와줄 것을 요청했다.

조중훈 회장은 엘리제궁의 협조를 구해 알스톰과의 기술제휴가 이루어지도록 했다. 계약이 체결된 후에도 가격 문제로 양사가 갈등이 생겼는데 이때도 조중훈 회장이 중재에 나서 한전에 유리하도록 마무리를 짓게 했다. 오늘날 한국의 원자력 발전 기술이 세계적 수준으로 발전되어 해외 원전 입찰에서 알스톰을 제칠 정도의 기술력을 갖게 된 것은 조중훈 회장의 덕분이다.

프랑스의 조중훈 회장에 대한 신뢰는 상상을 초월하는 것이다. 오일쇼크 때 소시에테제네랄이 조중훈 회장 개인을 믿고 건강 검진 한 번으로 막대한 자금을 빌려준 것을 비롯해 대한항공과 한진중공업에 핵심기술을 전수해 준 것 모두 조중훈 회장에 대한 전폭적인 신뢰가 없었다면 불가능했을 것이다.

프랑스는 어떻게 아시아의 작은 나라에서 온 사업가를 에트랑제(Étranger, 외국인)가 아닌 콩파뇽(Compagnon, 동료)으로 여길 수 있었을까? 어떻게 엘리제궁이 나서 에어프랑스나 알스톰 같은 자국 기업들의 손실을 감수하면서까지 조중훈 회장에게 힘을 실어줄 수 있었을까? 나아가 어떻게 비즈니스를 넘어 외교에서까지 조중훈 회장의 말이 통할 수 있었을까.

프랑스가 조중훈 회장을 국가적 귀빈으로 대접한 것은 다름 아닌 '신용(信用)' 때문이었다. 그의 신용은 미군(美軍)뿐 아니라 프랑스에서도 통했던 것이다.

오늘날 국제화의 선행 요건이 글로벌 스탠더드에 맞는 윤리관임을 고려하면 조중훈 회장은 이미 그 자신이 신뢰받는 '글로벌 브랜드'였던 것이다.

35

바덴바덴(Baden-Baden) 기적의 숨은 주역
(88서울올림픽 유치전)

 바덴바덴은 독일의 남서부 바덴뷔르템베르크주의 슈바르츠발트 산지 서북쪽 기슭에 있는 온천 도시다. 로마제국 시대부터 온천으로 널리 알려졌으며 당시에 있던 목욕탕 터가 남아 있으며 수많은 중세시대 유적지가 있고 국립 병원과 휴양센터 등이 많이 있다. 또한 1981년 9월 30일에 열린 국제올림픽위원회(IOC) 총회에서 1988년 하계올림픽(24회)과 동계올림픽(15회)의 개최 후보지 투표를 진행한 도시이기도 하다.
 1981년 9월 30일 오후 3시 30분, 휴양도시 바덴바덴에서 열린 국제올림픽 조직위원회(IOC) 총회장은 팽팽한 긴장감에 휩싸여 있었다. 서울과 일본 나고야(名古屋) 중 어느 도시가 24번째 올림픽 개최지로 선정될 것인지 투표 결과가 발표되는 순간이었다. 한국 올림픽 유치단 일행으로 가 있던 조중훈의 얼굴에는 초조한 기색이 가득했다. 잠시 뒤 사마란치 IOC 위원장이 발표 용지를 손에 쥐고 단상에 나타났다.
 "쎄울(Seoul)."

순간 조중훈 회장의 두 주먹이 허공을 갈랐다. 벅찬 감동과 눈물로 뒤범벅이 된 한국 대표단의 환호성이 바덴바덴의 푸른 창공을 뚫고 우렁차게 퍼져 나갔다.

1981년 8월, 한국 경제사절단 일원으로 스칸디나비아 국가를 순방 중이던 조중훈 회장에게 서울에서 전보 한 통이 날아들었다. '올림픽 유치 대표단이 83차 IOC 총회에 참석하기 위해 떠납니다. 바덴바덴으로 가서 합류해 주십시오' 정부 고위 당국자 이름으로 된 통보였다.

조 회장에게 맡겨진 임무는 서울의 올림픽 유치를 반대하는 프랑스 IOC 위원들을 설득해 달라는 것이었다. 프랑스와 각별한 인연으로 프랑스 정계에 영향력을 행사할 수 있는 사람은 한국 재계에서는 조중훈 회장밖에 없다는 것을 정부도 잘 알고 있는 것이다. 북한의 WHO(세계보건기구) 단독 가입을 저지할 때 막후에서 프랑스를 설득한 전력 때문이기도 하다.

하지만 올림픽 유치는 그때와 비교할 수 없이 힘든 일이다. 힘드는 정도가 아니라 거의 불가능한 일이었다. 올림픽 경기를 치를 경기장 하나 제대로 갖추지 못한 서울이 낙점될 것으로 기대하는 사람은 국내에도 없었다. 사력을 다해 뛴다고 해도 성공 가능성이 희박한 데다 실패하는 경우 시작하지 않으니만 못한 일이 될 수도 있었다. 국제 사회에서 대한민국의 위상이 깎이는 일이 되기 때문이다.

시간도 너무 촉박했다. 바덴바덴 총회는 불과 한 달 앞일이었다. 하지만 임무를 받은 이상 피할 수도 없고 피해서도 안 될 일이었다. 올림픽 유치는 국운이 걸린 중차대한 사안이다.

조중훈 회장은 모든 일정을 취소하고 일본 나고야로 날아갔다.

적진을 먼저 살펴봐야 한다는 판단에서였다. 이것은 조중훈 회장이 지켜오는 그만의 특별한 전략인 것이다. '적을 알고 나를 알면 백전백승이다.'라는 손자병법을 언제나 실천하는 것이다.

나고야에 도착한 조중훈 회장은 우선 거리에서 올림픽 유치를 반대한다는 시민들을 만나보고 여론의 흐름을 읽었다. 시민들은 반대하는 이유로 '경제적인 부담'을 들었다. 나고야 시민들은 올림픽 유치로 얻는 이익보다는 손해가 더 크다고 보고 있는 것이었다.

조중훈 회장은 '올림픽 유치 반대' 유인물을 챙겨 들고 파리로 가는 상공에서 꼼꼼하게 읽고 또 읽었다. 조중훈 회장은 파리에 도착하자마자 지난 10년 동안 '한불경제 협력위원회' 위원장을 지내며 쌓은 프랑스 정·재계 인맥을 총동원해 설득 전에 들어갔다. 나고야의 유치 반대 여론을 생생하게 전하며 논리정연하게 그리고 끈질기게 부딪쳤다. 반면 서울에서 올림픽이 개최되어야 하는 당위성을, 열변을 토하면서 설득했다.

조중훈 회장의 열정에 프랑스 측 IOC 위원들은 결국 마음을 돌리지 않을 수 없었다. 프랑스에서의 임무를 마치고 바덴바덴에 합류한 날이 9월 20일. 먼저 와 있던 정주영 유치위원단장이 전해 주는 예상 득표 성적표는 '82명 중 26명 지지 예상'이었다. 절망적이었다.

총회는 10일밖에 남아 있지 않았다. 희망을 걸 곳은 아직 입장을 정하지 않은 아프리카와 남아메리카 등 제3 세계 국가들이었다. 아프리카의 대표적인 아타라불시 리비아(State of Libya) 위원이 강경한 반대 입장을 표명하고 있어 상황은 위태로웠다.

투표일 닷새 전 조중훈 회장은 명함 한 장을 손에 쥔 채 아타라불시 위원의 숙소를 찾아갔다.

"리비아와 한국은 같은 개발도상국입니다. 서로 돕지 않는다면 올림픽은 선진국들만의 잔치가 되고 말 것입니다."

진심을 다해 호소하는 조중훈 회장에게 아타라불시위원은 '아프리카 대표들과 의논해 보겠다'는 애매한 답변을 했다.

다음날 총회식장. 이변이 일어났다. 아타라불시가 뜻밖에도 서울 유치를 강력하게 지지하면서 '개발도상국에게 기회를 주어야 한다'는 요지로 열변을 토한 것이다. 하룻밤 사이에 일어난 그의 극적인 태도 변화는 나머지 중립 표에 결정적인 영향을 미쳤다. 그리고 '서울 52표, 나고야 27표'라는 바덴바덴의 기적이 일어나고야 말았다.

그날 밤 조중훈 회장이 아타라불시를 만나지 않았다면 어떻게 되었을까. 모르긴 해도 아타라불시는 프랑스 위원들로부터 조중훈 회장이 어떤 사람인지 충분히 들었을 것이다. 조중훈 회장이 엘리제궁을 움직일 수 있다는 사실과 조 회장이 호소한 개도국의 동병상련을 이해하지 않았다면 하룻밤 사이에 그런 대변화가 일어나지 않았을 것이다.

올림픽 서울 유치에 이렇게 조중훈 회장의 열정과 땀이 깃들어 있다는 사실을 아는 사람은 많지 않다. 국익을 위해 한 일을 내세워 대가를 바라지 않는다는 그의 신념 때문이었다.

바덴바덴에서 조중훈 회장을 비롯한 정주영 회장과 김우중 대우그룹 회장, 최원석 동아그룹 회장 등 기업인들은 할 수 있는 모든 방법을 동원해 직접 발로 뛰었다. 그러나 돈과 시간을 쓰면서 독일 거리를 누볐던 기업인들 대부분은 숨은 주역으로 남아 있어야 했다.

올림픽 유치 민간위원장이었던 정주영 현대그룹 창업회장은 그의 자서전 '이 땅에서 태어나서'에서 '올림픽 개최 후 훈장은 별로 한 일도 없는 장관들에게 모조리 수여됐다. 자기 돈과 시간을 쓰면

서 몇 날 며칠 독일 거리를 누볐던 기업인들 중 훈장을 탄 사람은 나(정주영) 한 사람뿐이었다'

조중훈 회장은 이와 관련해 한 번도 서운함을 내색한 적이 없다. 세계와 한국을 연결하는 국적 항공사의 대표로서 보이지 않게 민간 외교관의 몫을 수행한 것을 자랑스럽게 여길 뿐이었다.

사업을 통해 구축한 네트워크와 신용으로 조중훈 회장은 민간 외교가로서 올림픽 유치에까지 역량을 발휘할 수 있었다. 부전자전으로 평창 동계(冬季)올림픽 유치를 성공시킨 조양호 회장의 글로벌 네트워크도 그 바탕이 이때부터 형성된 것이다. (평창 동계올림픽 유치에 관해서는 이 책 후반부에서 자세히 다룰 것이다.)

조중훈 회장과 정주영 회장의 에피소드

(이 책 앞부분에서 조중훈 회장과 정주영 회장은 인간적으로 대단히 친했으며 사업에 있어서는 어떤 때는 경쟁 상대로, 어떤 때는 동반 관계로도 친했다. 이 장에서는 두 분 회장이 사우디아라비아 주베일항(港) 국제 입찰 과정의 묘한 장면에서 만나게 된 것을 소개해 보는 것이다.)

1976년 사우디아라비아는 세계 건설업계에 빅 뉴스를 전했다. 걸프만 길목에 위치한 조그마한 주베일(Jubayl) 포구를 산업항으로 건설하는 계획을 발표한 것이다. 공사비는 20세기 최대인 20억 달러 규모였다.

사우디아라비아는 이 공사 입찰을 세계 10대 회사로 한정하고 선정 작업을 영국의 윌리엄힐크로 회사에 맡겼다.

정주영 회장이 이 정보를 입수한 것은 이미 9개 회사가 선정 확정되고 1개 회사가 미정으로 남아 있는 때였다. 정주영 회장은 천신만고 끝에 하나 남은 자리를 차지하고 입찰에 참여했다. 이 입찰에 참여한 10사 가운데 프랑스의 스피베타놀 사가 있었다. 정주영 회장은 치열한 눈치 경쟁 끝에 낙찰에 성공해 세계 건설업계를 놀라게 했다.

입찰 과정에서 벌어진 일이었다. 프랑스의 스피베타놀 사는 한국의 현대건설이 입찰에 참여한다는 소식을 접하고 어떻게 하면 현대건설과 컨소시엄을 만들어 입찰에 참여할까 고심했다. 스피베타놀 사는 '현대와 접촉하려면 조중훈 회장을 움직이게 하는 것이 효과적이다. 조중훈 회장은 정주영 회장과는 같은 국적이고 인간적으로 친한 사이다'라고 결론을 내리고 조중훈 회장을 찾았다.

조중훈 회장에 대한 프랑스의 신뢰는 대단하다는 것을 우리는 알고 있다. 스피베타놀 사는

"조 회장님, 현대건설 정주영 회장을 한 번 만나주십시오. 주베일 산업항 건설 입찰에 우리와 현대건설 컨소시엄을 구성토록 노력해 주십시오."라고 부탁하는 것이었다.

조중훈 회장은 양사가 경쟁하는 것이 아니고 한 팀으로 뛰겠다고 하는 것은 두 회사에게 유익할 것이라고 판단했다. 조중훈 회장은 파리에서 주베일 항으로 날아갔다.

"정 회장, 프랑스의 스피베타놀 사가 현대와 컨소시엄을 구성하자고 하는데 어떻게 생각하시오."

그런데 문제는 정주영 회장의 속마음이었다. 정주영 회장은 단독입찰로 결심을 굳힌 상태였다.

"컨소시엄은 생각이 없고 단독으로 해볼까 합니다. 그런데 입찰보증금이 문제요. 입찰 보증금이 2천만 달러는 있어야 하는데 준비가 쉽지 않고...."

정 회장은 대단히 비밀스러운 이야기까지 했다. 입찰 보증금으로 2천만 달러를 준비한다는 것은 본입찰에 20억 달러를 써내겠다는 것을 알려주는 것이다. 역정보를 흘린 것이다.

정주영 회장은 '시련은 있어도 실패는 없다'는 자서전에서 '조중훈 회장에게는 미안한 일이었다. 사업은 사업이어서 모든 진심을 알려줄 수는 없었다'라고 쓰고 있다.

조중훈 회장은 파리로 돌아가 스피베타놀 사에게 정주영 회장의 말을 그대로 전해줄 수밖에 없었다. 정주영 회장은 결국 주베일 산업항 입찰에 성공했다.

36

"대한항공 여객기가
중국 영공(領空, Air Space)을 통과하게 해주오."

조중훈 회장만큼 중국에 정통한 사업가도 없다. 젊은 시절을 중국에서 보냈고 삼국지(三國志)를 달달 외울 정도로 중국의 역사, 문학에도 심취해 있었다. (우리는 중국 민항기가 춘천 미 공군 기지에 불시착했을 때 중국 민항 대표와 우리 외무부 대표를 롯데호텔로 초청, 우리 외무부 대표가 공노명인 것을 빗대어 삼국지의 제갈공명과 조자룡을 인용하면서 얼어붙은 분위기를 반전시켜 한·중 협상을 성공시킨 것을 기억하고 있다.)

조 회장은 해방 직후 한진상사를 설립하면서 인천을 사업 본거지로 삼은 것도 중국을 겨냥했기 때문이고 공산화로 교류가 단절된 상황에서도 중국을 잊지 않고 있었다.

조중훈 회장은 1979년 대한항공의 중국 진출에 대해 포부를 밝혔다. 중국은 개혁 개방이라는 실용 정책으로 세계에 문을 열면서도 한국과는 전혀 교류 의사를 보이지 않고 있었다. 조중훈 회장은 한국과 중국을 연결하는 하늘의 다리를 놓고 싶었다. 대륙으로 향하는 날개를 펴고 싶었다. 정부 차원에서 할 수 없다면 자신이 나서서라도 중국과 교류하고 싶었다. 86 아시안게임은 더없이 좋은 기회였다.

조중훈 회장은 선수단 수송 문제를 협의하기 위해 해방 이후 처음으로 중국을 방문했다. 그가 십 대 후반 청년 시절에 상하이 유대인 카페에서 케이크 상술을 배운 이후 수십 년만이었다. 여기서 중국 민항 특별기 운항에 합의하면서 양국 항공 교류에 물꼬를 텄다.

88 올림픽 때는 더 큰 외교를 했다. 유럽과 아프리카의 선수단과 관광 객을 태운 대한항공(KAL)기가 중국 영공을 통과할 수 있도록 요청했다. '올림픽은 세계인의 잔치다. 선수와 관광객을 태운 비행기는 영공이라는 한계를 뛰어넘는 것이 올림픽 정신이다. 대한항공 여객기가 중국 영공을 통과하게 해주시오'

중국 측에서는 즉시 대답을 주지 않았다. 공산주의 국가의 폐쇄성에서 오는 불가피한 현상이다. 그런데 중국 정부가 조중훈 회장의 요청을 받아들였다.

1989년 마침내 대한항공 전세기가 상하이에 취항했다. 우리 항공 노선 사(史)에 하나의 이정표가 찍힌 것이다. 한·중 수교가 이루어지기 3년 전의 일이다.

그러나 1994년 한·중 정기노선이 개설되면서 대한항공은 상하이 노선을 포기해야 했다. 중국 정부의 '1노선 1국 1항공사 원칙'에 따라 한국 정부는 상하이 노선을 '아시아나 항공'에 내주고 대신 칭다오, 선양, 톈진 노선을 받았다.

조중훈 회장은 상하이 노선을 포기하면서 대신 베이징 노선에서 1회 더 증편하기로 했다. 식민지 청년으로 일본 배를 타고 가서 '우리 배로 다시 오겠다'라고 다짐했던 상하이(上海). 심정적으로 금전적인 손익을 따질 수 없이 애착이 가는 상하이 노선을 포기하면서 조중훈 회장은 상하이 시장을 비롯한 유력 인사, 지인들을 초청해 파티를 열었다. 조 회장은 그 파티에서 "대한항공은 상하이에 반드시 돌아오겠다."라고 약속했다. 상하이 시장도 "우리도 대한항공이 다시 오기를 앙망(仰望)한다"고 화답했다.

상하이 시장이 사용한 '앙망'이란 단어에서 상하이시가 조중훈 회장을 얼마나 좋아하고 있는 가를 알 수 있다. 중국인들의 의리를 높이 샀던 조중훈 회장도 그들에게 신의를 지키고자 노력했다.

1995년 중국 정부는 대한항공의 유럽과 러시아 노선에 대해 영공 통과를 허용했다. 이것은 대단한 특혜를 준 것이다. 세계 각국 대형 항공사가 눈독을 들이고 있었지만 중국이 대한항공에만 이 길을 내준 것이다. 중국의 하늘길이 열리기 전에는 구소련이나 앵커리지를 돌아 유럽으로 가야 했다. 시간과 돈이 막심하게 소요되는 대단히 긴 항로였다.

중국 정부가 대한항공에 대해 가장 먼저 영공 통과를 허용한 것은 조중훈 회장이 1983년 5월 5일 중국민항 296편이 춘천 기지에 불시착하는 사건 때 중국민항에 베풀어 준 은혜에 대한 보답이었다.

대한항공의 중국 노선과 중국 영공을 지나는 유럽 노선 개척은 그 자체로 한·중 외교의 획기적인 사건이었다. 중국민항 총국장을 지낸 장주핑(蔣祝平)이 후베이(湖北)성 총서기로 있던 1998년 여름, 80년의 대홍수가 있었다. 조중훈 회장은 곧바로 에어버스 2대, 화물기 2대에 생수와 담요 등 구호품을 가득 실어 보냈다. 당시 대한항공은 세계에서 유일하게 구호품을 보낸 회사였고 화물기 착륙 모습이 CCTV를 통해 중국 전역에 생중계되었다. 장주핑 서기는 TV 인터뷰에서 1983년 민항기 불시착 때 사귄 조중훈 회장은 '역시 진정한 친구'라며 눈물을 흘렸다.

중국 민항기가 춘천공항에 불시착 했을 때 예전 북한으로 넘어가 돌아오지 못한 대한항공 항공기에 대한 쓰라린 아픔을 갖고 있던 조중훈 회장은 중국 민항기를 돌려보내기 위해 노력을 아끼지 않았다. 이러한 뜻과 노력은 중국 정부와 중국민항에 그대로 전달 되었다.

이렇게 시작된 중국민항과 대한항공의 우정은 오늘날까지 변함이 없다. 1983년 이후 중국민항 총국장이 바뀔 때마다 조중훈 회장을 만나 그때 이야기를 꺼내며 감사 인사를 했다. 조중훈 회장이 영면한 이듬해인 2003년 조양호 회장이 베이징에서 양위안위안(楊元元) 총국장을 만났을 때도 그랬다.

"선친께서 베풀어 주신 은혜는 중국민항이 존재하는 한 잊지 않겠습니다. 선친과 대한항공의 미래를 위해 도울 일이 있으면 무엇이든지 말씀해 주십시오."

양 총국장은 2004년 한·중 항공 회담을 위해 방한했다. 조중훈 회장이 세상을 떠났을 때 조문하지 못했던 그는 한국에 도착하자마자 부암동 자택에 들러 김정일 여사에게 위로의 뜻을 전했다. 그리고 한·중 회담에서 복수 취항을 허용했다.

그 결과 2004년 6월 대한항공은 상하이에 재취항했다. 조중훈 회장이 고인이 된 지 19개월 만의 일이었다. 이로써 조중훈 회장은 병상에서 유언처럼 간직했던 '상하이로 돌아오겠다'는 소망을 이루게 되었고 상하이 시장과의 약속도 지킬 수 있었다.

'몽골(蒙古, Mongolia)에 비행기 한 대를 기증하겠다'

조중훈 회장의 민간 외교 활동에서 빼놓을 수 없는 것 중의 하나가 몽골과의 인연이다. 몽골의 오치르바트 바가반디두 대통령은 한국을 방문할 때면 모든 일정에 앞서 조중훈 회장을 찾아 화제가 되곤

했다. 대한항공과 몽골의 인연은 선물(膳物, Present)로 시작되었다.

1990년 한·몽 수교 후 처음으로 몽골을 방문하고 돌아온 이상우 교수(훗날 한림대 총장)는 조중훈 회장과 식사하는 자리에서 가깝고도 먼 나라 몽골에 대해 자세한 이야기를 들려주었다. 조중훈 회장은 흥미진진한 몽골의 이야기에 귀를 기울이고 있던 중 갑자기 이 교수에게 '몽골의 항공사는 어떠냐'라고 물었다.

"몽골 항공사는 러시아제 중고 비행기를 쓰고 있는데 품질이 영 엉망이고 연료 효율도 낮은 것 같았습니다."라고 이 교수는 말했다. 조중훈 회장은 이 교수에게 주한 몽골 대사와의 만남을 주선해 줄 것을 부탁했다. 조중훈 회장은 우르쥔 훈데브 대사를 만나 몽골에 B727 비행기를 한 대 기증하고 싶으니 몽골 정부에 의사를 타진해 달라고 했다.

"대한항공이 보유 중에 있는 여객기 한 대를 몽골에 기증하고 싶습니다."라고 말하자 우르쥔 대사가 의아해하자 "아무 조건도 없습니다."라고 확실하게 말했다. 어떤 이득을 바라지 않는 순수한 우정으로 하는 일이라는 것을 말했다. 조중훈 회장은 비행기 없이는 바깥세상으로 나갈 수 없는 나라에 날개를 달아주고 싶었다.

몽골은 국토가 바다에 접하는 곳이 없는 내륙 국가다. 북쪽으로 러시아, 남쪽으로 중화인민공화국에 접해 있을 뿐이다. 조중훈 회장은 회사 임원들에게 몽골에 비행기 한 대를 선물하겠다고 말했다.

"회장님, 몽골에 비행기를 기증하는 것은 답이 나오지 않습니다." 비행기 가격을 놓고 열심히 계산기를 두드려 본 임원들은 반대 의견을 내놓았다.

그러나 조중훈 회장은 묵묵히 전체를 보고 있었다. 한·몽골 국가 간의 관계, 몽골과의 있을 수 있는 비즈니스 등 그가 그리고 있는 그림은 큰 것이었다.

　1992년 7월, 조중훈 회장이 기증한 B727 비행기가 '몽골항공 MIAT' 마크를 달고 하늘로 날아오르면서 대한항공과 몽골의 관계도 날개를 달았다. 체제 변화라는 과도기를 거치며 드넓은 유라시아(Eurasia) 대륙 한가운데 고립되어 있던 몽골은 조중훈 회장에게 공화국 최고 훈장이 '북극성 훈장'을 수여했다. 유라시아란 유럽과 아시아를 합쳐 일컫는 말로 세계 전 육지의 37%를 차지하는 최대의 대륙이다.

　몽골은 조중훈 회장에게 북극성만 달아준 게 아니었다. 북극성이 빛나는 하늘길도 열어주었다. 대한항공의 유럽 편 비행기의 몽골 영공 통과를 허락한 것이다.

　몽골 영공을 통과하게 되면서 알래스카를 거쳐 유럽으로 가면 기존 노선보다 비행시간이 두시간이나 단축되었다. 이 때문에 이런 노선을 확보하지 못한 일본항공(JAL)이 큰 타격을 받기도 했다.

　대한항공은 이후 한동안 몽골 영공 통과로 유럽으로 가던 아시아 지역 승객을 독점했다. 진심으로 전한 선물이 더 큰 보답으로 돌아온 것이다.

　조중훈 회장은 다시 답례로 1997년부터 매년 5~10명의 몽골 학생을 선발해 무상 유학을 지원하는 '몽골 장학 프로그램(C.H. Cho Scholarship)을 한진 산하 21세기한국연구재단(현 일우재단)에 개설했다. 이 프로그램으로 선발된 몽골 유학생들은 인하대와 한국항공대학에서 박사 과정까지 학비는 물론 체재비와 생활비를 전액 지원 받았다. 2013년 말 기준으로 총 35명의 장학생이 선발되었고 대부분 유학을 마친 후 고국으로 돌아가 몽골 정부 부처와 대학, 기업체 등에서 활약하고 있다.

1996년 울란바토르에 대한항공 정기 전세편이 취항하면서 한·몽골 간 경제 교류가 이루어지기 시작하였다. 당시 양국 간 교역량은 전무하다시피 했지만 1999년 한국은 몽골의 교역 순위 5위권에 진입했고 2002년에는 일본을 제치고 4위로 뛰어올랐다. 조중훈 회장의 조건 없는 우정과 투자가 이루어 낸 값진 성과였다.

두 나라의 경제 교류가 급물살을 타고 있던 1995년 오치르바트 몽골 대통령은 조중훈 회장에게 뜻밖의 선물을 보내왔다. 몽골 경마대회에서 우승한 준마(駿馬)를 보내왔다. 준마란 빼어나게 잘 달리는 말(Swift Horse)이다. 몽골 말은 숏다리로 털복숭이에 머리가 크고 목도 굵으며 눈은 작아 볼품이 없다. 하지만 전력 질주가 20~30km에 이르며 초원의 거친 풀만 먹어도 한 달 이상 달릴 수 있다. 전력 질주 거리가 고작 3km에 불과한 서양 경주마와는 비교가 되지 않는다. 기록에 따르면 1223년 6월 드니에프르 강변에서 몽골 군대를 처음 본 킵차크와 러시아 제후 연합군은 코웃음을 쳤다.

"저런 쥐새끼 같은 말을 탄 미개인이라니...."

그러나 몽골의 보잘것없는 기마군을 깔보고 덤벼들던 연합군은 싸우는 족족 전멸당하고 만다.

말은 몽골 사람들에게 이동과 생계의 수단이며 식량이기 때문에 외부인에게 좀처럼 선물하지 않는 문화를 가지고 있다. 우르쥔 훈데브 몽골 대사는 '우리 선조들이 말을 타고 전 세계를 누볐듯이 현재 몽골 사람들은 비행기를 타고 세계로 뻗어나가고 있다'라며 '선조들의 말을 현대적인 비행기로 바꿔 준 조중훈 회장에게 우리가 드릴 수 있는 가장 값진 선물을 드린 것'이라고 말했다.

조중훈 회장의 투자는 남다르다. 돈을 벌기 위해 사업에 투자한 것이 아니라 우정과 신뢰에 투자했다. 신용을 중시하고 관계와 네트워크를 중시해 온 그는 사람의 마음을 갖는 것이 사업을 성공시키는 비결임을 알고 있었다. 만리장성이든 몽골 초원이든 그는 우정과 신뢰를 통해 길을 열 수 있었다.

조중훈 회장이 1977년부터 20여 년에 걸쳐 외국 정부에서 수여받은 훈장만 9개에 달한다. 프랑스와 몽골뿐 아니라 독일, 오스트리아, 네덜란드, 벨기에 정부로부터도 훈장을 받았다. 외교관이나 관리가 아닌 민간인이 이렇게 많은 외국 훈장을 받은 것은 유례가 없다. 조중훈 회장은 그것을 평생의 영광으로 여겼다.

37

"인하대(仁荷大)를 맡아 키워 주시오."
- 조중훈 회장은 박정희 대통령의 제의를 거절하지 못했다.

조중훈 회장은 1968년 하반기 어느 날 박정희 대통령으로부터 면담 요청을 받았다.

"조중훈 회장님, 우리나라가 선진국으로 진입하려면 과학기술 영재들을 길러내야 합니다. 현재 그런 교육 기능을 할 수 있는 곳은 인천에 있는 인하공과대학입니다. 그런데 그 인하대학이 재정난에 빠져 있어 걱정이 큽니다. 조 회장께서 인하대를 맡아 키워주실 수 없겠습니까?"

박 대통령은 진지하고 간곡한 어조로 말했다.

"대통령 각하, 저는 여태까지 운수 분야 한길을 걸어 왔습니다. 교육 분야는 생소할 뿐 아니라 그 속성도 잘 알지 못합니다."

"그러긴 합니다만. 조 회장님은 전번에 얘기한 항공공사를 인수해서 우리나라 항공산업을 일으킬 수 있는 능력이 뛰어난 분이라고 믿고 있습니다. 항공산업과 관련된 인하공과대학을 인수하시게 되면 과학기술 영재를 길러낼 수 있는 일류대로 발전시킬 것으로 생각합니다. 국가 백년대계를 위해 결심해 주셨으면 합니다."

조중훈 회장은 대통령의 간곡한 부탁을 더는 거절할 수가 없었다.

"힘닿는 대로 최선을 다하겠습니다."

"감사합니다."

인하대의 모태이자 인천 지역을 대표하는 대학인 인하공대는 조중훈 회장이 아니었더라면 날개도 펴지 못한 채 역사 속으로 사라졌을지도 모른다.

인하공대는 이승만 대통령 시절인 1954년 하와이(Hawaiian Islands) 이주 50주년 기념 사업으로 설립되었다. (하와이는 하와이 제도를 구성하는 총 19개의 섬과 환초를 포함하는 열도 중에 가장 큰 섬의 이름이 하와이이므로 대부분의 사람들이 그냥 하와이로 부르고 있다.)

인하공대는 하와이 동포들이 모은 15만 달러에 정부 보조금, 민간 기부 보조금으로 탄생한 명문 사학이다. 인하(仁荷)라는 이름도 인천과 하와이의 첫 자를 딴 것인 만큼 인하공대는 인천 시민과 하와이 교포의 땀과 눈물로 탄생한 학교였다.

하지만 4.19에서 5.16으로 이어지는 격변 속에서 인하공대는 주인이 없는 학교가 되고 말았다. 이승만 대통령이 하야하고 정부 지원이 끊기면서 학교는 극심한 자금난에 시달렸다. 재단이라고는 하지만 이사들은 모두 힘이 빠진 자유당 출신들이어서 자금을 지원할 형편이 못 되었다.

4.19 이후 7년 동안 10명의 임시 이사장이 취임했지만, 누구도 학교를 살리지 못했다. 하와이 사탕수수 농장에서 하루 품삯으로 70센트를 받던 하와이 이민 1세대가 조국의 교육을 위해 피 같은 돈을 모아 지은 학교가 애물단지가 되어버린 것이다. 인하공대는 제대로 기지개도 켜지 못한 채 그렇게 역사 속으로 사라지는 듯했다.

당시 경제개발 5개년 계획에 사활을 걸고 있던 박정희 대통령은 인하공대 같은 기술 인력을 양성할 학교가 절대적으로 필요하다고 판단하고 있었다. 후원자를 물색했지만, 폐교 직전의 대학을 책임지고 나서는 기업이나 독지가는 없었다.

박정희 대통령은 조중훈 회장을 떠올렸다. 베트남전에서 신용 하나로 미군들로부터 운송 용역 사업권을 따내 성공한 것을 박 대통령은 보고를 통해 알고 있었다. 조 회장이 직원을 아끼고 직원들의 교육 투자에도 열정을 가지고 있다는 것을 듣고 알고 있었다. 이런 성향의 조중훈 회장이라면 교육 부문에도 남다른 애착을 가지고 있으리라고 생각되었다. 박정희 대통령은 조중훈 회장에게 한 가닥 기대를 걸었다.

베트남전 용역 사업으로 기반을 다져 놓긴 했지만, 당시 한진그룹은 한일개발을 설립하고 인천에 부두를 건설하는 등 벌려놓은 사업이 많아 다른 데 신경을 쓸 여력이 없었다. 더욱이 주력 사업인 운수와 직접적인 관련도 없는 대학을 인수한다는 것은 엄두도 못 낼 상황이었다. 현실적으로 상황이 그러했지만 일국의 지도자의 제안을 거절할 수 없었다. 또한 하와이 이민 1세와 교민들의 땀과 눈물을 잘 알고 있었기 때문이었다. 조 회장 역시 가난 때문에 학업을 포기하고 어린 나이에 일본으로 건너가 조선소에서 주경야독하면서 공부했고 재일 동포들이 힘겹게 살아가는 모습을 보기도 했다. 이역만리에서 나라 없는 설움을 겪으며 조국의 중대한 일을 맡을 만한 인재를 키우려 했던 하와이 교민들의 마음을 조 회장은 공감하고 있었다. 게다가 인천은 조중훈 회장이 한진상사의 첫 사무실을 연 곳으로 그룹의 고향이나 다름없었다. 하와이 교민들의 염원을 위해서도, 조국의 미래를 위해서도, 인천 지역을 위해서도 인하공대가 사라지는 것을 보고만 있을 수는 없었다.

인하공대를 인수하는데 얼마의 비용이 들어갈지 가늠할 수 없는 무모한 투자였지만 조중훈 회장은 계산하지 않았다. 1년을 내다보면 농사를 짓고 10년을 내다보면 나무를 심고 100년을 내다보면 교육에 투자하라고 하지 않았던가!

'여유가 있을 때 좋은 일을 하겠다는 생각으로는 평생 좋은 일 한번 하기 어렵다.' 조중훈 회장은 어디 한번 맡아보자고 굳게 맹세했다.

조중훈 회장은 무슨 사업이든 한 번 하기로 했으면 제대로 해야 한다는 원칙주의자다. 여태까지의 사업이 모두 그래왔다.

1968년 9월 인하공대(仁荷工大)를 인수한 조중훈 회장은 '아시아의 MIT(Massachusetts Institute of Technology)'로 키우겠다는 목표를 세웠다. 고사 직전인 조그만 공대를 세계적인 공대로 키우겠다는 야심은 조중훈 회장만이 가질 수 있는 것이었다.

조중훈 회장은 캠퍼스부터 둘러보았다. 상황은 예상보다 훨씬 나빴다. 총 부지 12만 5천 평 중 절반이 넘는 7만 평 교정은 무허가 판잣집과 기와집이 50채 가까이 들어서 있을 정도로 초라하고 어수선했다. 이승만 대통령이 설립 당시 부지를 정하면서 말했던 '월미도와 팔미도를 감돌아 오대양이 통한 곳'이라는 감탄이 무색했다.

조중훈 회장은 캠퍼스 부지 내에 있던 주민들에게 이주비를 인색하지 않게 일일이 보상해 주며 이주시켰으며 교정을 정비해 면학 분위기를 만들어 나갔다. 학교 시설도 전면적으로 확충해 나갔다.

문제는 돈이었다. 조중훈 회장이 구상한 대로 공사를 진행하기 위해서는 막대한 재정이 따라주어야 했다. 하지만 회사 차원에서는 더는 지원이 불가했다. 조중훈 회장은 사재(私財, 개인 돈)를 출연해서라도 대학다운 면모를 갖추어야 한다고 생각했다.

인수 첫해 재단에 2억 원을 내놓은 데 이어 추가로 2억 원을 더 내놓았다. 당시의 구매력으로는 꽤 큰 거금이었다. 이 자금은 오늘날 '인하대'의 상징이 된 본관(本館, Main Building)을 짓는 데 쓰였다. 사재 출연은 이것으로 끝이 아니었다. 이듬해 다시 2억 원을 내놓아 실험·실습실과 제2 본관을 지었다.

조중훈 회장이 재단을 인수한 지 3년째인 1971년 인하공대는 '종합대학 인하대'로 승격되었다.

인하대학교는 1954년 인하공과대학으로 출발할 때 개교 이념부터 국가에 실질적으로 도움이 되는 실용적 연구를 하는 역할을 하기 위한 대학이었다. 이는 과거 인하대학교의 영문명인 INHA Institute of Technology(IIT)를 보더라도 알 수 있는데 실제로 인하대학은 국가의 발전에 필요하다고 여기는 학과를 자발적으로 개설하여 해당 분야의 연구를 선도한 역사가 있다. 과거 인하공과대학 시절 있었던 전국 최초의 병기공학과와 원자력공학과가 그 예이다.

명맥만 유지하던 인하공대 부설 중앙종합직원학교도 인하공업전문학교로 개편 인가를 받아 학과를 신설하고 학생을 증원했다. 1976년에는 세계적인 항공사를 지향하는 대한항공(KAL)의 위상에 걸맞은 안전 관리 능력과 서비스 마인드를 갖춘 승무원 양성을 위해 항공운항과를 신설했다.

조중훈 회장은 교수들의 연구와 해외 교류를 위해 100억 원의 기금을 조성하고 공대의 실험·실습 기자재를 확충하기 위해 45억 원을 투자했다. 의과대학을 신설하고 2,000억 원을 투입해 지역의 숙원 사업인 대학병원도 준공했다.

인하대 병원은 기업 이윤을 사회에 환원한다는 의미가 있다. 아시아의 'MIT'를 목표로 조중훈 회장이 열정을 쏟아부은 인하대는 놀라운 속도로 성장해 수도권 대학 중 유일하게 국내 10위권 대학으로 자리매김했다.

1987년 통상 물류 전문대학원을 설치한 데 이어 국내 최초로 아시아태평양 물류 학부도 개설했다. 육·해·공 수송 물류 그룹인 한진그룹의 특성을 반영한 학부 개설이다.

조중훈 회장은 사재 500억 원을 학원 재단에 기증해 수송 물류 연구와 육영 사업에 쓰도록 했다. 이 기금은 현재 인하 사대 부속 중·고등학교, 정석항공공업고등학교, 인하대, 한국항공대, 인하공업전문대가 소속된 정석인하학원, 그리고 국내외 장학사업과 학술 지원, 문화복지 사업 등을 위해 한진그룹이 출연한 일우(一宇) 재단에 사용하고 있다.

현재 일우재단은 몽골, 캄보디아, 우즈베키스탄 등지에서 장학사업을 활발하게 벌이고 있다. 그리고 예술, 광고, 다큐멘터리 등의 분야에서 활동하는 열정적인 사진작가들을 발굴하고 육성하는 '일우 사진상'을 비롯해 시민을 위한 문화 전시 공간인 '일우 스페이스'를 운영하고 있다. 한국 현대 사진의 정체성을 조명하는 사진 연구 프로젝트 같은 다양한 사업도 진행하고 있다.

38

호연지기(浩然之氣)를
기를 수 있는 터면 돌산도 좋다

조중훈 회장은 어린 학생들에게 너르고 큰 기상을 길러주고 싶었다. 본인 스스로가 좀스러움을 싫어한다. 조중훈 회장은 인하학원에서의 교육을 통한 호연지기의 틀을 가진 인재 배출이야말로 국가 백년대계를 위하는 일로 생각했다. 학교를 짓는 비용이 얼마나 들어가든, 시간이 얼마나 걸리든 투자를 멈추지 않았다.

1988년 인하사대부중과 사대부고를 설립할 때의 일이다. 조중훈 회장은 교사 신축 부지로 인천 학익동(鶴翼洞)에 소재하는 시유지를 사들였다. 돌산이었다. 개간할 수도 없고 어떤 용도로도 쓸 수 없는 곳이었다. 화강암 산이었기 때문에 바위를 깎아 내어 석재로도 쓸 수가 없었다. 다만 지대가 높아 인천 시내와 앞바다가 한 눈에 내려다 보이는 절경의 곳이었다.

이 곳을 교사 신축 부지로 정하자 그룹 내 임원들은 '터무니없이 비용만 들어간다'며 반대했다. 평지로 정할 것을 건의했다.

조중훈 회장은 "시야가 탁 트인 곳에서 맑은 공기를 마시며 공부하는 학생과 빌딩 숲에서 하늘만 쳐다보고 공부하는 학생은 호연지기가 다르다. 모름지기 학생은 높은 이상으로 세상을 넓게 보아야 한다. 산을 깎아 내는데 돈이 얼마가 들더라도 반드시 이곳에 학교를 지어야 한다."

화강암을 깎아 학교를 짓느라 100억 원에 달하는 공사비가 추가로 투입되고 기초 공사만 1년이 넘게 걸렸다. 조중훈 회장은 공사가 진행되는 2년 넘는 기간 동안 매주 현장을 찾아 진척 상황을 점검하고 직원들을 독려했다. 우직하게 산을 옮기는 우공이산(愚公移山, The Foolish Old Man Removes the Mountains) 노력으로 세워진 인하사대부고와 사대부중은 인천뿐 아니라 전국적으로 이름이 났다. 우공이산이란 오랜 시간이 걸려도 꾸준히 노력해 나간다면 결국엔 뜻을 이룰 수 있다는 이야기다.

두 학교는 시설 모범 학교로 지정되어 두 학교를 벤치마킹하려는 중등학교 관계자들의 발길이 끊이지 않았다. 벼를 키우는 것은 농부의 발자국 소리다. 모내기했다고 벼가 잘 자라는 것은 아니다. 농부가 얼마나 자주 찾아가 관심을 보여 주느냐에 한해 농사가 달려 있다. 벼를 키우는 것도 그럴진대 사람을 키우고 가르치는 일은 말할 것도 없다. 조중훈 회장은 그런 이치를 잘 알고 있었고 실천했다.

조중훈 회장은 황혼기에 접어든 1990년대 말까지 틈만 나면 학교를 찾았다. 교사와 학생들에게 부담을 주거나 수업을 방해하지 않기 위해 언제나 사전에 알리지 않고 조용히 방문했다. 학교를 방문하면 그냥 둘러보는 것이 아니라 구석구석 살펴보며 부족한 시설은 없는지 물어보곤 했다. 조중훈 회장은 생을 마감하는 순간까지 학교가 더 잘 자라도록 발자국 소리를 전했다.

조중훈 회장에게 인재를 키우는 일은 평생 공들여야 하는 업(業)이었다. 반평생에 걸쳐 소리 없이 뿌려놓은 교육 사업의 씨앗은 인하학원 곳곳에 열매를 맺었다.

인하대 교정에는 키 큰 소나무가 빽빽이 들어찬 곳이 있다. 이름하여 '하이데거의 숲'이다. 마르틴 하이데거는 독일의 철학자로 20세기 전반기에 세계 철학계를 주름잡았던 대표적인 인물 중 한 사람으로 기초 존재론으로 유명하다. 조중훈 회장이 한 그루 묘목을 심고 애정을 가꾼 '생각의 숲'이자 '철학의 숲'이다. 그냥 경치 좋은 소나무 숲이 아니라 학생들이 사색과 독서를 통해 지식과 지혜를 쌓은 '인재의 숲'이다. 그 숲을 가꾼 정원사가 바로 조중훈 회장이다.

하이데거의 숲을 지나면 양쪽에 스피커를 달고 학사모를 눌러쓴 오디오 모양의 건물이 나타난다. 인하대가 자랑하는 '정석학술정보관(도서관)'이다. 독서를 평생의 낙으로 여긴 조중훈 회장이 마지막 열정을 불태운 역작이다.

조중훈 회장은 경영 일선에서 물러나 황혼기를 보내던 2001년 제2의 고향인 인천에서 마지막으로 의미 있는 사업을 해보고 싶었다. 정보와 지식의 보고(寶庫)가 될 멋진 도서관을 짓는 것이다. 우리나라에서 가장 훌륭한 디지털 도서관을 짓겠다며 착공 때부터 혼신의 힘을 기울였다. 미국 유명 건축업체인 GWA에 설계를 맡기고 주춧돌을 놓고 벽돌 한 장 쌓는 것까지 지켜보며 생애 마지막 대업을 이루는 데 열정을 불태웠다.

그러나 조 회장은 안타깝게도 도서관의 완공을 보지 못하고 눈을 감고 말았다. 한국 최고의 디지털 도서관을 짓겠다는 계획은 유업이 되고 말았다. 장남 조양호 회장이 선친의 뜻을 이어 도서관을 완공했다. 그리고 아버지를 그리며 정초(定礎)를 새겨 넣었다.

'Jungseok Memorial Library'

정초는 주춧돌을 말한다. 연 면적 7,500평에 3,500개 열람석을 갖춘 정석학술정보관은 국내 디지털 도서관 가운데 가장 크다. 장서가 100만 권에 달하고 각종 멀티미디어 콘텐츠를 보유하고 있다.

인하대는 인천 남동구민에게 도서관을 개방해 인근 주민들에게 지적 공간을 제공했다. 이것은 조중훈 회장이 도서관 건축을 구상할 때 '인천 지역의 정보와 지식의 보고'로 하겠다는 철학을 현실적으로 실현하는 일이었다. 현재 인천 지역에는 4,000개가 넘는 중소기업과 산학협력단이 발족해 있는데 이들의 전문 특허를 비롯, 사업에 필요한 자료를 자유롭게 이용할 수 있게 하고 정보 활용 교육도 지원하고 있다.

아프리카에서는 노인 한 명이 죽으면 도서관 하나가 불탄 것과 같다는 말이 있다. 조중훈 회장은 생전 셀 수 없이 많은 책을 읽으며 인생과 경영에 도움이 될 만한 것을 모두 흡수했다. 도전과 열정, 인생의 지혜를 구하려는 사람들에게 조중훈 회장은 책이며 도서관이다.

조중훈 회장은 세상을 떠났지만, 그가 평생 사업 현장과 세계 곳곳을 누비며 쌓은 지식과 터득한 지혜, 독서 열정은 정석학술정보관으로 집대성되어 지금도 수많은 학생과 지역민의 발길이 이어지고 있다.

39

'항공대(航空大, Korea Aerospace University)를 인수해 주시오'

조중훈 회장은 1978년 봄 박정희 대통령의 부름을 받았다. 박 대통령은 조중훈 회장이 자리에 앉자마자

"조 회장님, 인하공대를 인수해 환골탈태시킨 것을 잘 알고 있습니다. 대단한 능력을 가지셨습니다. 이번에도 어려운 부탁을 하려고 합니다. 한국 항공대학이 설립된 지는 오래됐습니다만 운영이 제대로 되지 않아 아주 어려운 처지에 놓여 있습니다. 인하대를 키운 열정으로 항공대를 인수해 제대로 키워 주십시오." 하고 간곡하게 말했다.

"잘 알겠습니다. 힘껏 노력해 보겠습니다."라고 조중훈 회장은 두말없이 대통령의 요청을 수락했다.

조 회장 역시 항공 전문 인력의 필요성을 절감하고 있는 터였다. 대한항공을 경영하면서 우리나라에도 항공 전문 인력을 교육하는 대학 하나쯤은 있어야겠다는 것이 평소의 생각이었다.

항공대는 6.25 전쟁 중인 1952년 정부가 항공 전문 인력을 육성한다는 목표로 세운 학교다. 그러나 당시 국가 재정 형편은 항공대의 전문 기술 교육을 지원할 여력이 없었다. 설립한 지 20년이 지난

후에도 초창기의 열악한 형편을 벗어나지 못하고 있었다.

1978년 조중훈 회장은 예고도 없이 항공대의 캠퍼스를 찾았다. 경기도 고양시 철도청부지에 있는 캠퍼스는 열악하기 짝이 없었다. 학생 700명에 개설학과가 5개뿐인 초미니 대학에는 무허가 건물 몇 개가 고작이었다.

조중훈 회장은 캠퍼스를 둘러보던 중 도서관에 들어가 보았다. 서가는 텅텅 비어 있었다. 책은 없고 책을 읽고 싶어 하는 학생만 있을 뿐이었다. 조중훈 회장은 그 자리에서 도서 구입비로 500만 원을 내놓았다. 이에 더해 운항학과 학생들의 실습용으로 세스나 경비행기 2대도 기증했다. 세스나 경비행기는 미국의 텍스트론 에비에이션 산하 세스나에서 개발한 단발 레시프로엔진 경비행기로 4인승이며 경비행기의 대명사라 할 수 있을 정도로 유명하고 인기가 많은 기종이다. 세계에서 가장 많이 생산된 비행기라는 기록을 가지고 있다.

조중훈 회장의 아낌없는 교육 투자 의지에도 불구하고 항공대 인수 초기에는 학생과 동문들의 반발도 만만치 않았다. 반발의 이유는 국가 예산으로 지원해도 시원찮은데 사기업이 맡아 얼마나 학교 발전에 지원할 수 있겠느냐였다. 국립대에서 사립대로 성격이 바뀌는 것에 대한 반발이기도 했다.

학생과 동문들은 항공대를 다시 국립대로 전환해 달라며 날마다 시위를 벌였고 철길 위에 드러눕는 시위도 벌였다. 당시 학생처장이 학생회 간부들에게 '조중훈 회장께서 사재(私財)를 털어 학교를 살리려고 한다'고 전하자 학생회장이 회장과의 면담을 요청했다. 학생처장은 학생들이 불손한 사고라도 칠까봐 조마조마했지만, 조중훈 회장은 학생들을 격려하면서 당시 사정과 계획을 상세히 설명하고 장학금까지 약속해 돌려보냈다.

학생들의 마음이 움직이기 시작했다. 이듬해 3월 항공대 초대 이사장에 취임한 조중훈 회장은 본격적으로 투자를 시작했다. 우선 시설 자금으로 2억 원의 자금과 1억 원 상당의 주식을 출연했다. 서울 남대문로에 있는 한일빌딩도 수익 재산으로 내놓았다. 그리고 항공대 인근 부지를 사들이며 교사(校舍) 신축을 준비했다.

조중훈 회장은 항공대에 큰 비전을 가지고 있었다. 항공대를 중심으로 항공공고, 항공전문대, 항공대학원을 설립하고 대한항공 기술연구소를 옮겨와 항공교육과 산학협력의 메카로 만들겠다는 것이 항공대에 대한 그의 비전이었다.

그러나 예기치 못한 난관에 봉착했다. 1979년 10월 26일 박정희 대통령이 서거한 것이다. 국가의 모든 정책이 바뀐 것이다. 박 대통령의 서거 여파로 항공대 발전 계획은 개발제한 지역(그린벨트, Green Belt) 규제에 묶여 버리고 말았다. 이 구역 내에서는 건축물의 신축, 증축, 용도변경, 토지의 형질 변경 및 토지 분할 등의 행위가 제한된다.

그린벨트는 온실 등 농사의 효율적인 관리를 위하여 영국에서 최초로 시작되었다. 한국과 영국은 그린벨트가 가장 발달한 나라다. 한국의 그린벨트는 1971년 박정희 대통령이 도입했다. 급속한 발전에 따른 도시의 무분별한 팽창으로 교통, 주거 환경 등이 악화되자 이를 줄이기 위해 도입되었다.

정부에 제출한 교사 신축 계획은 퇴짜를 맞았고 무허가 건물이라는 이유로 도서관 증축 계획마저 반려되었다. 삽질 한 번 할 수 없게 된 것이다.

조중훈 회장은 기가 막히고 가슴이 답답했다. 백 년을 내다보고 추진해야 할 교육 사업이 정권이 바뀌었다고 제동이 걸리는 것을 보며 울분을 느꼈다.

정치적 논리 때문에 항공대는 10년 넘게 날개가 꺾여 활주로에서 녹슬어 가야 했다. 급기야 1992년 4월에는 국방부로부터 참담한 통보까지 떨어졌다. '군 시설로 써야 하니 항공대부지를 비우시오'였다. 조중훈 회장은 하는 수 없이 경기도 안성에 부지 10만 평을 사들여 학교 이전을 검토했다.

그런데 학생들이 또다시 반대 시위를 벌였다.

'항공대를 차라리 국립으로 전환하라'

정부는 정부대로 규제를 해오고 학생들은 학교 이전을 반대하고 나오자 조중훈 회장은 난감했다. 하지만 조 회장은 포기하지 않았다. 항공대의 중요성을 인식하지 못한 정부를 설득하는 한편 학생들에게 기업이 학교를 운영해도 얼마든지 훌륭한 대학을 만들 수 있다는 것을 보여 주기 위해 더욱 과감하게 투자했다.

규제에 묶여 시설 신축이 어려워지자 대신 실습, 연구용 설비를 구축하는 데 집중투자했다. 1982년 타이완에서 PC6 항공기를 들여와 연구용으로 기증하고 최고급 훈련 기종인 무니(Moony) 6대도 기증했다. 1992년에는 신형 실습기 구매 자금으로 40억 원을 투입했다.

학생들을 다독이며 정부를 상대로 끈질긴 설득을 계속한 끝에 1994년 8월 마침내 그린벨트 개발 행위 완화 조치가 떨어졌다. 조중훈 회장의 지속적이고 적극적인 투자를 보면서 정부도 더는 개발을 막을 명분이 없었던 것이다.

조중훈 회장은 개발 허가가 나오자마자 500억 원을 투입해 부지 3만 평을 사들이고 시설 신축을 시작했다. 정부와 갈등을 겪는 중에도 희망을 버리지 않고 체계적으로 준비를 해두었기에 가능한 일이었다.

허허벌판이던 교정에는 공학관, 과학관, 학생회관, 실습관 등이 속속 들어섰다. 정부로부터 무허가 건물로 취급받던 도서관도 새로 지었다. 조중훈 회장이 15년간 가슴 속에 그리던 항공대의 청사진이 모습을 드러내기 시작한 것이다.

'항공대'에 대한 조중훈 회장의 애정은 각별했다. 항공대를 방문하면 얘기만 듣고 돌아오는 것이 아니라 캠퍼스 구석구석을 둘러보고 돌아왔다. 한번은 캠퍼스 한가운데로 뻗어있는 활주로(滑走路, Runway)를 걷다가 갑자기 바닥에 털썩 앉았다. 함께 걷던 사람들은 무슨 일인가 의아해했다. 쪼그리고 앉은 조중훈 회장은 노크를 하듯 노면을 주먹으로 두드려보며 고개를 갸우뚱했다. 활주로의 강도를 확인하는 것이었다. 연습용 비행기라도 활주로의 강도가 약하면 착륙할 때 바닥이 파손되어 사고가 발생할 수 있기 때문이다. 노면이 고르지 못하면 이륙하는 데도 어려움이 있게 된다. 조중훈 회장은 무슨 일이든 기초가 튼튼하지 않으면 건물을 세울 수도, 비행기가 이착륙할 수도 없다는 것을 잘 알고 있었다.

조중훈 회장은 항공대의 시설뿐만 아니라 교육 시스템에도 깊은 관심을 가지고 있었다. 학교를 방문하면 이사장실에 의자를 빼곡하게 놓고 교수들을 불러 모았다. 그리고는 항공 교육에 대해 허심탄회하게 의견을 달라고 주문했다. 당시 회의에 참석한 어느 교수의 이야기다.

'그룹 회장 하면 사업에만 신경을 쓰는 줄 알았는데 교수들과 자유롭게 토론하는 모습이 인상적이었다. 어떤 때는 음료를 들면서 스탠딩 미팅을 갖기도 하셨다. 교수들에게 임명장을 수여할 때도 일일이 손을 잡아주며 항공 교육에 힘써 달라고 당부하셨다. 정초에 찾아가면 얼굴을 잘 모르는 교수들도 반갑게 맞으며 깍듯하게 예우해 주셨다'

조중훈 회장은 사업에서 수송 외길을 고집한 것처럼 교육 분야에서도 한 우물을 팠다. 항공대가 몸집을 불리기보다 선택과 집중을 통해 전문성을 키우기 바랐다.

현장 경영을 강조한 조중훈 회장은 교육에서도 현장을 강조했다. 항공대를 인수한 직후 현장에 곧바로 투입할 수 있는 인력을 키우겠다는 취지로 낙후된 교육 환경을 개선하는 데 지원을 아끼지 않았다. 지금은 산학협력이 보편화되어 있지만 항공대는 오래전부터 항공 관련 기업에 학생들을 보내 현장 실습을 실시했다.

조중훈 회장의 지속적인 투자로 항공대는 '항공 전문가 사관학교'라는 평가를 받으면서 성공적인 이륙을 마치고 계속 비행해 왔다. 1952년 이래 항공대를 졸업한 인재들은 대한항공은 물론 국내외 항공 관련 연구소와 유수 항공업체, 공공기관 등에 진출해 맹활약하고 있다.

장남 조양호 회장은 선친의 뜻을 이어 항공대를 항공 특성화 대학으로 독보적인 위치에 올려 놓았다. 한국항공대학교는 작지만 강한 특성화 대학을 목표로 세계 최고의 항공대로 불리는 미국 엠브리 리들 항공대 등 13개국 23개 대학과 활발하게 교류하며 학생 수 8,000명 미만인 중견 대학으로 독보적인 입지를 확보하고 있다. 미국의 엠브리 리들(Embry-Riddle Aeronautical University) 항공대학은 세계에서 가장 규모가 크고 오랜 역사를 가지고 있다. 미국 내 항공기 조종사의 25% 이상이 엠브리 리들 출신들이다.

최고의 항공 전문 인력을 양성하겠다는 꿈은 조중훈 회장이 두드려보곤 했던 항공대 활주로에서 멋지게 이륙하는 데 성공했다. 조중훈 회장이 폐교 직전의 항공대를 맡겠다고 하지 않았다면 정부와 학생들의 갈등 관계 속에서 발목이 잡혀 지금의 항공대는 없었을지도 모른다. 항공대는 조중훈 회장이 백 년의 큰 계획을 세워 인내심을 가지고 밀고 나가 쌓은 금자탑이다.

조중훈 회장은 사람을 키우고 가르치는 사업에 미련할 정도로 무조건적인 애정을 쏟았다. 교육 사업에는 손익을 따지며 비용을 줄이지도 않았고 빨리 결과를 가져오라고 재촉하지도 않았다. 투자한 교육 기관에 누구 못지않은 관심을 가지고 있으면서도 일절 간섭하지도 않았다. 일선 교육자들이 자율적으로 최선의 노력을 다할 수 있도록 위에서 전폭적으로 지원하며 든든한 버팀목이 되어 주었다.

40

조종사 용광로 '기초 비행 훈련원'

조중훈 회장은 민항(民航) 조종사의 산실을 만들기 위해 제주도에 기초 비행 훈련원을 세웠다. 첨단 항공기를 도입하는 것은 돈만 있으면 할 수 있는 일이지만 숙련된 조종사와 승무원을 키우기 위해서는 오랜 시간과 열정이 필요하다. 첨단 과학 기술의 집합체인 대형 여객기를 조종하는 베테랑 기장이 나오려면 15년 넘는 훈련과 경험을 쌓아야 한다.

대한항공에는 수천 명의 조종사와 승무원, 정비사가 근무하고 있지만 1969년 민영화 당시에는 조종사, 항법사, 항공기관사 등을 합해 46명이 전부였다. 승무원의 대부분도 공군 출신이었다. 조중훈 회장에게 노선과 보유 항공기가 늘어남에 따라 승무원 수를 늘리고 기량을 갈고닦는 데 모든 역량을 집중하는 것은 필수 불가결의 과제였다. 공군 출신이라고 해서 채용 즉시 현업에 투입할 수 있는 것도 아니었다. 저마다 다른 경험과 기량으로 민항에 들어온 만큼 상당 기간 재교육이 필요했다.

군에서는 시계비행(視界飛行, Visual Flight Rules, VFR)이 많으나 민항은 계기비행(計器飛行, Instrument Flight Rules, IFR) 위

주여서 추가 교육은 필수였다. 시계비행이란 항공기의 조종사가 항공기 내부의 계기를 참조하는 것이 아니라 항공기 외부의 상황을 볼 수 있는 기상 상태에서 육안으로 지형지물을 참조하면서 조종하는 것이다. 이에 반해 계기비행은 칵핏을 통한 주변 시야 환경이 충분하지 않은 상태에서 조종사가 조종석 앞과 옆에 있는 수십 개가 넘는 계기나 스위치, 레버 등의 장치에 의존해 조종하는 것이다.

민항 조종사는 탑승한 수백 명의 생명을 책임져야 하는 만큼 끊임없이 훈련하고 완벽하게 기술을 습득해야 한다. 전역한 후 적어도 10년 이상의 운항 훈련과 경험을 쌓아야 대형기(大型機) 기장이 될 수 있다. 1970년대까지만 해도 조종사 훈련은 대부분 해외에 위탁해야 했다. 훈련 시설과 장비는 물론 훈련원도 전무했기 때문이다.

1971년 처음 대한항공(KAL)이 미국에 취항할 때 조중훈 회장은 난관에 부닥쳤다. 조종사들에게 미 연방 항공국(FAA)에서 발급하는 면장(免狀)이 별도로 필요했던 것이다. 미국 연방 항공청(FAA)은 미국 내의 민간 항공 안전을 위한 주요 임무를 맡고 있는 정부 기관이다.

조중훈 회장은 면장을 소지한 조종사가 거의 없어 애를 태워야 했다. 태평양 노선 개설을 위해 B707 제트기를 들여왔지만, 조종사가 FAA가 인정하는 면장을 갖고 있지 않아 비행기를 띄울 수가 없었다. 태평양 횡단 항로 개설을 위해 얼마나 많은 노력을 기울였는데도 면장 때문에 모든 것이 수포로 돌아갈 지경이었다.

조중훈 회장은 급히 외국에서 강사를 초빙해 교육을 시키는 한편 FAA에서 시험관을 초빙해 필기와 실기 시험을 치르게 했다. 이 시험에 전원 합격하면서 대한항공(KAL) 조종사들은 그들의 능력을 인정받게 되었다. 이후 대한항공은 항공기 대형화와 현대화를 지속적으로 추진하고 늘어난 국제노선을 운영하기 위해 승무원 교육이 절실해 졌다.

　조중훈 회장은 1983년 미국에서 계기비행 훈련 장비 GAT-Ⅲ를 도입했다. 신규 조종사의 제트기 비행 능력을 높이고 기성 조종사를 대상으로 보완 교육을 하기 위해서였다. 주력 기종인 B747 점보기의 시뮬레이터도 도입했다. 이를 활용하기 위해 120억 이상을 들여 인천에 비행 훈련소를 개설했다. 시뮬레이터(Simulator)는 실제로 날지는 않지만, 이착륙 및 기상 변화 등 비행의 모든 상황을 실제 항공기에서와 똑같이 체감하도록 재현한다.

　조중훈 회장은 조종사가 부족해질 것에 대비해 조종사를 훈련시킬 부지를 제주도에 조성했다. 공사비가 부족해 일본은행으로부터 2,000만 달러를 융자받으려고 했는데 일본과 협의가 무르익어가고 있던 1973년에 공교롭게도 '김대중 납치 사건'이 일어나 한·일 관계가 경색되는 바람에 계획했던 조종사 훈련 건설 계획은 무산되고 말았다. 1983년이 되어서야 활주로와 관제시설, 훈련기를 갖춘 비행장 건설에 착수할 수 있었다. 숙원 사업인 만큼 조중훈 회장은 만전을 기했다. 직접 독일, 일본, 영국, 미국 등지의 항공사들을 방문해 노하우를 파악하고 돌아왔다.

　마침내 1989년 조종사 자체 양성 기관인 '비행 훈련원'이 탄생했다. 비행 훈련원은 2년 후 첫 졸업생 12명을 배출했다. 비행 훈련원이 있는 정석비행장은 처음에는 경비행기 전용 활주로 하나뿐이었으나 확장 공사로 국제공항 수준의 대형 활주로를 갖추고 1998년에 개항했다. 대형 기종인 B747도 이착륙이 가능하고 안전, 관제시설까지 완벽하게 갖추게 되었다. B737급 항공기 6대 이상 주기(駐機)가 가능하고 임시 청사도 갖추고 있으며 실제로 국제·국내 여객기 운항이 여러 차례 이루어져 국제공항 수준의 비행장으로 거듭났다. 현재 정석비행장에서는 최신 장비를 갖춘 고가의 소형 제트기와 시뮬레이터로 훈련생을 교육하고 있다.

조중훈 회장은 비행 경험도 없고 전공도 비행과는 무관하지만, 창공의 꿈을 품은 젊은이들을 조종사로 키우는 데 지원을 아끼지 않았다. 비행 훈련원에서 자체적으로 조종사를 양성할 수 있게 되면서 공군 출신으로는 한계점에 도달한 조종사 수급 문제를 해결하는 동시에 선진적인 교육 프로그램을 도입해 미국 FAA 자격 요건을 충족하는 우수한 조종사들을 확보하게 되었다. 한국이 민항 강국으로, 대한항공이 세계 5대 민항으로 평가받는 데는 조중훈 회장의 이런 땀이 스며들어 있는 것이다.

41

여러분은 오늘부터 4년제 대학 졸업생입니다
- 사내 대학으로 날개를 펴주다

    1991년 2월 26일 인하대 안에서 '작지만 뜨거운 졸업식'이 열렸다. 180여 명의 졸업생은 인하대 학생이 아니라 대한항공(KAL) 직원들이었다. 조중훈 회장이 대한항공 안에 만든 '대한항공 산업대학'의 졸업생들이었다.
    조중훈 회장이 연단 위에 올랐다.
    "오늘부터 우리 회사는 여러분을 4년제 정규대학 졸업자와 조금의 차이도 없이 동등하게 대우하겠습니다."
    조중훈 회장의 엄숙한 선언에 장내는 숙연해졌다. 배우지 못한 설움과 직장에서의 차별을 벗어 던지고자 2년 동안 주경야독해 온 늦깎이 대학생들은 가슴이 벅차올랐다. 마흔셋의 나이로 최고령 졸업생인 부품정비 과장이 졸업생 대표로 사각모를 받아 쓰자 만학도들은 흐르는 눈물을 감추기 위해 하나둘 고개를 떨구었다.
    대한항공의 '산업대학'은 배움에 대한 직원의 갈증을 풀어주고자 조중훈 회장이 기획한 작품이었다. 1987년 9월 조중훈 회장은 대한항공에 사내 대학을 만들라고 지시했다. 생계에 쫓겨 학업을 중단했어도 배움에 대한 열망은 평생 사라지지 않음을 그는 너무나 잘 알고 있었다.

1988년 3월 국내 최초의 사내 대학인 '대한항공 산업대학'이 설립되었고 2년 과정으로 항공기계과와 항공전자과가 개설되었다. 5,600명에 달하는 고졸 직원의 호응은 폭발적이었다. 입학 경쟁이 치열해 부서장 추천으로 지원자를 가려야 할 정도였다. 조중훈 회장은 가정 형편 때문에 대학에 진학하지 못한 직원들에게 일하면서 배우는 자기계발의 기회를 부여해 만학의 꿈을 실현시켰다.

첫 졸업생들이 밝히는 수학 과정은 눈물겨웠다.

"일과를 마치고 강의실에 앉으면 밀려오는 졸음을 감당하지 못해 허벅지를 꼬집으며 버틴 적인 한두 번이 아니었습니다. 공부에 너무 욕심을 내다 병원에 입원한 적도 있습니다."

"미적분을 풀지 못해 고등학교에 다니는 딸아이에게 물어보다 풀리지 않으면 이웃집 대학생에게 물어보기도 했습니다. 너무 힘들어 중도에 포기하고도 싶었지만 가장이 뒤늦은 공부를 한다고 온 식구가 학업에 방해되지 않으려 애쓰는 것을 보며 용기를 얻었습니다."

조중훈 회장은 사내 대학을 그룹 전체로 확대했다. 1991년 3월 대한항공 산업대학을 그룹 전 직원을 대상으로 하는 '한진산업대학'으로 재탄생시켰다. 교과 과정은 8학기 144학점으로 조선공학과, 기계공학과, 경영학과, 산업공학과가 추가되었다.

수업 내용은 교련과 체육을 제외하면 정규 대학과 똑같았다. 늦깎이 대학생들은 밀려오는 잠과 사투를 벌이며 일주일에 3일간 3시간씩 강의를 들었다.

사내 대학은커녕 사회 재교육이란 개념조차 생소했던 시절 '한진산업대학'은 출범과 함께 전국적인 화제가 되었다. 조중훈 회장이 사내대학 졸업생에게 4년제 대졸 사원에 준하는 대우를 보장해 주라고 하자 임원들의 반대가 만만치 않았다. 조중훈 회장은 이를 단호하게 물리쳤다. '우리 회사에서 배출한 대학생을 우리 회사가 대우해 주지 않으면 밖에서 어느 누가 인정하겠는가. 학벌로 대우받는 시대는 지났다. 언제 어디서 대학 교육을 받았는지는 중요하지 않다. 일하면서 배운 사람들이 업무에서도 더 큰 성과를 낼 것이다'

한진산업대학은 다른 기업들에게 영향을 미쳐 설립 붐을 일으켰다. 국가적으로 바람직한 현상이었다.

1999년 교육부는 일정 요건을 갖춘 사내 대학에 학위를 공식적으로 인정해 주는 법안(法案)을 도입하기에 이르렀다. 한진산업대학이 학위 인정제를 실시한 지 8년 만의 일이었다.

이후 한진산업대학은 국내 최초의 교육부 학위 인정 기술대학인 '정석(靜石)대학'으로 발전했다. 정석은 조중훈 회장의 아호다.

조중훈 회장은 한진산업대학 졸업식에는 만사를 제치고 참석했다. 행여라도 사내 대학 출신이라고 불이익을 받을까 우려해 회장인 자신이 참석해 졸업생들에게 공식적으로 힘을 실어주고자 한 것이다.

조중훈 회장은 졸업식 때 최우수 성적으로 졸업하는 직원의 아내에게 '내조상(內助賞)'을 주라고 지시했다. 가장이 일하며 공부할 수 있도록 헌신한 아내에게 주는 상이다.

한진그룹은 사내 대학 졸업생들 모두 대졸 학력으로 인정해 인사에 반영하고 있다. 조중훈 회장은 평생교육, 평생직장은 물론 '마음의 복지'를 구현한 것이다. 조중훈 회장은 사내 대학이 개인과 회사의 발전을 뛰어넘어 국가 발전에 일조하는 기회로 승화되기를 바랐다.

조중훈 회장은 '공부는 때가 있다'는 말에 동의하지 않았다. 한 신문과의 인터뷰에서 이렇게 말했다.

"사람에게는 배움의 시기가 정해져 있지 않다. 평생을 배우면서 산다고 생각한다. 대학 교육이 캠퍼스 안에서만 이루어져야 할 이유도 없다."

이런 교육관을 가진 조중훈 회장이 길러낸 인재들은 한진과 대한민국을 넘어 세계 곳곳에서 기량을 뽐내고 있다.

가정 형편 때문에 학업을 중단했던 조중훈 회장에게 배움은 평생 애틋함이 있다. 일본 조선소에서 낮에는 기술을 익히고 밤에는 하숙방에 돌아와 책을 읽었던 것도 학업에 대한 미련을 떨칠 수 없었기 때문이다.

조중훈 회장은 명예박사 학위를 세 개나 취득했다. 첫 학위는 육영 사업에 대한 공로로 1972년 타이완 중화 학술원으로부터 받은 명예 철학박사 학위였다. 어떤 명예를 탐내 육영 사업에 나섰던 것이 아니라며 정중히 사양했지만 재차 요청이 있었고 인하학원 재단 이사장으로서 학교의 명예를 위해서도 수락하는 게 좋겠다는 주위의 권유로 학위를 받았다. 그 뒤 1987년 프랑스 루앙대학에서도 명예 경영학 박사 학위를 받았다. 루앙 대학은 프랑스 노르망디 지역의 교육 및 연구에서 주도적 역할을 수행하고 있는 명문 대학이다.

조중훈 회장이 가장 자랑스럽게 생각하는 박사 학위는 1995년 한국해양대학에서 받은 명예 공학박사 학위다. 외국 어느 유명 대학에서 받은 것보다 뜻깊은 것이었다. 조중훈 회장은 소년 시절 정규 학업을 중단하고 해양대의 전신인 진해(鎭海) 해원 양성소에 들어갔다. 해양대는 모교인 셈이다.

또 다른 이유는 공학박사라는 점이었다. 조중훈 회장은 사업을 하면서도 스스로 전문 기술인이라는 자부심을 가지고 있었다. 공학박사 학위는 그 자부심을 더욱 높여주는 것이었다. 해운산업과 관련한 전문 분야의 인재 양성을 목적으로 하는 교육 기관에서 해운과 수송 사업에 대한 그의 일관된 집념과 성취를 공식적으로 인정해 준 것이다. 세 개의 명예박사 학위는 경영 현장에서 땀과 눈물로 쌓은 경험으로 받은 훈장과 같은 것이다. 그래서 조중훈 회장에게는 더욱 값지고 소중했다.

조 회장이 한 말이다.

"학교 교육은 지식 체계와 소양을 갖추는 데 중요하다. 그러나 피터 드러커 교수의 말처럼 학교에서 얻은 지식으로 전문가라고 불리는 것보다 경험을 통해 얻은 지식을 통해 얻은 지식을 충분히 구사할 줄 알아야 한다. 지식은 정보를 담고 있는 것에 불과하다. 업무에 응용하는 능력이 중요하다. 지식 자체보다 이를 적용하는 능력을 기르는 것이 필요하다."

조중훈 회장은 '기업이 곧 인간'임을 강조하고 보통 사람을 위대하게 만들 수 있도록 능력 개발에 초점을 둔 인간 존중 경영을 실천했다. 조중훈 회장의 능력 개발은 업무 능력뿐 아니라 인간 됨됨이를 중시하는 것이었다. 문학, 예술, 종교 등 다양한 방면에서 상식은 물론 철학과 원칙, 그리고 올바른 가치관을 지닌 인재 육성을 강조했다.

육영(育英) 사업은 겉으로 드러나지 않게

조중훈 회장은 헌신적으로 교육 사업을 벌이면서도 자신의 업적을 드러내는 일이 없었다. 칭찬을 듣겠다고 한 일이 아니라 자신에게 부여된 소명이라고 생각했다. 교육에 투자하는 것을 '기업 이윤의 사회 환원'이라고 생각하지 않았다. 그에게 교육 사업은 사업 보국을 이룩하려는 기업이 마땅히 해야 하는, 이윤이 나지 않아도 국가의 미래를 위해 투자해야 할 사업이었다. 아무런 대가를 기대하지 않고 사재(私財)를 쏟아부을 수 있었던 것도 그래서였다. 그는 자식들과 임원들에게 1원짜리라도 소중한 줄 알아야 한다고 가르치면서도 교육에 관한 한 무한대의 투자를 했다.

조 회장은 막대한 교육 투자를 하면서도 결벽증에 가까울 정도로 교육 내용과 학교 운영의 독립성을 철저하게 보장했다. 대학을 운영하는 다른 대기업과 달리 한진그룹은 적극적으로 지원만 할 뿐 한진의 이름을 드러내거나 학교 운영에 간섭하는 일이 일절 없었다.

정치적 격변기와 외환위기 등을 거치며 적지 않은 기업들이 사학 재단을 등졌던 반면 한진그룹은 1968년 이래 매년 300억 원에 달하는 투자를 계속했다. 적지 않은 사학 운영자가 거액의 기금만 던져 놓고 경영은 방치했던 것과 달리 조중훈 회장은 수시로 인하대 캠퍼스를 찾아 학생들에게 '넓은 세상을 둘러보며 견문을 넓혀야 한다'고 당부하곤 했다.

조중훈 회장이 1991년 한 신문에 밝힌 육영 사업에 대한 철학은 이랬다.

'사업가는 어떻게 돈을 벌었느냐보다 번 돈을 얼마나 가치 있게 썼느냐로 평가받는다. 기업 이윤은 사회로 돌려져야 한다. 인재를 양성하는 것은 내게 가장 보람 있는 일이다. 교육은 백년대계이고 육영 사업은 무한궤도 같다. 끝이 없다. 나는 항상 '기업은 인간'임을 마음에 새겨 두고 인재 양성에 애썼다. 나의 육영 사업이 우리나라를 더욱 발전시킬 동량을 양성하는 데 작은 보탬이 되었으면 좋겠다. 정석학원과 인하학원에서 공부하는 이들이 나의 정성을 회사

발전과 국가 안녕에 일조할 기회로 활용하기를 바랄 뿐이다'

조중훈 회장은 사학을 운영하는 목적이 인재를 키우는 보람에 그쳐야지 반짝 광이나 내고 보자는 식의 과시적 지원이나 당장의 결과만 염두에 두는 것이어서는 지속될 수 없다고 생각했다. 인재를 키우는 일이 영속적인 사업으로 정착하려면 멀리 내다보는 꾸준한 투자가 중요하다고 생각했다.

정석 학술정보관 1층 로비 한쪽 벽에는 이런 글귀가 새겨져 있다. '終身之計 莫如樹人(종신지계 막여수인)'

조중훈 회장이 인생 후반기에 접어들어 주변 사람들에게 자주 한 말이다. 관자(管子)에 나오는 말로 '한평생 살면서 가장 뜻있는 일은 인재를 키우는 일 것'이라는 뜻이다.

조중훈 회장은 기업이 살아야 나라가 산다는 것을 누구보다 잘 알고 있었다. 그런 기업보다 우선인 것이 바로 사람, 인재(人才)였다. 기업을 세우고 키우는 주체가 인재라는 것을 조 회장은 일찍이 깨닫고 있었다. 다른 기업들은 형편이 나아지고 먹고살 만한 후에 교육에 투자할 수 있다고 했지만, 조중훈 회장에게는 어불성설이었다. 그가 평생 주장한 수송보국, 사업보국의 첫 단추도 바로 인재를 키우는 교육이었다. 조중훈 회장은 '인재의 숲'을 가꾼 정원사였다. 오랜 세월 한 그루 한 그루 정성스럽게 심고 키운 인재의 나무는 쑥쑥 자라 하늘을 가릴 정도로 울창한 숲을 이루고 나라의 미래를 떠받치는 기둥이 되었다.

조중훈 회장은 1984년 초 신갈연수원에서 대한항공 신입사원에게 이렇게 강연했다.

「1945년 한진을 창업한 이래 오늘의 한진그룹에 이르기까지

무에서 유를 창조한 성공에 가장 밑받침이 된 것은 '독서'라고 굳게 믿고 있습니다. 일반적인 교육 과정을 거쳐 공부하지는 못했지만 어느 누구 못지않게 많은 독서를 해왔다고 자부합니다. 지식을 위한 지식이 아니라 아는 것이 힘이 되는 살아있는 지식을 시대의 변천에 따라 꾸준히 습득해 왔고 지금도 계속하고 있습니다.

정보의 홍수 시대를 살아가는 현대인은 자기 전공으로는 너무나 불충분합니다. 전공이 아닌 분야도 최소한의 개념과 원칙과 상식 정도는 흡수해야 합니다. 어떤 사람과 어떤 화제로 대화를 나누더라도 밑천이 떨어지지 않도록 풍부한 상식을 가지고 있어야 합니다.

졸업이 책을 손에서 떼는 것은 아닙니다. 진정한 공부는 이제부터입니다. 조그마한 그러나 꾸준한 노력으로 시대의 변천에 보조를 맞추어 나가야 합니다. 형편없는 회장, 무식한 사장이란 소리를 듣지 않기 위해 나는 요즘도 집에서 한 시간씩 책을 읽고 출근합니다. 여러분에게 독서를 강조하는 것은 사장으로서 사원에게가 아니라 사회 선배로서 후배에게 당부하는 것입니다.」

42

정석(靜石) 조중훈 회장의 진면목(眞面目)

　조중훈 회장은 낭만을 알고 즐길 줄 아는 사람이었다. 노래도 잘 불렀고 블루스, 왈츠, 룸바 같은 춤도 출 줄 알았다. 일흔이 넘어서도 오토바이를 즐겼고 여행할 때는 카메라를 들고 다녔다.
　조중훈 회장은 프랑스를 좋아하고 파리를 사랑했다. 드골공항에 내리면 파리 냄새가 난다고 말하곤 했다. 볼일이 있어 유럽의 다른 도시에 머물 때면 한시라도 빨리 파리로 가고 싶어 했다. 유럽 노선을 개척할 때 전 세계 항공사들이 거점으로 삼는 독일 프랑크푸르트를 두고 파리에 진을 친 것도 그의 유별난 '파리 사랑'과 무관하지 않았다. 유럽 진출의 계기가 된 '에어버스'와 연을 맺기 몇 해 전부터 혼자서 파리 시내 곳곳을 답사하며 지점으로 쓸 건물까지 마련해 놓았을 정도다.
　파리는 쉴 틈이 없었던 그에게 마음의 위안과 인생의 여유를 잠시나마 갖게 해주는 휴식처이기도 했다. 파리에 머무는 동안 그는 영락없는 파리지앵(Parisien, 파리에서 태어나 자란 사람)이었다. 거리에서 바게트(Baguette, 막대기 모양의 프랑스 빵)를 들고 다니며 손으로 뜯어먹는 것이 자연스럽게 보일 정도였다.

그가 파리를 지향한 것은 어쩌면 전 세계 예술가들이 파리로 모여드는 이유와 같았다. 파리의 문화 특히 예술에 조중훈 회장은 매료되었다. 사업도 예술처럼 꽃피우고 싶었던 그였다.

1970년대 중반 대한항공이 파리 노선을 개척하고 얼마 지나지 않은 어느 날 파리에서 파티가 열렸다. 프랑스 주요 인사들이 참석한 가운데 조중훈 회장이 단상에 올랐다. 연설이 끝나자 현지 기자들의 질문이 쏟아졌다. 그들은 모두 아시아의 조그만 나라에서 온 사업가 조중훈 회장에게 호기심을 보였다. 한 기자가 질문했다.

"사업이 '예술'이라고 하셨는데 무슨 뜻입니까?" 연설 중에 '나에게 사업은 예술이다'라고 했을 때 통역한 임원조차 어떻게 해석해야 할지 난감했다.

'사업은 예술이다'는 조중훈 회장이 새 사업을 할 때마다 강조한 그의 사업 철학이 응축된 한마디다. 그에게 사업은 예술이며 그가 개척하고 완성한 사업 하나하나가 예술 작품이었다. 조 회장은 '예술의 사업가'이자 '사업의 예술가'였다. 때로는 화가처럼 때로는 조각가처럼 사업을 구상했다. 필요한 자료를 모으고 관련 서적을 섭렵한 후 심사숙고 후 밑그림을 그렸고 조심스럽게 색을 입혀갔다. 한비자의 '각삭지도(刻削之道, 모든 일에는 일관된 기준이 있어야 한다)'를 금과옥조로 삼아 앞을 내다보고 신중을 기해 사업을 조각했다.

조중훈 회장을 '사업의 예술가'로 부르는 또 다른 이유는 돈을 벌기 위해서만 사업을 한 것이 아니었다는 데 있다. 예술가가 돈을 위해 예술을 하는 것이 아닌 것처럼 그 역시 사업 자체에 혼신을 바쳤다. 부실투성이 '항공공사'를 인수해 항공 산업계에 뛰어들 때도 '항공을 예술처럼 하고 싶다'고 했고 황무지를 개간해 '제동목장'을 만들어 낼 때도 예술혼을 불태웠다. 수익성만 따졌다면 그런 과감한 투자는커녕 인수 자체를 거부했을 것이다.

사업에서 보여 준 조중훈 회장의 창조성도 예술의 본질이다. 수송 외길을 고집하며 매진한 것도 남이 하는 사업을 곁눈질하거나 따라 하지 않고 자신의 사업에서 최고의 작품을 만들어 내려는 장인정신이 있었기 때문이다.

예술은 아름다움을 추구하는 것이다. 아름다운 작품은 작업 과정도 아름다워야 한다. 조중훈 회장이 만들고 가꾼 사업은 작업 과정도 아름다운 것이었다. 치열한 경쟁환경에서도 그는 '지고 이기는' 지혜와 미덕을 잃지 않았다. 그래서 사업가로서 대성공을 거두면서도 적(敵)을 만들지 않았고 경쟁자마저 그에게 호감을 갖게 했다.

예술 혼을 불태운 사업의 거장. 조중훈 회장은 이렇게 말했다.

'인간의 능력에는 한계가 있다. 사업가라고 해서 예외가 아니다. 그러나 기업은 능력이 아니라 노력으로 만드는 것이다. 기업은 사업가에게 예술 작품과 같다. 남을 모방하지 말고 자신의 혼을 담아야 한다. 사업가의 창의력과 아이디어, 노력이 뒷받침되었을 때 기업이 발전할 수 있다. 예술에 완성이 없는 것처럼 사업은 성공을 향해 끊임없이 노력하는 과정이다'

조중훈 회장의 예술 정신은 한국이 전 세계에 길을 열고 하나로 연결한 수송의 걸작을 완성하는 원동력이었다.

새벽의 나폴레옹(Napoleon) 조중훈

조중훈 회장은 평생 부지런했다. 손에는 늘 새로 나온 책이 들려 있었고 어린 시절 몸에 밴 독서 습관은 팔순까지 변함이 없었다. 평생을 하루 같이 새벽 4시에 일어나 신문을 모두 읽은 다음 라디오로 국제 뉴스를 듣고 새로 나온 책 한두 권을 속독하고 아침 7시 30분 사무실로 출근했다.

독서에서 얻은 지식은 경영에 반영되어 지식경영 시스템으로 발전했다. 조중훈 회장의 '독서 경영'은 이후 사내 대학을 설립하고 정석·인하 학원 등 육영 사업을 추진하는 밑거름이 되었다.

그는 나폴레옹처럼 잤다. 밤에 자는 시간을 서너 시간으로 줄이고 낮에는 피곤할 때마다 자동차 안이든 집무실 소파에서든 5분씩 눈을 붙였다. 새벽 3시에 일어나 해외 지점장에게 지시를 하고 낮에도 피곤하면 잠시 간이 침대에서 휴식했다. 생각하면서 동시에 두 발로 뛰었고 어려운 문제가 생기면 밤새 궁리해 아침에 출근해 해결하곤 했다. 하루에 한 문제만 해결해도 일 년이면 365문제가 풀린다. 자다가도 아이디어가 떠오르면 벌떡 일어나 담당 직원을 호출하는 일도 비일비재했다.

조중훈 회장은 일생 한순간도 배우기를 게을리한 적이 없다. 무엇을 해보겠다고 작정하면 관련 서적을 수십 권씩 쌓아놓고 탐독했다. '항공공사' 인수를 앞두고서는 일본 책을 죄다 구해 머릿속에서 비행기를 분해했다. 나중에 정비사가 고장 난 엔진에 대해 브리핑할 때 포인트를 잡아줄 정도였다. 자동차나 항공기의 엔진에 관해서는 달인의 경지에 이른 수준이었다. 조 회장은 항공기의 기종별 성능은 물론 히스토리까지 꿰고 있었다. 실무자 입장에서 보면 최종 결정권자와의 의사소통이 수월했다.

조중훈 회장은 한 해에도 몇 차례씩 항공기 제작사를 방문했다. 최고 경영자와 엔지니어들을 만나 항공기 제작 기술의 발전 방향을 파악하고 이를 통해 항공기 시장의 미래를 예측했다.

항공기를 구입할 때 조중훈 회장의 판단은 늘 적중했다. 대한항공 출범 초기인 1973년 점보기 2대를 구입했을 때 많은 사람이 '대한항공이 무리수를 둔다'고 했다. 국제연합(UN)에서 교통부문을 담당하는 한국인 전문위원이 찾아와 말렸을 정도였다. 그러나 당시의 투자는 대한항공(KAL)이 세계적인 항공사로 도약하는 발판이 되었다.

조중훈 회장은 문제가 생기면 오히려 더 무서운 집중력을 보였다. 다른 일은 일절 하지 않고 불철주야 당면 과제에 몰입했다. 점보기 2대 도입을 결정할 때도 회의실에서 이사들과 일주일 넘게 자장면을 시켜 먹으면서 토론했다. 이사들의 의견을 경청한 뒤 미심쩍은 부분이 있으면 다시 검토할 것을 요구했다. 이런 과정을 거쳐 결심히 서면 아무도 말릴 수 없을 정도로 강하게 밀어붙였다.

조중훈 회장에게 사업의 목적은 돈이 아니라 일에 대한 집념과 성취를 향한 열정이었다. 오직 돈 버는 것이 목표였다면 굳이 모험을 무릅쓰고 어려운 사업을 계속할 까닭이 없었다. '항공업은 보이지 않는 곳에 대한 막대한 투자, 외국 항공사와의 경쟁, 적자 노선에서의 손실, 고정 비용 증가 등을 감안하면 투자에 비해 이윤이 적은 편이다' 이렇게 말하면서도 조중훈 회장은 투자를 아끼지 않았고 확고한 철학과 신념으로 수송 산업의 토대를 닦았다. 조중훈 회장처럼 외길을 걸어온 기업인은 흔하지 않다. 그는 문어발식 확장을 경계하고 '수송'에 집중했다. 그룹 내에서도 사업 다각화를 주장하는 임원이 많았다. 종합상사를 설립하자는 제안도 있었고 전자 산업에 뛰어들자는 주장도 있었다. 신용카드 사업이 처음 시작되었을 때도 그랬다.

"회장님, 우리 대한항공도 신용카드 사업에 진출해야 합니다. 성장성이 아주 높은 신산업입니다. KAL의 인지도와 연간 수송 여객수를 감안하면 성공 가능성이 높습니다."라고 어느 임원은 적극적으로 주장했다.

"우리 한진은 수송 외길이요. 신용카드 사업은 금융업인데 우리는 아무 노하우가 없소. 모르는 분야는 손대지 않는 것이 우리 그룹의 철학이오."

사업 다각화에 열을 올렸던 대부분의 국내 대기업들이 IMF 외환위기로 쓰러졌고 '선택과 집중' 전략으로 진로를 수정하며 핵심 산업 육성에 나서는 곤욕을 치뤘지만, 한진그룹은 그럴 필요가 없었다. 조중훈 회장은 처음부터 끝까지 '수송'에 역량을 집중했다.

조 회장의 수송(輸送, Transportation)론은 이렇다.

'수송은 지구상에 인류가 등장한 이래 어떤 형태로든 존재했고 그 수단은 눈부신 발전을 거듭해 왔다. 동서고금을 막론하고 수송은 인체의 혈관과 같은 역할을 해왔다. 공간 이동은 삶의 필수적 요소이고 시간 단축은 우리의 영원한 숙제이다'

21세기 경영에서 가장 중요한 이슈는 시간과 공간의 경영이고 이를 위한 많은 이론과 기법이 개발되고 있다. 조중훈 회장은 수송업에 집중하면서 이 두 가지 과제, '시간과 공간' 문제를 해결할 수 있는 기틀을 오래전에 마련했던 것이다.

'알미늄 관(棺) 17개를 준비하시오'

조중훈 회장은 1983년 10월 9일 홍콩지점장에게 전화를 걸어 밑도 끝도 없이 '오늘 자정까지 알루미늄관 17개를 준비해 공항에 갖다 놓으라'라고 지시했다. 그게 다였다. 관이 왜 17개가 필요한지, 왜 꼭 알미늄 관이어야 하는지 어떤 설명도 없었다. 지점장은 알미늄 관을 본 적도 없었다.

홍콩 시내 곳곳을 수소문해 알미늄 관을 짜는 업체를 가까스로 찾아내긴 했지만 한 군데서 자정까지 17개나 조달할 수는 없었다. 업체를 설득해 다른 업체에 연락을 한 끝에 겨우 수량을 맞추어 자정 직전에 홍콩 공항까지 가져다 놓았다.

이내 대한항공 특별기가 알미늄 관을 싣고 버마(현 미얀마)로 날아갔다. 홍콩지점장은 그제서야 그 관들이 어디에 필요했는지 알게 되었다. 아웅산 폭발 사고였다. 당시 전두환 대통령의 서남아-대양주 6개국 공식 순방 첫 방문국인 버마의 아웅산 묘소에서 북한 공작원들의 폭탄 테러로 대통령을 수행한 참모 등 17명이 사망하고 14명이 중경상을 입었다. 우리 정부는 조사단을 현지에 급파해 버마 당국과 합동 조사를 벌였지만 아무도 시신을 어떻게 한국으로 운구해 올지 생각조차 못 하고 있었다.

조중훈 회장은 사고 소식을 접하자마자 무엇이 필요한지 직감했다. 베트남에서 전사한 미군 장교들의 시신이 본국으로 돌아갈 때 알미늄 관으로 옮겨지는 것을 보았던 것이다. 더운 나라에서 목관(木棺)으로 옮길 경우 비행 중에 시신이 부패할 가능성이 있다.

조중훈 회장은 임원이나 자녀들의 교육에 있어서도 스스로 깨우치는 방법을 택했다. 알려주고 지시하는 방법보다는 스스로 깨우치도록 하는 것이다. 구체적인 이야기는 해주지 않는다. 1970년대 말 조중훈 회장은 한 임원에게 급히 전갈을 보냈다.

"바레인에 다녀오게!"

바레인에 왜 가야 하는지 가서 무엇을 하라는 것인지 한마디도 없었다. 임원은 출장을 왔으니 무엇이라도 건져 가야겠다는 생각에 무작정 바레인 정부의 항공국장을 찾아가 항공협정을 맺자고 요청했다. 당시까지 한국과 바레인은 항공협정을 맺지 않고 있는 상황이었다. 그 임원은 우여곡절 끝에 대한항공의 중동(中東) 진출에 발판이 된 1년짜리 취항권을 얻어 왔다.

그 임원은 돌아와 조중훈 회장에게 '무엇을 해오라고 구체적으로 말씀을 해주지 않아 마음고생이 많았다'라고 하자 조중훈 회장은 웃으면서 "그랬다면 자네는 내가 시키는 일만 했을 것이고 내 복사판밖에 더 되었겠나?"라고 칭찬 겸 격려의 말을 해주었다.

조중훈 회장은 자녀 교육에서도 훈계보다는 스스로 깨우치도록 했다. 셋째 수호(전 한진해운 회장)가 유학 시절 친구들을 따라 머리를 길게 기른 적이 있었다. 조중훈 회장은 마음에 들지 않았지만 나무라는 대신 아들을 데리고 나가 양복 한 벌을 사주고 나서 이렇게 한마디 했을 뿐이다.

"이런 옷에는 그런 머리가 안 어울리는 것 같구나."

장남 조양호(한진그룹 회장)가 미국에서 유학할 때도 이래라저래라 하지 않았다. 처음으로 부자가 대화한 것이 유학한 지 1년째 되는 날이었다. 대화는 간단했다.

"일 년이 되었구나. 수고했다." 독립심을 키워준 것이다.

조중훈 회장은 아들들과 한진그룹을 이끌어갈 전문 경영인들이 '창업주 조중훈'이 걸어온 길을 그대로 뒤따라 하는 것을 원치 않았다. 기업이 무엇이고 훌륭한 기업이란 무엇인가를 현장에서 몸으로 부딪쳐 깨우치기를 바랐다. 조중훈 회장 자신도 언제나 스스로 문제를 해결하는 것이 몸에 밴 사람이었다.

1987년 11월 8일 밤 바그다드(Baghdad)를 출발해 아랍에미리트 아부다비에 기착한 뒤 방콕을 향해 가던 대한항공 여객기가 버마 근해 안다만 상공에서 폭발 사건이 발생했다. 누구도 원인을 밝혀내지 못하고 있었다. 대한항공에 절체절명의 위기였다. 기체 결함이나 조종사의 실수로 벌어진 참사라면 항공사로서 돌이킬 수 없는 상황에 직면하게 되어 있었다. 하지만 우리 정부는 물론 미국, 일본도 추측만 할 뿐 어떤 입장도 내놓지 못하고 있었다. 사건이 미궁 속으로 빠질 경우 대한항공이 모든 책임을 지게 될 상황이었다.

　조중훈 회장이 직접 나섰다. 우선 탑승자 명단을 면밀하게 검토한 끝에 '하치야 신이치', '하치야 마유미'라는 일본인들을 찾아냈다. 둘은 바그다드에서 탑승해 아부다비에서 내린 유일한 동양인이었다. 조중훈 회장은 일본 당국에 연락해 두 사람의 신원을 확인해 달라고 요청했다. 확인 결과 그런 일본인은 없었다. 여권은 위조된 것이었다. 조중훈 회장은 그들이 북한 테러범임을 직감했다. 즉시 아부다비 지점에 연락해 추적한 결과 그들이 바레인으로 간 것을 확인했다. 다시 바레인 지점에 연락해 현지 경찰과 함께 공항에서 그들을 기다렸다 붙잡았다. 신원이 발각되자 두 테러점은 담배 필터에 숨겨둔 독극물을 삼켜 자살을 시도했는데 남자는 현장에서 즉사하고 여자는 가까스로 목숨을 건졌다.

　수사 결과 테러범은 일본인으로 위장한 북한 공작원 김승일과 김현희임이 밝혀졌다. 「88 서울올림픽 참가 신청을 못 하게 대한항공 여객기를 폭파하라」는 김정일의 지령을 받고 대한항공 여객기에 탑승해 라디오와 술로 위장한 고성능 폭탄을 좌석 선반 위에 남겨두고 아부다비 공항에서 내렸고 항공기는 미얀마 상공에서 폭파된 것이다. 그러나 폭파되었다는 물증이 있어야 했다. 조중훈 회장은 직접 미얀마 근해로 날아가 미 해군의 협조를 받아 해안을 샅샅이 수색한 끝에 마침내 기체 파편을 찾아낼 수 있었다.

동물적 감각(Animal Instinct)의 소유자

조중훈 회장은 사업가로서 동물적 감각이 있었다. 사람은 동물로 동물이 갖는 본능이 있다.

항공기를 새로 구입할 때의 일이다. 기획실 직원들이 며칠 밤을 새워 꼼꼼하게 보고서를 만들어 예상 단가와 손익을 계산했다. 득보다 실이 많다는 보고였다. 하지만 조중훈 회장은 보고서를 덮고 미국에 다녀와야겠다고 했다. 그 길로 보잉(The Boeing Company)을 찾아가 항공기를 12대나 구입하는 계약을 체결하고 돌아왔다. 항공기를 12대나 사겠다고 하자 침체에 빠져 있던 보잉도 일어서고 보잉 본사가 있는 시애틀의 경기도 살아났다. 그러자 구입을 미루어왔던 다른 항공사들이 하나둘 몰려들더니 몇 달이 지나자 항공기 가격이 껑충 뛰었다. 대한항공은 싼값에 항공기를 입도선매하고 보잉과 돈독한 관계까지 맺게 되었다. 전문가들이 분석한 보고서보다 조중훈의 감각이 훨씬 뛰어났던 것이다.

조 회장의 동물적 감각은 현장에서 체득한 것이다. 그는 책상에 앉아 펜대를 굴리고 주판을 튕기며 사업한 적이 없다. 아무리 완벽한 기획안을 들고 와도 현장을 확인하기 전에는 결정하지 않았다. 신규 노선을 개설할 때도 현지 재래시장과 거리 구석구석을 찾아다니며 그 도시의 문화와 발전 가능성을 점검했다. 직원들에게 늘 맡은 업무에 한 치의 오차도 없는 현장 전문가가 되라고 부탁했다.

맏아들 조양호(趙亮鎬)를 기획팀이나 재무팀이 아닌 정비팀으로 발령한 것도 '현장'에 경영의 기본이 있음을 잊지 말라는 뜻이었다. 아들이라도 지시사항을 해결한 후에 보고하면 "알았어. 내가 가볼게." 했다. 설마 갈까 했는데 주말에라도 꼭 현장을 본 후에 결재했다. 미국지사에서 드릴(Drill, 구멍 뚫는 공구) 하나를 사서 결재를 올려도 몇 마력짜리인지, 중고품인지 새것인지, 할인마트에서 샀는지 카탈로그까지 붙여 보고 하라고 했다.

직원에게 능력 이상의 임무를 맡기면서도 의심하거나 불안해하거나 간섭하지 않았다. 한 번 일을 시키면 무조건 밀어주었다. 그래서 직원들은 맡은 일에 겁을 내지 않고 자신 있게 추진할 수 있었다. 직원들의 자신감을 살려주며 세심하게 배려하다가도 가끔 느닷없이 브레이크를 걸곤 했다. 특별히 잘못한 점이 없는 데도 갑자기 엄하게 대했다. 돌아서서 눈물을 흘린 직원도 있었다. 하지만 지나고 보면 자신한테만 그런 게 아니었음을 알게 되었다. 매너리즘에 빠진다 싶으면 한 번씩 끈을 조여 맨 것이다.

관상(觀相, Physiognomy)도 수준급 관상

조중훈 회장은 관상도 잘 보았다. 얼굴 생김새를 보는 것이 아니라 대화를 통해 사람 됨됨이를 살펴 적재적소에 기용했다. 평범해 보이는 직원들에게서도 남다른 특징이나 장점을 곧잘 찾아내 삼국지에 나오는 아무개와 같다곤 했다. (독자들이여, 우리는 조 회장이 삼국지(三國志)를 몇 번이나 반복해 읽어 그 내용은 물론 수많은 등장인물의 생김새나 성격을 알고 있다는 것에 놀랄 필요는 없다.) 임원들 눈에는 우수한 직원도 조중훈 회장에게는 그렇게 보이지 않는 경우가 많았다. 왜 그렇게 생각할까 했지만 그런 직원들이 나중에 꼭 문제를 일으키곤 했다. 그들은 본업에 충실하기보다는 임원들에게 아부하는데 열심인 직원들이었다.

조중훈 회장은 현장을 확인하기 전까지는 어떤 결정도 내리지 않았다. 현장을 확인해 직관과 경험으로 판단을 내렸다. 경영상의 문제 대부분이 현장에 있고 그 해결책도 현장에 있다는 것을 믿고 있었다. 미국 경영학의 창시자인 프레드릭 W. 테일러(Frederick Winslow Taylor)는 어린 나이에 공장에서 일하면서 현장 경험을 바탕으로 체득한 '과학적 관리론'을 주창했는데 그것이 오늘날 미국 경영학의 효시가 되었다. 조중훈 회장의 '현장 경영'이 오늘날 한진은 물론 우리나라 물류 산업 발전의 기반이 된 것도 같은 맥락이다.

조중훈 회장은 강자에게 강한 승부사였다. 1981년 전국 경제인 연합회(전경련) 회장을 선출할 때의 이야기다. 신군부는 재계를 압박하기 위해 당시 정주영 전경련 회장을 밀어내기로 결정하고 후임을 낙점해 통보했다. 하지만 정보기관까지 총동원되었던 총회에서 조중훈 회장은 '정 회장을 다시 회장으로 추대하자'라고 제안해 연임을 성사시켰다. 신군부의 위력이 시퍼런 때였다.

국산 전투기 사업의 주계약업체인 노스롭사를 방문했을 때도 강한 모습을 보였다. 회의는 대한항공의 일정 때문에 일요일에 있었다. 휴일에 참석한 것이 못마땅했던 존스 노스롭 회장은 회의가 시작된 지 얼마 되지 않아 의자에서 몸을 일으키면서 말했다.

"선약이 있어 실례하겠소."

그 순간 조중훈 회장이 소리쳤다.

"Just a moment. Sit down(잔말 말고 앉으시오)!"

전혀 예상하지 못한 조중훈 회장의 한마디에 존스 회장은 깜짝 놀란 표정으로 주저앉았다.

좌중은 조용해졌고 모두 당황했다. 상식으로는 무례한 행동이라 할 수 있지만 항공계의 거물인 존스 회장을 당황케 해 전투기 사업에서 기선을 제압하려는 조중훈 회장의 기발한 행동은 통쾌하기까지 했다. 미국인들은 예상 밖의 언사와 행동에 약하다는 것을 알고 있었던 것이다.

43

상대의 마음을 얻는 리더(Leader)

조중훈 회장은 평생 담배를 피우지 않았지만 늘 담배를 지니고 다녔다. 집무실 응접탁자에는 언제나 담배와 재떨이가 놓여 있었다. 담배를 피우는 사람과 마주 앉으면 애연가처럼 자연스럽게 담배를 권하고 자신도 한 개비를 입에 물고 불을 댕겼다. 상대가 담배를 피우기 시작하면 몇 모금 빨아당기는 척하다가 슬쩍 재떨이에 비벼껐다. 나중에 조중훈 회장이 담배를 피우지 않는다는 사실을 알게 된 상대는 그런 깊은 배려에 감탄하곤 했다. 조중훈 회장이 작심만 하면 누구라도 그에게 마음을 빼앗길 수밖에 없다. 그는 상대방을 사로잡는 천부적인 재능을 가지고 있는 것이다.

'에어버스' 항공기를 구매하고 파리 노선을 개척한 후 한·불 경제협력위원회를 이끌게 된 1970년대 중반, 프랑스에 정통한 인재를 영입하기 위해 수소문 끝에 젊은 적임자를 찾아냈다. 조중훈 회장은 청년을 부암장 자택으로 초대해 함께 식사하며 사람 됨됨이를 보기 위해 술잔도 기울였다. 그날 밤 헤어지면서 청년의 어깨를 두드리며 '조만간 부르겠다'라고 했다.

청년은 어리둥절했다. 그는 프랑스 유학 중 '동백림(東伯林) 사건'

에 연루되어 사상범으로 감옥까지 갔다 온 사람이었다. 동백림 사건은 1967년 예술인과 교수 등 194명이 동베를린을 거점으로 대남 적화 공작을 벌였다며 처벌당한 사건이다. 이 사건은 추후 정보기관에 의해서 조작된 사건이었다. 중앙정보부는 청년이 출소한 후에도 그림자처럼 따라다니며 감시하고 있었다. 그런 요주의 인물을 채용하는 것도 안 될 일이었지만 국내에서도 감시받는 그가 프랑스를 드나드는 것을 중앙정보부에서 내버려둘 리 만무했다.

그런데 어찌 된 일인지 며칠 후 청년은 대한항공에 입사했고 조중훈 회장을 수행해 프랑스로 떠났다. 당시 조중훈 회장이 중정(중앙정보부)을 찾아가 청년을 영입하기 위해 다음과 같은 각서를 쓰고 담판을 지었기에 가능한 일이었다.

'이 청년이 시국 관련 문제를 일으켜 처벌을 받게 된다면 나 역시 똑같은 처벌을 받겠소'

각서 내용이었다.

나중에 이 사실을 알게 된 청년은 조중훈 회장의 배포와 배려에 감명을 받아 자신이 할 수 있는 모든 역량을 발휘해 혼신의 힘을 쏟았다. 그것만이 자신을 믿어 준 조중훈 회장의 은혜에 보답하는 길이었다.

조중훈 회장이 주한미군의 물자 수송을 맡게된 것, 베트남전에서 수송 용역을 할 수 있게 된 것, 이후 한 일, 한불 외교에서 혁혁한 공을 세운 것은 모두 '마음의 언어'로 소통하고 교감했기에 가능한 일이었다. 외국어가 유창하지 않았지만, 원어민 못지않게 진솔한 대화를 나누었다. 단어 몇 개 만으로도 얼마든지 자신의 마음을 전할 수 있었다. 진실의 언어였기에 가능했다.

조중훈 회장은 지혜로운 사람이었지만 그 지혜는 머리가 아니라 가슴에서 샘 솟는 것이었다. 언제나 자신보다는 상대의 편에서 상대가 무엇을 원하고 있는지를 생각했기에 답을 찾아내고 상대를 설득할 수 있었다.

1980년대 한·불 경제협력위원회를 서울에서 개최할 때의 이야기다. 프랑스 인사들을 감동 시킬 이벤트가 필요했다. 그가 연회 장소로 생각해 낸 것은 놀랍게도 경회루(慶會樓)였다. 경회루는 이조 때 왕이 신하들과 연회를 베풀거나 사신을 접대하는 곳이다. 실무자들은 문화재로 지정되어 출입이 금지된 경회루에서 연회를 여는 것은 불가하다고 했지만 정부 당국을 설득해 관철시켰다.

경회루에서 회의가 무르익을 무렵, 조중훈 회장이 일어나 운을 뗐다.

"이곳은 조선의 왕들이 연회를 여는 곳이었습니다. 여러분은 프랑스를 대표해 이곳에 오신 분들인 만큼 한국 정부가 여러분을 국가 원수급으로 대접하고 있는 것입니다."

프랑스 측 인사들이 흡족한 마음을 가졌던 것은 말할 필요가 없다.

조중훈 회장이 남이 개척해 놓은 사업에 뛰어들지 않았던 것도 다른 업종의 사업가와 기업을 존중하고 배려했기 때문이다. 1978년 당시 김해 공장에서 직원들 간식으로 매일 빵을 지급하고 있었는데 담당 임원은 빵집에서 구입하지 말고 직접 만들어주면 비용이 적게 든다며 아예 빵을 굽는 기계를 구매하자는 품의서를 올렸다.그랬더니 조중훈 회장이 말했다. "빵 장수도 먹고 살아야 하지 않겠나?"

수송 외길을 벗어나 제조업에 손을 댔다면 한진의 고객사는 그만큼 줄었을 것이다.

조중훈 회장의 배려는 경쟁사에도 예외가 아니었다. '아시아나'

항공에 대해서도 극도로 말을 아꼈다. '우리나라 항공 산업을 함께 키워야 할 동반자'라고만 했다. 행동도 다르지 않았다. 아시아나항공이 출범하고 얼마 지나지 않아 중국 민항 관계자들을 만난 자리에서 임원 몇이 아시아나항공에 대한 서운함을 피력하자 조중훈 회장이 화를 내며 말했다.

"남의 나라에 와서 제 나라 기업 흠잡는 것 아니오!"

조중훈 회장은 사업에는 누구보다 냉철했지만 사람에게는 너무나 인간적이었다. 임원들 앞에서도 목소리를 높이는 법이 없었다. 직원들에게도 인자한 아버지 같았다.

1960년대 초 정비사가 차량 밑에서 정비를 하다가 다친 일이 있었다. 조중훈 회장은 안타까운 마음에 병원을 알아봐 주고 요양하라며 부암동 자택 밑에 방까지 얻어주었다. 당시 직원이 700명이 넘었는데 정비사 한 명한테도 그렇게까지 신경을 썼다.

언젠가 임원들과 프랑스로 출장을 갔다가 파리 교외에서 골프를 한 적이 있었다. 11번 홀에 들어갈 즈음 조중훈 회장은 갑자기 먼저 들어가겠다며 카트를 타고 가버렸다. 임원들이 18홀까지 돌고 나서 숙소에 들어갔더니 조중훈 회장은 임원들을 위해 저녁을 준비해 놓고 한 시간이 넘게 기다리고 있었다. 임원들 식사 준비를 위해 먼저 들어왔던 것이다.

1998년 30년 넘게 동고동락한 참모의 아들이 희귀병에 걸려 사경을 헤매게 되자 인하대 병원 암센터장에게 꼭 살려내 달라고 부탁했다. 그리고 날마다 환자의 상태를 알려 달라고 일러두었다. 두 달쯤 지나 암센터장으로부터 '최선을 다했지만 가망이 없다'는 보고를 받았다. 조중훈 회장은 참모를 만나 말문을 열지 못하고 하염없이 눈물만 흘렸다. 참모는 30년 가까이 보필하면서 회장이 우는 모습을 본 적이 없었다.

참모의 아들이 세상을 떠나고 나서 참모에게도 병이 찾아왔다. 공교롭게도 조중훈 회장이 앓고 있는 병과 같았다. 조중훈 회장은 자신의 주치의에게 참모를 돌보도록 했고 덕분에 그의 병이 나았다.

조중훈 회장은 소통을 중시했다. 진정한 소통은 마음으로 하는 것이며 마음의 언어로 소통하는 것은 그만큼 서로의 신뢰가 바탕이 되어야 함을 강조했다.

오늘날 모든 조직에서 소통을 강조하고 있지만 대부분 신뢰가 없는 회의식(會議式) 의견 교환에 불과하다. 그래서 진정성 있는 소통이 이루어지지 않는다. 그러나 조중훈 회장은 마음으로 소통해 신뢰의 길을 열었기에 사업의 길도, 외교의 길도, 문화의 길도 열 수 있었던 것이다.

조중훈 회장은 기업과 경영은 끊임없이 노력하는 과정에서 바람직한 결과를 얻을 수 있다고 생각했다. 예술에 완성이 없는 것처럼 사업에서도 끊임없이 노력하는 과정이 중요하다고 했다. 목표를 달성하는 직원들이 얼마나 만족스럽게 일했고 다음 단계를 위한 역량을 얼마나 쌓았느냐를 중시했다. 그러기에 직원의 삶의 질을 중시했고 직원의 열정과 자신감이 회사의 최대 자산임을 강조했다.

겸손(謙遜, Modesty)는 최고의 미덕이다

평소 조중훈 회장은 '항상 이기기만 바라는 것은 오만'이라며 겸손을 최고의 미덕으로 여겼다. 사치와 낭비도 철저하게 경계했다. 말년까지도 자장면과 냉면을 즐겼고 음식을 남기는 법이 없었다. 회장실에서도 자장면을 배달해 먹곤 했는데 그와 식사한 사람들이 공통적으로 기억하는 메뉴도 자장면이다. 해외 출장 때도 손님을 만날 때가 아니면 호텔을 잡지 않았다. 쓸데없이 왜 돈을 쓰느냐며 직원 숙소에서 숙식을 해결했다.

한 번은 에어컨이 없는 사원 아파트에서 선풍기를 틀어 놓고 자다가 입이 돌아가 두 달 동안 침(針)을 맞은 적도 있다.

아내 김정일 여사 역시 근검절약의 표상이었다. 오일쇼크(Oil Shock) 때는 석유를 아낀다고 난방도 하지 않고 두툼한 스웨터를 입고 지낼 정도였다. 한진의 2세 경영인들이 유난히 깨끗한 사생활을 유지했던 것도 김정일 여사의 가정 교육이 엄했기 때문이다.

조중훈 회장은 빚지는 것에 대해서도 결벽증이 있었다. '기업이 빚을 지는 것은 결국 국민에게 빚을 지는 것이다. 기업이 망해 국민에게 빚더미를 안겨 주고 사주(社主)만 살아남는 것은 절대 옳은 일이 아니다'고 말했다.

한번은 대한항공(KAL)이 정부로부터 거액의 세금을 추징당한 적이 있었는데 조중훈 회장은 전액을 자신 명의로 융자받았다. 은행에서 '이 정도 금액이면 아들 대까지 갚아도 다 못 갚는다'고 하니 융자 받는 당일 같은 금액으로 적금을 들었다. 만기일이 되면 융자금을 다 갚을 수 있도록 역산한 것이다. 아들에게 빚을 물려주지 않기 위해서였다.

조중훈 회장이 1996년 런던에 머물 때의 일이다. 런던 지점장에게 '한국 승객들이 런던에 오면 주로 무얼 쇼핑하느냐'고 물었다. 지점장이 '버버리(Burberry) 제품이 가장 인기가 있고 도자기 찻잔이나 그릇도 많이 사 가는 것 같다'고 대답했다. 지점장이 말한 상품들은 고가 명품들이었다.

조중훈 회장은 '요즘 경기가 좋아 대한항공에 한국인 승객들이 폭주하고 있지만 너무 좋아할 일이 아니다. 그렇게 외화(外貨, 달러)를 낭비하면 나라가 어려워지고 나라가 망하면 대한항공도 망하는 것이다. 지금부터 어려울 때를 대비하라'고 말했다. 그리고 그 후 1년 만에 한국은 IMF 외환위기를 맞았다.

조중훈 회장이 일본에서 귀국하던 중 공항에서 있었던 일이다. 평소 사진에 관심이 많았던 조 회장은 직원에게 카메라 잡지 한 권을 사 오라고 부탁했다. 직원은 카메라 잡지를 사와 2,830엔짜리 영수증을 내밀었다. 그러자 조중훈 회장은 천 엔짜리 지폐 2장을 꺼내고 바지 주머니를 뒤적거렸다. 30엔이 모자랐다. 옆에 있는 아내에게 '30엔만 빌려 달라'고 했다. 아내가 '그냥 3,000엔을 주시라'고 했지만, 기어이 10엔짜리 동전 세 개를 받아내고 2,830엔을 맞춰 건넸다. 10엔이라고 무시하면 나중에 백만 엔의 재산이 틀리게 된다는 것을 가르쳐 주고 싶었던 것이다.

1970년대 초 장남 조양호가 미국에서 근무할 때는 월급 외에 한 푼도 더 주지 못하게 했다. 근무하는 동안 월세가 300달러까지 올라 나중에는 500달러로 한 달을 살아야 했다. 조중훈 회장은 가끔 미국에 오면 아들을 슈퍼마켓에 데리고 가 필요한 것을 마음대로 사라며 인심을 썼다. 꽉꽉 눌러 담아야 100달러도 안 되었는데 그게 유일한 인센티브였다.

근검절약이 몸에 밴 조중훈 회장이었지만 돈을 쌓아 둔 것도 아니었다. 아낄 땐 아꼈지만 쓸 땐 쓸 줄 알았다. 인하대에 '정석(靜石) 학술정보관'을 지을 때는 이렇게 말했다.

"죽을 때 동전 두 닢 갖고 가는데 다 쓰고 가야지."

44

붓다(Buddha)의 마음으로 덕을 쌓다

붓다는 산스크리트어로 '깨달은 자', '눈을 뜬 자'를 뜻한다.

독실한 불교 신자인 부모님의 영향으로 어릴 때부터 불교에 관심이 많았던 조중훈 회장은 '한진상사'를 설립하면서 불교에 심취하게 되었다. 조 회장의 부모님은 아들이 창업한 이후 아침저녁으로 조계사(曹溪寺)에 들러 108배를 올리고 사업에 큰 고비가 있을 때는 오대산 월정사(月精寺)에 들어가 3일 기도를 드렸다. 조계사는 서울 종로구 수송동에 위치한 사찰로 대한 불교 조계종 직할 교구의 교구 본산이자 총본산(總本山)이다. 월정사는 강원 특별 자치도 평창군 진부면 오대산 기슭에 위치한 사찰로 대한 불교 조계종 제4교구 본사이다. 그러면서 월정사 고승 탄허(呑虛) 스님과 주지인 만화 스님과 교분을 쌓았다.

탄허 스님은 독립운동가인 율재(栗齋) 김홍규 선생의 차남으로 1934년 출가, 한학, 유학 등을 섭렵했다. 그는 불교의 교리는 물론 다양한 한학 방면에도 조예가 깊어 당시 완역하지 못한 팔만대장경의 현대역 작업에 몰두한 끝에 한글대장경을 간행하는 데 혁혁한 공을 세웠다. 탄허 스님이 유명해진 것은 그의 예지력이다. 탄허 스님은 한국전쟁, 5.16 군사 정변, 베트남 전쟁, 특히 박근혜 대통령 당선까지 예언했다.

천년 고찰 월정사는 당시 폐허나 다름없었다. 6.25 전쟁 때 공비(共匪, 무장을 하고 떼를 지어 다니면서 사람들을 해치는 공산주의자 도적)의 은거지를 없앤다며 오대산에 있는 모든 사찰과 암자를 불태웠는데 월정사도 그때 전소되어 탑(搭) 하나만 남게 되었다.

1964년 만화 스님은 월정사를 복원하는 뜻을 세웠다. 우선 본전인 적광전(寂光殿)을 복원하기 위해 전국 법당을 돌며 구전으로 내려오는 적광전 배치를 고증해 공사에 착수했다.

나무를 베어놓고 눈이 오기를 기다렸다. 끌고 내려오기 좋았기 때문이다. 스님, 신도, 평창군 주민이 모두 달라붙어 운반하는 데도 큰 나무는 며칠씩 걸렸다. 질 좋은 나무는 산에서 구한다 해도 기와나 다른 자재는 돈을 주고 사와야 했다. 돈이 없어 임금 체불도 예사였다. 보리밥과 감자로 싸 준 도시락에서 쉰내가 나 인부들이 시위를 벌이기도 했다. 임금이 밀리면 만화 스님이 강릉 등지를 돌면서 시주받은 돈으로 쌀을 팔아 나누어 주었다.

공사비만 문제가 아니었다. 나무를 베는 것이 불법이어서 영림서(현재의 산림청)에 잡혀가기 일쑤였다. 목재상들은 월정사가 산에서 나무를 베기 때문에 장사가 되지 않아 영림서에 고발을 한 것이다.

그즈음 조중훈 회장은 베트남에서 운송 용역 사업에 매달려 있는 중 어느 날 밤 기이한 꿈을 꾸었다. 오대산에 올랐는데 전소되어 터만 남은 월정사 뜰 한가운데 서 있다가 깨어보니 꿈이었다. 조중훈 회장은 서울에 있는 부친에게 꿈 이야기를 들려드렸고 부친도 예사롭지 않다며 월정사로 가서 만화 스님을 만났다. 만화 스님은 '대웅전을 다시 지어 부처님을 모셔야 하는데 공사비가 없어 난감하다'

고 고충을 털어놓았다.

부친에게서 자초지종을 들은 조중훈 회장은 서울에 돌아와 만화 스님을 집으로 초대해 상세한 이야기를 들었다. 공사비는 적잖게 부담이 되는 금액이었지만 조 회장은 '어떻게 해서든 지원하겠습니다'라고 약속했다. 월정사는 부친이 조 회장을 위해 불공을 드린 절이기도 했고 종교적 차원에서뿐만 아니라 반드시 복원해야 할 문화재라고 생각했다.

조중훈 회장의 지원으로 공사는 재개되었고 착수 4년 만인 1968년 적광전(寂光殿)이 완공되었다. 적광전은 절에서 비로자나불을 본존불로 모시는 법당이다. 월정사의 적광전은 중심 법당으로 팔각구층 석탑 뒤에 자리 잡고 있다. 정면 5칸 측면 4칸의 매우 큰 법당으로 팔각 지붕에 다포계 양식을 갖추고 있다. 특히 적광전의 외부 기둥은 모두 18개인데 이 가운데 16개는 오대산에서 자생하는 소나무이고 2개는 괴목이며 내부 기둥 10개 등도 모두 오대산에서 자생하는 전나무로 만들었다.

조 회장은 사업이 어렵고 마음이 어지러울 때는 월정사를 찾아 탄허 스님, 만화 스님과 차담(茶談)을 나누곤 했다. 조 회장의 불심은 가족 모두에게 전해졌다. 조 회장은 해외 출장 때도 사찰이 있는 곳이면 어김없이 들렀다.

조중훈 회장은 불사에 큰 기여를 했지만 공을 드러내는 법이 없었다. 월정사에 기도하러 갈 때는 기별도 하지 않고 아내와 함께 점퍼 차림으로 탑 주위를 한 바퀴 돌고 조용히 법당에 들어가 예불을 올렸다. 초파일이나 백중일처럼 스님과 신도들로 붐비는 날은 방문을 피했다. 스님들은 조중훈 회장 부부가 오면 오대산 산나물로 답례했다.

적광전 재건 후에도 조중훈 회장은 월정사 불사에 지원을 계속했다. 범종을 만들고 박물관을 지을 때도 애정을 쏟았다. 범종을 주조하기 위해 베트남 전장(戰場)에서 탄피를 모아 보내주기도 했다. 자택 마당에 있는 석탑까지 월정사로 옮겨 놓았다.

예순 되던 해 불상 개금(改金)을 하고 여든이 되던 해에는 적광전 단청 불사를 했다. 개금이란 불상에 금분을 사용해 붙이고 칠하는 작업을 말한다. 단청은 목조 건물에 여러 가지 빛깔로 무늬를 그려서 장식하는 것을 말한다.

적광전에 모셔진 불상은 경주 옥석 네 덩이를 합쳐 석굴암의 부처상을 그대로 재현한 것이다. 처음에는 백옥경 주옥석이었는데 조중훈 회장이 전액을 시주해 금을 입혔다. 개금을 하고 나서 조중훈 회장은 자녀들에게 '부처님 상호가 꼭 너희 할머니와 어머니 상호를 닮아 원만 상호이시구나' 했다. 불교에서 상호(相好)란 부처님의 얼굴상을 뜻한다.

적광전 단청 불사 때는 값싼 단청은 유해 물질이 나오고 오래가지 않아 빛이 바랜다는 말을 듣고 거금을 내놓아 고품질의 단청을 사용하도록 했다.

조중훈 회장은 사업에서 그랬던 것처럼 불사 때마다 현장을 구석구석 돌아보며 사소한 것까지도 놓치지 않았다. 어느 해 초파일에 월정사 종무소 직원들이 등을 매달기 위해 법당 기둥에 못을 박는 것을 보고 '못을 박으면 기둥이 오래가지 못하니 뽑으라'고 일러주기도 했다.

월정사 일주문(一柱門) 근처에 조중훈 회장의 공덕비가 있다. 일주문은 사찰의 산문 중에 첫 번째 문이다. 당시 불사의 실무를 맡았던 스님은 아직도 조중훈 회장의 사리탑을 참배하고 기제 때마다 용인에 있는 조중훈 회장의 묘를 찾아 주모독경을 하고 있다.

조중훈 회장은 경주 불국사(佛國寺) 복원에도 크게 이바지했다. 불국사는 일제 강점기에 개수 공사를 했는데 이때 다보탑 속에 있는 사리 장치가 행방불명되었고 일제는 공사 기록도 남기지 않았다.

1966년에도 보수가 진행되었지만, 복원은 아니었다. 불국사는 여전히 제모습을 찾지 못하고 있었다. 1969년 박정희 대통령의 지시로 복원이 시작되어 3년 6개월에 걸친 노력으로 불국사는 현재의 모습을 갖추었다. 당초 2억 원이 들 것으로 예상되었지만 공사비는 4억 원을 넘어섰다. 경내에 포함되는 부지가 늘어나면서 철거할 민가(民家)가 늘어났기 때문이다.

조중훈 회장을 비롯한 몇몇 기업가가 공사비 대부분을 부담했다. 정부가 복원을 주도했지만 조중훈 회장 같은 기업가가 동참하지 않았다면 불국사는 지금의 모습을 갖추지 못했을 것이다. 훗날 조중훈 회장은 불국사로부터 감사패를 받았다.

조중훈 회장의 영면(永眠)

정석(靜石) 조중훈 회장은 2002년 11월 19일 오후 1시 여든둘 생을 마감했다. (독자들이여, 우리는 안타깝지만 이 사실을 받아들일 수밖에 없다.) 불가에서 회자개리(會者皆離)라 했다. 조중훈 회장은 2002년 5월 말부터 급격하게 건강이 나빠지면서 투병 생활을 해오다가 한 때 상태가 호전되어 자택에서 요양을 하기도 했으나 다시 악화돼 병원에서 치료를 받아오다 타계했다.

유족은 부인 김정일(金貞一) 여사와 현숙(賢淑), 양호(亮鎬), 남호(南鎬), 수호(秀鎬), 정호(正鎬) 등 4남 1녀이다.

한진그룹은 21일 오전 7시 빈소인 서울 서소문 빌딩에서 발인식을 가진 뒤 오전 10시 김포 대한항공 본사 빌딩에서 임직원과 내외 귀빈 1,000여 명이 참석한 가운데 영결식을 거행했다. 영결식에는 남덕우, 이홍구 전 국무총리, 김각중 전경련 회장, 노건일 교통부 장관, 조홍규 관광공사 사장, 손길승 SK 회장, 박삼구 금호 회장이 참석했다. 김동건 아나운서 사회로 진행된 이 날 영결식은 오대산 월정사 주지인 현해 큰스님의 독경이 있었다. 특히 손녀인 조현민 씨(20, 미국 남가주 대학 재학)가 '할아버지가 너무 보고 싶다'는 내용의 고인과의 추억담을 담은 '할아버지께 드리는 편지'를 읽자 영결식은 숙연해졌고 일부 참석자들은 눈시울을 붉히기도 했다.

장지는 경기도 용인시 기흥읍 하갈리 선영이고 조 회장 시신은 고인이 정열을 쏟았던 제주 제동목장(制東牧場)에서 가져온 흙으로 봉분을 만들었다.

고인이 남긴 어록들이 많다.
'되로 주고 말로 받는 게 사업이다',
'처음에 지더라도 나중에 이기면 된다',
'항상 이기기만 바라는 것은 겸손하지 못한 오만과 통하는 것이다',
'의지와 노력으로 안 되겠다 생각되면 빨리 체념하는 게 지혜다'

조중훈 회장은 사재 1,000억 원을 그룹 계열사에 기증했다. 조중훈 회장은 개발연대 한국 고속 경제 성장의 창업 1세대다. 그의 별세는 한국 재계에 큰 손실이었다.

제 2 부

45

조양호 사장 취임과 경영 혁신

(독자들이여, 이 책은 이제부터 조양호 사장이 펼치는 대한항공 성장사를 보게 될 것이다.)

대한항공(KAL)은 1992년 2월 27일 주주총회를 열어 조중건 사장을 대표이사 부회장에, 조양호 수석부사장을 사장으로 선임했다. 조중훈 창업회장 별세 10일 만이었고 조양호 사장 43세 때였다. 당시 세계 항공시장은 항공 수요 둔화에 따른 공급 과잉으로 운임 전쟁이 촉발해 항공사의 수익성이 급속히 악화되던 때였다.

1990년 8월 이라크의 쿠웨이트 침공이 유가 폭등과 세계 경기 하락을 불러와 항공시장의 침체를 가속화시켰다. 1990년부터 1992년까지 IATA 가입 항공사의 국제선 영업 적자 규모는 155억 달러에 달했다. 1991년 12월에는 미국 최고 항공사였던 팬암(Pan American World Airways)이 파산했으며 미국의 유나이티드항공과 노스웨스트항공, 네덜란드의 KLM, 독일의 루프트한자항공도 심각한 경영난에 직면해 있었다. 거기다가 1987년 민영화 이후 한 번도 적자를 낸 적이 없던 일본항공(JAL)마저 1991년 129억 엔의 영업 적자에 이어 1992년에도 480억 엔의 적자로 어려운 상황에 직면해 있었다.

　세계 항공업계가 악전고투하고 있던 1991년 대한항공은 19.6%의 매출 성장을 기록하면서 매출 2조 원 시대를 열었으며 흑자를 이어가고 있었다. 대한항공의 조양호 사장 취임은 기업 승계라는 의미도 있었으며 국제 항공업계 변화에 효과적으로 대응하기 위한 것이었다.

　조중건 부회장은 국제 업무를 맡아 외국 항공사와의 경쟁과 협력을 강화해 나갔으며 조양호 사장은 생산성 향상과 경영 혁신을 맡아 대한항공의 체질 개혁을 추진했다. 조양호 사장은 취임과 함께 외부 변화에 기민하게 대응하고자 기존의 영업과 운송 부문을 통합해 영업 총본부를 설치하고 여객과 화물 조직을 재편했다. 서비스 추진실을 신설해 고객 지향의 영업 우선주의를 추구했다. 더불어 제도 개선을 신설하고 1992년 7월부터 경영 구조 개혁을 추진했다. 그 결과 항공기 가동률 향상, 1인당 생산성 제고와 비용 절감의 효과가 있었으나 개혁이라 일컬을 만큼의 성과를 거두기는 미흡했다.

　1994년 창립 25주년을 맞은 대한항공은 '이대로는 안 된다', '변해야 산다'는 위기의식을 갖고 새로운 도약을 위해 '챌린지-CRS 25'라는 캐치프레이즈를 내걸고 강력한 경영 혁신 운동을 전개했다.

　그해 조양호 사장은 임원진 교육에서 경영 혁신을 통해 항공업계의 위기를 극복하고 성장 기반을 확보하겠다는 강한 의지를 표명했다. 특히 지난 5년 동안 크고 작은 위기를 성공적으로 극복했지만 이로 인해 위기를 위기로 느끼지 못하는 문제점을 제기하며 조직 내 의식 개혁과 경영 혁신의 필요성을 강조했다.

　"우리는 변해야 합니다. 위기의식을 가져야 합니다. 현실에 안주하는 것은 경쟁에서 뒤처지는 것입니다."라고 조양호 사장은 강조했다.

대한항공은 경영 혁신 목표를 항공 산업의 구조적 불황 극복, 고객 주도형 경영 체제의 구축, 미래 지향의 창조적 경영에 두고 경영 각 분야의 혁신 방침을 다음과 같이 세웠다.

첫째, 채산성과 성장성이 없는 사업의 개선과 철폐, 수익성과 장래성이 있는 사업으로서 재구축(Restructuring), 둘째, 작은 본사 실현, 현장 중시 조직, 부문 간 업무 장벽이 없는 조직 구조로 변경(Re-sizing), 셋째, 관료적 기업 체질에서 탈피해 서비스, 안전, 인사, 교육 조직 등 업무의 근본적 대개혁(Re-engineering), 넷째, 인적 자원의 전략적 관리와 임직원 재교육 등 인사정책의 혁신, 다섯째, 인력의 국제화, 업무의 국제화, 사업의 국제화를 통한 글로벌 전략의 강화(Globalization), 여섯째, 창조성, 다양성, 적극성을 개발하는 의식 개혁과 능력을 최대한 발휘할 수 있는 기업 풍토의 조성.

조양호 사장은 신속화, 슬림화, 단순화라는 행동 지침을 마련하고 기존의 경영 혁신 추진위원회 산하에 추진 사무국과 조직 혁신팀 등 7개 혁신팀을 구성해 조직을 보강했다. 경영 혁신에 대한 이해와 혁신 마인드 함양을 위해 전 직원을 대상으로 경영 혁신 교육을 실시했다. 정보지(情報誌)를 발간하고 경영 혁신 대회를 실시해 추진 결과를 공유하고 공감대를 형성해 나갔다.

능력 중심의 조직 문화로 - 신 KAL 맨(Man)

조양호 사장은 경영 혁신 활동의 일환으로 내부 문제를 진단한 결과 외부 고객뿐만 아니라 내부 고객의 불만 증가와 조직이 극도로 관료화되어 가는 것이 가장 시급히 해결해야 할 문제로 파악했다.

조직 내부에 만연한 관료주의와 연공주의 그리고 무사 안일주의를 개선하고 씻어내 세계화, 국제화 시대에 부응하는 기업으로 거듭나기 위해 인사 제도 개혁에 착수했다.

조양호 사장은 '기업이 곧 사람이다'라는 경영이념에 입각해 능력 중심의 새로운 인사제도를 수립했다. '잘하는 사람은 많이 주고 못 하는 사람은 도태시킨다'는 단순한 의미의 능력주의가 아닌 기업과 구성원의 영속적인 발전을 추구하는 철학 있는 인사제도를 정립했다. 더불어 21세기 세계화 시대에 필요한 인재상을 참신한 사고로 솔선수범하며 고객을 감동하게 만드는 '신 KAL 맨'으로 확립했다. 신 인사제도는 구성원 각자가 자신의 능력과 적성에 따라 진로를 선택하고 스스로 개발하며 회사는 직무별로 직원들을 관리하고 양성하는 종합적인 인사제도를 표방했다.

조양호 사장은 직무 범위와 성격, 양성 목표에 따라 구성원들이 성장할 수 있는 직무 제도를 도입했으며 개개인의 양성 목표에 따라 인재를 개발하고 육성하는 경력개발 제도(Career Development Program, CDP)를 시행했다. 공정한 평가 결과에 상응하는 적정한 보상을 받도록 평가제도와 보상 제도를 개선했다.

조양호 사장은 기존의 총무 본부와 교육 훈련 본부를 인재 개발 관리본부로 통합해 채용에서부터 교육, 평가에 이르기까지 일관성 있는 인사 정책을 시행했다.

조양호 사장은 1994년부터 신입사원 전원의 해외 연수를 실시하고 해외 단기 파견 제도와 해외 주재 근무, 우수 해외 직원의 본사 파견 등 글로벌 인재를 양성하기 위해 노력했다.

1995년 2월에는 등촌동 교육훈련센터 개관으로 여러 곳으로 분산되어 있던 교육 훈련 부서가 한 곳으로 집중됨으로써 통합된 교육 과정 개설과 전문 강사에 의한 효과적인 교육이 가능해졌다.

현장 직원의 업무 역량 향상을 위해 철저한 실무 교육과 보수 교육을 실시했으며 기본적인 서비스 교육도 강화했다. 체계적인 경영 관리 교육을 통해 전문 경영인을 양성하고 첨단 정보 경쟁에 앞서 나갈 수 있도록 정보 교육을 활성화했다.

직무의 선택, 직무별 양성 목표와 그에 입각한 능력 개발, 육성 및 자기 계발, 그리고 그 성과에 따른 보상 등이 유기적으로 연계되는 종합적인 인사시스템을 구축했다.

경영 스피드와 유연성 강화

조양호 사장은 1989년 1월 팀 제도를 도입했다. 경영 환경의 변화에 전략적, 능동적으로 대응하고 종래의 관리 중심에서 탈피해 조직과 인력 운영의 유연성을 확보하기 위한 조치였다. 팀제 도입으로 300개 과(課)가 250개 팀으로 전환됨으로써 조직의 간소화가 이루어졌다.

그러나 시행 5년 뒤 각 부서의 팀 수가 대폭 증가(100여 개 부서, 380여 개 팀)해 조직이 지나치게 비대해졌다. 관리 계층이 비대해짐에 따라 조직이든 개인이든 모든 것을 위, 아래, 옆으로 전가하는 경향이 농후해졌으며 복지부동의 풍조가 만연했다.

이러한 현상을 치유하기 위해 조양호 사장은 1995년에는 경영 혁신 차원의 조직 재설계를 통해 업무 프로세스를 단축시키고 기능이 중복되는 팀들을 통폐합하는 작업을 본격화했다. 더구나 조직의 기본이라고 생각해 왔던 부서제를 폐지하고 대(大) 팀제를 도입함으로써 조직 운영에 발상의 전환을 가져왔다. 대 팀제는 업무의 특성과 기능이 유사한 팀들을 같은 그룹으로 묶어 조직을 간소·수평(Slim & Flat)화하고 의사 결정 단계의 축소와 조직의 유연성을 확보하는 혁신적인 조직 개편 방안이었다.

조양호 사장은 일시에 전 부서를 대상으로 하지 않고 각 본부 중심으로 단계적으로 추진하는 방법을 채택해 '대 팀제' 전환에 따른 혼란은 최소화하고 2000년대 들어 '본부장' 책임 경영 체제로 전환하는 기반을 마련했다.

1997년 8월에는 조직 변혁을 위해 BU(Business Unit) 제도를 도입하고 조직 기본 체계를 개편했다. 작고 효율적인 본사 조직 구축을 위해 담당 임원과 부서장이 관장하던 부서를 BU로 통합했으며 기존의 기능별 소 팀제를 하나의 업무 프로세스 단위로 통합해 조직의 생산성과 효율성을 극대화했다.

1996년 말 1총본부와 10본부, 22부(실, 원, 소), 7공장, 81대팀에서 1997년 BU제 도입으로 1총본부, 10본부, 41BU(원), 7공장, 152대팀으로 재편됐다.

46

'항공 여행의 꽃'
기내식(機內食, In-flight Meal) 사업 확충

 항공업계의 국제선 경쟁 심화와 더불어 최고의 기내 서비스 제공은 항공사를 평가하는 핵심 기준이 되고 있다. 조양호 사장은 기내 서비스 중에서도 특히 항공 여행의 꽃이라 불리는 기내식 서비스의 중요성을 인식하고 서비스 역량 확충에 심혈을 기울였다.

 대한항공은 1992년 2월 25일 기내식 사업의 역량 강화를 위한 김포 케이터링(Catering) 센터 증축을 완료해 대량 생산과 품질 고급화의 새로운 전기를 마련했다. 케이터링이란 호텔, 병원, 항공기 등 원격지에서 음식 서비스를 제공하는 사업이다.

 대한항공은 국내 설계사의 경험 부족을 보완하고자 글로벌 케이터링 전문 업체인 독일 LSG Sky Chefs 사의 컨설팅을 받아 최신 냉장, 냉동 설비 및 주방, 위생 장비를 완비한 김포 케이터링 센터를 마련했다.

 김포케이터링센터는 국제적인 규모의 최고 시설을 자랑하며 기존 일일(一日) 2만 식에서 1만 5,000식이 증가된 3만 5,000식 이상의 생산 역량을 갖추었다. 이로써 국내 유일의 전문 기내식 생산시설을 갖춘 대한항공은 아시아나항공은 물론 국내 취항 18개국 26개 항공사의 기내식 공급을 도맡아 주당 440편의 항공기에 기내식을 공급했다.

대한항공은 생산 설비의 확충뿐만 아니라 기내식 생산 과정 및 품질 관리에도 노력과 투자를 아끼지 않았다. 김포와 김해 케이터링 센터 모두 1996년 12월 국제 표준화 기구(ISO)에서 제정한 환경 경영 체제 국제 인증 ISO14001을 획득했다. 기업의 경영 방침으로 환경 경영 목표 달성을 위한 내부 조직 및 절차 등의 규정을 통한 자원의 효율적 관리와 환경 개선 노력에 대한 인증이었다.

또, 2000년 11월 20일에는 식품의약품안전처로부터 국내 최초로 김포 케이터링 센터가 식품의 안전한 생산 관리를 인정하는 위해요소 중점 관리 기준(HACCP) 적용 업소로 지정받았다. 1년간 식품의약품안전처와 한국 보건산업진흥원으로부터 총 네 차례의 엄격한 심사를 받아 단체 급식 분야 HACCP 적용 업소 1호로 지정되면서 대한항공 기내식의 안정성을 대외적으로 인정받았다.

1990년대 후반 인천 신공항(新空港) 건설이 본격화되자 대한항공은 인천 케이터링 건립에 나서 2001년 3월 인천국제공항 개항과 함께 문을 열었다. 식품·의약품 분야의 세계적인 설계 회사인 독일 ITO 사의 컨설팅을 받아 약 24개월에 걸쳐 840억 원을 투자한 인천 케이터링 센터는 자동화 시스템 도입과 함께 위생, 환경친화적으로 건립한 첨단시설로 준공 당시 1일 생산량 세계 4위 규모였다.

김포와 인천 케이터링 센터 이원화를 통한 생산 및 운영 효율성 제고를 도모하는 한편 소규모 기내식 수준이었던 부산 케이터링 센터를 리모델링 및 증축해 명실상부한 케이터링 센터로서의 기능을 완비했다.

기내식 '비빔밥'으로 머큐리(Mercury)상 수상

대한항공이 기내식 사업에서 거둔 성과 중 하나는 서양식 위주였던 기내식 메뉴(Menu, 식단)에 우리나라 고유의 음식을 최초로 도입한 것이었다.

조양호 사장은 "기내식 메뉴를 바꾸는 것을 연구해 보시오. 여행 자유화로 내국인의 출국이 급증하고 있는데 이분들의 기호에 맞는 기내식도 필요하게 되었습니다." 앞을 내다보는 지시였다.

조양호 사장의 이 지시는 대한항공 기내서비스 고유화에 일대 전환을 가져오는 획기적인 일이었다. 해외여행 자유화 조치 이후 급증한 내국인의 기호와 욕구에 부응하기 위해 개발한 한식(韓食) 기내식은 내국인은 물론 외국인들에게도 호평을 받았다.

한식이 기내식으로 자리 잡게 된 것은 해외여행을 하는 내국인 승객이 많아진 것이 가장 큰 이유였지만 88서울올림픽을 계기로 한식이 세계적으로 널리 알려진 것도 큰 영향을 끼쳤다.

대한항공은 1992년 일등석(First Class) 승객을 대상으로 항공사 최초로 기내식에 전기밥솥을 이용한 비빔밥을 제공해 세간의 화제가 됐다. 1997년부터는 가정식 백반을 대량으로 제공할 수 있는 기술을 활용해 전 클래스에 비빔밥을 서비스하게 됨에 따라 글로벌 항공사로서 전 세계인에게 우리 음식을 알리는 데 앞장섰다. 오늘날 K-푸드 열풍은 이때부터 잉태되었다고 할 수 있다.

비빔밥은 청정 야채를 식재료로 이용해 한국적인 맛과 신선도에 있어서 가장 인기있는 메뉴로 부상했다. 내국인 승객들에게는 해외여행 중에 잊고 지내던 한식의 입맛을 되살리고 외국인 승객에게는 우리나라 음식의 별미를 맛보게 하는 것이다.

대한항공은 국적 항공사로서 한식 메뉴 기내식화에 노력을 아끼지 않았다. 외국에서 출발하는 항공편에 한식 기내식을 탑재하기 위해 뉴욕-암스테르담-프랑크푸르트 등 해외 공항에서 기내식을 공급하는 회사의 요리사를 서울로 초빙해 한식 요리법을 지도하고 대한항공 소속 한식 조리사를 해외 현지에 파견해 교육을 시키기도 했다.

한식 고유의 맛과 품질 유지를 위한 노력과 연구 끝에 비빔밥이 1998년 2월 스페인 세빌에서 열린 국제 기내식 협회(International Travel Catering Association, ITCA) 총회에서 최우수 기내식으로 선정됐다. 최우수 기내식에 주어지는 '머큐리(Mercury)상(賞)'을 받은 것은 아시아 지역에서는 대한항공이 처음이었다. 이는 현대인의 건강식이자 우리 고유의 음식인 비빔밥의 우수성을 전 세계에 과시한 일이었다. 서양식 중심이던 기내식에 비빔밥을 도입함으로써 '한식-기내식 시대'를 열었으며 우리나라 전통 음식을 기내식에 적용함으로써 다양성을 준 것에 높은 점수를 받았다.

대한항공은 머큐리상 수상으로 우리 음식의 세계화와 한류(韓流) 전파에 크게 기여했다. ITCA는 기내식 공급자는 물론 기내에서 사용되는 다양한 물품을 제공하는 업체들의 연구, 친목 단체로 회원사만 529개 사에 달하는 국제기구다. 머큐리상은 영화계의 오스카상에 비교될 정도로 항공업계에서는 권위와 명성을 자랑하는 상이어서 수상한 항공사는 항공 서비스의 우수성을 세계적으로 인정받는 것이다.

대한항공은 비빔밥에 이어 2006년 머큐리상을 수상한 비빔국수를 비롯해 삼계탕, 꼬리곰탕, 북엇국, 한정식, 한식 죽, 막걸리 쌀빵 등 다양한 한식 기내식 메뉴를 개발, 해외 시연회를 통해 한식 세계화에 앞장섰다.

대한항공은 다양한 기내식 메뉴의 구성과 균형 있는 발전을 위해 기내식 조리사 6명을 1990년 4월부터 7월까지 3차에 걸쳐 프랑스 파리 소재 기내식 공급 회사인 SERVAIR에 파견, 전통 서양 요리 기술을 습득하게 하는 등 지속적인 기내식 사업 개발을 도모했다.

면세 사업 강화

조양호 사장은 취임과 함께 항공운송업의 연관 사업 확대에 나섰다. 경영 다각화와 항공 승객을 위한 토탈·서비스를 제공하기 위해 면세 사업을 강화했다.

여행객들에게 편리한 쇼핑 기회를 제공하고자 기존 한진관광에서 운영하던 서울과 제주의 지상 면세점을 1991년 11월 1일 대한항공 직영 체제로 전환하고 면세점 사업을 강화했다. 이후 양질의 서비스를 바탕으로 제주 지역 면세점은 2001년 업계 1위를 차지하기도 했다. 그러나 2003년 이라크 전쟁과 사스(SARS, 중증급성호흡기증후군)로 사업 환경이 악화되자 사업 구조조정 방안으로 지상 면세 사업을 철수하고 기내 판매 중심으로 면세 사업을 재편했다.

창립 초기부터 시작한 기내 판매 서비스는 주류와 향수류로 시작해 1980년대 들어 화장품과 패션용품 카테고리를 추가하고 1990년대에는 품목을 더욱 확대해 초콜릿과 전자제품 등 다양한 제품을 판매했다. 1986년 10월에는 기내 면세품 안내 책자 'Sky Shop'을 통해 승객들의 면세품 구매 편의를 증진했다. 1990년대에는 예약 주문 전용 상품 서비스와 귀국편 주문서를 도입하는 등 고객 편의를 위한 판매 방법을 다양화하며 기내 판매 서비스를 더욱 강화했다.

47

보유 항공기 100대 돌파와 정비 능력 구축

1980년대 후반 우리나라의 여행 자유화 조치와 수출 호조에 힘입어 항공 수요가 급격히 증가했으며 향후 전망도 밝아 고속 성장이 이어질 것으로 기대됐다.

조양호 사장은 이에 따라 노선망 확충과 함께 신형 항공기 도입을 적극적으로 추진했다. 한편으로는 회사 출범 이후 도입했던 항공기들이 노후화되고 고효율-최첨단 항공기들이 지속적으로 개발됨에 따라 국내선과 국제선 여객기, 화물기 등 전 부문에 걸쳐 기종의 대형화와 현대화를 기본 방향으로 수립하고 기종 교체를 적극적으로 검토했다.

조양호 사장은 1985년 초중단거리용 MD-82 항공기와 중거리용 A300-600 항공기의 구매계약을 체결했다. MD-82 항공기는 소음이 적고 소요 활주로 거리가 짧아 국내선에 투입했으며 A300-600 항공기는 A300 항공기를 대체해 일본과 동남아시아 노선의 주력기로 운영했다.

국내선 및 중거리용 항공기의 기종은 비교적 수월하게 결정했으나 장거리용 항공기를 두고 조양호 사장은 고심을 거듭했다. 후보

기종으로 떠오른 것은 맥도널 더글러스사가 DC-10 항공기를 개량한 신형 MD-11 항공기와 보잉사가 새로운 장거리 모델로 개발한 B747-400 항공기였다.

1986년 1월 대한항공은 각 부문 실무자 18명으로 이루어진 특별 업무팀을 구성해 두 기종의 타당성 검토에 들어갔다. 1년의 심도 있는 검토 끝에 당시 노선 구조와 영업 환경을 고려해 대형기인 B747-400 항공기를 주력기로 하되 향후 취항지 대변화를 염두에 두고 MD-11 중형 항공기도 일부 필요하다는 판단을 내렸다.

B747-400 항공기는 보잉사가 2000년대 주력기를 목표로 1985년 10월 개발에 착수해 1989년 2월 노스웨스트항공에 1번기를 인도하면서 상용화됐다. 당시 개발된 항공기 중 가장 많은 승객을 태우고 가장 멀리 날 수 있으며, B747 점보기 가운데 최대 항속 거리를 자랑했다. B747-400은 최신 항공 공학을 이용한 연장 날개가 장착되고 첨단 컴퓨터가 완비된 조종실, 출력이 강화된 신형 엔진, 첨단 소재 등 기존 점보기를 능가하는 장점을 가졌으며 항공기관사 없이 조종사 2명 만으로 조종이 가능함에 따라 '제4세대 항공기', '슈퍼 점보기', '20세기에 개발할 수 있는 최후의 민간 항공기' 등으로 평가받았다.

조양호 사장은 1987년 2월 MD-11 항공기 8대(옵션 3대 포함)의 도입 계약을 체결했다. 주문한 항공기에는 보잉사가 1966년부터 B747 점보기를 주문받기 시작한 이래 747번째 B747기가 포함되어 있어 상징적인 항공기를 보유하는 행운까지 따랐다.

대한항공이 당시 개발 중이던 B747-400 항공기 구매 계약을 서두른 이유는 1990년대에 크게 증가할 것으로 예상되는 항공 수요에 대비하고 미주 노선과 유럽 노선의 대폭적인 확장 계획에 맞추어 장거리 국제선의 주력기로 활용하기 위해서였다. 조양호 사장의 각별한 관심과 강력한 도입 의지가 있었기에 빠른 결정과 계약 체결이 가능했다.

제2 민항(民航) 체제 대비

1988년 2월 12일 제2 민항(아시아나) 설립이 결정되자 대한항공은 복수 민항 체제를 맞아 경쟁우위를 선점하기 위해 신형 항공기 도입에 더욱 박차를 가했다. 1988년 4월 B747-400 항공기 10대 추가 구매 계약을 진행해 1990년부터 1994년까지 매년 2대씩 도입하기로 했다. 항공기 대당 가격이 1억 5,000만 달러에 달해 전체 1조 원에 달하는 대규모 계약이 성사됐다.

조양호 사장은 1994년에는 도입 자금 3억 9,000만 달러를 항공업계 최초로 미국 채권 발행을 통해 직접 조달함으로써 기존 은행 지급보증 방식보다 약 2,000만 달러를 절감하는 선진금융 기법을 구사했다. 대한항공의 높아진 신용도를 바탕으로 가능했던 거래였다.

B747-400 1번기가 1989년 6월 김포공항에 모습을 드러냈다. 역사적인 일이었다. 500석 이상을 충분히 장착할 수 있는 초대형 기기였지만 대한항공은 전체 392석(일등석 16석, 비즈니스석 66석, 일반석 310석)만을 장착해 7월부터 서울-도쿄-로스앤젤레스 노선에 투입했다. 2번기와 3번기는 1989년 7월과 9월에 도입해 서울-뉴욕 노선에 투입했다.

1990년 6월에는 B747-400 항공기 23대를 3조 원에 구매하는 추가 계약을 체결했다. 40억 7천만 달러에 달하는 엄청난 투자 금액으로 1991년부터 1999년까지 순차적으로 B747-400 항공기 도입을 추진했다.

　대한항공은 총 36대의 B747-400 항공기를 주문함으로써 장거리 노선 경쟁에서 우위에 설 수 있는 기반을 마련했다.

　장거리용 대형기인 B747-400 항공기와 더불어 장거리용 중형기인 MD-11 항공기 도입도 진행했다. 1991년 1월 아시아 지역 항공사 최초로 MD-11 항공기를 선보이며 서울-밴쿠버-토론토 노선에 투입했으며 1992년 10월까지 모두 5대를 도입해 2004년까지 운용했다.

항공기 100대 보유 항공사로 도약

　1995년 3월 24일 대한항공의 100번째 항공기인 B747-400이 김포공항에 도착했다. 숨 가쁘게 추진한 항공기 현대화와 신형 항공기 확충으로 대한항공은 창립 26주년 만에 항공기 100대를 보유했다. 이로써 세계 20번째로 아시아에서는 일본항공(JAL)과 전일본공수(ANA)에 이어 3번째로 100대의 항공기를 보유한 항공사로 발돋움했다.

　대한항공 보유 항공기의 평균 연령은 약 8년으로 전 세계 항공사 평균 기령 11년보다 낮아 안전 운항과 서비스 경쟁력을 갖추었다.

　당시 보유하고 있던 항공기를 제작사 별로 살펴보면 보잉사 항공기가 40대로 가장 많았으며 에어버스사 30대, 맥도널 더글러스사 17대, 포커사 12대였다. 항공기 단일 기종별로는 A300-600 21대, B747-400 17대, F-100 12대 순이었다. 100대 항공기의 보유 좌석을 합하면 2만 2,800여 석이었다.

　그동안 대한항공은 한발 앞선 신형 항공기 도입을 통해 회사의 성장을 이끌었다. 1969년 3월 노후기 8대로 시작한 대한항공은 출범 직후 B720 항공기를 도입하여 제트화 시대를 열었고 1971년에는 B707 항공기로 태평양을 횡단하며 미주노선을 개척했다. 이후 1972년 중단거리용 소형 항공기 B727을 도입하고 1973년에는 B747 점보기를 미주노선에 취항시켜 점보 시대를 열었다.

이듬해인 1974년에는 B747 화물기를 도입해 세계 최초로 태평양 횡단노선을 운행했다. 1975년에는 중장거리용 DC-10 항공기와 아시아 최초로 A300 항공기를 도입해 안정적으로 운영함으로써 국제적인 항공사로서의 입지를 다져갔다.

1979년 세계적인 불황을 초래했던 제2차 오일쇼크를 슬기롭게 극복한 대한항공은 신형기 도입을 지속적으로 추진해 1984년 B747-300 SUD 항공기를, 1985년에는 중단거리용 노선 주력 기종인 MD-82 항공기를 도입했다. 또, 1987년에는 A300-600 항공기를, 1989년에는 20세기 최첨단 기술의 집합체인 B747-400 항공기를 장거리 노선 주력 기종으로 도입해 민영화 20년 만에 66대의 항공기를 보유했다.

1991년 걸프전 발발에 따른 항공 시장 침체 상황을 영업 활동 강화, 원가 절감 등 생산성 향상으로 이겨낸 대한항공은 어려운 기업 환경 속에서도 1991년 장거리 중형기인 MD-11 항공기를, 1992년에는 국내 지방 활주로 사정에 적합한 소형기 F-100 항공기를 도입하는 등 노선 특성에 적합한 항공기 확보를 통해 경쟁력을 한층 강화했다.

항공기 100대 보유 항공사로 도약한 대한항공은 1995년 3월 국내선 23개 노선, 국제선 59개 노선의 세계 일주 노선망을 구축하고 있었다. 또 민영화 당시 약 14억 원 규모로 총자산의 48%를 점유하던 항공기 자산은 1994년 말 총자산의 54%를 점유하는 약 2조 6,000억 원 규모로 증가했다.

정비 능력(Maintenance capability)의 신장

지속적인 항공기 도입과 함께 안전 운항의 밑받침이 되는 정비 부문의 투자도 이어졌다.

1994년 10월 '정비 부문 5개년 장기 계획'을 발표하며 획기적인 시설 확충과 기술 향상 계획을 구체화했다. 1995년까지 원동기(엔진) 정비 공장 설립, 정비 업무 전산화, 김포 정비 기지와 정비 훈련 시설 건립 등을 추진하고 1998년 김해 페인트 도장 전용 격납고 완공을 목표로 했다.

모든 항공기에 항공 안전을 위한 첨단 장비인 돌풍 감지 장치, 위성통신 장치, 비행 자료 전송 장치 등을 장착하기로 했으며 마지막 해인 1999년 5년차 연도에는 인천국제공항에 정비 시설 건립 추진을 계획했다. 초일류 정비 품질을 확보하기 위해 5년간 3천 500억 원을 투자하기로 결정한 것이다.

1994년 11월 24일 경기도 부천 원동기(엔진) 정비 공장을 준공했다. 218억 원을 투자한 부천 원동기 공장은 창고, 운반설비, 정비 등 운영 전 부문에 자동화 설비를 갖추고 있었으며 엔진 수리의 모든 과정이 전산으로 처리되는 최첨단 엔진 정비 시설이었다. 세계에서 유일한 1, 2층 엔진 Bay(기둥과 기둥 사이의 한 구획)를 갖추고 동시에 엔진 29대를 입고해 수리할 수 있어 연간 150대의 엔진 수리가 가능했다. 자체적인 엔진 수리로 연간 4,000만 달러의 외주 수리비가 절감됐으며 엔진 품질이 향상됐다.

출범 이후 꾸준히 엔진 정비 능력을 향상시키기 위해 노력해 온 대한항공은 1989년 12월 엔진 수리 누계 실적 1,000대를 달성했으며 1992년 4월 PW4000-94엔진 정비 능력을 확보했다.

우수한 엔진 정비 능력과 최첨단 정비 사업을 바탕으로 엔진 정비 능력을 향상시켜 1996년 3월에는 PW4000 계열 엔진이 50만 비행시간 동안 단 한 번의 정지도 없이 가동되는 기록을 세웠다. PW4000 계열 엔진이 운영된 1987년 이래 세계 최초의 기록으로, 세계 항공사 평균 '비행 중 엔진 정지율'이 5만 2,000시간당 1건인 것에 비하면 약 10배의 안정성을 보여준 놀라운 결과였다.

1997년 5월에는 김포 OC(Oeration Center) 내 대형 격납고를 포함한 김포 정비 기지를 구축했다. 1998년 9월 부산 김해 정비 기지에 항공기 외관 페인팅을 위한 도장 전용 공장을 준공했다. 1996년 1월부터 580억 원의 공사비를 투입해 건립된 이 공장은 지하 2층, 지상 3층에 연면적 1만 3,200㎡(4,000평)로 B747 점보기가 들어가는 격납고와 부속 건물로 이루어졌다.

외주에 도장을 맡길 경우 점보기 1대당 약 2주의 시간과 1억 6,000만 원 정도의 비용이 발생하는데 자체 도장 작업으로 연간 약 70억 원의 외화 절감 효과를 거뒀다.

대한항공은 김포 정비 기지(항공기 운항 정비 및 부품 수리), 김해 정비 기지(항공기 중정비 및 부품 대수리, 항공기 도장, 방식공장, 전자보기공장), 부천 정비 기지(엔진 중장비)와 같이 지역별로 특화된 정비 시설을 구축해 국제적 수준의 정비 능력을 확보했다.

이후 1999년 12월 착공된 인천국제공항 내 국내 최대 규모의 최첨단 항공기 정비 기지를 건설(2000년 9월 준공)해 항공기 종합 정비 체제를 완성시키며 최상의 정비 능력을 확보했다.

48

세계 초유의 '항공기지' 탄생

1997년 5월 28일 OC(Operation Center) 빌딩이라고 명명된 복합 항공기지 준공식이 열렸다. 대한항공 성장사에 큰 자국을 남기는 일이었다.

김포국제공항 화물청사 옆에 위치한 대한항공의 새 사옥 준공식에는 조중훈 회장, 조양호 사장, 항공업계 인사 등 1,000여 명이 참석해 준공을 축하했다.

'빌딩'이라기 보다는 '항공기지'라는 표현이 더 어울리는 OC 빌딩은 김포공항 램프와 활주로로 이어지는 남서쪽에 위치한 'ㄷ'자형 건물로 중심부에 초대형 격납고가 자리 잡고 있는 세계에서 유례가 없는 복합 건물이었다.

지하 2층, 지상 7층의 사무실 건물은 직원 9,000명을 수용할 수 있으며 빌딩 안에 설치된 대형 격납고는 축구장 2개와 맞먹는 규모였다. 총 부지 21만 7,600m^2(6만 6,000평), 연면적 13만 5,960m^2에 해당하는 대단위 규모로서 공사비만 2,000억 원이 투입되었다.

대한항공은 OC 빌딩이 준공됨에 따라 20여 년간 이어온 서소문 시대를 마감하고 21세기형 복합기지에 입주함으로써 새로운 시대를 맞이했다. 서울과 영종도의 중간 위치인 김포공항에 홈베이스를 구축함으로써 인천국제공항 시대를 대비하고 세계 곳곳의 취항 공항을 총지휘한다는 전략이었다. 21세기 더욱 치열해질 세계 항공업계의 경쟁에 대비해 회사의 모든 기능을 한 곳으로 집중시켰다. 서소문 사옥의 현장 지원 기능과 김포공항 곳곳에 산재한 운항, 객실, 정비, 지원 시설 등을 한데 모아 유기적으로 연결한 현장 중심의 경영 체제를 구축한 것이다.

또한 김해 중정비 기지와 함께 B777, A330 등 신형 항공기를 완벽하게 정비할 수 있는 김포 정비기지 신축으로 안정 운항 체제를 더욱 공고히 했다. 한편으로는 김포공항 내 대한항공이 사용하고 있던 건물 부지를 활용해 포화 상태에 이른 계류장 확장이 가능해져 김포공항의 국제 경쟁력 확보에도 일조했다.

조양호 사장의 야심작

OC 빌딩의 건설은 1987년부터 준비했다. 조양호 사장(당시 전무)은 유럽 선진 항공사들을 둘러보고 온 후 "점점 확대되어 가고 있는 회사를 효율적으로 지휘하기 위해서는 홈베이스 역할을 할 수 있는 대형 빌딩 구축이 필요하다."라고 말했다.

조양호 사장은 유럽의 선진 항공사였던 스위스항공의 본사가 공항 옆에 위치해 운영상의 장점이 있는 것을 확인하고는 추진위원회를 구성해 김포공항 홈베이스(본사) 구축 준비에 착수했다. 그러나 공항 인근에 대단위 건설 부지를 확보하는 것은 쉽지 않았다. 250여 필지나 되는 논밭을 확보하기 위해 수많은 지주들을 설득하고 협상해야 했다. 대기업들이 공장 부지를 매입하지 못해 사업 자체를 포기하는 경우도 있어 땅 사는 것은 대단히 어려운 문제인 것이다.

그런데 부지를 확보한 후가 더 어려웠다. 정부로부터 인허가를 받는 일은 복잡하고 까다로웠다. 오랜 시간이 소요되었다. 용도 변경 절차가 이루어진 후에 지반을 다지는 일도 난제였다. 15톤 트럭 5만 대분의 토사를 실어와 성토한 뒤 자연침하 되기를 기다려야 했다. 공항 사이로 나 있던 인천행 국도를 외곽으로 이전하는 일은 도로 지도를 바꾸는 대공사였다.

이로 인해 1995년 5월에야 본 공사에 착수할 수 있었다. 기초 공사를 하는 동안 본 공사 준비도 확실히 진행했다. SOM(Skidmore Owings & Merrill) 사가 설계를 맡고 시공은 한진건설이 맡았다. 미국과 프랑스의 4개 설계회사가 경합을 벌였는데 SOM의 설계가 건물의 용도와 목적에 부합하고 독창적이면서 경제적 측면에서 높게 평가받았다. SOM사는 세계 최고의 빌딩으로 꼽히는 시어스타워와 같은 대형 건물을 설계하는 등 경험이 풍부해 믿고 맡길 수 있었다.

OC 빌딩은 국내 최초로 격납고 지붕을 지상에서 완전히 조립 후 유압잭을 이용해 들어 올리는 공법으로 건축했다. 항공기를 주기하는 격납고에는 기둥이 있으면 안 되므로 입구 양쪽의 기둥과 맞은편 중앙의 내벽 기둥 등 세 개의 기둥만을 이용해 철공 지붕을 얹는 정교한 작업이었다.

1996년 12월 14일, 이 지붕을 지상 28m로 끌어 올리는 상량식 행사는 국내의 매스컴에서도 화제가 됐다. 미국의 유명 건축 잡지인 ENR(Engineering & News Record)에서도 건물의 미려한 외관과 정교한 구조 설계에 극찬을 아끼지 않아 한국 건축사에 새로운 획을 그었다는 평가를 받았다.

2000년 10월에는 건물 구조 기술 부문에서 세계적인 권위를 자랑하는 미국 일리노이주 구조 기술자협회로부터 공로상을 받았다. 김포 복합 항공기지가 초대형 격납고라는 점, 특히 공간을 지탱하는 5,000톤이나 되는 철골 구조체를 기둥이 없는 독특한 구조로 완공시켜 3년간 하자 없이 운영해 온 공로를 인정받았다.

안정 운항을 위한 인텔리전트 빌딩

대한항공이 사상 최초로 건물 안으로 비행기 격납고를 끌어들인 것은 안정 운항을 최우선으로 고려했기 때문이었다. 건물의 50%인 지하 1층과 지상 1~3층을 정비 공간으로 할애했는데 철저한 정비를 통해 절대 안전 운항 체계를 구축하기 위한 것이었다.

B747-400 항공기 2대와 A300 항공기 1대를 동시에 주기할 수 있는 격납고에서 주요 정비 작업을 수행하고 지하 1층에는 항공기 예비 자재 저장, 지상 1, 2층에는 각종 수리시설, 3층에는 엔지니어들의 공간을 집중 배치해 단시간에 인력과 물자를 격납고로 투입할 수 있었다. 가상 항공기 정비 훈련을 할 수 있는 시뮬레이터를 비롯해 텔레스코픽 플랫폼과 같은 첨단기기 등 완벽한 정비 시스템을 갖추었다.

OC 빌딩의 저층부가 정비 공간이라면 상층부인 5~8층은 주로 운항, 객실과 현장 지원 부서를 위한 공간을 배치했다. 아울러 OC 빌딩 내 모든 사무실에서 정비 현장을 바로 내려다볼 수 있었는데 이는 안전 운항에 대한 전 직원들의 다짐을 새롭게 하고자 한 회사 차원의 조치였다.

OC 빌딩 옆 활주로로 연결하는 7만 2,600m²(2만 2,000여 평) 부지에는 B747-400 항공기 6대를 동시에 주기할 수 있는 계류장이 들어섰다. 이전에 김포공항에 주기할 곳이 없어 일부러 제주나 부산으로 가 하룻밤을 지새고 오는 항공기를 주기할 수 있어 계류 공간 부족에 따른 낭비를 줄일 수 있었다.

그밖에 주차난 해결을 위해 1,000대의 자동차를 수용할 수 있는 대규모 직원용 주차장도 계류장 옆에 구축했다. 환경 문제도 각별히 신경을 써 빌딩 내에 폐수처리장과 오수를 재생하는 중수 시스템을 갖추었으며 빌딩 자동화 시스템을 도입해 온도와 습도 및 흡배기 시설 등을 완전 자동화했다. 빌딩 내에는 거미줄 같은 광섬유 LAN 망을 깔아 완벽한 사무 자동화로 서류 없는 건물을 구축한 것도 일반 빌딩과 다른 대한항공 복합 항공 기지만의 특징이었다.

조양호 사장은 준공 기념사를 통해 '그간 대한항공이 세계 10위권의 선진 항공사로 성장한 것은 안전 운항과 고객 공감의 서비스 덕분이며 대한항공 기지(OC 빌딩)에서 안전 운항과 앞선 고객 서비스를 창출해 21세기 항공 시대를 선도하는 초일류 항공사로 거듭나기 위해 전력을 기울이겠다'라고 다짐했다.

49

괌(Guam) 사고(事故, Accident)와
안전 운항 체제 구축

괌은 오세아니아의 미크로네시아 마리아나 제도(諸島)에 있는 미국의 해외 속령이다.

1997년 8월 6일 0시 42분경 폭우 속에서 괌 아가나 공항에 착륙 중이던 대한항공(KAL)의 KE82편 B747-300 여객기가 공항에서 6km 떨어진 니미츠힐(Hill)에 추락했다. 추락 사고로 항공기가 전소되면서 228명이 사망하고 26명이 부상하는 인명 피해가 발생했다.

한·미 합동 조사단이 꾸려지고 현지 조사가 시작됐다. 대한항공도 사고 직후 임원 2명을 포함한 18명을 합동 조사위원으로 파견해 미국 연방 교통안전위원회(National Transportation Safety Board, NTSB)의 사고 조사 과정에 동참했다.

조양호 사장 총괄 아래 서울과 괌에 대책 본부를 설치하고 사고 수습에 매진했다. 괌 사고는 창사 이래 직면한 최고의 위기였다. 항공기가 산으로 추락해 인명 피해가 컸고 미국의 사고 처리 절차가 까다로워 사고 현장 수습에 오랜 시간이 걸렸다. 사고 원인 파악이 늦어짐에 따라 사회적인 지탄이 지속되었으며 유가족과의 합의도 쉽지 않았다.

2000년 1월 13일 NTSB가 발행한 사고 조사 보고서에 따르면 사고의 주원인은 운항 승무원의 과실이었으며 승무원의 피로와 괌 공항 당국의 부적절한 장비 운용이 부수 요인이었다. 이전에 발생한 사고들은 대부분 테러에 의한 사고였지만 괌 사고는 휴먼 에러가 결정적 원인으로 안전에 대한 신뢰가 무너졌다.

1980년대 이후 2~3년 간격으로 크고 작은 사고가 발생하면서 안전 운항에 균열이 생기고 있었으나 그 심각성을 인지하지 못한 것이 못내 아쉬움으로 남았다. 창업 초기부터 매년 안전 관리를 시행해왔고 특히 1990년대 이후 대대적인 안전 진단과 비행자료 분석(Flight Operational Quality Assurance, FOQA), 안전 장려금 제도 시행으로 안전 운항 체제를 구축했다고 믿고 있었기 때문이다.

수많은 인명을 앗아간 참담한 사고 앞에서 대한항공 임직원 모두가 고개를 숙였다. 절대 안전을 최우선의 가치로 여겨왔던 자부심이 타성으로 변질돼 결국 대형 사고로 이어진 것이다.

안전 혁신을 위한 델타(Delta) 컨설팅

괌 사고 이후 자체 안전 점검을 통해 문제점을 파악했지만 보다 객관적인 평가와 근본적인 대책이 필요했다. 당시 항공법에 규정되어 있지 않은 항목들은 상식선에서 이해하는 문화가 만연되어 있어 문제점을 정확하게 파악하기 어려웠다.

안전 전반에 대한 객관적인 평가를 받고자 국제적 안전 전문 기관인 국제항공 안전 재단(Flight Safety Foundation, FSF)에 안전 진단을 의뢰했다. 조양호 사장의 적절한 선택이었다. 외부 전문 기관을 통해 대한항공의 안전 수준을 국제적 기준으로 평가받고 문제점을 파악해 개선 대책을 수립하기 위해서였다.

FSF는 1998년 4월 한 달 동안 운항, 정비, 객실, 여객 및 화물, 보안 등 안전 관련 전 부분에 걸쳐 총체적인 안전 진단을 진행했다. 안전 진단 결과 FSF는 획기적인 안전 개선을 위해 운항 기준과 제도를 국제 표준으로 정비하고 선진 운영 체제를 구축할 것을 제안했다. FSF로부터 개혁을 권고받은 대한항공은 안전 혁신을 위해 1998년 5월 미국 델타항공에 안전 컨설팅(Delta Consulting)을 의뢰했다.

대한항공이 델타항공을 안전 혁신 파트너로 선택한 이유는 델타항공 역시 1980년대 초까지 잦은 사고로 미국인들의 비난과 기피의 대상이었으나 미국 연방항공규정(Federal Aviation Regulation, FAR) 기준에 따른 안전 강화 프로그램을 강력히 추진해 세계 최고 수준의 안전을 자랑하는 항공사로 거듭났기 때문이다.

델타 컨설팅은 운항, 객실, 정비, 운송, 보안 등 안전 관련 핵심 부서를 대상으로 동시에 진행했다.

1단계로, 1998년 5월부터 7월까지 모든 조종사에 운항 심사를 실시하고 FSF의 안전 진단 결과를 보완해 각 분야의 개선 계획을 수립했다. 2단계는 본격적인 혁신 과정으로 1998년 9월부터 1999년 12월까지 개선 계획을 실행했다.

대한항공은 FSF의 안전 진단과 델타 컨설팅을 통해 안전 운항 기준과 운영 체계를 국제 표준으로 재구축해 안전 신뢰성을 선진국 수준으로 높이고자 했다. 전 부문에 걸쳐 일시적인 개선, 보완을 뛰어넘는 근본적인 혁신을 추구했다. 안전 체제 구축뿐 아니라 의식 개혁, 교육 혁신, 안전시설 투자 및 노사 화합에 이르기까지 종합적인 안전 혁신을 이루고자 했다. 19개월 동안 200억 원을 투자한 대

규모 델타 컨설팅을 통해 델타항공에 이미 적용된 정책과 절차를 수용하고 제도와 절차를 국제 표준인 FAA 기준으로 맞추어 표준화 시켰다. 안전을 위한 통 큰 투자였고 괌 사고는 역설적이지만 전화위복이었다.

선진 운항(運航, Flight) 체제 구축

운항이란 비행기가 정해진 항로나 목적지를 오가는 것을 말한다. 대한항공은 안전 혁신을 전사적으로 추진했지만 '운항 부문'이 핵심이었다. 델타 컨설팅에 따라 ①안전 운항 체제 구축을 위한 하부 구조 재정비 ②운항 정책과 절차의 국제 표준화 ③조종사 양성과 운영 체제 개선 ④운항 승무원 심사 제도 개선 ⑤운항 승무원 운영과 자격 기준의 국제 표준화 ⑥안전 관련 시설과 장비 도입 등 구체적이고 체계적인 안전 혁신을 추진했다.

먼저 1998년 4월부터 기존의 법과 규정 및 제도를 전면 재점검해 국제 표준 운항 체계를 정립했다. 국제민간항공기구 부속서(ICAO Annex)에서 정한 국제 표준 및 선진 항공국 운영기준을 도입해 운항 부문의 불합리하고 비효율적인 제도와 절차, 인력 운영 제도 등을 개선해 선진 항공사 운영 체제로 전환했다.

1998년 9월에는 운항 부문의 조직 개편을 단행했다. 기존의 2BU(Business Unit) 10팀에서 5BU 15팀으로 확대 재편해 업무의 전문성을 추구했다. 국제 표준을 기본으로 수립된 운항 기준 운영과 기술 지원을 위해 운항 표준 BU와 기술지원 BU를 신설했다. BU장(長)으로부터 각 업무 담당자까지 구체적인 직무 책임을 부여해 전문성을 극대화하고 권한과 책임을 명확히 했다.

이어 안전 부문의 핵심 과제인 조종사 훈련과 교육 체계 개선 작업에 착수했다. 1999년 6월 세계 최고의 조종사 훈련 기관인 미국 FSB(Flight Safety Boeing Training International)에 조종사 훈련과 평가를 위탁했다.

대한항공과 델타항공이 공동 제작한 프로그램에 따라 FSB가 대한항공 조종사 훈련 과정, 시뮬레이터 훈련과 심사를 담당했다. FSB 소속의 교관과 검열관 등 교육 인력이 운항 훈련에 상주하며 선진 조종 훈련을 전수하고 감독함으로써 대한항공은 델타식 운항 시스템을 효과적으로 익힐 수 있었으며 우수한 조종 인력과 자체 검열관을 양성할 수 있었다.

운항 승무원의 채용과 양성을 출신에 관계 없이 일원화했으며 기장 승격 기준을 1999년 기점으로 비행시간 3,500시간에서 4,000시간으로 부기장 임명 후 5년, 착륙 횟수 350회 이상 기장 시험 합격자로 요건을 강화했다. 소형기에서 충분히 경험을 쌓은 후 승격한다는 원칙을 철저히 지키는 등 경력 관리를 엄격히 했다.

1999년 10월에는 승무 시간 기준을 국제 기준으로 개선했다. 편조 형태에 따른 승무 시간 및 비행 근무 제한 시간을 규정하고 국제 기준에 상응하는 피로 관리가 이루어지도록 비행 근무 시간에 비례하는 최소 휴식 시간을 신설했다. 비상 상황에서의 대처 능력 및 조종실 자원 관리를 위한 CRM(Cockpit Resource Management)과 LOFT(Line Oriented Flight Training) 교육 과정도 강화했다.

대한항공은 국제 표준 운항 기준과 제도를 도입, 실행함으로써 선진 운항 체제를 구축하고 절대 안전은 물론 21세기를 대비한 '종합 안정 체제'를 구축했다.

잦은 안전사고와 위상 재정립

대한항공은 괌 사고 이후 FSF 안전 진단과 델타 컨설팅을 통해 안전 운항 체제를 바로잡아 나간 것을 우리는 알고 있다. 그러나 각고의 노력에도 불구하고 1998년 8월 김포공항 활주로 이탈 사고, 1999년 3월 포항공항 활주로 이탈 사고, 4월 상하이공항 화물기 추락 사고가 연달아 발생했다. 절체절명의 위기 상황이었다.

사고의 후유증은 컸다. 국민들로부터 대한민국을 대표하는 항공사로 받았던 사랑은 지탄으로 바뀌었고 5대양 6대주의 노선을 개척하며 항공운송업 발전과 국가를 위해 공헌해 왔던 수많은 노력도 헛되게 '사고 항공사'라는 오명이 덧씌워졌다.

또한 건설교통부로부터 향후 1년 6개월간 국제노선을 배부받지 못하게 되었고 미국 등에서는 탑승을 일시금지하는 조치를 당했다. 캐나다와 독일 등은 특별 안전 점검을 요청하는 등 국제 신인도도 크게 떨어졌다. 잦은 사고로 인해 보험사들의 기피 대상이 되었으며 보험 갱신 요율이 급등했다. 국제적 정비 능력 지표인 운항 정시율 부문에서 항공사와 엔진 제작사로부터 20여 차례나 세계 1위 표창을 받는 등 안전 운항을 자신해 왔고 대한민국을 대표하는 항공사로서 자부심이 강했던 임직원들 역시 깊은 상처를 입었다.

대한항공은 1999년을 창사 이래 최대 위기의 해로 인식하고 그 해 4월 조양호 회장과 심이택 사장의 전문 경영인 체제로 개편했다. (독자들이여, 이 책에서 앞으로 조양호 회장으로 존칭을 쓰게 되는 것을 알려드린다.)

신경영 수뇌부는 '인명 중시의 과학적 경영'을 경영 목표로 내걸었다. 더불어 전사적인 안전 체제를 구축하기 위해 델타 컨설팅의 안전 대책을 강화한 '종합안전대책'을 수립했다. 심이택 사장을 중심으로 '임원 안전회의(Executive Action Council)'를 설치해 부문별 추진 상황을 점검, 조정했다.

델타 컨설팅이 계획 단계에서 추진 단계로 이행됨에 따라 이를 종합적으로 지원하고 직원들의 의식 개혁과 사기 진작, 설비 투자 등을 통해 안전 혁신을 전사적으로 확산하기 위한 것이었다. '안전'이 특정 부문에 한정된 과제가 아니라 회사 전체의 미래와 직결되어 있음을 임직원 모두가 공감했다.

1999년 5월 20일 본사 빌딩에서 임직원 2,000여 명이 참석한 가운데 노사 화합을 통한 '안전 운항 결의 대회'를 개최했다. 임직원들의 자발적인 발의로 전사적인 안전 결의문 서명 운동을 전개해 1만 2,000여 명이 서명하는 등 안전 운항 의지를 결집시켰다.

2001년 11월 미국 국방부는 직원들의 공무 출장 때 대한항공을 이용하지 않도록 권고하던 조치를 전면 해제했다. 대한항공은 민간 항공 수송 평가 위원회에 안전 운항 개선 프로그램을 제시했고 미 국방부 소속 실사팀이 대한항공을 방문해 조종사 근무 규정 등 조종사 관리 실태와 훈련 및 평가에 대한 해외 위탁, 조종실 문화 등에 대해 직접 확인했다. 또, 첨단 안전 장비 장착 실태와 비행 자료 분석 시스템, 안전 정보 시스템 등 안전 운항과 관련된 전반을 정밀 점검하고 완벽하게 개선된 것을 확인했다.

2000년 3월 캐나다 교통부 역시 대한항공을 방문해 안전 점검을 시행했고 '대한항공의 안전에 이상 없음'을 공식적으로 확인했다.

대한항공은 국제 사회의 신뢰를 빠르게 회복했다. 특히 미국 국방부의 대한항공 탑승 금지 해제 조치는 FAA가 한국을 항공 안전 2등급 국가로 판정한 상황에서도 대한항공의 안정성을 인정한 것이어서 의미가 컸다.

  대한항공은 '한 번 더 사고 나면 죽는다'는 각오로 안전 운항에 사활을 걸었다. 보험 갱신이 거절될 정도였으나 안전 이슈를 극복하고 무결점 지향으로 2000년대 이후 무사고 항공사로 거듭났으며 보험료가 가장 낮은 항공사가 되면서 그동안의 철저한 안전관리 노력을 인정받았다.

50

외환위기(IMF 사태)와 대한항공 위기 극복

1990년대 들어 우리나라는 국가 간의 무역 경쟁 심화로 지속적인 무역적자를 기록했다. 우등생으로 칭찬받던 한국 경제가 추락하기 시작한 것이다. 1996년에는 206억 달러에 달하는 역대 최대의 무역적자를 기록하기에 이르렀다. 게다가 국내 기업들의 부실채권 문제 등이 가중되면서 대외 경영 여건이 급격히 악화됐으며 1997년 11월 21일에는 외환 부족으로 국제통화기금(IMF)에 구제금융을 신청하기에 이르렀다.

IMF로부터 195억 달러, 세계은행(IBRD)과 아시아개발은행(ADB)로부터 70억 달러, 37억 달러를 지원받아 외환 부족의 고비를 일단 넘겼다.

IMF는 자금을 지원하는 조건으로 우리나라 경제 체질 전반의 개혁을 요구했다. 재정, 금융 긴축과 대외 개방, 기업 구조조정과 투명성 제고 등의 우리나라 경제가 나아가야 할 방향 외에 미국식 감사위원회 도입, 높은 콜금리(Call Rate) 수준 등 국내 상황에 맞지 않는 요구 역시 수용할 수밖에 없었다.

1998년에 들어와 우리나라 경제 여건은 초유의 국가 부도 사태로 일컬어질 만큼 내적, 외적으로 매우 어려운 상황에 직면했다. 외환위기의 파고를 감당하지 못한 기업들은 하나 둘 쓰러지기 시작했다. 기업들은 성장 일변도의 경영 전략을 포기하고 긴축, 감량 경영을 실시함과 동시에 구조조정을 통한 자구책 마련에 부심했다.

대한항공(KAL)으로서는 마른 수건이라도 쥐어짜야 할 형편이었다. 한 치 앞을 내다볼 수 없는 엄혹한 상황에서 살아남는 것이 우선이었다. 살아남아야 미래를 도모할 수 있다. 이에 따라 절대 고용 안정 체제 유지, 해외 판매시장 확대, 비용 절감, 초긴축 투자 등을 최우선 과제로 하는 '비상 경영 체제'를 구축했다.

대한항공은 '우리가 누구입니까'라는 슬로건 아래 최고 경영층으로부터 신입사원에 이르기까지 전 직원이 고통을 분담하고 위기에 강한 저력을 발휘해 경영 위기를 극복해 나갔다. 특히 다른 대기업들이 대대적인 인원 감축을 실시했으나 대한항공은 희망자에 한해 인력을 감축했으며 과장급 이상 직원에 한해 임금 10%를 삭감하고 보너스 축소로 고용 안정을 유지했다.

어느 기업, 어느 분야보다도 환율, 유가, 금리 등 경제 환경의 변화에 민감할 수밖에 없는 대한항공은 경영상의 불리한 여러 여건들로 1997년에 이어 1998년에도 상당 폭의 적자가 예상되고 있었다. 특히 원화 가치 하락으로 환차손이 대규모로 발생했고 어려운 경제 여건으로 인한 국제 여객 사업의 부진이 지속되고 있었다.

다행스럽게 화물 사업은 전년 대비 30% 이상의 수입 증가 추세를 보이며 건실하게 성장해 대한항공이 세계적인 '화물 항공사'라는 이미지를 굳히는 계기를 만든 것은 그나마 큰 위안이었다.

조양호 회장은 경영 여건 악화로 인한 수익성 하락을 극복하기 위한 각종 대책을 마련했다. 1995년까지 10년 정액법으로 되어 있던 항공기의 감가상각 기간은 1997년에 13년, 1999년에 20년으로 변경해 비용 절감을 도모했으며 만성적인 적자 노선을 과감하게 운휴 또는 폐기함으로써 수익 극대화를 추진했다.

또한 제로베이스(Zero Base)의 비용 관리를 실시해 고정 비용은 30%, 운용 비용은 20~50%까지 절감하고 비용 사전 심의제 등 초긴축 비용 체제를 운영하도록 했다.

매각 후 임차 방식(Sale & Lease Back) 기법으로 유동성 확보

조양호 사장은 외환위기가 터지자 실적이 부진한 노선을 감편하는 등 수익성 위주의 기재 운영 전략을 전개했다. 유동성 확보를 위해 외부 차입을 최대한 억제하는 한편 운영 효율이 떨어진 자산을 매각하는 등 자체 자금 확보에 주력했다.

1997년 12월 항공기 도입에 '매각 후 임차 방식(Sale & Lease Back)'을 도입했다. 매각 후 임차방식이란 항공기를 금융기관에 매각과 동시에 임차하는 방식이다. 당시 보유 항공기 112대 중 임차 항공기는 14대 뿐으로 대부분의 항공기를 자체 소유하고 있었기에 가능한 일이었다.

B747과 A300-600 항공기 9대를 매각해 약 3억 8,600만 달러의 해외 자금을 조달했으며 항공기를 담보로 항공기 가액만큼의 차액으로 약 3,000억 원 규모의 특별 차익을 얻기도 했다.

유동성 자금 확보가 기업의 생존을 좌우하던 당시 상황에서 '매각 후 임차' 방식으로 유동성 위기를 대처하며 회사의 자금 운용에 숨통을 틔웠다. 항공기를 임차하기보다는 구매 후 자체 소유한다는 내실 경영 판단이 외환위기 때 빛을 발하며 위기 극복의 구심적 역할을 하게 된 것이다.

1998년 2월에는 국내 상장 기업 중 그해 최초로 대규모 해외자금 조달에 성공했다. 미국 내 3개 금융기관으로부터 보유 항공기를 담보로 2억 5,400만 달러 차입에 성공한 것이다. 우리나라 국가 신용등급 상향 조정이 이루어진 최초의 사례로 금리 조건 또한 리보(Libo)에 평균 1.25%를 더한 수준이었다. 1997년 말 우리 정부와 기업들의 차입금 이자(리보+2.4%)와 비교해 볼 때 파격적으로 낮은 금리가 적용된 것이다.

1997년 말부터 진행한 '매각 후 임대' 방식으로 3억 8,600만 달러를 마련하는 등 1998년 상반기에만 6억 4,000만 달러(당시 원화 1조 8,000억 원 규모)의 해외자금을 조달해 정부의 외화 부족 사태 해소에 크게 이바지했다.

이는 세계 10위권 항공사로서의 국제 신용도를 바탕으로 조양호 회장의 폭넓은 해외 인맥을 적극 활용할 수 있었기에 가능한 일이었다. 당시 파격적인 금리로 차입을 성사시켰다는 점에서 이후 국내 기업들의 해외 차입에까지 좋은 영향을 주었으며 국가적 외환위기 타개에 큰 힘이 되었다.

1998년 하반기에는 자산재평가를 실시해 자산 규모를 2조 원가량 늘리는 등 피나는 재무구조 개선 노력에 힘입어 1997년 1,119%에 달하는 부채 비율을 1999년에는 135%로 낮추며 위기를 극복해 나갔다.

비수익 노선 축소와 판매 강화

외환위기에 따른 경기 침체가 심화되면서 1998년 내국인 출국자 수가 전년 대비 37%나 감소하는 등 해외여행 수요가 급감했으며 원화 평가 절하로 인한 대규모 환차손이 발생하는 등 경영상 위기가 심각해졌다. 조양호 사장은 위기를 극복하기 위해 적자 노선을 감편하거나 운휴 및 폐지하는 등 비용 절감과 수지 개선에 힘을 기울였다.

여객 사업은 1997년 6월부터 1999년 4월까지 동남아시아 10개 노선(주 33회)을 포함해 모두 28개 노선(주 95회)을 운휴했으며 미주 4개 노선(주 11회)을 포함해 19개 노선(주 92회)을 감편 운행했다. 중동노선을 하나의 노선으로 병합하고 유럽의 취리히와 암스테르담을 병합하는 등 고비용 장거리 노선의 구조를 변경해 비용 절감을 꾀했다.

대규모 운휴, 감편 운항과 노선 구조 변경에도 불구하고 경영 여건이 지속적으로 악화되자 단기간에 항공 수요가 회복되기 어려운 25개 노선(주 82회)을 폐지해 비용 절감과 좌석 이용률 제고 등 수익성 위주의 노선 운영 정책을 추진했다.

화물 사업은 1997년 5월부터 1999년 4월까지 대양주와 동남아시아 등 4개 노선(주 6회)을 운휴했으며 마나도, 조호르바루, 마드라스, 바탐, 다카 등 수익성 개선이 불확실한 화물 노선을 폐지해 동남아 경기 침체 장기화에 따른 이 지역의 화물 수요 감소에 대응했다.

1999년 이후 우리나라 경제가 본격적으로 안정화되면서 항공 수요 역시 뚜렷한 회복세를 보이자 수요 증가 노선을 중심으로 증편과 재운항으로 노선 운영을 정상화했다. 다각도의 노선 구조조정을 통한 수익성 위주 노선 운영 정책으로 외환위기에 따른 경영 위기를 극복했다.

다른 한편으로는 해외 시장에서 영업실적을 증대시켜 국내 시장에서의 부진을 만회하는 전략을 수립해 해외시장을 적극 개척하고 해외 판매를 증대해 나갔다. 국제선 항공편 스케줄 연결을 제고해 경쟁력을 높이는 한편 항공기를 갈아타는 불편을 해소하기 위해 환승 라운지를 개선하는 등 연결 승객에 대한 서비스를 강화했다.

1998년 5월부터 미주와 유럽, 동남아시아 지역을 대상으로 한국 방문 '에어텔(Airtel)' 상품을 출시해 외국인들의 한국 방문 유치에 나서기도 했다. 에어텔은 고품격 비즈니스 상품으로서 항공과 호텔, 그리고 리무진 버스를 연결해 교통과 숙박 문제를 일시에 해결함으로써 비즈니스맨과 외국인에게 인기가 높았다. 1998년 10월부터는 베이징, 선양, 홍콩, 싱가포르 지역의 13개 최고급 호텔을 연결해 여행자들이 특별요금으로 이용할 수 있도록 했다.

이런 다양한 방면에 걸친 노력으로 1998년 해외지역 판매는 전년 대비 13.5%가 증가해 해외 판매 점유비가 50%에서 67%로 대폭 상승했다. 그 결과 해외에서의 수입은 전년 대비 30% 증가한 2조 1,000억 원을 기록했다.

대한항공은 여객 사업 부진을 만회하기 위해 화물 사업을 더욱 확대했다. 우리나라의 수출 화물의 수용 확대는 물론 외환위기에 처한 아시아 국가들의 수출 확대 정책을 최대한 활용해 제3 국가 수송 확대로 1998년의 화물 수입이 전년 대비 33% 증가한 1조 5,045억 원을 기록했다.

1998년 대한항공의 경영 실적은 연초의 예상과는 달리 매출 성장을 이어갔으며 당기순이익은 창사 이래 최대 규모인 2,966억 원의 흑자를 냈다. 1999년에도 매출 성장과 흑자 기조가 유지되어 2000년대 세계 항공업계를 선도하는 항공사로 군림하는 경영 기반을 확고히 했다.

51

통제센터(Operation Control Center, OCC) 개원

1990년대 후반에 발생한 사고(괌 사고)로 인해 안팎으로 상처를 입은 대한항공은 절치부심하며 새로운 21세기를 맞이했다. 대한항공의 최우선 가치는 '안전 운항'이었다. 델타 컨설팅으로 국제 표준에 걸맞은 안전 기준을 정립한 대한항공은 안전 체계의 선진화를 위해 안전에 대한 투자를 이어갔다.

2000년 8월 마침내 통제센터(OCC)를 개원했다. 델타항공의 선진 운항 통제 체제를 벤치마킹해 24시간 항공기 운항 지원과 비행 감시 체제를 갖춘 것이었다. 통제센터는 비행 계획 및 감시 시스템과 대형 스크린(84인치 4개)을 도입해 운항 중인 항공기의 정상 운영 여부와 기상 등 각종 정보를 실시간으로 확인할 수 있고 데이터 전송 통신 시스템(ACARS), 통합 무선통신망(ICRS), 위성통신(SATCOM) 등으로 항공기와 지상 간 실시간 통신 체제를 구축했다. 이 밖에도 기상 레이더(Weather Radar) 등 첨단 항공기 장비를 대거 도입했다.

통제센터의 기능은 이전과 확실히 달라졌다. 운항 중인 모든 대한항공 항공기의 항적이 1분 간격으로 표시됐으며 기상 정보, 연료량, 도착 공항 상황 등 모든 정보가 실시간으로 스크린에 제공되었다. 비행 중에는 사실상 정보 교류가 불가능했던 이전과 비교하면 엄청난 발전이었다. 통제센터 가동으로 조종사들의 업무 부담이 줄고 운행 안전성은 한층 높아졌다. 그야말로 안전 운항의 획기적인 전환이었다.

또 하나의 커다란 변화는 분산 배치되어 있던 운항 관리 기능이 통합돼 비정상 상황이 발생할 경우 사내 유관 부문의 전문가들이 의견을 모아 즉시 대응 방안을 마련할 수 있다는 점이었다. 비행 계획과 비행 감시 및 스케줄 통제 기능에 더해 정비, 여객, 화물, 승무원 등 유관 부서 직원들을 통제센터 내에 포진시켜 비정상 상황이 발생하면 각 부문의 항공 전문가들의 의견을 즉시 반영해 최적의 의사 결정을 신속하게 내릴 수 있는 체제를 갖추었다.

통제센터는 이후에도 안전 운항 확보, 제반 프로세스 개선, 고객 관점의 운항 관련 의사 결정 등을 목표로 조직 보완을 지속적으로 추진했다. 이에 따라 비행 안전은 보다 강화되었으며 각국 항공사들로부터 벤치마킹 대상이 되기도 했다.

통제센터 개원으로 안전 운항 토대를 마련한 대한항공은 2004년 1월 종합 통제본부를 발족시켰다. 기존의 운항 통제 기능에 스케줄 계획과 운영 기능까지 추가해 시너지를 더하게 되었다. 항공사의 핵심 자원인 항공기와 승무원의 스케줄 계획 및 운영 기능을 통합해 효율성은 물론 다양한 돌발 변수에 즉각적으로 대응할 수 있게 됐다.

그해 7월에는 종합 통제본부 내에 연료관리팀을 신설해 유가 절감 방안을 찾아내고 전사 연료 관리 기반을 구축해 고유가 상황에 대응했다. 2005년 1월에는 탑재 관리팀을 발족시켜 각 공항에서 수행하던 항공기 중량 배분 업무를 중앙집중화해 안전관리를 강화했다.

이로써 종합통제본부는 항공기의 움직임은 물론 운항과 스케줄, 탑재, 연료 관리에 이르기까지 24시간 잠들지 않는 안전 운항 시스템을 구축하고 대한항공의 운항 관리 업무를 안전하고 효율적으로 통제했다.

국제 규격 객실 훈련센터 준공

2003년 3월 대한항공은 공항동 본사 인근에 국제 규격의 첨단 훈련 장비와 비상 탈출 및 착수(着水) 훈련이 가능한 수영장(Ditching pool)을 갖춘 국내 최대 규모의 항공 종합 훈련 시설인 대한항공 객실 훈련센터를 준공했다. 델타(Delta) 컨설팅을 통해 객실 승무원 항공 안전교육 강화 문제가 제기됨에 따라 객실 승무원들의 안전 훈련을 강화하기 위해 훈련시설을 확충한 것이다.

대한항공 객실 훈련센터는 지하 2층, 지상 2층의 연면적 7,692㎡ (2,330평) 규모로 항공 안전에 관한 모든 훈련이 가능하도록 비상 탈출 훈련용 모형 항공기, 항공기 출입문 개폐 실습 장비, 비상 장비 실습실, 화재 진압 실습실, 항공 보안 실습실, 응급처치 실습실 등 운항 중 벌어질 수 있는 갖가지 불의의 사고에 대비해 훈련할 수 있는 시설을 완비했다. 모든 장비와 시설은 우리나라 항공 안전본부는 물론 미국연방항공청(FAA)과 스카이팀이 정한 여러 기준을 충족시키도록 구비했다.

시설 확충과 더불어 안전 교육도 강화했다. 신입 승무원이면 필수로 받아야 하는 4주 간의 안전 교육 외에도 매년 비상 장비 사용법, 비상 탈출 시 조치 요령 등 정기 안전 교육을 시행함으로써 승무원의 안전 의식을 제고하고 관련 절차를 완벽하게 습득하도록 했다.

대한항공 객실 훈련 센터에서는 안전 훈련 외에도 기본 서비스 훈련이 가능한 비행기 모형 실습장과 기내 엔터테인먼트(Entertainment) 시스템이 갖추어진 학과장도 구비했다. 케이터링(Catering) 센터 내에 3개의 이론 학과장과 4개의 실습 학과장 및 Food & Beverage(식음료) 전문 학과장을 설치해 기본 서비스 교육뿐 아니라 상위 클래스 서비스 교육 등 승무원 직무 커리어에 맞는 종합 서비스 훈련을 진행할 수 있도록 했다.

이외에도 몽골(Mongolia)항공, 중국 남방항공 등 외국 항공사 및 진에어, 대통령 특별기 담당 공군 객실 승무원 양성 등 외부 객실 승무원 위탁 교육도 수행했다.

항공 안전 1등급 사 인증 획득

대한항공(KAL)이 안전을 강화하기 위해 전력을 다하고 있던 2001년 8월 미국연방항공청(FAA)은 우리나라의 항공 안전 등급을 2등급으로 강등했다. 항공 운송 사업 면허 절차와 항공사에 대한 정부의 느슨한 감독 책임을 문제 삼은 것이다. 대한항공의 안전 운항을 위한 그동안의 노력이 무색해지는 순간이었다.

항공 안전 2등급의 경우 미국 내 신규 노선 취항이나 증편, 코드쉐어(Code Share, 공동운항) 등에 제재가 뒤따랐다. 더구나 2002년 한·일 월드컵을 앞두고 있던 상황에서 국가 신인도 하락으로 월드컵 관련 항공 수송에 악영향을 미칠 수도 있었다.

사태의 심각성을 깨달은 우리나라는 뒤늦게 '운항 증명' 제도를 도입했다. 우리나라는 ICAO와 FAA가 1998년부터 2000년까지 몇 차례 항공 안전 평가를 권고했음에도 대책을 취하지 않았다. 결국

2001년 ICAO(국제 민간항공기구)로부터 28개 항목에 대해 지적을 받았고 그해 8월에는 FAA로부터 '항공 안전 2등급 강등'이라는 불명예를 안고서야 도입을 서둘렀다. 운항 증명 제도는 ICAO가 정한 국제 표준에 따라 정부가 항공사의 안전 운항 체계를 검사하고 항공사에 운항 증명서(Air Operation Certificate, AOC)를 발급해 주는 제도이다.

대한항공은 국내 최초의 운항 증명 항공사를 자처해 안전 운항 체계 및 정부 검사 절차를 구축했다. 2001년 11월 10일 제1호 운항 증명서(AOC 제2001-A01호)를 받아 안전 운항 체계를 갖추었음을 공식적으로 인정받았다. 대한항공의 발 빠른 운항 증명 취득에 힘입어 우리나라는 2001년 12월 항공 안전 1등급으로 조기 복귀했다.

2001년 9·11 테러 발생 이후 대한항공은 정부 차원의 보안 조치와 별도로 자체 항공 보안을 강화했다. 2002년에는 안전 보안실 내에 안전 품질 평가팀을 신설해 전략기획팀, 지상안전팀, 비행안전팀, 항공보안팀과 함께 5개 팀으로 확대 개편함으로써 안전 운항 기반을 구축했다.

기내에서의 항공 보안 위협에 단호하고 적극적으로 대처하기 위해 기내에 신규 보안 장비인 테이저건(Air Taser)을 탑재하고 객실승무원의 항공 보안 훈련을 강화했다. 또 사내 항공 보안 대책 규정을 항공 보안 규정으로 바꾸고 전면 개정했다.

2005년에는 항공 보안 정보관리 시스템과 사전 위협 분석 시스템을 개발해 보안 정보의 신속한 보고와 체계적인 분석으로 예방 보안이 정착되도록 했다. 또한 항공 보안 교육 훈련을 강화하고 테러 상황에 대비한 훈련을 주기적으로 실시했으며 사고 대응 매뉴얼을 제작해 신속하고 효율적인 대응 체제를 갖추도록 했다.

대한항공의 전방위적인 노력은 2005년 1월 국내 항공사 최초로 IOSA(IATA Operational Safety Audit) 인증을 획득하며 세계적으로 인정받았다. IOSA 인증은 2003년 IATA가 도입한 항공사 안전 시스템 평가 제도로 항공업계의 ISO 인증으로 불렸다.

IATA는 항공사의 안전에 관한 국제적인 표준을 정하기 위해 2003년 7월부터 IOSA 인증 프로그램을 운영했으며 IATA 소속 항공사는 2008년 말까지 의무적으로 인증을 획득해야 했다.

대한항공은 운항, 정비, 종합 통제, 객실, 운송 및 지상 조업 관리, 조직 관리, 화물, 항공 보안 등 8개 분야 755개 항목의 안전 점검 사항 중 단 한 건의 지적 사항 없이 심사를 통과했다. 최초 점검에서 단 한 건의 지적 사항 없이 IOSA 인증을 획득한 항공사는 대한항공과 싱가포르항공 2개 항공사밖에 없었다. 이는 1995년부터 2004년까지 5,000억 원 이상을 투입해 통제센터와 객실 훈련 센터 구축 등 안전 관련 인프라 구축에 기울인 노력의 결과였다.

대한항공은 항공기 운항 정시율(正時率) 평가에서 지속적으로 1위를 기록하며 운항의 신뢰성을 입증했다. 2000년부터 2004년까지 15년 연속 B777, B737, B747-400 항공기의 운항 정시율 1위를 달성했으며 2003년부터 2011년까지 5년 연속 A300-600 항공기 최우수 운영 항공사로 선정됐다.

2007년에는 미국 경제 전문지 〈포브스〉가 선정한 '운항 정시율' 부문 아시아태평양 지역 1위로 선정돼 안전 운항을 위한 정비 능력의 우수성을 과시했다.

2008년 10월에는 ICAO의 표준 권고 실행안에 의거한 새로운 항공 안전관리 시스템인 SMS(Safety Management System)를 도입하고 국내 최초로 항공 안전 본부 인가를 획득함으로써 안전 운항의 수준을 한 단계 높였다. SMS는 전사적인 데이터 수집을 통해 불안전 위험 요소들을 계량화, 수치화함으로써 추상적 개념의 안전을 구체적으로 가시화해 위험 요인을 사전에 관리할 수 있는 시스템이었다.

    대한항공은 괌 사고 이후 치열한 자기 성찰을 바탕으로 기본부터 철저히 다지며 안전제일, 고객 중심의 항공사로서 거듭나기 위한 노력을 기울였다.

52

뉴 CI(기업이미지 통합, Corporate Identity) 도입과 신 유니폼

조양호 사장은 글로벌 서비스 기업 이미지를 구축하기 위해 새로운 CI 변경을 추진했다. 스카이팀(Sky Team) 출범과 항공사 제휴가 확대됨에 따라 대한항공(KAL)의 이미지를 통합하고 글로벌 항공사로서의 진취적이고 역동적인 이미지를 구축하기 위해서였다.

그동안 축적해 온 대한항공의 고유 정체성을 유지하면서 젊고 미래지향적인 이미지로 변화를 추진했다. 세계적인 브랜드 컨설팅 전문 업체인 미국 랜도(Landor) 사와 함께 구축한 새로운 CI는 '내 집과 같은 편안함(At home)과 새롭게 변하는 대한민국의 역동성(Spirit of New Korea)'을 추구했다.

우리나라 고유의 멋과 얼이 깃든 한복과 도자기(陶瓷器)에서 영감을 받은 청자색(Celadon)을 기본 컨셉트로 승무원 유니폼 변경, 기내 인테리어 개선 등 뉴 CI 추진을 본격화했다. 태극 마크와 로고는 그대로 사용하기로 했다.

2004년 9월 '뉴 인테리어 1호'가 첫선을 보였다. 기존의 빨강과 파랑 위주의 기내 시트를 우리 고유의 빛깔인 청자색과 파스텔 톤의 녹차색으로 변경한 것이 특징이었다. 퍼스트(1등석)와 비즈니스(2등석) 클래스에는 청자색을 도입해 대한민국을 대표하는 국적 항공사로서의 이미지를 부각시켰으며 이코노미(Economy) 클래스는 청색과 갈색으로 바꿔 젊고 역동적인 이미지를 느낄 수 있도록 했다.

2005년 3월 하얏트리젠시 인천에서 새로운 유니폼을 공개했다. 대한항공 역사상 11번째 유니폼이었다. 1991년 이후 14년 만에 교체된 새 유니폼은 이탈리아 패션 명장 지안프랑코 페레(G. Ferre)가 디자인을 맡았다. 글로벌 선도 항공사로 도약하는 대한항공의 이미지를 극대화하려는 취지였다. 현재까지 이어지고 있는 이 유니폼은 한국적 전통과 현대적 세련미가 어우러져 유니폼의 가치를 한층 높이고 대한항공의 혁신적 이미지를 각인하는 상징이 됐다.

여승무원 유니폼의 기본 색상은 청자색과 베이지색으로 밝고 우아하며 부드러운 톤의 색조가 돋보이도록 했다. 특히 객실 여승무원 신 유니폼에 처음으로 바지를 도입해 기능성과 활동성을 살렸으며 한국 고유의 '비녀'를 모티브로 한 헤어핀과 비행기 꼬리 날개를 연상하는 스카프로 포인트를 주었다.

운항 및 객실 남승무원 유니폼은 검정색을 기본으로 안정된 느낌을 주면서도 활동성을 최대한 부여했으며 정비사 유니폼은 야외 활동이 많은 업무 환경을 감안, 보온성이 높은 최첨단 소재를 활용해 스포티한 느낌이 들도록 했다.

유니폼의 변화는 단순히 의상이 바뀐 것에만 있지 않았다. 세련된 승무원들의 유니폼만큼 서비스가 전체적으로 업그레이드되며 대한항공의 서비스가 세계 수준에 이르는 것을 의미했다. 나아가 기본자세는 물론 기업의 체질을 바꾸고 더욱 정진하겠다는 의지의 표현이었다. 이를 통해 고객의 기대를 뛰어넘는 서비스로 글로벌 고객에게 행복을 선사하는 대한항공의 명품 서비스가 탄생했다.

대한항공의 새로운 유니폼은 전 세계의 하늘을 누비며 우리 국민들에게 자긍심을 심어 주었으며 현재까지 대한항공을 대표하는 얼굴이자 이미지로 주목받고 있다.

대한항공은 유니폼 교체를 시작으로 2006년까지 각종 기내 인테리어 개선과 기내식 용기를 비롯한 신 기물 도입 등 뉴 CI 추진을 순차적으로 시행했다.

객실 명품화 프로젝트

조양호 회장은 새로운 CI 선포와 더불어 객실 명품화 프로젝트도 추진했다. 차세대 항공기 도입, 유니폼 변경 등과 더불어 객실 명품화를 통해 고객 서비스를 차별화하고 궁극적으로 최고의 명품 항공사로 거듭나고자 했다.

객실 명품화 프로젝트는 좌석은 물론 시트와 카펫, 주문형 엔터테인먼트(Audio Video On Demand, AVOD) 시스템 설치, 기내 화장실과 갤리(Galley) 등 기존의 장비와 시스템을 모두 교체하는 대단위 작업이었다.

대부분의 항공사들이 불황으로 기내 서비스를 축소하고 있는 상황에서 2005년 8월 새롭게 선보인 기내 인테리어와 좌석은 업계의 주목을 받았다.

좌석 디자인 업체가 대한항공을 위해 특별히 개발한 일등석은 프라이버시가 보장된 침대형 좌석으로 일등석의 개념을 새롭게 제시했다는 평가를 받았으며 프레스티지석은 뒷좌석의 개인 공간이 확보되는 좌석 등받이를 설치해 인기를 끌었다. 일반석은 슬라이딩

쿠션 및 인체공학적 설계가 적용된 '뉴 이코노미(New Economy)' 좌석으로 넓어진 개인 공간을 제공하는 한편 전 좌석에 AVOD를 설치해 기내 서비스를 차별화했다.

한층 업그레이드된 상위 클래스 좌석들을 연달아 선보였다. 일등석은 좌석별 슬라이딩 도어를 장착해 완벽한 프라이버시를 제공했으며 프레스티지(Prestige)석은 완전 평면형 좌석과 다른 항공사에서는 일등석에서만 제공하는 오토만 발 받침을 설치해 상위 클래스 서비스를 강화했다.

2011년까지 항공기 종류마다 차별화된 최적의 신규 좌석들이 장착된 19대의 중-대형 항공기를 들여오며 명품 서비스를 완성시켜 나갔다. 명품 서비스 업그레이드는 신규 항공기에만 국한되지 않았다. 보유 중이던 B747, B777, A330 항공기 49대에도 신규 좌석 및 AVOD 시스템을 장착했다.

2005년부터 2011년까지 약 6년에 걸쳐 3,600여억 원을 투입, 전체 1만 4,441석을 대한항공 자체 개조 기술로 전면 탈바꿈시켰다. 이로써 국내선 및 단거리 항공기 38대를 제외한 모든 중, 대형 항공기 68대가 업그레이드된 객실 환경을 갖추었다.

2006년 10월부터는 기내 오락 프로그램 전문지인 〈비욘드(Beyond)〉를 창간해 기내 상영 콘텐츠에 대한 상세한 설명과 함께 풍부한 읽을거리를 제공했다.

기내 환경의 혁신은 항공 여행의 패러다임을 바꾸어 놓았다. 서비스 환경이 달라지면서 기내 공간에 대한 고객들의 인식이 획기적으로 변화한 것이다. 특히 가장 공들인 좌석 업그레이드로 하늘 위의 안락한 휴식이 가능해지고 AVOD 시스템을 통해 음악감상, 게임, 영화 관람 등 다양한 엔터테인먼트를 즐길 수 있는 높은 서비스

공간으로 거듭났다.

고객의 요구에 맞는 최상의 서비스 제공

최상의 명품 서비스는 좌석, 주문형 엔터테인먼트 시스템 등 하드웨어 업그레이드에만 국한되지 않았다. 내부적으로 시스템을 표준화하고 프리미엄 전략으로 고객의 요구에 맞는 최상의 서비스를 제공하는 하이엔드 마케팅을 펼쳐 나갔다.

먼저 상위 클래스 고객의 안락한 여행을 위해 전문 교육을 이수한 전담 승무원을 배치했으며 원하는 시간대에 주문형 식사(Command Meal)을 제공했다. 한식 정찬 등 차별화된 웰빙 기내식과 함께 영국 웨지우드사에서 제작한 최고급 기물 등으로 여행의 품격을 높였다.

일등석 고객을 대상으로 공항 수속에서부터 항공기 탑승에 이르기까지 전담 직원이 에스코트하는 'KAL 프리미엄 케어 서비스(KAL Premium Care Service)'와 '위탁 수하물 래핑 서비스' 등 고급 서비스를 추가했다.

2002년 시행된 '플라잉맘(Flying Mom) 서비스'를 통해 객실 승무원이 홀로 여행하는 어린이 승객을 세심히 살피며 식음료는 물론 수면, 휴식 상태 등을 보호자에게 편지글로 전했다. 당시 많은 항공사에서 제공하던 UM(Unaccompanied Minor) 서비스에 한국적 정서를 결합한 대한항공만의 차별화된 서비스였다.

서비스 고급화에 적극적으로 나서면서 2006년 1월부터는 일반석 승객들에게도 여행 편의품(Amenity Kit)을 제공하고 어린이 전용 용품을 개발했다.

대한항공의 노력은 잇단 수상(受賞)으로 이어졌다. 2005년 11월 아시아판 타임지 선정 '퍼스트와 비즈니스클래스' 부문에서 3위에 올랐다. 이듬해 2006년에는 항공전문 권위지인 〈에어트랜스포트월드(ATW)〉에서 21세기 들어 가장 성공적인 변신을 한 항공사에 수여하는 피닉스 상(Phoenix Award)을 수상했다.

2007년 4월에는 영국 OAG(Official Airline Guide) 사로부터 '세계 최우수 이코노미클래스 운영 항공사'로 선정됐다. OAG 상은 항공업계에서 ATW 상과 함께 최고 권위의 상으로 꼽힌다.

그 밖에도 서비스 전반에 걸쳐 수상이 이어졌다. 2006년 비빔국수로 국제 기내식 협회의 기내식 부문 머큐리상 수상, 천상의 와인 2006년 시상식(Cellar In the Sky 2006)에서의 비즈니스클래스 화이트 와인 부문 1위를 비롯해 총 6개 부문에서 3위에 입상했다.

'플라잉 맘' 서비스는 2007년 국제 기내식 협회의 기내 서비스 부문 머큐리상을 차지하며 대한항공은 비빔밥(1998년), 비빔국수(2006년)에 이어 3번째 머큐리상을 수상했다.

2007년에는 기내 엔터테인먼트 분야 WAEA(World Airline Entertainment Association) 최우수 항공사(Best Overall, IFE) 부문에서 Top 5에 오르기도 했다.

2008년 초 조양호 회장은 지속적인 서비스 혁신의 중요성을 다시 한번 강조했다. '지속적인 성과를 창출하기 위해서는 탁월한 역량과 차별화된 경쟁력을 갖추어야 한다'라고 전제하고 '차별화의 출발점은 곧 고객임'을 강조했다. 차별화된 고품격 서비스로 경쟁력을 더욱 높여 글로벌 명품 항공사 입지를 다지겠다는 의미였다.

53

사회적 책임 경영(Corporate Social Responsibility) 전개

 조양호 회장은 선대 회장의 나눔 정신을 이어받아 '고객과 사회로부터 존경받지 못하는 기업은 뿌리를 내릴 수 없다'는 경영 철학에 따라 사회 공헌 활동 강화에 나섰다. '기업의 이윤은 그것을 가능하게 한 사회에 반드시 환원해야 한다'라는 것이 조중훈 창업회장의 경영 신념이었다.

 2000년대에는 기업 경쟁력의 중요한 요소로 사회적 책임이 부각되었다. 대한항공은 2001년 1월 윤리 헌장을 제정하고 기업 활동을 통해 공익적 가치를 증대하고 이를 사회에 환원함으로써 공동의 번영을 추구한다는 뜻을 분명히 밝혔다. 이를 계기로 기존의 활동과 다른 새로운 개념의 사회 공헌 활동들이 직원들의 자발적인 참여로 추진됐다.

 2001년 12월에는 국제 해비타트의 사랑의 집 짓기 운동, 1사 1촌 자매결연 마을 농촌 일손 돕기, 김포공항 인근 지역 어린이 제주 견학 등이 새롭게 시작되었다.

 2003년 12월에는 사회봉사단을 공식 출범시켜 나눔 활동을 본격화했다. 사회봉사 단결성과 함께 이를 지원하기 위해 매칭 그랜드(Matching Grand) 방식으로 사회공헌기금을 조성했다. 일명 '끝전 모금 운동'으로 전 직원들이 매달 급여의 1,000원 미만 단수 금액(임원은 만 원 미만 금액)을 적립하고 회사도 동일한 금액을 출연해 기금을 조성하는 것으로 지금까지도 지속되고 있다. 제도적 지원에 힘입어 사내 봉사 단체가 2019년 3월 기준 26개로 늘어났으며 하늘사랑 바자회를 비롯한 다양한 봉사활동을 진행하고 있다.

2007년 대한항공은 '유엔 글로벌 콤팩트'에 가입하며 윤리 경영과 나눔 경영의 의지를 더욱 확고히 했다. 이를 계기로 국경을 넘어 세계로 도움의 손길을 내밀어 2007년부터 몽골, 베트남, 필리핀, 케냐 등에서 의료 봉사 활동을 실시했다.

2008년 이라크의 평화 정착 및 재건 사업에 동참했으며 세계 각지에서 홍수, 태풍, 지진, 쓰나미 등 재해가 발생할 때마다 재난 구호 활동을 펼치고 있다.

2010년에는 CSR(Corporate Social Responsibility) 관련 사이트를 구축하고 재능 나눔을 실천하는 서약 캠페인을 전개하면서 직원들의 관심과 참여를 한층 높였다. 매년 4,000여 명의 직원이 정기적으로 연간 200여 회의 자원봉사 활동을 펼쳤으며 약 100억 원의 기금을 기탁하고 있다.

글로벌 플랜팅(Global Planting Project) 참여

대한항공의 사회 공헌 활동은 이웃에게 온정과 사랑을 전하는 나눔 활동을 넘어 전 지구적 관심인 환경 보전 활동으로 확장됐다.

지구를 푸르게 가꾸는 글로벌 플랜팅 프로젝트의 일환으로 몽골과 중국의 사막 지대에 나무를 심어 숲을 조성하는 식림 사업(植林事業)을 추진하기도 했다.

지구 온난화 등의 영향으로 세계는 사막화가 빠르게 진행되고 특히 몽골은 중국과 함께 아시아 지역에 황사를 일으키는 진원지로 전 국토의 90%가 사막화 위협에 직면해 있다.

2004년 5월, 몽골 바가노르구 인근 사막에 방사림을 조성하기로 하고 조양호 회장이 신입사원 100여 명을 이끌고 직접 식림 봉사활동을 실시했다. 환경 보존의 중요성과 세계 시민의 역할을 성찰하는 기회를 공유하고자 한 것이었다. 앞으로 울창해질 숲을 기대하면서 '대한항공의 숲'이라는 이름도 지었다.

이를 시작으로 신입사원들은 입사 2년 차가 되면 몽골로 친환경 해외연수를 떠나 현지 주민, 학생들과 함께 나무 심기를 계속하고 있다. 2006년에는 몽골 정부가 실시하는 지방자치단체 노지 조성 사업 평가에서 바가노르구가 우수 도시에 선정되고 '대한항공 숲'이 친환경 봉사활동 우수 사례로 벤치마킹의 모델이 되기도 했다.

나무 심기를 시작한 첫해에는 몽골의 심한 일교차와 건조한 기후, 몽골 주민들의 환경 마인드 부족으로 나무를 심고 살려내기가 어려운 환경이었지만 대한항공은 척박한 땅에서도 잘 자랄 수 있는 수종(樹種) 선정에 공을 들이고 현지 주민을 선발해 체계적으로 관리할 수 있도록 교육을 실시했다.

2013년부터 현지인 식림 전문가를 채용해 관수 시스템과 시비(施肥) 등을 개선함으로써 나무 생존율을 80%로 돌려놓았다. 2019년 4월에는 조양호 회장의 지시로 점적 관수 시스템을 '대한항공 숲' 전체에 도입, 설치해 인력에 의존하는 관수 방법보다 생존율을 95% 이상 향상시키고 비용 절감을 이루었다.

계속되는 노력으로 2004년부터 2019년까지 49.5헥타르(ha) 면적에 11만 4,300여 그루의 나무를 심은 결과 황폐했던 땅이 울창한 숲으로 변모했다.

대한항공은 몽골에 이어 2007년 중국에서도 나무 심기 사업을 시작했다. 특히 이 사업은 황사 방지 목적 외에 한국과 중국의 우호 증진을 위해 추진됐다. 중국 네이멍구(네이멍구 자치구) 쿠부치사막 동쪽 끝 남북에 걸쳐 길이 28km, 폭 3~8km 규모의 푸른 숲을 조성한다는 구상이었다.

식림 지역을 쿠부치로 정한 것은 한반도로 불어오는 황사의 40%가 네이멍구 자치구 지역의 사막에서 발원하기 때문이다. 실제로 1980년 대에는 초원 지역이었으나 무분별한 벌목과 산업화로 황폐해진 곳을 복원하고 황사를 방지하기 위해 쿠부치사막에서 식림 활동을 시작한 것이다.

대한항공은 매년 과장 진급자 70여 명을 쿠부치사막으로 파견해 중국 대학생 50여 명과 함께 식림 활동을 전개했다. 수종도 황폐한 현지 환경에서 자랄 수 있는 나무로 선택했다.

2007년부터 2017년까지 총 491ha에 145만 8,000그루의 나무를 심은 결과 '대한항공 녹색 생태원'이 조성됐다. 이를 통해 중국으로부터 불어오는 황사를 줄이는 한편 한·중 양국 간 우호 증진에도 기여하고 있다.

2009년부터는 창립 40주년과 LA 직항 30주년을 맞아 몽골과 중국에 이어 미국 LA에서도 나무 심기 프로젝트를 진행했다. 2006년부터 LA에서 100만 그루 나무 심기 운동을 벌이고 있는 미국 MTLA(Million Tree Los Angeles) 재단에 매년 4만 달러씩 기부도 하고 있다.

문화(Culture) 후원 활동 전개

대한항공은 2008년 프랑스 루브르 박물관(Musée du Louvre)을 시작으로 영국 대영 박물관(The British Museum), 러시아 에르미타주 박물관 등 세계 3대 박물관과 프랑스 오르세 미술관에 '한국어 안내 서비스'를 후원하고 있다. 주요 박물관 한국어 안내 서비스는 2008년 대한항공이 루브르 박물관의 작품 해설용 오디오 가이드 교체 작업을 후원하면서 시작됐다.

당시 루브르 박물관은 오디오가이드를 최신형 개인 휴대 단말기(PDA)로 교체했는데 한국어 안내 서비스가 없다는 사실을 알고 조양호 회장이 먼저 루브르 박물관에 한국어 서비스를 제안한 것이다. 처음 한국어 안내 서비스를 제안했을 때만 해도 박물관 측에서는 한국인 관람객 비중이 낮다는 이유로 서비스 도입에 난색을 표했다. 하지만 대한항공은 이들을 설득해 한국어 음성 안내 서비스를 관철시켰고 루브르 박물관 작품 해설 언어에 한국어가 외국어로는 7번째 언어로 추가됐다.

이어 대영박물관과 에르미타주 박물관, 오르세 미술관으로 한국어 안내 서비스를 확산시켰다. 이를 통해 우리말의 국제적 위상과 함께 한민족의 자긍심을 높이고 문화적 감동을 주었다는 평가를 받았으며 그 공로를 인정받아 2008년에 재계 최초로 문화체육부 장관 감사패를 받았다.

2012년부터 국립중앙박물관과 업무 제휴를 체결하고 '한국 문화 알리기' 활동도 후원하고 있다. 국립중앙박물관에서 주최하는 국내외 기획전 시행사와 관련해 관계자의 항공권 및 전시 작품의 항공화물 운송비 할인, 기획 전시 홍보 등을 지원하며 우리 문화 알리기에 앞장섰다.

　대한항공은 여행에 관심과 흥미를 불러일으키고 아마추어 사진작가들을 발굴하기 위해 1993년 '여행 사진 공모전'을 기획했다. 이후 매년 실시해 2018년에 25회를 맞이했고 오랜 전통과 높은 수준으로 국내 최고의 아마추어 여행 사진 공모전으로 인정받고 있다.

　창립 40주년을 맞은 2009년에는 어린이들의 꿈을 응원해 주며 항공사의 정체성을 살린 '내가 그린 예쁜 비행기' 그림 대회를 개최했다. 하늘과 비행기에 대한 아이들의 무한한 상상력을 그림으로 표현하는 이 대회의 1등 작품은 실제 동체에 그려져 전 세계 하늘을 운항한다. 이후 11년간 계속 진행되고 있고 우리나라의 대표적인 어린이 그림대회로 자리잡고 있다.

　대한항공의 사회 공헌 활동은 인재 육성, 사회 소외 계층을 대상으로 한 각종 봉사활동, 재난, 재해 지역 구호물자 수송, 자연을 지키고 가꾸는 환경 운동, 스포츠와 문화 지원 활동에 이르기까지 다양한 부문으로 진행되고 있다. 국내뿐 아니라 해외에서도 사회 공헌 활동을 전개해 세계의 고객들로부터 존경받는 항공사로 평가받고 있다.

54

인터넷 항공권(E-航空券) 구매 시대 전개

조양호 회장은 1997년 10월 대한항공 최초의 한국어 홈페이지(http://www.koreanair.co.kr)를 개설하고 국내선 인터넷 예약 서비스를 개시하도록 했다. 조 회장은 국내외적으로 급속히 증가하는 인터넷 시장이 새로운 항공권 판매 채널로 부상함에 따라 홈페이지를 개설해 주요 마케팅 수단으로 활용토록 한 것이다.

1990년 중후반 열린 인터넷 시대는 항공업계에도 일대 격변을 몰고 왔다. 고객들이 인터넷을 통해 직접 항공권의 예약과 구매가 가능해짐에 따라 항공사의 유통 채널은 멀티 채널로 다변화했다.

조양호 회장이 인터넷 항공권 구매 시대를 빠르게 열게 된 데는 그가 미국 유학 시절에 컴퓨터를 일찍 접한 데서 비롯되었다. 조 회장은 1960년대 말 대학생으로 컴퓨터를 처음 접하면서 장차 기업의 발전은 IT 기술에 달려있다는 것을 절실히 느꼈다. 그는 귀국 후 평소의 신념대로 IT 분야에 과감하게 투자해 업무 전산화, 표준화를 추진하며 IT 환경의 기본을 다졌다.

"1970년대에는 컴퓨터란 용어조차 생소하던 때였죠. 업무 전산화를 위해 처음 컴퓨터를 도입했을 때 각 부서의 반발이 심했습니다. 그러자 선대 회장께서 당장 조그만 불편이 있다고 해서 외부 환경의 변화를 받아들이지 않는다면 회사의 발전이 어렵다고 설득해 수용토록 한 적도 있었지요."

조양호 회장의 회고다. 조양호 회장은 1981년부터 4년간 시스템 담당 상무를 맡으면서 전산화의 기틀을 만들었다.

대한항공은 1999년에 예약 발권 시스템인 TOPAS 구축 기술을 토대로 독자적인 인터넷 구매 시스템을 개발했으며 2000년 상반기에는 대한항공이 운항하는 모든 노선의 인터넷 항공권 구매가 가능해졌다. 당시 국내 온라인 시장이 초보적 수준에 머물러 있었던 것에 비해 인터넷을 통한 항공권 예약 서비스는 대한항공이 21세기 E-비즈니스 시대에 선도적인 역할을 했음을 의미했다.

대한항공 홈페이지 고객들이 인터넷을 통해 항공권을 예약할 때 개인 신용카드의 비밀 정보 유출을 차단, 보안 유지가 가능하도록 하는 인터넷 보안기술(Secure Socket Layer, SSL)을 완벽히 갖추었고 취항하는 전 노선의 요금표 운영 시스템도 구축했다.

또 대한항공은 글로벌 항공사로서의 면모에 걸맞게 1998년 3월 미주 지역 온라인(On-line) 판매를 시작으로 기내 면세품 사전 예약 주문 시스템을 도입함으로써 상품 홍보를 통한 매출 증대를 도모했다. 1999년 4월 그동안 여객 홈페이지의 일부분으로 제공되던 화물 홈페이지를 독립시켜 본격적인 서비스를 개시했다. 새 화물 홈페이지(http://cargo.koreanair.com)는 예약은 물론 스케줄 조회와 화물 추적에 이르기까지 고객의 편의성을 고려해 구축했다.

2000년 6월에는 휴대폰으로 화물 운송 정보를 받을 수 있는 Mobile Tracing 서비스를 시작했다. 화물의 위치를 추적해 단문 메시지(SMS) 형태로 고객의 휴대전화에 실시간으로 전송해 주는 것으로 세계 항공사(史) 최초로 시도하는 파격적인 서비스였다.

2001년에는 휴대폰과 이메일로 항공화물 운송 정보를 파악할 수 있는 서비스를 실시해 고객의 호응을 얻었다. 서비스 혁신으로 좋은 반응을 얻은 화물 홈페이지는 2004년 11월 고객 서비스 플랫폼(E-customer Service Platform)으로 개편됐다. 새로운 홈페이지에서는 예약, 추적, 실적 정산 등 항공 화물 업무 전반을 온라인으로 실시간 처리할 수 있어 고객 편의가 한층 강화됐다.

2005년 10월에는 고객이 전 세계 어디서든 편리하게 인터넷에 접속해 항공권의 예약과 구매, 여행 정보를 제공받을 수 있도록 글로벌 통합 홈페이지(http://www.koreanair.com)를 개설했다. 지역별로 흩어져 있던 인터넷 홈페이지를 통합하고 다양한 언어 서비스를 제공하는 한편 전 세계 고객들이 지역 구분 없이 항공권을 자유롭게 구매할 수 있도록 원스톱(One-stop, 모든 과정을 한 번에 해결) 구매 서비스를 구현했다.

전 세계 E-티켓(전자항공권) 서비스 확산 주도

조양호 회장은 인터넷 시대에 발맞추어 변화하는 항공업계의 흐름을 파악하고 종이 항공권을 대체할 E-티켓 도입을 추진했다. 놀라운 발상이었다.

항공 운송업은 그 어떤 산업보다 선진 정보시스템을 필요로 했고 이를 일찍이 인식한 조양호 회장은 아낌없는 투자로 전 세계 항공업계의 IT 서비스 흐름을 주도해 나갔다.

대한항공은 국내 최초로 2003년 6월 실물 항공권이 필요 없는 국내선 E-티켓 서비스를 개시하며 본격적인 'E-항공 시대'를 열었다. 1995년 12월부터 이미 티켓리스(Ticketless) 개념으로 운용되고 있던 대한항공의 국내선 발매 시스템에 IATA의 국제 표준을 적용해 재개발한 것이었다.

2005년 4월에는 IBM Canada와 공동으로 E-티켓 시스템을 개발해 대한항공 국제선뿐만 아니라 스카이팀(Sky Team) 항공사를 포함한 주요 항공사의 글로벌 예약 시스템에 적용해 전 세계로 E-티켓 서비스를 확대했다.

당시 조양호 회장은 전 세계 항공사를 대상으로 E-티켓 서비스의 효용성을 피력하고 서비스 확대를 주도했다. 이러한 노력의 결과로 2008년 6월부터 세계 모든 항공사들이 E-티켓을 사용했다.

2006년 3월 23일부터 김포공항에 10대의 키오스크(Kiosk) 카운터를 설치해 무인 탑승 수속 서비스를 했다. 키오스크란 공원, 역의 간이매점을 말한다. 무인 탑승 수속 서비스는 단순한 탑승 수속만이 아니라 발권 및 당일 출발 항공권 예매, 선호 좌석 배정, 탑승권과 영수증 발급 등의 종합 서비스가 가능한 시스템이었다. 승객들은 키오스크를 이용해 기존의 유인 카운터 수속 시간의 절반 수준인 30초 만에 탑승 수속을 완료할 수 있었다. 대한항공은 순차적으로 전국 주요 공항으로 키오스크 서비스를 확대했다. 이후에도 다양한 E-서비스를 선보이며 승객들의 편의 제고를 위한 서비스를 제공했다.

조양호 회장은 고객 서비스 부문에서도 첨단 IT 기술을 접목한 신개념 서비스가 새로운 비즈니스 기회를 만들 것으로 예상하고 2006년 10월 국내 항공업계 최초로 '모바일 스카이 패스'를 도입, 휴대폰 하나로 항공권 예약과 구매, 탑승, 마일리지 자동 적립이 가능한 '모바일 항공권 시대'를 열었다.

여객뿐만 아니라 화물 운송 서비스 분야에도 인터넷과 모바일을 이용해 시간과 장소 제약 없이 화물 운송 서비스를 제공할 수 있는 인프라를 구축함으로써 새로운 경쟁력을 확보하고 IT를 활용한 E-비즈니스의 영역을 확장했다.

2008년 8월에는 항공 화물 무서류화 프로젝트인 E-Freight를 시행했다. E-Freight는 항공화물 운송장과 적하 목록, 포장 명세서 등의 종이 서류를 전자 문서로 대체하는 항공화물 무서류화(無書類化) 프로젝트로서 종이 서류 등이 전자 문서로 사전에 교환되기 때문에 수출입 절차 및 소요 시간이 단축됐다.

이로써 우리나라는 전 세계 7번째로 E-Freight를 도입한 국가가 됐으며 IT를 활용해 고객 서비스의 질을 높이고 글로벌 선도 항공사로서의 위상을 강화했다.

대한항공은 인터넷 기반의 서비스를 지속적으로 확대했다. 2008년 4월 인터넷 채팅 및 문자 상담 서비스를 개시했으며 홈페이지를 통해 좌석을 선택하는 웹체크인(Web Check-in) 서비스를 개발해 그해 7월 우선 국내선에 적용하고 12월부터 국제선으로 확대했다.

2000년대의 정보기술 발달은 항공기 이용 문화를 크게 변화시켰다. 대한항공의 다양한 IT 관련 서비스를 통해 승객들은 편리하게 항공기를 이용할 수 있게 됐다. E-티켓 도입을 시작으로 무인 탑승 수속 시스템(Kiosk), 웹 체크인 서비스까지 대한항공은 정보기술(IT)을 선도하는 명품 항공사로서의 입지를 확고히 했다.

대한항공은 2005년 11월 '대한민국 E-비즈니스 대상' 시상식에서 E-커머스 전략으로 고객 서비스 향상을 위해 노력한 공로를 인정받아 대상(대통령상)을 수상했다.

시스템 경영(System Management) 구축

시스템 경영은 사람에 의존하지 않고 어떤 사람이라도 교체가 가능하고 조직이 항상 효율적으로 관리되도록 하는 것이 본질이다.

조양호 회장은 21세기 급변하는 경영 환경에 선제적으로 대응하기 위해 '시스템 경영'을 경영 이념으로 삼아 회사의 경영 패러다임을 바꾸고자 했다. 항공 산업의 특성상 개인이 회사의 업무를 좌우하는 것이 아니라 전체적인 유기적인 시스템에 의해 움직여야 한다는 판단이었다. 창립 이후 IT를 전략적으로 활용해 경영 효율성을 제고해 온 대한항공은 명실상부한 항공업계 리더로 도약하기 위해 선진적인 경영시스템 구축에 투자를 아끼지 않았다. 대한항공은 그동안 쌓아온 데이터를 실제 업무에 사용할 수 있도록 업무 시스템을 재구축했다.

2001년 5월 웹사이트인 'Crew Net'을 구축해 해외 근무지 변경이 잦은 객실 승무원들의 업무 편의를 제고했으며 승무원 스케줄 관리 시스템(Air Crew System)을 도입해 인력 관리의 효율성과 생산성을 높였다.

여객과 화물의 판매 관리시스템을 구축했으며 2002년 10월에는 사이버교육 시스템인 KALCC를 오픈하고 온라인 교육을 본격화했다. 지식관리(Knowledge Management)를 위한 MMS&ORS 시스템을 개설해 각종 매뉴얼과 업무 지침 등 정확한 정보를 직원들 간에 실시간으로 공유했다.

2003년 6월에는 임직원 정보시스템인 'KALMAN' 사이트를 구축해 사내 의사소통을 활성화하고 직원 만족도를 제고했다. 2006년에는 신인사 정보 시스템을 웹 기반으로 재구축해 다양한 인사

정보 및 각종 통계 지표를 제공함으로써 효율적이고 종합적인 인사 관리를 지원했다.

2008년에는 전사적 자원관리(ERP(Enterprise Resource Planning)) 시스템 개발에 착수했다. 급변하는 경영 환경에 선제적으로 대응하고 신속하고 전략적으로 의사결정을 하기 위해 대규모 투자를 결정했다. ERP를 비롯한 각 분야의 경영 시스템 도입으로 대한항공 전반에 다시금 변화와 혁신의 바람이 불었다.

2009년에는 여객과 화물 분야에 비즈니스 인텔리전스(Business Intelligence, BI)를 도입해 실적 분석을 하고 축적된 데이터를 마케팅에 적극적으로 활용함으로써 영업력을 향상시켰다.

대한항공은 다양한 각 부서의 특징에 맞게 데이터를 축적하고 활용하기 위한 시스템을 구축해 경영 효율성을 제고했다.

55

미(美) 항공 자유화(Open Sky)와
아시아 노선망 강화

항공 자유화(Open Sky)는 국가 간 항공편을 개설할 때 양국 정부의 사전 승인 없이 신고만 하면 취항할 수 있도록 하는 것이다.

1998년 4월 미국과의 항공 자유화 협정(Open Skies Agreement) 체결로 우리나라는 미국의 모든 지역을 자유롭게 운항할 수 있고 미국을 경유해 제3국으로 운항할 수 있게 됐다. 회사 창립 이후 온 힘을 쏟았던 미주노선 개설에 이어 미국 하늘의 문이 활짝 열린 것이다.

그러나 대한항공은 1977년 괌(Guam) 사고에 따른 제재 조치로 1999년 11월부터 2001년 5월까지 국제선 신규 노선은 물론 증편 및 운수권 배분을 제한받게 됐다. 이로 인해 3차례에 걸친 국제선 및 35개 노선의 증편 운수권(주 운항 횟수 104회) 중 서울-도쿄 1개 노선(주 4회)만이 배분되었다. 항공이 자유화된 미국에서도 정부의 신규 노선 면허 제재로 노선을 확대할 수 없었다. 같은 시기 제2민항인 아시아나항공은 34개 도시에 주 100회에 달하는 운수권을 배분받아 가파르게 성장했다.

2001년 4월 건설교통부 자료에 따르면 아시아나항공의 국제선

주간 운항 횟수는 246.9회, 대한항공은 305.4회였다. 당시 아시아나항공의 항공기 보유 대수는 58대로 114대인 대한항공의 50%에 불과했으나 운항 횟수는 대한항공의 80% 수준에 근접하고 있었다.

대한항공은 제재 기간이 끝나자, 노선 확장에 박차를 가했다. 특히 내국인 출국 수요 증가에 대응하고 인천국제공항 개항 이후 태평양 횡단노선의 환승 수요 확보를 위해 아시아 노선 확대에 힘을 쏟았다. 그러나 아시아 노선은 운항 횟수 제한과 항공사 간 운수권 배분 문제로 확대에 한계가 있었다.

대한항공은 인구가 최소 5,000만 명이 넘는 아시아 국가와의 항공 자유화 협정 체결을 정부에 건의했다. 그러나 항공 자유화 협정 체결은 9.11 테러와 사스 여파로 2005년 이후에야 본격적으로 진행됐다. 2006년 4월 베트남을 시작으로 태국, 중국, 캄보디아, 미얀마 등 아시아 주요 국가들과 항공 자유화 협정을 체결했고 2007년에는 말레이시아, 일본, 스리랑카 등으로 항공 자유화 협정을 확대했다. 아시아 국가와의 항공 자유화는 미국의 오픈스카이(Open Sky)와는 달리 양국을 오가는 3·4 자유에 한해서만 공급량과 횟수 제한을 없애는 것이었지만 공급을 자유롭게 확대할 수 있어 대한항공의 공격적인 노선 확장을 가능하게 해주었다.

항공 자유화의 확산 속에서 대한항공은 공격적으로 아시아 노선망을 확충하고 항공기를 적기에 확보해 공급을 증대하며 신규 취항지에 대한 광고와 마케팅을 강화해 증가하는 아시아 수요를 대거 유치했다. 또한 미주와 유럽으로 가는 연결 스케줄을 강화하고 환승 수요를 유치해 인천국제공항이 아시아의 허브(Airline Hub) 공항으로 자리매김하는 데 크게 기여했다.

중국(中國) 시장 개방과 노선 확대

2000년대 들어 중국은 국민들의 해외여행 자유화 조치와 함께 2001년 세계무역기구(WTO) 가입을 계기로 그동안 닫혀 있던 항공시장의 빗장을 풀었다. 거대 인구와 막대한 시장성에 대한 기대로 각국 항공사들은 앞다퉈 중국시장 개척에 나섰다.

2000년 6월에는 중국 전역에서 한국행 단체 관광객에게 비자 발급이 가능해졌으며 한류 열풍과 제주도의 국제 자유도시 추진 등으로 중국 관광객의 방한과 한·중 간 경제 교류가 활기를 찾을 것으로 예상됐다.

그러나 대한항공은 노선 배분 제재로 중국 노선에 즉각 뛰어들 수가 없었다. 대한항공이 제재를 받은 1년 6개월 동안 아시아나항공은 중국 3대 도시인 베이징, 상하이, 광저우의 증편을 포함해 총 50회에 달하는 중국 운수권을 확보했다. 1990년대 정부의 '후발주자 우선 원칙'에 따라 대한항공이 상대적으로 불리한 노선을 배분받았던 것에 더해 괌 사고에 따른 제재 조치로 아시아나항공의 중국 노선망은 더욱 확대돼 대한항공을 앞섰다.

2001년 5월 정부의 제재 조치가 끝나자, 대한항공은 중국의 주요 경제 거점 도시와 지방 성도를 중심으로 중국 노선망 확대에 나섰다. 2001년 10월 중국의 한·일 월드컵 본선 진출이 확정되자 월드컵 기간 중 7만 명 이상의 중국인들이 방한할 것으로 예상됐다. 당시 중국 항공사들은 국내선 운항에 편중해 국제 노선망이 부족한 상황이었다. 대한항공은 중국 노선망 확대를 통해 우리나라와 중국을 오가는 수요뿐만 아니라 다양하고 편리한 미주와 유럽 노선망을 토대로 미주와 유럽으로 가는 중국 승객을 유치할 계획이었다.

2001년 12월 인천-우한, 인천-쿤밍 노선을 필두로 2002년 인천-지난, 인천-샤먼, 대구-옌타이, 광주-상하이, 청주-선양 노선을 개설했다. 2003년과 2004년에는 지방항공 활성화 차원에서 부산-시안, 청주-상하이 등 지방 출발 중국 노선을 대폭 확대했다.

2004년 6월에는 그간 아시아나항공이 단독 운항해 온 인천-상하이 노선에 취항했다. 상하이(上海) 취항은 중국 노선 개설 10년 만에 이룬 숙원이었다. (독자들이여, 우리는 조중훈 창업회장이 청년 시절 상하이의 유대인 카페에서 '케이크 상술'을 배웠고 상하이에 꼭 돌아오겠다고 약속한 것을 기억하면 상하이 노선 취항이 각별한 의미가 있다는 것을 알 수 있을 것이다.)

2005년에는 중국의 관문 도시인 웨이하이 취항을 비롯해 신장위구르 자치 성도(省都)인 우루무치, 발해 유적지인 무단장에 취항했다. 2005년 10월 대외 미개방 공항으로 중국 국제선 직항 운항이 불가능했던 중국 최대 명산인 황산(툰시공항)에 세계 최초로 부정기 항공편을 운항하기 시작했다.

황산 취항은 대한항공(KAL) 광고가 하나의 기폭제가 됐다. 2004년 6월 취항한 상하이 노선을 홍보하기 위해 황산을 광고했는데 황산 지자체에 대한 관심이 폭증하면서 한국인의 황산 방문객 수가 월 700명에서 6,000명까지 늘어났다. 그러나 황산으로 가는 중국 국내선 항공편 스케줄이 충분치 않은 데다 버스 이동에도 5시간 이상이 걸려 관광객들의 불편이 컸다. 대한항공과 황산시는 인천-황산 간 직항노선을 추진했고 중국 정부의 적극적인 협조로 운항이 이루어졌다. 이 노선은 2011년 7월 정기 노선화 됐다.

2000년 중반 들어 중국은 세계의 공장 역할을 하면서 엄청난 속도로 성장했다. 대한항공의 중국 노선 수송량은 1995년 29만 명에서 2005년에는 225만 명으로 8배, 화물 수송량은 7,400톤에서 21만 톤으로 약 28배 늘었다. 여객 노선 취항지는 4개 도시에서 20개 도시로 증가했다. 이에 더해 대한항공은 중국 지역의 선전과 홍보 등 마케팅 부문에 적극 투자하는 등 현지화 전략으로 중국 시장을 제2의 홈마켓으로 적극 육성해 가고자 했다.

2004년 칭다오(靑島)에 예약센터를 설치한 데 이어 중국인 대상 기내식 메뉴 개발, 승무원 등 현지 직원 채용 확대로 중국 지역 서비스를 지속적으로 강화했다. 2006년 6월 한·중 항공 회담에서 단계적 항공 자유화에 합의했으며 우리나라 전역과 중국 산둥성과 하이난성 간에 시범적으로 항공 자유화가 시행됐다.

이를 계기로 대한항공은 2006년 인천에서 출발하는 옌타이, 다롄, 광저우, 선전, 엔지, 창사 노선을 개설했으며 2009년 인천-광저우, 인천-시안에 취항했다.

2007년 10월에는 김포공항과 상하이 홍차오공항, 도쿄 하네다공항을 잇는 '3각 항공 셔틀 사업'에 따라 김포-홍차오 노선을 개설했다. 3각 항공 셔틀 구상은 한·중·일 3국의 1일 생활권화를 촉진한다는 복안에 따라 3국 간 협력 사업으로 확대한 것이었다. 서울 김포공항, 중국 상하이 홍차오공항과 일본 도쿄 하네다공항은 지역별 허브공항인 인천-푸동-나리타공항과는 달리 모두 도심에 인접되어 있어 시간을 절약할 수 있고 이용객을 분산할 수 있는 이점이 있었다.

2000년대 초반 중국 노선 운수권이 경쟁사인 아시아나항공에 우선적으로 배분되는 상황에서도 대한항공은 기존 노선의 내실화와 현지화 마케팅을 적극적으로 추진해 2000년대 초 6개 도시에서 2009년 23개 도시로 노선망을 확대했다. 현지화 전략에 힘입어 '중국인이 선호하는 외국 항공사', '최고의 외국 항공사' 상 등을 수상하며 중국 내 프리미엄 항공사로 입지를 구축해 나갔다.

동남아시아 노선 공급력 강화

조양호 회장은 2000년대 들어 우리나라 국민들의 해외여행 욕구가 다양해짐에 따라 새로운 관광 노선을 개발하며 글로벌 네트워크를 확대해 나갔다. 특히 우리나라와 가까운 동남아시아 지역 노선 개척에 힘을 기울였다. 당장의 이익보다는 미래 성장을 염두에 두고 노선과 상품을 개발했으며 전세편 운항으로 시장성을 검증한 후에 정기노선을 개설하는 방식으로 노선망을 확대했다. 그뿐만 아니라 미주와 유럽으로 연결되는 수요를 확보하기 위한 전략도 함께 병행해 나갔다.

먼저 2001년 12월 베트남의 수도 하노이에 정기노선을 개설했다. 1993년 호찌민 노선 개설 이후 8년 만에 개설된 것이다. 그간 대한항공은 우리나라의 베트남 수요 증가에 대응하고 베트남에서 미국으로 오가는 항공 수요를 확보하기 위해 하노이에 전세편을 띄우며 정기노선 개설에 노력했다. 더불어 대한항공이 관광상품으로 개발한 하롱베이는 하노이의 대표적 관광 상품으로 자리매김했으며 이를 토대로 안정적인 관광 수요를 확보할 수 있었다.

이어 동남아시아 지역 유명 관광지로 취항 노선을 확대해 나갔다. 2003년 10월에 필리핀 세부, 2004년 7월에는 말레이시아 최대의 휴양지 페낭에 취항했다. 2004년 11월에는 태국 푸껫, 2005년 3월에는 IMF 외환위기 여파로 1998년에 운항을 중단했던 인도네시아 발리 운항을 재개했다.

대한항공은 상대적으로 소외됐던 노선 개척에 나섰다. 그동안 동남아시아 시장은 태국, 말레이시아, 인도네시아를 중심으로 발전해 왔으나 베트남, 캄보디아, 라오스, 미얀마 등이 관광 요충지로 각광받으면서 급속히 성장하고 있었다.

2006년 5월 '동양의 정원'이라 불리던 미얀마의 양곤에 정기성 전세기를 운항하고 11월에는 히말라야 관문인 네팔의 카투만두와 캄보디아의 프놈펜과 시엠립에 각각 취항했다. 2007년 10월에는 태국의 대표적인 관광지인 치앙마이에 취항했다.

한편 대한항공은 2008년 9월 우즈베키스탄의 수도 타슈켄트에 신규 취항해 자원 외교로 떠오르던 신흥시장인 중앙아시아 진출을 위한 거점을 확보했다.

또한 2008년 9월에는 이스라엘의 텔아비브에 재취항했다. 이와 함께 관광 수요가 늘고 있던 대양주 노선도 새롭게 개설해 나갔다.

2003년 4월에는 뉴질랜드의 관광 도시인 크라이스트 처치에 정기성 전세기를 취항시켰으며 2007년 10월에는 인천-멜버른 정기 노선을 개설해 호주에서 유럽으로 여행하는 연결 수요를 집중공략했다.

공격적인 노선 확장의 결과 2004년 동남아시아 8개 도시 운항에서 2009년 18개 도시로 취항 도시가 2배 이상 늘어나게 됐다.

또한 2006년 베트남과 태국, 2007년 말레이시아와의 항공 자유화 협정으로 공급 증대가 가능해짐에 따라 운항 횟수를 늘리고, 중·대형 항공기를 투입해 공급력을 강화했다. 이와 함께 미주와 유럽 노선을 확충하고 스케줄 연결성을 향상시켜 강화함으로써 동남아시아 각지에서 연결되는 수요를 지속적으로 공략해 나갔다.

일본 노선 구조의 다양화

조양호 회장은 전통적으로 효자 노릇을 해 온 일본 노선을 2000년대 접어들면서 승객 수요의 변화에 발맞추어 구조를 다양화했다. 2003년 11월에는 김포-하네다 노선을 개설해 서울-도쿄를 오가는 비즈니스 고객들의 이동시간을 획기적으로 단축시켰다.

2005년 8월에는 김포-하네다 노선을 하루 2회로 증편해 당일 일본 왕복을 가능케 했다. 또한 2005년 7월에는 주5일 근무 확대를 계기로 서울-오사카 노선에 금요일 밤늦게 출발해 일요일 저녁에 돌아오는 '새벽 전세기(일명 올빼미 전세기)'를 운항하기도 했다.

2008년 12월에는 김포-오사카(간사이 공항) 노선을 개설해 김포공항은 새로운 비즈니스 중심 공항으로 자리 잡았다. 대한항공은 2000년대 중·후반부터는 저비용(LCC. Low Cost Carrier) 항공사와의 경쟁 구도가 형성되고 항공 자유화가 진행되면서 차별화된 경쟁력을 갖추기 위해 일본 중소 도시와 연결하는 노선망을 적극 개발했다. 2006년 3월에는 인천-고마츠, 6월에는 인천-하코다테, 부산-삿포로, 2008년 12월에는 인천-오사카-괌, 2009년 6월에는 인천-시즈오카 노선을 개설했다. 인천-시즈오카 취항으로 대한항공의 일본 취항 도시는 15개, 운항 노선은 25개로 늘어났다.

대한항공은 2000년대 초반 노선 제재로 위기에 봉착했으나 공격적으로 아시아 노선을 확장해 가면서 경쟁사와의 가격 경쟁 속에서도 40%에 가까운 한국 시장 점유율을 유지했다. 아시아 지역 수요 증가와 서비스 고급화에 힘입어 국제선 수송은 2000년대 연평균 5% 이상 증가했으며 1990년대까지 69%에 그쳤던 평균 탑승률은 71.3%로 2.3%나 늘어 생산성은 크게 향상됐다.

56

항공화물(Air Cargo) 세계 제패

조양호 회장은 여객 노선 확보는 어느 정도 수준에 올랐다고 보고 화물 운송 증대에 주력했다. 그때까지만 해도 국제항공 화물 부문은 독일의 루프트한자항공이 1985년부터 19년 동안 부동의 1위 자리를 고수하고 있었다.

루프트한자(Lufthansa)는 독일 국책 항공사다. 운송 수의 경우 세계 6위이고 전 세계 100개국 200개 도시로 운항하고 있었다. 독일어로 루프트는 영어의 Air와 같은 의미인 공기, 항공을 뜻하고 '한자'는 옛 독일 북부 지역의 도시 연합을 지칭한다. 항공화물 부문에서 이런 루프트한자와 싸워야 하는 것이다.

2005년 7월 1일 대한항공은 IATA의 '2004년 세계 항공 수송(WATS)'에서 국제 항공화물 수송 실적 부문 1위에 올랐다. 세계 1위를 달성한 것이다. 1971년 화물기 1대에 주력 수출품 가발을 싣고 날아오르던 항공사가 이륙한 지 35년 만에 이룩한 결과였다. 집념의 결실이었다.

대한항공의 1위 달성은 국가적으로도 큰 의미가 있었다. 그동안 우리나라의 메모리 반도체 매출액, TFT-LCD 출하량, 선박 건조량 등 제조업 분야에서는 다수 세계 1위에 올랐지만, 물류 서비스 분야에서는 첫 1위였기 때문이다. 정부의 수출 지원 정책과 인천국제공항 인프라 구축, 국내 기업들의 수출 경쟁력 향상, 대한항공의 화물 사업 강화 등이 어울려 함께 일구어낸 결실이었다.

우리나라 물류사(史)에 새로운 이정표를 세우며 정부의 동북아 물류 중심 국가 건설을 크게 앞당겼다. 대한항공은 1970년대 초부터 화물 전용기를 도입해 항공화물 사업 부문을 집중적으로 육성해 왔다. 항공화물의 성장을 예견한 조중훈 창업 회장의 강한 의지가 반영된 것이었다.

이후 세계 주요 도시에 여객기보다 화물기를 먼저 취항시켜 적극적으로 노선망을 개설하고 세계 곳곳에 전용 화물 터미널을 확보하면서 화물 전용기를 지속적으로 도입해 수송 능력을 키워 나갔다. 이에 힘입어 화물 사업은 창사 이래 연평균 27% 이상 초고속 성장을 거듭하며 1993년 세계 3위에 이어 1996년에는 세계 2위에 올랐다.

2000년대 들어 조양호 회장 주도 아래 세계 최초의 항공화물 동맹체인 '스카이팀 카고'를 출범시키고 막강한 화물 공급력을 기반으로 신규 시장에 과감하게 진출해 해외 영업망을 대폭 강화했다. 아울러 세계 최고의 화물 전용기와 탁월한 품질의 운송 서비스, 인천국제공항 화물 터미널 등을 바탕으로 글로벌 네트워크를 확장시키며 2004년 세계 1위에 올랐다.

조양호 회장은 '대한항공 화물 사업의 성장은 우리나라 기업의 성장과 더불어 이루어진 것이며 대한항공이 1위를 한 것이 아니라 고객들이 만들어낸 것'이라고 강조했다.

화물 사업 본부장과 임원들은 현대, 삼성, LG 등 국내 기업 사장단과 해외 지사장들을 직접 만나 감사를 표했으며 광고를 통해 전 세계 고객에게 감사의 마음을 전했다.

이후 각국 항공사들의 집중적인 견제와 도전 속에서도 장기적인 안목을 바탕으로 적극적인 투자와 최고 수준의 품질 관리 등을 통해 2009년까지 6년 연속 세계 항공 화물 수송 실적 1위의 위업을 이어갔다.

글로벌 화물 네트워크 구축

대한항공 화물 사업을 세계 1위로 이끈 원동력 중 하나는 '광범위한 글로벌 네트워크(Global Network)'였다. 회사 창립 이후 과감한 투자와 노선 확장을 추진해 온 대한항공은 2000년대 들어 최대 성장 잠재력을 지닌 중국과 인도를 '제1 시장'으로 설정하고 동유럽, 북유럽, 동남아시아 시장으로까지 노선망을 확대했다. 무엇보다 중국 시장 개척에 집중했다.

인천과 가까운 톈진(天津, Tianjin)을 동북아 물류 허브로 염두에 두고 2001년 11월 톈진 화물 편 운항을 개시했다. 2003년 10월에는 베이징 화물 노선을 개설해 상하이 노선과 함께 중국 화물 시장을 효과적으로 공략할 발판을 마련했다. 중국과 한국을 하나의 화물 시장으로 간주하며 물동량 확보를 위해 기존 노선을 증편하고 중국 항공사와의 제휴를 강화해 중국 시장을 확대했다.

또한 중국 출발 화물을 선박으로 한국으로 수송하고 이를 대한항공 항공기로 전 세계에 실어 나르는 'KAL-스카이 브리지' 상품을 개발해 중국 시장을 적극 개척했다.

이후에도 2004년 7월 항저우 화물 전세기 취항을 비롯해 2007

년 3월 청두 취항에 이르기까지 지속적인 노선 확장으로 중국 내 화물 취항 도시는 홍콩을 포함해 9개로 늘어났다.

2005년부터는 중국 화물 시장의 비중이 더욱 커졌다. 동시에 성장 잠재력이 큰 인도 시장 개척에 나서 2003년 수도 델리(Delhi) 화물기 취항을 시작으로 8월에는 서부 경제 중심지인 뭄바이(Mumbai)에 취항했다. 이후 2006년 2월 인도의 디트로이트로 불리며 세계적 생산기지로 성장하던 남부 젠나이에 화물 노선을 개설했다. 이로써 인도 전역에 걸친 화물 노선망을 선점했다.

2004년 동유럽 국가들이 대거 유럽연합(EU)에 가입하자 대한항공은 동유럽 시장을 선점하기 위해 그해 4월에 비엔나에 취항했다. 삼성전자(헝가리 슬로바키아), 기아자동차(슬로바키아), LG전자(폴란드), 현대자동차(체코) 등 국내 기업들이 동유럽으로 생산 기지를 이전하면서 대한항공은 그 동반자 역할을 수행하기도 했다.

비엔나 노선은 1년 뒤 주 3회에서 10회로 증편돼 유럽의 주요 화물 노선으로 성장했다. 발 빠른 시장 개척은 북유럽 시장에서도 계속되었다. 2004년 3월 아시아행 연어(Salmon) 수송을 목적으로 노르웨이 오슬로에 화물 편을 취항했다. 당시 업계에서도 수요를 예상하지 못할 만큼 파격적인 결정이었지만 추후 하루 2회를 취항할 정도로 호황을 이끌어냈다. 이후 2004년 9월 오사카 노선까지 연결하는 오슬로-오사카 직항 체제를 갖추었으며 연어 최대 소비국인 일본 시장에 최적화된 노선을 개발했다. 연어를 좋아하는 한국 소비자들이 노르웨이산 싱싱한 연어를 즐길 수 있는 것은 대한항공의 화물기(Air Cargo) 덕분인 것이다.

2006년 8월에는 휴대전화 및 자동차 부품 등 물동량이 많은 스웨덴 스톡홀름에 정기 화물 편을 주 2회 취항하며 스칸디나비아 3

국을 아우르는 북유럽 화물 노선망을 갖추었다.

동남아시아를 비롯한 아시아 시장 개척에도 힘을 쏟았다. 2004년 3월 두바이 직항 화물 노선 개설로 중동행 화물 서비스를 강화하고 2006년 12월 텔아비브 취항으로 이스라엘 시장을 개척했다. 이후 우즈베키스탄을 중앙아시아의 물류 허브로 육성하기 위한 나브이프로젝트 추진에 따라 2008년 8월 인천-나브이-밀라노 화물 노선을 개설하고 2009년 5월에는 인천-나브이-브뤼셀 노선을 신설해 나브이 공항을 중앙아시아의 물류 허브로 육성하는 사업에 한층 박차를 가했다.

2009년 10월에는 하노이에 화물 노선을 취항했다. 당시 하노이는 캐논, 나이키, 도요타 등 다국적 기업과 삼성전자 휴대전화 공장 및 국내 기업들의 섬유 공장 진출로 물동량이 급성장하고 있었다. 1998년 1월 호찌민에 이은 두 번째 베트남 화물 노선으로 베트남 남북에 걸친 화물 노선망을 완성시켰다.

미주 시장 공략도 이어졌다. 2004년 8월 캐나다 캘거리에 화물기로 신선 식품과 기계, 통신 장비 등을 실어나르고 2006년 6월에는 미국 서북부 최대 항공 화물 시장인 시애틀(Seattle)에 화물 노선을 신규 개설한 데 이어 8월에는 미국 남부지역 항공화물 허브인 동시에 중남미 항공화물 시장의 관문인 마이애미에 화물기를 신규 취항했다.

화물기(Cargo Aircraft)도 신형 항공기로

1970년대부터 화물 전용기를 도입해 화물 사업의 성장을 이끌어 온 대한항공은 2000년대 들어 신형 화물 전용기를 16대나 도입했다. 조양호 회장이 신형 항공기가 연료 효율성이 높고 정비 비용이 절감돼 효율적 운영이 가능하다고 판단하고 여객기뿐만 아니라 화물기도 신형 항공기로 과감하게 교체한 것이다.

2003년 6월 최신형 화물기인 B747-400ERF(Extended Range Freighter)를 아시아 최초로 들여오고 이후 2006년까지 8대를 추가로 도입, 화물기 기종을 단순화시켜 운용 효율성을 높였다.

2000년대 중반 화물 수요가 급증하자 2007년부터는 B747-400 여객기 8대를 화물 전용기로 개조해 화물 공급력을 증대했다. 2000년대 신형 화물기 도입으로 화물 전용기 가동률이 획기적으로 향상됐으며 이를 기반으로 대한항공은 전 세계를 누비며 항공화물 수송량을 늘렸다.

이후 2012년부터는 연료 효율성이 향상된 B777F와 B747-8F 등 신형 항공기를 추가로 확보해 세계 항공화물 시장을 이끌어가는 선도 항공사로서의 입지를 더욱 강화했다.

세계 최대 규모의 인천국제공항 화물터미널을 비롯해 첨단 자동화 설비를 갖춘 국내외 전용 화물 터미널 운영 또한 화물 사업 성장을 이끄는 원동력이었다. 1981년 미국 LA에 서부 지역 최대의 전용 화물 터미널을 시작으로 뉴욕(1983년), 도쿄(1985년), 오사카(1994년), 시카고(1994년) 등에 전용 화물 터미널을 확보했다.

2000년 10월에는 뉴욕 존에프케네디공항에 새로운 전용 화물 터미널을 준공했다. 1983년부터 운영해 온 전용 터미널이 낡은 데다 물류 추적 시스템이 부실해 서비스에 어려움이 있었다. 당시 조중훈 창업회장은 외환위기로 회사가 어려웠으나 '위기가 곧 기회'라는 신념 하에 화물 서비스 개선을 위해 터미널에 과감한 투자를 결정했다.

1억 달러를 투자해 새로 지은 터미널은 연간 20만 톤의 화물 처리가 가능하고 B747-400F 화물 전용기 3대가 동시에 주기할 수 있으며 자동화 시설을 갖춘 최첨단 시설이었다. 존에프케네디공항의 최첨단 시설과 고품질 서비스로 대한항공의 화물 운송 시스템의 신뢰가 향상됐으며 존에프케네디공항 화물 수송의 5%에 그쳤던 대한항공 수송 점유율은 10%까지 상승했다.

2005년에는 인천국제공항 화물 터미널 확장으로 연간 화물 처리 능력을 최대 135만 톤까지 증가시켜 단일 항공사가 운영하는 화물 터미널 중 세계 최대 규모의 터미널을 보유했다. 또 ETV, X-Ray, CCTV, 폭발물 탐지기 등 주요 운송 설비 보강을 통해 화물 운송 서비스의 품질과 안전을 강화했다.

대한항공은 '고객이 요구하기 전에 무엇을 원하는지 선제적으로 알고 실행해야 한다. 그것이 진정한 서비스다'라는 마인드로 화물 노선을 개척하고 강화했다. 창립 초기부터 화물 사업을 주력으로 키워 온 대한항공 화물 사업은 2000년대에 최고 실적을 거두며 6년 연속 세계 1위를 달성해 세계 항공화물 역사를 새롭게 써 나갔다.

조양호 회장의 냉철한 선택 – 보잉과 에어버스 신형 화물기 경합

항공기 도입 결정 전에는 시장 상황을 내다보는 예민한 판단력이 필요하다. 조양호 회장은 새로운 항공기 도입 때마다 보잉사와 에어버스사를 동시에 검토했으며 엔진, 기내 설비 등도 경쟁 입찰을 통해 대한항공에 유리한 조건을 이끌어냈다. 항공기는 미국과 유럽의 수출 주력 품목으로 우리나라의 외교적 입장까지도 함께 고려해 신형 항공기 도입을 결정했다.

2000년대 들어 에어버스사는 허브 앤 스포크(Hub & Spoke, 거점 공항을 중심으로 모아 다시 주변 노선을 연결하는 방식) 시장이 확대될 것으로 내다보고 초대형 여객기인 A380 항공기를 선보였다. 반면 보잉사는 두 도시를 연결하는 포인트 투 포인트(Point to Point) 시장을 대상으로 중형 여객기인 B787 항공기를 새로 제작했다. 조양호 회장은 시장 확장에 맞게 운용하기 위해 두 기종 모두를 도입하기로 결정했다.

양 제작사는 여객기뿐만 아니라 새 화물기 제작에도 경합했다. 에어버스는 A380F 화물 전용기로, 보잉사는 B747-8F 화물 전용기로 대한항공에 영업 총공세를 퍼부었다. 세계 1위 항공 화물사인 대한항공의 선택이 다른 항공사들의 항공기 도입에 영향을 미치게 되기 때문이었다.

조양호 회장은 두 항공기의 성능을 평가한 후 결정하겠다는 입장이었다. 운항, 장비, 재무, 자재 전문가로 구성된 평가단을 프랑스 툴루즈와 미국 시애틀에 파견해 항공기 성능을 분석했다. 평가 결과 양사의 항공기는 우열을 가리기는 어려웠으나 화물 적재 공간 활용 측면에서 보잉사의 B747-8F 화물 전용기가 대한항공에 더 적합한 것으로 판단됐다.

2006년 4월 대한항공은 B747-8F 화물 전용기 5대 도입을 발표했다. 대한항공의 선택은 파급 효과가 컸다. 당시 항공화물 전용 회사인 유피에스(UPS)사와 페덱스(Fedex)사가 에어버스사의 A380F 화물 전용기 주문을 취소한 것이었다. A380 여객기 주문 쇄도로 일정 내 화물기 도입이 어렵다는 게 주문 취소의 이유였지만 대한항공의 선택이 결정적이었다. 이후 에어버스사는 A380F 화물 전용기 제작을 중단했으며 끝내 세상에 모습을 드러내지 못했다.

57

신 성장 동력을 위한 새로운 사업 영역 개척

조양호 회장은 2000년대 중반까지 고유가 상황이 이어지고 세계적인 경기 침체가 계속되는 가운데 국내외 경영 환경 변화에 능동적으로 대응하기 위해 새로운 사업 영역 개척에 힘을 쏟았다. 미국 내 항공화물 공동 판매 합작회사를 설립한 경험을 살려 중국에서 화물 합작회사 설립을 추진했다.

1978년 12월 중국의 덩샤오핑(鄧小平)이 개혁 개방을 선언한 이후 중국 경제는 연평균 10%에 가까운 고도성장을 이어가고 있었다. 세계 최대의 물류 시장으로 부상한 중국을 잡기 위해 대한항공은 취항 노선을 늘리는 것은 물론 중국에서 직접 화물 사업을 운영할 수 있는 기반을 마련하고자 했다.

2006년 9월 중국 최대 물류 회사인 시노트랜스(Sinotrans)의 자회사인 시노트렌스에어(Sinotrans Air Transportaion Development)와 합작으로 그랜드스타(Grandstar)를 설립했다. 당시 중국 항공화물 시장은 루프트한자항공과 싱가포르항공도 각각 중국에 합작회사를 설립해 시장에 뛰어들면서 세계 3대 항공사 간 경쟁 구도가 형성되고 있었다.

텐진을 거점으로 설립된 그랜드스타는 2008년 6월 B747-400F 화물기로 텐진과 프랑크푸르트 노선 운항을 개시했다. 그러나 글로벌 금융 위기로 중국 시장의 성장이 주춤해지고 수출이 감소 추세로 돌아서면서 항공화물 사업은 공급 과잉 상태로 접어들었다. 여기에 중국 정부의 정책 변화로 성장이 탄력을 받지 못하고 중국 시장에서의 입지가 점차 축소되었다.

대한항공은 2012년 1월 사업을 중단하고 2015년 5월 그랜드스타 지분을 매각했다. 비록 만족할 만한 결과를 얻지는 못했으나 향후 중국 사업에 대한 접근은 신중함이 필요하다는 교훈을 얻었다.

에쓰오일(S-oil) 인수

사업다각화를 통해 신성장동력을 발굴하려는 대한항공의 노력은 중국 화물 합작사업에 멈추지 않았다. 항공 운송업의 경영 안정성과 경쟁력 강화를 위해서는 지속적인 성장 엔진이 필요했다. 또 사업 영역을 확대해 성장 기회를 포착하고 사업 포트폴리오를 강화할 필요성도 있었다. 이러한 관점에서 대한항공은 에쓰오일(S-oil) 지분을 인수하기로 했다.

2003년 이라크 전쟁 이후 국제 유가가 급격히 상승함에 따라 연간 2,800만 배럴의 항공유를 사용하는 대한항공은 원활한 유류 공급처를 모색하고 있었다. 조양호 회장은 1일 처리용량 58만 배럴 규모의 정유 시설을 갖춘 에쓰오일 지분을 인수함으로써 유류 구입 비용을 절감하고 고유가로 인한 리스크를 줄일 수 있다고 판단했던 것이다.

2007년 2월에는 에쓰오일에 투자하기 위해 특수목적법인(SPC)

인 '한진에너지'를 설립하고 2007년 4월 2조 1,581억 원을 투자해 에쓰오일 주식 198만 주를 인수했다. 전체 주식의 28.4%를 확보함으로써 2대 주주로서 에쓰오일 경영에 참여했다. 최대 주주는 사우디아라비아 국영 석유회사인 사우디아람코(Saudi Aramco)의 해외 자회사인 AOC(Aramco Overseas Company)였다.

대한항공은 에쓰오일 경영 참여를 통해 안정적인 유류 공급망을 확보하고 정확한 유가 정보를 활용한 선제적 유가 대응이 가능해졌다. 고유가 상황에서 에쓰오일이 안정적인 이익을 냄으로써 유류비 증가로 인한 대한항공의 경영 부담이 경감됐다.

2007년 6월에는 스카이패스 S-oil 카드를 출시하는 등 에쓰오일과의 다각적인 협력을 통해 고객층을 확대하고 공동 마케팅을 강화할 수 있었다.

대한항공을 비롯한 한진그룹의 장기적 성장을 뒷받침하고자 했던 이 사업은 지분 일부를 보유했던 '한진해운'의 경영 위기 등으로 2015년 1월 에쓰오일 최대 주주인 AOC(Aramco Overseas Company)에 보유 지분 전량을 매각하며 마무리됐다.

우즈베키스탄 나보이(Navoiy) 프로젝트

대한항공은 2007년 중앙아시아의 우즈베키스탄 정부로부터 뜻밖의 제안을 받았다. 우즈베키스탄은 중앙아시아 물류 허브 구축의 전략적 파트너로 공식 참여를 제안해 온 것이다.

우즈베키스탄은 아시아와 유럽의 경계에 위치한 나보이 국제공항을 중심으로 하늘과 육로를 연결하는 물류 중심지를 조성하려는 국가 역점 사업을 구상하고 있었다.

대한항공은 이 제안을 받고 2007년 말 타당성 검토에 착수했다. 그 결과 이 프로젝트가 장기적 관점에서 중앙아시아 물류 사업 진출을 위한 교두보가 될 것으로 판단했다. 미래 성장 동력을 확보하려는 차원에서도 의미가 있었다.

일명 '나보이 프로젝트'는 마침 우리나라의 중앙아시아에 대한 자원 외교정책과도 맞물려 두 나라 정부의 지대한 관심 속에서 추진되었다. 우즈베키스탄 정부가 대한항공에 국가 프로젝트 참여를 요청한 것은 글로벌 항공사인 대한항공의 경험과 노하우를 높이 평가했기 때문이었다.

국내 항공사가 외국의 공항 건설 프로젝트에 초기 단계부터 참여하는 것은 처음이었다. 대한항공은 2008년 5월, 우즈베키스탄 국영 항공사인 우즈베키스탄항공과 나보이국제공항 공동 개발을 위한 양해각서를 체결하며 사업에 본격적으로 참여했다.

나보이 프로젝트는 대한항공과 우즈베키스탄항공이 나보이국제공항을 중심으로 유럽과 아시아를 잇는 화물 네트워크를 연결해 중앙아시아의 물류 허브로 육성하는 것을 골자로 했다. 우즈베키스탄은 이러한 물류 인프라를 바탕으로 나보이국제공항 인근에 산업 시설을 유치해 우즈베키스탄 남부 지역을 개발하고 중앙아시아의 물류 중심 국가로 도약할 야심 찬 계획을 세웠다. 대한항공 역시 신규 사업을 개발해 신성장 동력을 확보하고자 했다.

2008년 8월 '나보이국제공항 공동 개발 프로젝트' 협약 서명식을 갖고 인천-나보이-밀라노 구간에 화물 정기편 운항을 개시했다. 이어 인천-나보이-브뤼셀 노선을 신설하고 A300-600 화물기 2대를 우즈베키스탄 항공에 5년간 임대하는 등 지원을 아끼지 않았다.

9월에는 우즈베키스탄의 수도인 타슈켄트와 인천을 잇는 여객 노선을 개설했다. 타슈켄트 취항은 중국에서 유럽으로 통하는 현대판 실크로드(Silk Road)의 기지를 마련하고 새로운 비즈니스와 관광 수요를 창출할 것으로 기대를 모았다.

대한항공은 당시 미개척지인 중앙아시아에서 적극적인 시장 개척을 통해 물류 시장에서 주도적인 역할을 하고자 했다. 2009년 1월 나보이 국제공항 위탁경영에 들어갔다. 10년 동안 운송 조업과 시설, 정비 분야의 노하우를 전수하고 화물청사와 화물기 주기장 신축, 여객 청사 증개축 등의 인프라를 조성하는 것이었다.

대한항공이 위탁경영하는 동안 나보이국제공항의 화물 수송량은 연평균 약 3만 5천 톤으로 위탁운영 전에 비해 크게 증가했다.

2012년 3월에는 '한진 나보이 컴플렉스(Hanjin Navoi Complex)' 개관식을 개최했다. 1만 8,181m²(5,500)평 부지에 건립된 나보이컴플렉스는 나보이공항 인근 자유경제 개발 구역(Free Industrial Economic Zone, FIEZ) 배후 복합단지에 위치한 주거 시설로 3개 동, 51개 객실과 각종 편의시설을 갖추었다.

이를 통해 우즈베키스탄 정부는 외국 기업체를 유치하는 데 더욱 활기를 띠었으며 한진그룹은 물동량 확대로 새로운 수요를 창출할 수 있었다.

대한항공의 나보이국제공항 위탁경영은 2018년 7월 종료됐다. 비록 중앙아시아 물류 허브까지 발전시키지는 못했지만 나보이프로젝트는 대한항공의 경영 능력을 과시하는 계기가 됐다.

이후 대한항공은 몽골(Mongolia)의 몽골항공 고문 역할을 의뢰받았으며 이외에도 남방항공 등 중국 항공사들로부터 자문 요청과 체코항공(Czech Airlines)의 지분 참여 요청 등 여러 나라로부터 끊임없는 협력 제안이 쇄도하면서 국제적 위상을 제고할 수 있었다.

체코항공 지분 참여와 협력

조양호 회장은 2010년에도 새로운 사업 개척을 위해 지속적인 노력을 경주했다.

유럽 국가들의 불황이 지속되면서 체코 국영 항공사인 체코항공(Czech Airlines)은 2010년부터 영업 적자를 기록하기 시작해 연간 400억 원이 넘는 순손실을 기록하고 있었다. 전 세계의 항공 질서가 대한항공을 중심으로 재편되어 가는 상황에서 군소 항공사인 체코항공은 더이상 독자 생존이 어려웠고 결국 2012년 인수합병(M&A) 시장에 매물로 나오게 됐다. 1923년에 설립된 체코항공은 2001년 3월 스카이팀(Sky Team)에 가입한 다섯 번째 회원사이기도 했다.

대한항공은 당시 유럽 시장 진출 확대를 위해 지분 인수를 검토했는데 인천-프라하 구간의 공동운항 확대, 프라하 이원(Beyond Right) 네트워크 강화 등 유럽 노선 경쟁력 제고와 양사 협력을 통한 시너지 창출이라는 효과를 예상하고 2013년 3월 체코항공의 지분 취득 계약을 체결했다. 이는 우리나라 항공사가 해외 국적 항공사의 지분을 인수한 첫 사례이자 아시아 항공사로서도 최초였다.

대한항공은 체코항공 지주회사가 보유한 주식 중 44%(46만 725주)를 인수함으로써 유럽 내 입지는 물론 세계시장에서도 그 위상을 한층 높일 수 있었다.

대한항공은 먼저 양사 간 협력을 강화했다. 2013년 6월부터 인천-프라하 노선에 체코항공과 공동운항을 개시하고 유럽 내 공동운항 노선을 16개 노선으로 확대해 연결편 서비스를 개선했다. 프라하를 포함한 유럽 17개 도시를 잇는 광대한 유럽 네트워크를 확보해 유럽 노선의 경쟁력을 강화했다. 이와 함께 A330-300 항공기를 체코항공에 임대해 프라하-인천 노선에 투입하도록 하고 공동운항을 통해 양사의 시너지 효과를 극대화했다.

당시 조원태 부사장(조양호 회장의 장남, 현 회장)은 체코항공의 이사회 의장 격인 감독위원회 의장을 맡아 경영 혁신을 주도했다. 수시로 프라하를 오가며 비용 절감을 위한 사업 재편과 방대한 사업의 구조조정 등 정상화 작업을 지휘했다. 그 결과 지분 인수 3년 만에 체코항공은 흑자전환에 성공해 2016년에는 1,000만 유로(136억 원)의 순이익을 기록했다.

2017년 들어서 승객 수가 상반기에만 전년 대비 22%가 증가하는 등 상승세를 이어갔다. 대한항공은 2017년 12월 체코항공의 2대 주주인 트래블서비스(Travel Service)에 보유 지분 전량을 매각했다. 체코항공이 신속한 의사결정이 가능한 단일 주주 체제로 전환해 지속가능한 경영을 추진할 수 있도록 지원하기 위해서였다.

대한항공은 지분 매각 후에도 체코항공과의 협력을 이어갔다. 인천-프라하 노선의 공동운항을 지속하며 양사 간 상생의 비즈니스를 실현하고 있다. 체코항공의 지분 인수와 흑자 전환, 매각으로 이어진 대한항공의 비즈니스 역량은 글로벌 항공시장에서 다시금 주목받는 계기가 됐다. 아울러 한·체코 간 민간 협력 증진의 가교 역할도 훌륭히 해냈다. 대한항공은 유럽에서 대한민국의 국격을 한 계단 높인 것이다.

58

저비용(LCC) 진에어(Jin Air) 출범

전통적인 항공 시장에 새로운 형태의 항공사가 등장했다. 저비용(LCC, Low Cost Carrier) 항공사가 그것이다.

2002년 에어아시아(Air Asia)의 취항을 시작으로 아시아 지역에 저비용 항공사들이 본격적으로 등장했다. 9.11 테러와 경기 침체 등으로 대형 항공사들이 고전을 면치 못하고 있던 상황에서 저비용 항공사들은 저렴한 가격을 무기로 빠르게 성장하며 항공 운수 업계의 판도 변화를 이끌었다.

저비용 항공사는 기내식 제공이나 수하물 무료 탑재와 같은 부가 서비스를 제공하지 않음으로써 기존 항공사보다 운임이 낮아 미국, 유럽, 동남아시아 등지에서 인기를 끌고 있었다.

우리나라에서는 2004년에 저비용 항공사 설립이 처음으로 추진됐다. 청주시(淸州市)가 2004년 KTX(Korea Train Express, 한국고속철도) 개통에 대비해 청주공항을 활성화하고 지역 민항을 육성해 지역 경제도 살리겠다며 청주공항을 중심으로 한 국내 최초 저비용 항공사 '한성항공' 설립을 추진했다. 이어 2005년 1월 제주항공(Jeju Air)이 출범하면서 본격적인 저비용 항공사 성장을 예고했다.

국내외 항공 시장이 요동치는 가운데 대한항공은 새로운 변화에 대응하기 위해 2004년 1월 태스크포스를 구성해 저비용 항공사 대응 방안 검토에 착수했다. 당시 대한항공 내부에서는 저비용 항공사 설립에 대한 찬반 의견이 공존했다. 2000년대 초반 미국 델타항공과 아메리칸항공이 설립한 저비용 항공사가 실패했으며 저비용 항공사를 자회사로 설립하는 경우 대한항공의 수요를 잠식할 것이라는 우려가 있었기 때문이다.

2005년 3월 조양호 회장은 '필요하면 별도의 항공사를 세워 국제 단거리 노선에 운항하는 방안을 고려하고 있다'고 입장을 표명했다. 조 회장은 기존 저비용 항공사 모델의 실패 원인을 제거하면 성공할 수 있다고 판단했던 것이다. 매우 전향적인 태도를 보인 것이다. 빠르게 변하는 세계 항공업계에서 LCC 시장이 기존 항공시장을 위협하며 잠식해 나갈 위험에 대비할 필요도 있었다.

대한항공은 저비용 항공 시장의 성공과 실패 요인을 분석해 독자적인 저비용 항공사 모델을 만들어 나갔다. 안정성은 극대화하고 원가 절감 노력을 통해 항공료를 낮추는 실용적인 항공사를 구성했다. 저비용 항공사를 설립하되 운항과 정비 부문을 대한항공에 아웃소싱해 대한항공의 40년 노하우를 활용하면 안정성은 확보할 수 있다는 것이다.

진에어(Jin Air) 설립

대한항공이 저비용 항공시장 진출을 확정한 것은 2009년 6월이었다. 이어 11월 저비용 항공사 설립을 이사회에서 결의함으로써 대한항공의 저비용 항공사 설립이 공식화됐다.

중국과 동남아시아 지역의 저비용 항공사들은 물론 우리나라의 한성항공, 제주항공도 취항을 시작해 중저가(中低價) 항공 시장을 잠식해 가고 있었고 일부 고소득층 중심이던 수요가 가족 단위의 관광 여행, 해외연수 등으로 대상이 점차 넓어지면서 잠재 수요가 대폭 확대됐다.

대한항공은 프리미엄(Premium) 시장과 관광시장을 각각 전담하는 투트랙(Two-Track) 전략으로 시장 변화에 대처하고 안전 운항 노하우를 접목해 안전하고 믿을 수 있는 저비용 항공사를 출범시킴으로써 국내 항공 산업 발전에 새로운 전기를 마련하고자 했다.

2008년 1월 주식회사 '에어코리아(Air Korea)'를 설립하고 4월 정기 항공 운송 사업 면허를 취득해 본격적으로 저비용 항공 사업에 나섰다. 에어코리아는 국내선보다는 중·단거리 국제선을 공략하기로 영업 전략을 세웠다. 인천공항을 허브(Hub)로 삼아 우선 항공 자유화로 문호가 개방된 중국 산둥성과 하이난성, 일본(도쿄 제외), 태국, 말레이시아 등 단거리 관광 노선을 집중적으로 공략하고 단계적으로 중거리 신규 노선 개발에도 나서기로 했다.

그해 6월에는 진에어(Jin Air)로 사명을 변경하고 'Fly, Better Fly, Jin Air'라는 슬로건과 형광 배경에 파란색과 보라색 나비 날개를 표현한 로고를 만들어 나비처럼 자유롭게 즐기는 여행의 의미를 함축했다. 진에어란 참되고 바르다는 진(眞)의 의미와 함께 개성과 실용성을 상징하는 청바지인 진(Jean)의 의미도 담고 있었다.

우리나라 저비용 항공사로는 세 번째로 출격한 '진에어'는 '차별화된 서비스를 제공하되 글로벌 수준의 안전하고 신뢰 가는 합리적인 항공사'라는 미션을 가지고 아시아를 대표하는 고품질의 실용 항공사를 표방했다. 특히 진에어의 기업 이미지(CI) 청바지 유니폼을 비롯해 각종 서비스, 마케팅을 통해 저비용 항공사이지만 프리미엄을 추구하는 세련된 항공사로서 고객에게 다가갔다.

진에어, 아시아 대표 실용 항공사로 비상

진에어는 2008년 7월 17일 오전 김포공항에서 김재건 대표이사를 비롯해 국토 해양부 관계자들이 참석한 가운데 취항식을 가졌다. 이어 189석의 B737-800 항공기로 김포-제주 노선 첫 운항에 들어갔다. 진에어 B737-800 항공기에는 대한항공 항공기와 같이 돌풍 감지 레이더와 공중 추돌 방지 장치 등 최첨단 안전장치들을 장착해 안전성을 강화했다.

진에어는 색다른 서비스로도 주목받았다. 탑승 수속 시간 절약을 위해 좌석 번호를 없애고 3개 좌석 구역으로 구분해 선착순으로 탑승하도록 했다. 100% 인터넷을 기반으로 한 항공권 예매 시스템을 운영함으로써 기존 항공사와 달리 콜센터를 없애 원가를 낮추었다.

진에어는 출범 이후 저비용 항공사에 집중되던 안전에 대한 불신을 해소하고자 무엇보다 안전 운항에 집중했다. 조양호 회장은 세계 최고 수준의 안전 운항 시스템을 갖춘 저비용 항공사로 만들겠다는 강한 의지를 내보였다. 최신 기재를 도입해 운영의 효율성을 높이고 안전, 운항, 정비 부문 인력 대부분을 대한항공 경력 사원으로 구성해 글로벌 스탠더드 수준의 안전 운항 체제를 구축했다.

2009년 3월에는 국내 저비용 항공사 중 최초로 국제항공 운송협의회의 IOSA(IATA Operational Safety Audit) 인증을 획득함으로써 세계 최고 수준의 '안전한 항공사'로 인정 받았다. 특히 모든 평가 항목에서 완벽한 수검을 받아 안전 체제에 대한 국제적인 신뢰와 함께 전 세계 선진 항공사와 어깨를 나란히 했다.

취항 첫 해 6개월 간의 정시율을 평가한 결과 99%라는 놀라운 기록을 보임으로써 저비용 항공사에 대한 안전 문제를 불식시키고 안전 운항에 있어 대한항공의 계보를 이어 나갔다. 조양호 회장의 '우리 국민이 안전하고 부담 없이 이용할 수 있는 저비용 항공사의 대명사로 만들겠다'는 목표가 현실로 증명되는 순간이었다.

진에어는 계속해서 2009년 4월 부산-제주에 이어 12월에는 첫 국제선인 인천-방콕 노선에 취항했다. 2010년에는 인천-괌(4월), 인천-클락(10월), 인천-마카오(11월) 노선을 잇달아 개설하는 등 장거리 비즈니스 노선 중심의 대한항공과 차별화를 위해 중·단거리 관광 노선을 적극 개발했다.

2017년 12월 8일에는 코스피(KOSPI)에 상장됐으며 항공기 운용 효율성을 제고하고 수요에 탄력적으로 대처하는 등의 노력으로 2018년 연간 총매출과 영업이익은 각 1조 107억 원, 630억 원으로 국내 LCC사 항공사 최초로 1조 원 매출 달성 및 LCC 최장 9년 연속 흑자 경영을 달성했다.

진에어(Jin Air)는 2019년 5월 기준 B737-800 22대, B777-200 4대 등 총 26대를 보유하고 국내선 4개를 비롯해 국제선 32개, 총 11개국 36개 노선에 취항하고 있다.

59
위기에 빛난 조양호 리더쉽

2009년 8월 24일 미국의 'USA 투데이'는 조양호 회장이 남다른 경영 철학으로 대한항공(KAL)의 성장을 이끌었다고 보도했다. USA투데이는 대한항공이 1990년대 후반까지 사고가 가장 많은 항공사 중 하나였고 특히 괌 사고로 인해 1999년대 후반까지 에어프랑스가 전략적 협력 관계를 끊기도 했다면서 그렇지만 이 사건을 계기로 조양호 회장이 안전 최우선 방침을 고수하며 지금의 성장을 이끌었다고 호평했다.

조양호 회장이 위기를 기회로 만든 것은 비단 이때만이 아니었다. 대한항공은 2008년 9월 세계 금융위기가 발발했을 때 창립 40주년(2009년)을 바라보고 있었다. 미국의 금융위기는 기록적이었다. 월스트리트 4위(位) 투자은행인 158년 역사의 리먼 브러더스(Lehman Brothers)가 파산 보호 신청을 하고 미국 최대 증권사인 메릴린치(Merrill Lynch)는 뱅크오브아메리카(BOA)에 전격 매각되었다.

2007년 미국에서 발생한 서브프라임모기지(Sub-prime Mortgage, 비우량 주택담보대출) 부실 사태로 촉발된 미국 금융시장의 신용 경색이 세계 항공업계의 항공 수요 감소로 이어졌다. 세계 항공업계는 몸살을 앓았다. 항공사들은 공급을 감축하고 노선 조정에 착수했다.

그러나 세계 항공업계는 2008년 최악의 실적을 기록할 수밖에 없었고 260억 달러에 달하는 당기 순손실을 내고 말았다. 이런 최악의 실적은 경기 침체로 인한 수요 감소뿐 아니라 항공 연료비 헤지(Hedge, 가격 변동에 대한 위험 회피) 손실이 컸기 때문이다. 국제 유가 상승에 대응해 많은 항공사들이 유가(油價) 헤지를 진행했는데 금융위기 이후 국제 유가가 급락함에 따라 막대한 손실을 입었다. 당시 홍콩의 캐세이퍼시픽항공은 2003년 이후 처음으로 반기 적자를 기록했고 호주 콴타스항공과 중국의 국영 항공사들도 손실이 불어났다. 대다수 항공사들이 구조조정이 불가피한 상황이었다.

창립 40주년을 앞두고 있던 대한항공은 곧바로 비상 경영에 들어갔다. 그간 개선해 온 위기관리 절차에 따라 수요에 맞춰 공급을 조정하고 불필요한 경비를 절감했다. 대한항공 노조는 1999년 이후 9년 만에 임금 동결을 선언하며 위기 극복을 위한 고통 분담에 동참했다.

전 임직원들의 고군분투에 힘입어 2008년도 연간 매출액은 전년보다 15% 증가한 10조 2,162억 원으로 창사 이래 처음으로 10조 원대를 돌파했지만, 상반기 고유가와 4분기 실적 부진으로 993억 원의 영업 적자를 내고 말았다. 특히 원화 가치 하락으로 원·달러 환율이 2007년 말 938원에서 2008년 말 1,259억 원으로 급격히 상승함에 따라 외화 부채에 의한 환차손이 대폭 반영돼 1조 9,423억 원의 당기순손실을 기록했다.

어려움 속에 기회가 있다.

전 세계 항공사들이 존폐의 위기 상황에 직면했지만 대한항공은 세계 최고의 항공사로 도약한다는 확고한 목표가 있었다. 조양호 회장은 '어려움 속에 기회가 있다'고 강조하면서 '서비스 경쟁력을 바탕으로, 지속적으로 성장할 수 있는 토대를 굳건히 닦아 나가자'라고 격려했다.

2009년 3월 1일 창립 40주년 기념식에서 조양호 회장은 '2009년을 새롭게 출발하는 원년으로 삼아 2019년 창립 50주년에는 명실상부한 글로벌 선도 항공사로서 전 세계 모든 사람들이 타고 싶어 하는 명품 항공사로 도약해야 한다'고 그의 포부를 밝혔다. 이와 함께 '새로운 비상(飛上, Beyond 40 years of Excellence)'이라는 슬로건 아래 창립 50주년을 맞는 2019년까지 매출 25조 원 달성을 골자로 하는 장기 경영 목표를 발표했다. 그 어느 때보다 '위기의 해'가 될 것이라고 경종을 울린 시기에 대한항공은 오히려 '미래 성장'을 이야기하고 있었다. 이것은 1997년 IMF 외환위기 등 숱한 어려움을 슬기롭게 극복해 온 경험에서 비롯된 자신감의 발로였다.

대한항공이 발표한 '2019년 경영 목표'는 절대 안전 운항 체제를 기반으로 ①고객 중심의 명품 서비스 제공 ②핵심 역량 강화 ③사업 영역 확대 ④선진 경영 시스템 구축 등을 통해 초일류 항공사로 도약하는 것이었다. 구체적으로 차세대 항공기 보유 대수를 늘리고 이를 기반으로 더욱 품격 높은 서비스를 제공하며 글로벌 노선망을 확대해 2009년 39개국 116개 취항 도시를 2019년까지 세계 140개 도시로 넓혀 나가겠다는 것이었다. 아울러 신규 물류 시장을 창출해 사업 영역을 확대하고 ERP 등 선진 경영 시스템을 구축해 경영의 안정성을 극대화한다는 의지의 표현이었다.

이와 함께 2009년 사업 목표를 절대 안전 체제 유지와 수익성 우선의 사업 운영에 두고 서비스 품질 혁신과 해외 수요 창출, 그리고 경영 자원의 효율적 운영을 추진했다. 동시에 글로벌 신용 경색에 대비해 현금 중심의 경영을 강화하고 환율, 유가, 금리의 급격한 변동에 대비해 리스크 관리를 강화했다.

노선의 탄력적 운영을 통해 공급량을 위기 상황에 맞게 유연하게 조정했으며 항공기 가동률을 높여 고정비 부담을 낮추고자 했다. 관광 수요가 감소한 중국, 대양주, 유럽 노선의 공급을 감축했으며, 미국 비자 면제 프로그램, 캐나다 항공 자유화 등으로 수요가 증가한 미주 노선의 공급을 증대해 수익성을 개선해 나갔다.

2009년에는 2005년부터 시행해 온 기내 환경 개선과 좌석 고급화 작업에 박차를 가하며 신형 항공기 구매를 위한 투자액을 전년보다 50%나 증대시켰다. 이어 2010년부터 2013년까지 연평균 2조원에 달하는 금액을 투자하는 43대의 항공기 도입 계획을 수립했다. 대한항공의 과감한 투자는 글로벌 항공사로서의 입지를 다지고 세계 수준의 서비스를 제공하겠다는 취지였다.

수익성 제고를 위해 해외 수요 창출에도 매진했다. 조양호 회장은 '한국 시장이 축소됐어도 해외 시장에서 새로운 기회를 찾을 수 있다'라며 해외 판매 강화에 전력을 경주했다. 2009년 당시 대한항공은 미주 13개 도시에 주 90회 이상 운항하는 태평양 노선의 최강 항공사였다. 태평양 노선의 경쟁력을 기반으로 미주와 동남아시아, 중국을 연결하는 환승 노선을 개발하고 공항 서비스를 강화해 해외 환승(換乘, Plane Transfer) 수요를 확대했다. 원화 가치 하락으로 줄어든 국내 수요를 해외 환승 수요로 만회하겠다는 전략이었다.

해외 수요 유치에 적극 나서면서 시장 판세가 달라지기 시작했다. 해외 지역 판매가 전년보다 14% 증가했으며 일본 지역 판매의 경우 엔화(円貨) 강세와 적극적인 영업 활동으로 무려 41%의 놀라운 고성장을 기록했다. 또 외국인 탑승객 비율이 2009년 처음으로 내국인 탑승객 비율을 넘어섰으며 해외 지역 판매 비중이 59%로 확대되었다.

2009년 4분기부터는 화물 물동량도 회복세에 진입해 실적이 빠르게 개선되었다. 대한항공은 다른 항공사보다 빠르게 위기에서 빠져나왔다. 대부분의 항공사들이 적자에 허덕이고 있었지만, 대한항공은 2009년부터 1분기 66억 원의 영업이익을 내며 경영을 정상화한 것이다. 이 같은 위기 극복의 노력으로 2009년 매출은 9조 3,937억 원으로 전년에 비해 8% 줄어들었으나 1,334억 원의 영업이익을 올리며 흑자 전환에 성공했다.

2010년 사상 최대 실적 달성 – 매출 11조, 영업이익 1조

2009년 말부터 세계 경기 회복에 대한 낙관적인 전망이 대세가 되자 전 세계 기업들은 그간 동결해 왔던 설비 투자를 진행하고 재고를 다시 확보하기 시작했다. 달러 가치가 안정화되고 급락했던 국제 유가도 점진적으로 상승하기 시작했다.

대한항공은 2010년의 사업 목표를 연간 매출 10조 6,000억 원, 영업이익 8,000억 원으로 수립하고 목표 달성을 위해 사업 운영에 박차를 가했다.

국내외 경제 회복 기조로 여객 수요가 금융위기 이전 수준을 넘어 가파르게 늘어남에 따라 중국, 동남아시아 노선뿐 아니라 미주, 대양주, 유럽 등의 장거리 노선의 공급이 늘어났다. 기내 환경 업그레이드, 신형 항공기 도입 등 투자를 강화하고 글로벌 노선망을 활용한 환승 수요를 지속적으로 늘렸다.

조양호 회장은 이에 앞서 2003년 초 이라크 전쟁과 사스 파동이 일어나면서 각국 항공사들이 몸을 낮추는 등 항공 운송업계의 시름이 깊어가던 때를 오히려 항공기 도입의 호기로 판단했다. 대단한 역발상이었다. 다른 항공사들이 항공기 구매를 꺼리면서 주춤하고 있을 때 대한항공은 항공기 가격이 낮아졌을 때가 최신 항공기를 저렴한 가격으로 살 수 있는 적기라고 판단하고 최신 항공기 구매를 과감하게 추진했다.

2003년 6월 초대형 항공기인 A380 8대를 비롯해 B777 7대, B747-400 ERF 2대 등 모두 17대의 항공기를 도입하는 양해각서에 서명했다. 이어 2005년에는 B787 차세대 항공기 10대를, 2006년에는 보잉사와 대한항공 사상 최대 규모인 25대 규모의 항공기 도입 계약을 체결했다.

조양호 회장의 예견은 적중했다. 2006년 이후 세계 항공 시장이 회복세로 돌아서면서 항공사들은 앞다퉈 차세대 항공기를 주문하기 시작했고 항공기 제작사는 넘치는 주문량을 감당하지 못해 많은 시간을 기다려야 하는 상황이 되었다. 대한항공의 2010년 좋은 실적 달성에는 이처럼 조양호 회장의 예견력이 뒷받침된 것이다. (우리 이야기는 다시 2010년 경영 내용으로 돌아온다.)

대한항공은 글로벌 항공사로서 서비스 경쟁력 강화와 함께 환승 수요 유치로 전년보다 6.3%나 개선된 76.1%의 높은 탑승률을 기록했다. 그뿐만 아니라 고단가 수요 확대로 단위당 수입(Yield)은 94.3원으로 12%나 증가해 수익성이 크게 향상됐다. 2010년 여객 매출은 전년보다 16%나 늘어난 6조 3,194억 원을 기록했다. 화물 사업은 2010년에 가장 높이 날아올랐다. 국내 IT 기업들의 수출 물량이 증가했으며 나보이공항을 활용한 물자 수송이 급증한 것이었다. 수요가 늘어남에 따라 운임도 자연스럽게 인상됐으며 전 세계 항공화물을 실어 날라 탑재율이 76.3%로 상승했다.

화물 사업은 2010년에도 3조 7,886억 원의 매출로 사상 최대의 매출을 기록했다. 대한항공은 2010년 연간 매출 11조 1,278억 원, 영업이익 1조 5,890억 원을 기록했다. 2010년에는 여객과 화물 사업의 실적 호조뿐 아니라 항공우주, 기내식, 기내 판매 등 전 사업 부문에서 매출이 증가했으며 모든 사업이 흑자를 냈기에 가능한 실적이었다.

연초에 세운 사업 목표를 훌쩍 뛰어넘어 사상 최대의 실적을 기록하며 매출 10조 원, 영업이익 1조 원 클럽에 이름을 올릴 수 있었다. 당시 국내에서 이를 달성한 기업은 13개 사에 불과했다. 창업 당시 벤치마킹 대상이었던 일본항공(JAL)이 2010년 2월 파산 신청을 했다.

조양호 회장은 2011년 임원 세미나에서 "지난해 대한항공이 매출 11조 원, 영업이익 1조 원을 기록한 것은 대한항공 역사에 한 획을 그은 것이지만 아직 올라갈 데가 많다."라며 "실적에 자신감을 가져야 하지만 자만감으로 변하면 안 된다."라고 강조했다. 또한 '영원한 강자, 영원한 약자도 없다는 말 그대로 시대의 흐름을 따라잡지 못하면 영원히 사라질 수도 있다'라면서 마음가짐을 새롭게 할 것을 주문했다.

60

화물 사업(Air Cargo) 세계 1위의 시련

2004년 국제 항공화물 수송 세계 1위에 오른 대한항공을 바라보는 세계 항공업계의 시각은 놀라움에서 찬탄으로 바뀌었다. 한순간에 끝날 줄 알았던 1위의 영광이 무려 6년 동안이나 이어지며 파란을 일으켰던 것이다. 그러나 경제 현상에는 '승자의 저주(The Winners Curse)'라는 개념도 있다. 승자에게 따르는 위험부담이다. 2006년부터 2013년까지 8년 동안 2010년을 제외하고 화물 사업(Air Cargo)은 지속적으로 적자를 내고 있었다. 6년 간의 세계 1위라는 실적은 빛이 바랠 수밖에 없었다.

세계 항공화물 시장에 적자 경영 경고등이 켜진 지는 오래였다. 2003년 이후 국제 유가 상승으로 원가 부담이 커졌으며 전 세계 화물 물동량이 크게 늘지 않는 상황에서 해상 수송이 늘고 항공화물 공급 증가로 수익성이 하락하고 있었다. 이전과 달리 TV와 노트북(Notebook) 등 중량이 큰 화물 들은 항해 시간 단축으로 해상(海上)으로 수송되고 대신 부피가 작은 스마트 기기들과 반도체로 항공화물 품목이 대체되면서 화물 시장의 환경이 바뀌었다. 더구나 9.11 테러와 사스(SARS) 이후 아시아 항공사들이 상대적으로 영향이 적은 화물 사업을 확대하고 B777-300과 같은 여객기의 도입으로 화물 공급이 넘쳐났다. 양으로 승부하던 시대가 지나고 새로운 패러다임(Paradigm)의 전환이 필요한 시점이었다.

2000년대 항공화물 시장 확장에 주력하던 대한항공은 시장 변화 대응 시점을 놓치고 있었다. 세계 1위를 유지하던 2004년부터 2009년까지 공급은 지속적으로 늘어났으나 매출액은 2004년 실적을 밑돌았다. 여객기의 화물 공급이 크게 증가해 운임이 하락하고 있었으나 이를 염두에 두지 않고 화물 전용기 중심으로 영업을 추진했던 것이 문제였다. 세계 1위 유지를 위해 물동량 확보 중심으로 사업을 운용하다 보니 가격을 낮출 수밖에 없었다. 고유가로 원가 상승이 불가피하자 적자로 이어지게 된 것이다. 더구나 신형 화물 전용기 도입으로 공급이 늘어난 상황에서 2008~2009년 세계 금융위기로 수요가 급감하자 적자 폭은 더 커질 수밖에 없었다.

다행히도 2010년 들어 세계 경기 회복 조짐에 따라 전 세계 기업들은 재고 물량을 늘리기 시작했다. 항공화물 수요가 급격히 증가하자 화물 공급 여력이 충분했던 대한항공은 전 세계 항공화물을 대량으로 수송할 수 있었다. 그 결과 2010년 화물 사업에서만 4,500억 원이 넘는 노선 이익을 냈다. 그러나 2011년부터 유럽의 재정 위기로 세계 경기는 다시 침체에 빠졌으며 시간이 지날수록 전 세계 항공화물 물동량은 감소했다.

대한항공의 화물 사업은 악화일로를 치달았다. B747-8F, B777F 등 신형 화물기가 순차적으로 도입됨에 따라 고정비가 늘어나는 데다 사업량 감소로 항공기 생산성이 하락했다. 더구나 항공 운임이 하락하고 고유가로 인해 장거리 노선의 적자가 심화됨에 따라 만성 적자의 늪에 빠지게 되었다.

수입 극대화로 화물 사업 재편

화물 사업 부문의 일대 쇄신이 필요했다. 조양호 회장은 2000년 대 후반 연속적으로 적자를 내자 '세계 1위의 외양에 치중할 것이 아니라 흑자로 전환하는 것이 필요하다'라는 방침을 밝혔다.

대한항공은 기존의 양적 성장 전략에서 벗어나 수익 중심의 전략으로 틀을 바꾸었다. 먼저 공급 운영 방식을 변경했다. 여객기의 화물 공급을 우선 활용하고 단위당 수입이 낮은 동남아시아 출발, 미주와 유럽행 판매를 축소시켰으며 단위당 수입이 높은 중국과 일본 판매를 확대했다.

이를 위해 기존의 지역별, 지점별 매출 목표에 추가해 목적지별 목표를 배정, 매출 관리를 강화했다. 판매 지점의 영업 마인드도 바꿔 나갔다. 이전까지는 장거리 대형 판매에만 치중했으며 물량 정보를 대리점에 의존하다 보니 제대로 된 가격으로 판매가 어려웠다. 이에 따라 원가에 기반한 판매가를 책정하고 시장 분석을 강화해 타깃(Target) 영업 활동을 강화했다. 평가 방식도 기존의 매출액 중심에서 단위당 수입과 이익 기여도 중심으로 개선했다.

RM(Revenue Management, 직원들마다 각자 담당하는 지역 및 도시의 항공권 운임을 조정하고 판매해 회사 수익을 내는 방식)을 강화해 항공편별 가격을 관리하고 수익성 중심으로 물동량을 조정했다. 운송 서비스도 대대적인 개선을 추진했다. 상품 지식에 대한 교육을 강화하고 일관된 업무 처리를 위해 매뉴얼을 개정해 업무를 표준화했다. 판매에서 인도에 이르기까지 전 단계에 대한 모니터링을 강화해 운송 서비스 품질을 제고하고 고객 만족도를 높여 나갔다.

2013년 7월에는 특단의 조치를 내리기도 했다. 약화된 대내외의 경영 환경을 타개하기 위해 경영전략 본부장을 맡고 있던 조원태 부사장을 화물 사업 본부장으로 임명한 것이었다. 책임 경영을 통해 실적 부진을 겪고 있던 화물 사업의 회복에 매진하기 위한 비상 조치였다.

조원태 부사장의 진두지휘 아래 화물 사업의 체질 개선이 가속화되었다. 효율적인 공급 운영을 위해 연료 효율성이 좋은 신형 화물 전용기를 집중적으로 투입하고 나머지 항공기는 과감하게 지상에 주기 조치했다. 항공기에 대한 고정비가 막대했으나 공급 과잉 문제를 해소하기 위해 과감한 결단을 내린 것이다.

적정 규모의 항공기 운영을 통해 수익성 중심의 노선 운영과 수요에 맞는 공급 조정이 가능해졌다. 이어 노후화된 항공기를 점진적으로 매각했으며 B777F 중형 화물기 중심으로 보유 항공기를 조정했다. 캐세이퍼시픽(Cathay Pacific) 항공과 루프트한자항공이 이미 B777F로 화물기 운영 전략을 변경한 것에 비하면 다소 뒤늦은 대응이었지만 결단 후 신속한 조치로 즉각적인 이익 개선 효과를 거두었다.

화물 노선 조정과 시장 개발

이익 개선을 위해 가장 공을 들인 것은 '노선 조정'과 '시장 개발'이었다. 수익성을 중심으로 부진 노선을 검토하고 목적지별 이익률을 분석해 대대적인 노선 개편을 추진했다. 적자 노선은 과감하게 운항을 중단했다.

2012년 5월 베이징 노선을 비롯해 2013년 11월 첸나이, 2015년 브뤼셀, 9월 코펜하겐 노선 운항을 중단했다. 또 여객기 공급을 활용할 수 있는 방콕과 홍콩 노선의 화물기 운항은 폐지하거나 감축했으며 부정기편을 탄력적으로 투입해 수익성을 제고했다. 수요 호조 노선을 중심으로 적극적으로 공급 증대를 꾀했고 약품과 전자 장비 등 고수익 화물 유치를 위한 부정기편 운항을 확대했다. 이를 위해 주간 단위로 스케줄을 변경하고 공급을 새로 편성하는 등 수요와 수익성을 고려해 탄력적인 스케줄 운영에 힘을 쏟았다.

노선 조정뿐 아니라 그간의 수송 노하우를 바탕으로 타깃 품목을 선정해 적극적으로 시장을 개척했다. 2011년 7월 스페인 사라고사(Zaragoza)에 노선을 개설하고 스페인의 유명 의류 브랜드인 '자라(Zara)'의 의류 수송을 확보했다. 물동량이 늘어남에 따라 2018년에는 연간 매출액이 8,000만 달러에 이를 정도의 황금 노선으로 자리 잡았다.

2011년 9월 글로벌 IT 기업의 물량 확보를 위해 중국 청두 노선에 취항했다. 2013년 11월에는 중국 시안 노선을 개설해 국내 전자 회사의 현지 반도체 공장 건설에 필요한 장비를 수송했다.

신시장 개척과 함께 고질적인 방향적 편중(Directional Imbalance) 해소를 위한 시장 개발에 주력했다. 주요 노선이던 미국과 유럽으로 가는 물동량 대비 미국이나 유럽에서 나오는 물동량은 부족한 상황이었다. 양방향 균형을 맞추기 위해 인바운드(Inbound) 수요, 즉 아시아 쪽으로 나오는 상품 개발을 추진했다. 그 일환으로 개척한 것이 '신선 농수산물(新鮮 農水産物)' 운송이었다.

2015년 캐나다 헬리팩스에 노선을 개설해 살아있는 랍스터(Lobster) 수송 시장을 개척했다. 미국 중부의 물류 거점인 시카고에서 돌아오는 항공기의 물동량 확보를 위해 국내 유통업체와 손잡고 살아있는 랍스터를 수송하기로 한 것이다. 부정기편으로 몇 차례 운항하다 수요가 많아지자 2015년 정기편으로 전환했는데 매우 성공적이었다.

수익 제고를 위해 수요에 맞는 병합 노선을 개설했다. 기존에 목적지만 오가던 인천-댈러스, 인천-토론토 노선 등을 적어도 한 곳 이상을 경유해 인천국제공항으로 들어오는 병합 노선으로 변경했다. 가장 대표적인 병합 노선은 남미(南美) 화물 노선이었다.

2012년 4월 아시아 항공사 최초로 남미 노선을 개설했는데 돌아오는 편의 물동량 확보를 위해 페루 리마와 칠레 산티아고의 연어와 아스파라거스를 실어 나르는 신선 화물 시장을 개척해 병합 노선으로 운영한 것이었다. 현재 인천-앵커리지-마이애미-상파울루-산티아고-리마-로스앤젤레스-인천으로 운항되고 있으며 높은 수익을 내고 있다.

2013년 8월에는 멕시코 과달라하라에 취항해 IBM, 시스코, 혼다와 닛산의 아시아행 물동량을 확보했으며 인천-앵커리지-댈러스-과달라하라-밀라노-인천 노선을 개설했는데 국내 전자 회사가 중국 톈진에 있던 공장을 델리로 이전한다는 정보를 파악하고 나보이로 가던 노선을 델리로 바꾼 것이었다. 이 노선도 높은 수익률로 한국-동남아시아-유럽을 이어주는 역할을 제대로 수행하고 있다.

화물 사업의 흑자 전환

2011년 적자 발생 이후 화물 사업 본부는 한 방향으로 뜻을 모아 뼈를 깎는 체질 개선에 나섰고 2014년에는 노선 이익을 흑자로 전환하였다. 탑재율, 항공기 가동시간, 단위당 수입 등 대부분의 생산성 지표가 개선됐는데 그간의 노력이 성과로 나타난 것이었다.

2014년 말부터 이어진 미국 서부 항공 터미널의 파업으로 미주

노선이 반사이익을 얻었으며 이후 세계 경제가 회복되고 유가가 안정됨에 따라 2018년까지 흑자 행진을 이어갔다. 비록 대한항공의 국제 항공화물 수송 순위는 5위로 내려갔지만, 수익성을 고려해 의도적으로 공급을 줄인 결과였다. 수송 극대화가 아닌 이익 극대화를 위해 강도 높은 개편을 추진한 결과 생산성과 수익성이 크게 개선되었으며 환경 변화 대처 능력도 강화됐다.

대한항공은 2019년 3월 현재 B777 F 12대, B747-8F 7대, B747-400 ERF 4대 등 모두 23대의 화물 전용기를 보유하고 있으며 25개국 41개 도시에 화물 노선을 운영하고 있다.

61

세계 항공사 최초 ERP 시스템 구축

ERP(Enterprize Resource Planning)는 회계 부문에서 전사적 자원 관리를 의미한다.

2011년 세계 항공업계 IT 분야의 시선은 대한항공으로 쏠렸다. 항공업계 최초로 회계에서부터 기내식과 정비에 이르기까지 항공 업무의 전반을 아우르는 통합 ERP 시스템을 구축했기 때문이다. 조양호 회장이 수년간 꿈꾸어 오던 것이었다. 그간 필요에 따라 재무나 구매 등 분야별 패키지를 도입하던 항공업계에서 통합 ERP의 도입은 전례가 없는 도전이었다.

대한항공이 글로벌 명품 항공사를 지향하며 시스템 경영을 뒷받침할 IT 분야의 투자를 통해 전사(全社)의 각종 자원을 유기적으로 통합하는 ERP 구축을 염두에 둔 것은 2000년대 초반이었다. 2000년대 들어 경영 환경이 급변함에 따라 신속한 의사 결정이 필요했으나 부문별 시스템 운영으로 데이터(Data) 수집과 결산에 시간이 오래 걸렸다.

2003년 IT 중기 전략을 수립하고 ERP 구축을 위한 사전 준비 작업에 들어갔다. 해외 우수 사례를 연구하고 벤치마킹하기 위해 전 세계 항공사의 사례를 수집하고 업무 프로세스와 데이터 등을 분석해 나갔다. 무엇보다 '통합'을 ERP 구축의 화두로 삼았다. 단순히 IT 시스템을 하나 더 늘리는 차원이 아니라 표준화와 통합을 기반으로 글로벌 경쟁력을 극대화하려는 취지였다.

2007년 1월 한국 오라클의 'E-비즈니스 스위트'를 솔루션으로 선정하고 그해 9월 ERP 추진 본부를 조직하면서 전 세계 항공 산업의 새 역사를 쓸 ERP 프로젝트의 서막이 올랐다. 정비, 재무, 자재, 항공우주, 시설, 기내식까지 포함해 항공기 관리를 위한 모든 데이터를 ERP로 통합 관리할 수 있도록 했다. 범위로 보면 당시 세계 항공 운송 업계 최대 규모였다.

2008년 2월부터 ERP 구축을 본격적으로 진행해 2011년 1월까지 5단계에 걸쳐 통합 ERP 시스템을 구축했다. 특히 마지막으로 구축된 정비(Maintain) 부문은 대한항공 ERP 프로젝트만의 핵심적 차별화 요소였다. 정비 부문은 하나의 중견 기업과 비견할 정도로 방대한 규모의 프로젝트였는데 처음부터 내부 전문가 집단을 구성하고 직접 설계에 참여하고 개발해 의미가 컸다. 항공기 부품 하나하나의 철저한 정비를 위해서 27개의 오라클 모듈이 적용되었으며 항공기, 엔진, 부품의 고장 수량을 예측하고 잔여 예상 수명을 산출할 수 있는 신뢰성 시스템은 대한항공 정비 ERP만의 특화된 기능이었다.

통합 ERP 구축이 막바지에 이르자 ERP 도입 효과들이 가시적으로 나타나기 시작했다. 가장 큰 효과는 단절됐던 비즈니스 간 프로세스가 하나의 시스템으로 통합됨에 따라 이전에는 한 달이 걸리던 노선별 영업 수지 파악이 실시간으로 가능해진 것이었다. 3주가 소요되던 회계 결산도 5일로 단축되었으며 항공기 스케줄의 신속한 변경과 대응이 가능해졌다. 조직 간 정보를 공유하게 되면서 업무 처리 속도가 빨라졌으며 불필요한 프로세스 개선으로 비용이 획기적으로 절감되고 생산성이 크게 향상되었다.

무엇보다 전 부문에 걸친 종합적인 판단을 근거로 한 전략적 의사결정이 가능해지면서 시스템 경영을 확립하고 경쟁력을 제고할 수 있었다. 준비 작업에서부터 장장 10년에 걸친 ERP 구축은 960명의 인원이 참여했으며 1,000억 원의 자금을 투입해 업무 기준과 프로세스를 근본적으로 바꾼 대작업이었다.

항공업계 누구도 구축한 적이 없는 통합 ERP를 성공리에 구축한 것은 조양호 회장의 강력한 의지와 지원이 있었기에 가능했다. 전 세계 항공업계의 선망이 되어 대한항공의 ERP 시스템 구축과 관련된 노하우를 얻고자 하는 공식, 비공식 요청이 끊이지 않았다. 각 항공사 관계자들이 직접 한국을 찾아와 벤치마킹에 열을 올리기도 했다.

1년여에 걸친 시스템 안정화 작업을 성공적으로 마무리하고 2012년 3월 2일 창립기념일 식에서 'ERP 원년'을 선포했다. 조양호 회장은 'ERP를 통해 완벽한 시스템 경영을 정착시키고 세계 항공업계에 새로운 바람을 일으킬 것'이라고 선언하며 '세계 항공업계를 선도하는 글로벌 항공사'라는 자부심을 내비쳤다.

아마데우스(Amadeus) 예약 시스템

2011년 ERP 시스템을 성공적으로 구축함으로써 경영시스템의 혁신을 통해 글로벌 경쟁력을 끌어올린 대한항공은 연이어 또 하나의 IT 혁신에 도전했다. 신 여객 시스템인 PSS(Passenger Service System) 구축에 착수한 것이었다. ERP 구축이 사내 인프라 고도화였다면 신 여객 시스템은 대외 고객의 편의성을 염두에 둔 것으로 대한항공의 여객 서비스를 한 단계 더 향상시키기 위한 조치였다.

대한항공은 1983년 컴퓨터 예약 시스템(CRS)인 TOPAS를 개발한 이래 국내 시장에 최적화된 여행 정보 시스템의 발전을 주도적으로 이끌어왔다. 그러나 항공사 간 제휴가 확대되고 인터넷 등 시스템 환경이 복잡해짐에 따라 TOPAS로는 신속한 신기술 대응이 어려웠다. 대한항공 경영진은 새로운 기술과 기능을 받아들일 수 있는 아마데우스(Amadeus) 예약 시스템을 기반으로 대한항공만의 특화된 서비스를 구현하기로 결정했다.

2011년 5월 아마데우스의 알테아 고객 관리 솔루션(Amadeus Altea Customer Management Solution) 도입 계약을 체결한 대한항공은 6월 조원태 전무를 수장으로 하는 PSS 전담 조직을 신설해 프로젝트에 착수했다. 1억 달러 예산이 투자된 이 프로젝트는 대한항공 전담 인력 180여 명을 포함해 글로벌 전문 인력 300여 명이 투입되어 3년 3개월간 대대적으로 진행됐다. 예약, 발권, 운송 등 고객들이 대한항공을 이용하는 과정에서 이루어지는 모든 업무를 지원하는 시스템의 전면적인 개편이었기 때문에 대한항공의 모든 IT 역량이 집중됐다.

2014년 9월 대한항공은 마침내 신 여객 시스템을 세상에 선보였다. PSS 가동으로 예약에서부터 탑승 수속에 이르기까지의 전 과정에서 항공권의 재발행, 환불, 특별 기내식 요청 등을 통합적으로 신속하게 처리할 수 있었다. 아마데우스를 사용하는 모든 항공사 및 여행사와 동일한 예약 정보(Passenger Name Record, PNR)를 공유함에 따라 데이터 불일치로 인한 시스템 오류 가능성이 낮아졌으며 기술 수용이나 서비스 개선이 용이해져 시스템의 유연성을 갖추었다.

2014년 9월 PSS 적용과 함께 홈페이지도 개선했다. 웹과 모바일 앱 시스템 개선으로 한층 편리해진 항공 예약 기능을 제공함으로써 고객들의 호평을 이끌어냈다. 홈페이지를 통한 판촉 프로모션을 확대하고 개인별 특성에 맞는 서비스 제공 등 항공권 판매 채널로서의 기능을 강화했다.

그 결과 2015년 전체 매출의 10%에 불과했던 온라인 매출 비중이 점차 확대돼 2018년 20%로 늘어났다. 대한항공은 고객 서비스와 온라인 판매 강화를 위해 홈페이지와 모바일 앱 등 채널별 특성에 따른 디지털 플랫폼의 경쟁력을 지속적으로 강화했다.

2019년 3월 수익 증대를 위해 신규 좌석 관리 시스템인 O&DRMS (Origin & Destination Revenue Management System)를 도입했다. 기존 RMS는 해당 항공편만의 매출을 최적화하는 방향으로 가격별 좌석이 할당됨에 따라 여객 네트워크 전체 수익의 극대화가 어려웠다. 반면 새롭게 도입한 O&DRMS는 전체 여정을 기준으로 최저 가격이 설정됨에 따라 같은 항공편일지라도 여정별로 세분화된 가격 관리가 가능했다.

2017년 7월에는 화물 사업에도 신화물시스템(Cargo Service System, CSS)를 도입하기 위해 CSS 추진 사무국을 신설하고 2018년 2월에는 IBS 사의 '아이카고(I-Cargo) 시스템' 도입 계약을 체결했다. 아이카고는 루프트한자, 콴타스항공, 전일본공수 등 21개 항공사가 사용하는 안정성과 편의성이 검증된 시스템이었다.

2019년 4월 신화물 시스템이 본격적으로 적용되면서 온라인 판매 기능이 확대되고 항공사, 화주, 대리점, 세관 등에 대한 맞춤형 정보 제공 등으로 고객의 편의성이 강화됐다. 신 화물 시스템은

2020년 3월까지 지속적으로 업그레이드가 추진되었고 특히 인공지능(AI) 기반의 화물 수익관리 시스템이 화물 사업의 수익성을 크게 개선시켰다.

데이터 센터 운영 클라우드(Cloud) 기반으로 전환

1998년 국내 대기업 최초로 데이터센터 운영을 외주로 돌리며 일찌감치 IT 아웃소싱(ITO)을 단행한 대한항공은 2018년 11월, 국내 대기업과 전 세계 대형 항공사 최초로 회사 시스템의 클라우드 전환을 발표했다. 디지털 변혁 시대에 혁신을 가속화하고 미래에 대비한 글로벌 운영 체제를 구축하기 위한 결단이었다.

2018년 11월 LG CNS, 아마존 웹서비스(Amazon Web Service, AWS)와 업무 협약을 체결했다. LG CNS는 국내 IT, 아웃소싱 1위 기업이며 AWS는 글로벌 클라우드 인프라 1위 업체로 2019년부터 3년에 걸쳐 대한항공의 모든 시스템과 데이터를 AWS 클라우드로 이전했다.

약 10년간 운영 비용을 포함해 약 2,000억 원을 투자해 AWS의 빅데이터와 인공지능 기술을 항공 운송업에 접목, 최첨단 서비스를 개발했다. 대한항공은 클라우드 기반으로 지속적으로 변화하는 고객의 취향을 AI를 통해 분석해 고객에게 최적화된 항공 상품을 빠르게 제안하게 된 것이다. 이와 함께 GPS 기술과 인공지능 기술로 예약, 발권, 운송, 기내 서비스 등 모든 고객 접점에서 필요한 정보를 선택적으로 제공하는 기능도 가능해졌다.

운항과 정비 등 각 부문에서도 생산되는 방대한 데이터를 분석해 항로 최적화, 사전 예측 정비 등에 활용할 수 있게 되었으며 각종 시스템 로그 정보 분석으로 안정성이 높아지고 사용자 증가에 따른 서버 자원의 자동 확장으로 안정적인 IT 서비스를 제공할 수 있게 되었다.

대한항공은 안정적인 시스템 운영을 위해 국내 두 곳에 데이터센터를 두는 동시에 미국에 재해복구센터를 구축하는 등 3중 재해 복구 체제를 구축했다. ERP, PSS, CSS 구축 등으로 대한항공의 IT 디지털 혁신은 쉴 새 없이 이어지고 있었다.

지주회사(Holding Company) 체제로 전환 - ㈜ 한진칼의 설립

조양호 회장은 세계 최고 항공사라는 확실한 목표 아래 글로벌 네트워크와 운영 체제를 구축해 온 대한항공에 걸맞은 지배구조 확립을 위해 지주회사 체제로 전환을 추진했다. 1945년 한진 그룹이 창립된 이래 종합물류 기업으로 성장하면서 계열사가 증가함에 따라 소유 구조가 복잡해졌기 때문이었다.

계열사끼리 소유 구조가 얽혀 있는 순환출자 구조에서는 한 회사가 어려움에 빠지면 그룹 전체가 영향을 받게 되는 문제가 있다. 지주회사 체제로 전환되면 순환출자 구조가 해소되어 경영 위험이 분산되며 투명한 지배 구조로 사업 부문별 책임 경영이 정착될 수 있는 효과가 있다.

2000년대 중반부터 지주회사 검토에 착수했고 2010년 들어 사회적 분위기가 조성됨에 따라 지주회사 체제로의 전환이 본격화됐다. 지주회사로의 전환은 2012년 10월 한진관광 분할로 시작됐다.

한진관광은 여행 사업과 투자 사업으로 분할하고 2013년 1월 31일 자로 투자 사업 부문을 대한항공과 합병했으며 이어 3월에는 현물 출자를 통해 대한항공의 호텔 사업 부문을 칼호텔 네트워크로 양도했다.

대한항공은 항공 사업과 투자 사업 부문으로 사업을 분리하고 투자 사업 부문을 총괄하는 지주회사 ㈜한진칼을 설립하기로 했다.

2013년 6월 28일 임시주주총회를 개최하고 회사 분할 계획서를 승인했다. 분할 비율은 순자산 기준으로 한진칼과 대한항공이 2(0.1946) 대 8(0.8054)의 비율이었다.

임시주주총회에서는 분할에 따른 우려도 제기됐다. 한진칼로 이전되는 자산 7,567억 원 중 부채가 2,878억 원으로, 분할로 인해 대한항공의 부채 비율이 915%에서 1,000%대로 뛰게 됐던 것이다.

대한항공은 '지주회사의 경영 상태는 자회사들의 대외 신용도에 영향을 미치므로 지주회사를 통해 지배구조 투명성과 경영 안정성을 꾀하는 데 힘을 보태 달라'며 주주들의 동의를 구한 끝에 지주회사 체제의 출범을 확정지었다.

2013년 8월 1일 ㈜대한항공과 ㈜한진칼의 분할로 지분율에 비례해 한진칼 주식이 배정됐다. 이와 함께 자회사인 칼호텔 네트워크, 정석기업, 제동레저, 한진관광, 토파스여행정보, 진에어의 주식 5,121억 원을 ㈜한진칼로 이관하면서 지주회사로의 분할을 마무리했다.

한진칼 대표이사는 한진그룹 내 최고 물류 전문가인 석태수(石泰壽) 사장이 선임됐다. 석태수 사장은 서울대와 매사추세츠 공과대학(MIT)을 나온 엘리트 경영인이다.

지주회사 체제의 출범으로 대한항공은 항공 사업에 집중하며 안정적이고 자율적인 경영 체제를 확립했다. 반면 분할 신설된 한진칼은 지주회사로서 투자 사업을 총괄하고 계열사에 대한 경영 자문과 컨설팅을 제공함으로써 사업 부문별 경쟁력을 강화하고 자회사들의 자율 경영과 책임 경영을 발전시켜 나가고 있다.

조원태 한진칼 대표이사 취임

지주회사를 성공적으로 출범시킨 대한항공은 그해 말 재무구조 개선을 위해 고강도 자구책을 내놓았다. 1,000% 이상의 높은 부채 비율을 낮추어 경영의 안정을 꾀하고 한편으로는 경영난에 빠진 한진해운 문제도 해결해야 했기 때문이다.

노후 항공기의 처분과 에쓰오일(S-Oil) 매각으로 재무구조 개선에 나섰다. 아울러 임원 인사를 단행해 조원태 대한항공 부사장(현 회장)을 한진칼 대표이사로 겸직 발령했다. 조원태 부사장의 한진칼 대표이사 임명은 지주회사를 중심으로 그룹 전체의 일관된 경영 정책과 전략을 유지해 나가기 위한 선택이었다.

한진칼의 새로운 경영 체제 완성을 위한 노력은 지속됐다. 한진칼이 출범했지만 '㈜한진-한진칼-정석기업-㈜한진'의 순환출자 구조를 해소하기 위해 2015년 6월 한진그룹은 한진칼의 자회사 정석기업을 사업 부문과 투자 부문으로 분할하고 투자 부문을 한진칼과 합병했다. 이로써 '한진칼-대한항공-정석기업-㈜한진'의 단순하고 투명한 지주회사 체제가 구축되었다.

한진그룹은 지주회사 전환으로 외형과 내실을 모두 갖춘 그룹으로 변모했다. 지주회사 체제를 완성한 2015년 11월 한진그룹 창립 70주년 기념식에서 조양호 회장은 '뉴 한진'을 소개하며 '보다 많은 가치를 창출하며 국가와 고객에게 헌신해 더욱 사랑받는 한진그룹이 되도록 최선을 다하겠다'라고 밝혔다.

대한항공은 2014년에 유동성 위기에 빠진 한진해운을 살리고자 경영 지원에 나섰다. 그러나 한진해운은 대한항공의 전방위적인 지원에도 불구하고 2017년 2월 3일 파산하고 말았다.

2018년 현재 ㈜한진칼은 ㈜대한항공, ㈜한진, ㈜진에어, ㈜칼호텔네트워크, 정석기업㈜, 토파스여행정보㈜, ㈜한진관광, ㈜제동레저, 와이키키리조트호텔 등 총 9개의 자회사를 두고 있다.

한진그룹은 계열사 32개사, 자산총액 31조 7,000억 원으로 국내 기업 순위 13위에 올라있다.

62

항공 동맹체(Air Alliance)에 가입이 아니라 창설해야
(델타(Delta) 항공을 선택)

조양호 회장은 세계 항공업계가 동맹 체제로 재편되는 변화의 흐름을 읽었다. 이 흐름을 타지 못하면 세계 항공업계에서 '왕따'가 될 수도 있는 상황이었다. 21세기를 앞두고 세계 주요 항공사들은 상호 협력 체제를 구축했다.

1997년 미국 유나이티드항공과 독일 루프트한자를 주축으로 항공 동맹체 스타얼라이언스(Star Alliance)가 출범했다. 1998년엔 아메리칸항공과 영국 항공 중심의 원월드(One World)가, 1999년엔 노스웨스트항공과 KLM 네덜란드항공 주축의 윙스(Wings)가 출범하며 항공 동맹체 시대가 열렸다.

세계 10위 항공사 도약을 준비하던 조양호 회장은 기존 항공 동맹체에 가입하는 것이 아니라 창설(創設)을 주도하기로 했다. 대담한 발상이었다. 괌(Guam) 사고 위기를 돌파하고 업계 주도권을 확보하기 위한 승부수였다.

조 회장은 어느 항공사와 동맹체를 꾸리는 것이 효과적인지 판단하기 위해 '서울대 경영대'에 검토를 의뢰했다. 조양호 회장은 무엇보다 미주 지역 파트너 선정에 신중을 기했다. 창업 초부터 미주 노선에 공을 들여온 만큼 태평양 횡단 노선망 결합의 시너지가 가장 중요했다.

검토 결과 델타항공과 아메리칸항공이 최종 후보로 선정됐다. 조양호 회장은 경영진과 함께 두 항공사 CEO(최고 경영자)를 만났다. '아메리칸항공을 파트너로 선택하자'는 의견이 지배적이었는데 누가 봐도 아메리칸항공의 미국 국내선 연결이 더 효과적으로 보였다.

하지만 조양호 회장의 앵글(Angle, 각도)은 달랐다. '노선망만 보면 아메리칸항공과 항공 동맹체를 맺는 게 맞다. 더 중요한 것이 있다. 바로 신뢰다. 항공 동맹체는 일종의 결혼이다. 서로에 대한 믿음이 있어야 한다. 델타가 더 적합한 파트너다'

대한항공과 델타의 인연은 1994년 쌍무협정 체제로 시작됐다. 쌍무협정(Commercial Agreement)은 자국과 상대국 항공사와의 코드 쉐어하여 양국 간 운항하는 형태다. 조양호 회장은 로날드 알렌(Ronald W. Allen) 델타 회장과 이야기를 나누면서 진정성을 확인하고 델타의 기업 문화가 대한항공과 잘 맞음을 피부로 느꼈다.

1997년 후임 회장 레오 뮬린(Leo Mullin)에게 동맹체 설립을 제안했고 델타 역시 대한항공을 전략적 파트너로 정하고 '제4의 항공 동맹체' 결성을 추진했다.

조양호 회장은 델타를 북미 파트너로 선정한 후 조중훈 선대 회장 때부터 협력 관계를 맺어온 에어프랑스를 유럽 파트너로, 델타와 우호적인 아에로멕시코를 중남미 파트너로 정했다. 조양호 회장이 잡은 '신뢰의 앵글'에 3대륙이 다 들어온 것이다.

동맹체 출범 협상은 지지부진했다. 동맹체 내부에서 대한항공의 파트너 자격에 우려가 제기됐다. 안전과 서비스 등 모든 기준을 상향 조정해 가입 조건을 까다롭게 만들었다. 조양호 회장은 정면 돌파하기로 했다.

1999년 7월 워싱턴에서 개최된 항공 동맹체 준비 회의에서 한·중·일을 아우르는 광대한 항공 영토와 우리나라의 입지적 장점을 부각하는 동시에 안전 운항을 위한 대대적인 쇄신 작업과 '절대 안전' 의지를 보여 주었다.

조양호 회장을 중심으로 구축된 CEO 간 강력한 신뢰를 바탕으로 상호보완적 파트너십을 발휘하여 스카이팀 준비를 위해 6개 팀과 28개 실무 그룹을 구성해 공동 상품을 검토하고 의사결정 방법을 협의해 나갔다.

스카이팀(Sky Team) 출범

2000년 아시아를 대표하는 대한항공(KAL)과 미국 델타항공, 유럽 에어프랑스, 중남미 아에로멕시코, 네 항공사는 뉴욕에서 스카이팀 출범을 전 세계에 알렸다. 보유 항공기 985대, 하루 운행 횟수 6,402편, 98개국 451개 도시에 취항하는 초대형 얼라이언스의 세계시장 점유율은 9%대에 달했다. 연간 6억 명 이상을 태웠다. 세계 항공업계가 합종연횡할 트렌드를 미리 읽은 조양호 회장의 선견지명이 큰 몫을 했다.

네 항공사는 공항 시설과 지상 조업 등을 공동 사용하고 마일리지 공유는 물론 예약, 일정 변경, 좌석 배정 등 모든 서비스를 한 회사처럼 운영하게 됐다. 조양호 회장은 스카이팀의 앵글을 고객에 맞추었다. 'Caring more about you(어디서나 당신 곁에)'를 슬로건으로 신속하며 편리하며 일관되고 중단없는(Seamless) 서비스를 승객에게 제공하는 것을 원칙으로 경쟁 얼라이언스들과 차별화했다.

대한항공은 스카이팀 창설을 주도하며 아시아를 넘어 세계 네트워크 동맹에 합류해 선진 항공사들과 대등한 고객 서비스 기반을 갖추었다. 내부적으로도 절차와 규범을 표준화해 글로벌 스탠더드를 빠르게 습득하는 계기가 됐다. 스카이팀 준비 활동을 통해 국제적 회의 감각을 체득하고 글로벌 경쟁에 적합한 조직 문화도 구축했다.

조양호 회장은 스카이팀 멤버인 델타, 에어프랑스, 아에로멕시코 등에 각 분야 임직원을 수시로 보내 각사의 장점을 배워 벤치마킹하도록 했다. 스카이팀에 들어감으로써 최고 경영층뿐만 아니라 중간 관리층까지 소위원회 회의를 주관하는 기회가 많아졌다. 이를 통해 직원들의 시야가 넓어지고 자신감이 붙었다.

대한항공은 다른 기업보다 해외에서 주재 근무할 기회가 많았지만, 한국식 기업 문화에서 완전히 탈피했다고 볼 수 없었다. 스카이팀 초기에는 영어깨나 한다는 직원들도 해외 항공사와의 미팅을 꺼렸다. 조양호 회장은 단순히 언어 문제라기보다는 토론식 회의 문화나 국제회의를 주관하는 일에 서툴러서라고 생각했다.

'세계화의 물결을 맞아 전 세계를 시장으로 활동해야 한다'며 '싫든 좋든 우리가 국제회의를 주관해야 한다'고 격려했다. 조양호 회장은 나중에 '직원들이 유창하게 영어를 사용하는 것은 기본이고 국제회의에 익숙해졌다'며 '그것은 스카이팀이 대한항공에 준 선물'이라고 기뻐했다.

델타도 콧대 높은 일본항공보다는 대한항공과 손잡고 싶어 했다. 델타 회장은 조양호 회장을 '브라더'라고 불렀다. 한국 사람들이 풍류를 좋아한다는 소리를 듣고 대한항공 경영진을 초청해 밴드까지 불러 조양호 회장에게 노래를 불러달라 권하기도 했다.

스카이팀은 화학적 결합을 추구했다. 서로 다른 문화권의 사람들이 화합하는 장이기도 했다. 스카이팀은 '우물 안 개구리'였던 대한항공 직원들의 의식을 바꾸고 세계화하는 데 큰 역할을 했다. 델타를 비롯한 다른 항공사들도 한국 문화를 이해하고 즐기게 됐는데 한국에 오면 대한항공 임직원들과 함께 노래방도 가고 사우나도 갔다.

스카이팀 창립 멤버인 네 항공사 CEO들은 서로 신뢰가 각별했다. 다른 항공 동맹체가 사업 목적으로 회원사를 늘리는 데 반해 스카이팀은 회원사가 추천하는 '클럽 방식'이었다. 석태수 전 '한진칼' 대표는 '조양호 회장이 스타보다는 신뢰를 바탕으로 하는 팀워크를 중시했기 때문'이라고 분석했다. 조양호 회장은 신뢰할 수 있는 아시아권 항공사를 회원사로 추천해 2014년까지 스카이팀 아시아권 항공사 회원사가 8곳으로 늘어났다.

스카이팀 결성 전 조양호 회장은 항공 동맹체 원월드(One World)의 문을 두드린 적이 있었다. 당시 주력 회원사인 아메리칸항공의 회장을 만났는데 '시카고에 비행기 한 대 없는 대한항공(KAL)이 원월드에 들어오려면 주 7일(매일) 노선을 개통하라'는 소리를 들었다. 영업부에서 시카고에 매일 들어가면 큰 적자를 본다며 만류할 때도 큰 그림을 그리고 있던 조양호 회장은 당장 얼마를 손해 보더라도 장기적으로 얼라이언스 가입은 불가피한 선택이라고 생각했다. 그런 의지가 스카이팀 결성으로 실현된 것이다.

항공화물(Air Cargo) 세계 1위 비밀

한국의 반도체, 가전, 철강 등 제품이 미국에서 반독점법 때문에 고전하는 반면 대한항공(KAL)은 미국 교통부와 오픈 스카이(Open Skies) 협정에 의해 면제 혜택을 받고 있다.

오픈 스카이 협정은 별도의 항공 회담 없이 항공사가 시장 상황에 따라 자유롭게 노선 개설과 조정을 할 수 있도록 한 제도로 한국과 미국은 1998년 6월 협정을 체결했다. 미국 시장에서 선제적으로 반독점 면제(ATI, Antitrust Immunity) 권한을 취득해 미국 정부의 독점 보복 조치를 피해 갈 수 있었던 것도 조양호 회장의 아이디어였다.

대한항공과 델타는 2002년 미국 교통부로부터 반독점 면제(ATI) 승인을 받았다. 운항 스케줄 조정, 마케팅, 공동 서비스 등 각 부문에서 전략적 제휴를 할 수 있고 서로 합병하지 않은 상태에서 독립적인 항공사 간 취할 수 있는 최고의 제휴 단계라서 다른 항공사들로부터 독점에 따른 법적 제소를 받지 않는다. 대한항공은 반독점 면제 덕분에 델타와 태평양 노선 조인트 벤처(Joint Venture)를 시행할 때 어느 항공사도 시비를 걸 수 없었다.

대한항공은 미국 정부로부터 반독점 면제를 취득함으로써 대한민국 항공사의 국제적 위상을 한층 강화하고 2018년 델타와 조인트벤처를 출범할 기반을 확보했다. 2018년 설립한 조인트벤처가 본격적으로 영역을 넓히면서 인천공항으로 여객 수요를 유치하면서 대한항공 여객 매출액만 10%나 증가했다.

조양호 회장의 제안으로 2000년 세계 최초 항공화물 동맹체 '스카이팀 카고(Sky Team Cargo)'가 결성됐다. 스카이팀 출범으로 여객 부문 협력을 이어온 네 항공사가 화물 시장에서도 의기투합한 것이다. 대한항공은 1996년 이후 4년 연속 세계 2위를, 에어프랑스는 4위를 기록한 세계 항공화물 시장에서 선두 항공사였다.

스카이팀 카고는 전 세계에서 표준화된 양질의 서비스를 제공하도록 최적의 스케줄 조회, 항공화물 예약, 화물 추적 등을 공동으로 수행했다. 세계 어디에서나 표준화된 서비스를 받도록 화물 익스프레스 상품, 맞춤 상품, 특수화물 상품, 일반 상품 화물 등 네 가지로 구분한 공동 상품을 출시하며 항공화물 시장의 판도를 바꾸었다.

2001년 대한항공과 델타, 에어프랑스가 미국 항공화물 공동 판매 합작사 US Cargo Sales Venture를 미국 애틀란타에 설립했다. 항공사들이 공동 출자로 합작법인을 설립한 것은 처음이었다.

합작법인은 세계 항공화물 물동량의 50% 이상을 차지하는 미국 시장에서 미국발 항공화물의 예약, 판매, 마케팅 업무를 총괄했다. LA, 뉴욕, 시카고 등 미국 주요 도시에 영업소를 두고 전국 판매망을 갖추어 원스톱 서비스가 가능해졌다.

합작사는 2009년 청산됐는데 델타는 화물기가 없었고 에어프랑스는 KLM 네덜란드항공과 합병 후 화물 사업을 자회사 마틴항공으로 분사해 조인트벤처 유지가 어려웠기 때문이다.

대한항공은 미국 10개 도시에 걸친 화물 영업망을 통해 독자 영업을 강화해 항공화물 세계 1위의 기적을 만들어냈다.

스카이팀이 결성되는 데 조양호 회장이 주도적인 역할을 했다는 것을 부인할 회원사는 없을 것이다. 대한항공은 스카이팀 결성과 성장을 주도하며 세계 굴지의 항공사들과 어깨를 나란히 하게 됐다. 나중에는 가루다항공, 베트남항공, 몽골항공과 같은 후발주자들은 물론이고 선진 항공사들도 대한항공(KAL)의 발전 속도에 놀라며 벤치마킹하는 단계에까지 이르렀다.

63

LA(로스앤젤레스)에
윌셔 그랜드(Wilshire Grand) 호텔을 짓다

대한항공에게 LA는 미주 지역 사업 연고지나 마찬가지다.

조중훈 창업회장이 천신만고 끝에 태평양 횡단노선 확보에 성공하자 미국 허브 공항으로 뉴욕이 아닌 LA를 택했다. 당시 LA는 성장 가능성이 높아 보이기는 했으나 뉴욕처럼 완성된 대도시는 아니었다. 조중훈 창업회장은 완성보다는 성장 가능성에 주목했다.

조양호 회장도 LA와 근거리에 있는 서던 캘리포니아대(University of Southern California, USC)에서 경영학 석사를 받아 LA를 제2고향으로 생각했다. 조양호 회장은 LA를 중심으로 컨벤션, 관광산업이 활성화될 것으로 보고 이 사업에 동참하는 것이 대한항공 영업력 확장에도 도움이 될 것으로 판단했다.

컨벤션 호텔은 대규모 국제회의를 유치하는 데 중점을 두는 호텔이다. 조양호 회장은 스태틀러(Statler)호텔을 인수, 재건축하기로 결정했다. 스태틀러호텔은 1952년 개관한 호텔로 존 F. 케네디와 아이젠하워 대통령의 숙박으로 LA의 아이콘이 된 후 1983년 힐튼그룹이 운영했다.

스태틀러호텔은 LA의 금융, 문화, 예술의 중심지에서 896개의 객실을 갖추고 고품격 서비스를 제공했지만, 외관 현대화 작업이 이루어지지 않고 주변 빌딩보다 낮아(15층) 공간을 효율적으로 활용하지 못했다. 포 스타(4성급) 이상으로 변모시키려고 수천만 달러를 퍼부었지만 뚜렷한 성과가 나오지 않아 모두 더이상 투자하지 말라고 조언했다. 그러나 조양호 회장 생각은 달랐다. 현재는 침체기일뿐 관광산업이 활성화될 것이 분명하고 침체기인 이때가 투자 적기로 본 것이다.

2012년 73층 900개 룸과 40만 제곱피트(ft^2) 규모의 오피스 설계가 나왔다. 내벽은 나무(Wood)로 포인트를 주고 70층 로비에서 금융 중심가의 스카이라인과 아름다운 야경을 보며 체크인할 수 있다. 연회장에는 정원이 내려다보이는 유리문이 있고 객실에선 개폐식 창문을 통해 LA의 환상적인 날씨를 만끽할 수 있다. 저층부는 7층짜리 상업공간과 컨벤션 시설, 최첨단 시설을 갖춘 3만 7,000m^2 규모의 오피스로 이루어졌다. 완전히 부수고 새로 짓는 것이었다.

조양호 회장은 공사 현장 구석구석을 다니며 정밀 시공에 힘을 쏟았다. 조양호 회장은 한국을 방문한 아놀드 슈워제네거(Arnold Alois Schwarzenegger) 캘리포니아 주지사와 식사 중 "국가 원수들이 안전하고 편안하게 묵을 수 있는 호텔로 짓겠다."라고 말했다.

조양호 회장은 '자재도 돈을 아끼지 말고 최고 품질의 것으로 쓰시오' 하며 초일류 호텔을 지향했다. 지진이나 외풍, 소음에 대비한 시공을 기준보다 훨씬 높게 했다.

캘리포니아는 환태평양 지진대에 속한다. 조양호 회장은 안전을 최고 목표로 삼고 '좌굴방지가새(BRB, Buckling Restrained Braces)' 공법으로 진도8에도 끄떡없게 했다. '어느 정도까지 지진을 견디겠는가?'라는 조 회장의 질문에 설계사가 '1,000년에 한 번 올까 말까 하는 지진에도 견딜 수 있지만 과연 이 건물이 1,000년 동안 건재하겠느냐'라고 반문했을 정도였다.

2014년 이틀간 4만 2,930톤(레미콘 1,120대 분량)의 콘크리트를 연속 타설해 기네스북(The Guinness Book of Record)에 등재됐다. 대량의 콘크리트를 일시에 타설하면 균일하게 굳어 균열을 막을 수 있고 콘크리트 양생 기간도 2개월에서 2주로 줄어든다.

73층 옥상에 철탑을 세워 건물을 335피트까지 높였다. LA타임스는 불가능할 것 같은 작업을 일상처럼 해내는 '역사적인 재건축'이라고 소개했다.

조양호 회장은 보안을 최우선 가치로 삼았다. VIP의 동선이 일반 투숙객과 겹치지 않도록 통로를 설계했다. 도널트 트럼프 대통령도 재임 중 LA를 방문하면 윌셔에 묵었다.

'미시시피 서쪽에서 가장 높은 빌딩'이라고 하자 조양호 회장은 절대 그런 말을 하지 말라고 했다. 테러리스트들의 타깃이 될 것을 우려한 것이다. 벽을 폭포 형태로 하려 하자 '건축물은 위에서 떨어지는 것이 있으면 안 된다'라며 막았다. 역시 안전 때문이었다.

콘크리트 타설도 안전을 위한 도전이었다. 한국에서는 한 번도 해보지 않은 건축 기술이 적용됐다. 윌셔 건축할 때 화장실을 밖에서 대량으로 만들어 현장에서 조립하는 시공도 했다. 건축에서도 조양호 회장은 얼리어답터(Early Adopter, 남들보다 빨리 선택하는 사람)였다.

대한항공 김포 OC빌딩을 지을 때 얻은 성취감으로 윌셔를 작품으로 만들었다. 요세미티 계곡을 형상화한 디자인으로 미국 그린빌딩 위원회 친환경 인증 '리드(Leed Leadership in Energy

Environmental Design)'를 받았다.

월셔 그랜드 센터 개관 때 조양호 회장은 감격했다. "내 꿈의 정점이자 LA와의 약속을 완성했다. 이곳은 LA의 랜드마크가 될 것이다."

지속적인 변화도 천명했다. "모두가 흠잡을 데가 없다고 하지만 나는 만족하지 않는다. 법정 스님은 진정한 완전은 완전한 상태에 머물지 않으며, 완전은 이뤄진 상태가 아니라 시시각각으로 새로운 창조라고 하셨다."라고 했다.

LA 경제 살려 한·미 민간 외교 가교 놔

월셔 그랜드 센터는 트럼프 당시 대통령이 역설한 '외국기업 투자를 통한 일자리 창출'의 모범 사례로 꼽혔다. 10억 달러 넘게 투입된 공사에 1만 1,000여 일자리와 8,000만 달러의 세수가 창출됐고 오픈 후에도 1,700여 일자리가 생겨났다. LA시는 '25년간 6,000만 달러의 세금을 면제한다'라고 화답했다. 과감한 지원은 현지 관광업계를 자극해 숙박시설 건축 붐을 일으켰다.

2028년 LA 올림픽 유치에도 월셔 그랜드 센터 개관과 이에 따른 호텔 증축 붐이 큰 힘이 됐다. 대한항공은 100만 그루 재단(MTLA, Million Trees Los Angeles)에 2006년부터 4년간 16만 달러를 기부했다. LA 거리 곳곳에 나무도 심었다.

조양호 회장은 서던 캘리포니아대(USC) 한국학 연구소(Korea Studies Institute)를 물심양면으로 지원했다. 1995년 설립된 한국학 연구소는 운영에 어려움을 겪고 있었다. 조양호 회장은 2006년 USC 캠퍼스에 도산(島山) 안창호 선생의 LA 옛집을 이전, 복원하고 한국학 연구소를 재개관하는 행사에 참석해 발전 기금으로 10만 달러를 쾌척했다.

"세계 유수 대학의 한국학 연구소에 몸담고 있는 학자들이 저널(Journal, 학술지) 기고 등을 통해 한국학 연구 결과를 활발히 내놓도록 아낌없이 지원하는 것이 필요하다. 유서 깊은 도산 선생의 옛 집에 새롭게 자리 잡은 한국학 연구소가 한국학 연구의 구심점이 돼 한인 사회의 정신적 지주가 되기를 기대한다."

1972년 LA 취항 이후 미주 노선을 지속적으로 확대해 미국 내 최대 아시아 항공사가 된 대한항공(KAL)은 2008년 한·미 비자 면제에 맞춰 8개월간 미국 대륙을 횡단하며 미국 여행의 진수를 보여준 CF '로드트립 USA'로 큰 반향을 일으켰다.

대한항공-델타 조인트벤처(Joint Venture)

조인트벤처란 2인 이상이 이익을 목적으로 상호출자 하여 공동으로 하나의 특정한 사업을 실현하는 것을 말한다.

2009년 북미와 유럽 항공사들이 대서양 노선에서 시작한 조인트벤처가 전 세계로 확산됐다. 자국 항공사의 외국 자본 소유를 엄격히 규제하고 있어 공동운항, 항공동맹(Alliance) 보다 강력한 조인트벤처가 대세가 되었다. 미국, 프랑스, 일본, 중국, 호주 등 주요 항공사들이 대륙 간 노선에 20개가 넘는 조인트벤처를 운영하고 있었다.

미국 항공사들이 생각하는 아시아의 관문은 일본이었다. 노스웨스트항공과 아메리칸항공이 아시아에서 영향력이 컸다. 2000년대 후반 노스웨스트가 델타에 인수됐지만 태평양 노선은 적자를 면치 못하고 있었다. 조인트벤처가 필요했다. 유나이티드항공은 같은 스타이라이언스 회원인 전일본공수(ANA)와 손잡고, 아메리칸항공은 일본항공(JAL)과 함께 '원월드'에 합류했다. 델타만 파트너가 없었다. 델타는 일본항공을 아메리칸항공으로부터 파트너로 빼앗아 오려고 했지만 성공하지 못했다. 일본항공과 아메리칸항공이 조인트벤처를 만들자 델타는 더욱 조급해졌다. 대한항공을 선택할 수밖에 없었다.

델타는 태평양 노선이 10%도 안 되지만 대한항공은 40%에 달해 실패하면 큰 손실을 볼 우려가 컸다. 조양호 회장은 시간을 끌면서 유리한 조건을 만들어 나갔다. 급한 쪽은 델타였기 때문이다. 아시아에서 적자가 계속되고 아메리칸항공과 유나이티드항공에도 밀리고 있었다. 다급해진 델타는 대한항공을 압박해 왔다.

2013년 양사의 관계는 극도로 경색됐다. 델타는 대한항공의 미국 내 네트워크를 끊기까지 했다. 아메리칸항공과 유나이티드항공이 이미 끊어버린 상태여서 타격이 컸다. 미주 노선에서 적자가 나지만 앤더슨 재임 중에는 협상하지 않기로 결심을 굳힌 조양호 회장은 버텼다.

2016년 델타 CEO가 에드 바스티안(Ed Bastian)으로 교체되면서 협상에 나섰다. 2016년 말 조인트벤처를 결성하기로 하고 2017년 6월 윌셔 그랜드 센터 오픈에 맞춰 양해각서(MOU)에 사인하기로 했다. 조양호 회장은 그만큼 윌셔 그랜드 센터에 애착이 컸다. 오픈 전날 밤 12시까지 협상이 계속되었다. 오전에 사인하고 오후 1시 호텔 오픈식을 가졌다.

이후 열린 파티 내내 조양호 회장은 미소를 감추지 못했다. 2018년 6월 시작된 대한항공-델타 조인트벤처는 얼라이언스와 전혀 다른 것이었다. 얼라이언스 내 항공사간 코드쉐어는 각자 자율적으로 이루어지는 반면 조인트벤처는 별도 회사를 설립하는 게 아니라 태평양 노선에서 한 회사와 같이 영업해 수익과 비용을 공유하는 가장 높은 수준의 협력이었다. 각 사가 해당 노선에서 어떤 티켓을 팔든 이익을 공유하는 것이었다.

양사는 태평양 노선에서 공동운항과 마케팅을 확대하고 허브공항 시설 재배치와 공유로 수하물 연결 등을 일원화해 미주 290여 도시와 아시아 80여 도시를 유기적으로 연결해 편리하고 다양한 스케줄을 제공하게 됐다. 환승 시간이 줄고 항공권 선택 폭도 커져 합리적인 가격으로 구매할 수 있게 됐다. 양사 간 마일리지 적립과 회원 선택도 어디서나 편하게 이용할 수 있게 됐다.

조인트벤처 협정은 인천공항이 동북아 핵심 허브공항으로 성장하는 계기가 되었다. 대한항공과 스카이팀 전용 제2터미널 개장으로 소비자 편의성이 확대돼 환승 수요가 크게 증가했다. 미국에서 나리타로 가던 델타 직항 노선 8개가 인천으로 방향을 틀었다. 그 터미널은 대한항공과 델타가 함께 이전하면서 시너지 효과가 더 커졌다.

조양호 회장 식견과 결단의 승리

조양호 회장은 조인트벤처가 양사의 이익을 넘어 국내 항공 산업 발전의 전기가 될 것으로 보았다. 양국 정부의 부처 설득도 힘들고 양자 간 이해가 얽혀 있어 수년간 공방이 이어졌다.

조양호 회장은 태평양 시장에서 양사가 처한 상황을 주목했다. 아메리칸항공-일본항공-유나이티드-전일본공수의 조인트벤처로 인천공항의 위상과 함께 양사의 경쟁력 약화가 우려됐다. 조인트벤처 협정을 통해 일본으로 향하는 환승 수요를 인천공항으로 끌어오는 한편 양사 간 스케줄 다양화와 고객 편의 향상으로 환승 수요를 늘려야 양국 허브공항이 동반 성장할 수 있음을 간파했다.

조원태 당시 대한항공 사장의 역할이 컸다. 조원태 사장은 임직원들과 양사 간 조인트벤처의 필요성을 분석하고 델타 수뇌부와 수차례 협의를 주도했다. 조양호 회장은 조인트벤처 협정을 일찍 내다보고 '선제적으로 반독점 면제 권한부터 취득하라'고 지시했다.

대한항공과 델타항공은 2002년 미 교통부로부터 반독점 면제(ATI, Antitrust-Immunity) 권한을 취득하고 2007년 교통부의 제휴 승인을 받아 놓았다. 당시 연간 아시아와 미국을 오가는 3,500만 명 중 양사 이용객은 10%도 안 돼 조인트벤처가 시행되어도 경쟁을 제한할 이유가 없었다. 자유롭게 진입할 수 있는 한미 노선에선 조인트벤처의 담합이나 독점이 성립되지 않았던 것이다.

국제 항공업계에서 조양호 회장이 차지한 위상도 자칫 지지부진하게 흐를 수 있었던 시점에 조인트벤처 합의에 방점을 찍었다. 조양호 회장은 당시 국제 항공 운송협회(IATA) 집행위원회(BOG, Board of Governan ce)와 전략정책 위원회(SPC, Strategy and Policy Committee)의 핵심 멤버였다. BOG 위원은 8연임, SPC 위원은 재임이었다. 조양호 회장은 30년 항공 경영의 경험과 IATA의 장기 전략을 수립하고 각종 프로젝트를 추진하며 얻은 통찰로 바스티안 델타 CEO를 설득했던 것이다.

64

2018 평창 동계올림픽(Winter Olympic Games) 유치위원장 조양호

 조양호 회장은 2018 동계올림픽 유치 경쟁 막판에 몰려 밤잠을 설치기 일쑤였다. 2010년 밴쿠버 동계올림픽, 2014년 소치 동계올림픽 유치에 실패한 한국으로서는 남아공 더반에서 열리는 더반 IOC 총회에서는 기필코 유치에 성공해야 했다. 두 번이나 유치에 실패한 원인은 한국 측 위원장 조양호의 프레젠테이션(Presentation)이 만족스럽지 못했기 때문이라는 지적이 많았다. 조양호 회장 자신도 그런 지적에 반론을 하기에는 약점이 많다는 것을 인정하고 있었다. 어쨌든 이 부족한 점을 극복해야 했다.

 '수학에는 왕도(王道, Royal Way)가 없다'라는 명언이 있다. 이 말은 고대(古代) 이집트 파라오 프톨레마이오스(Ptolemaeos) 1세가 유클리드(Euclid)란 이름으로 잘 알려진 에우클레이데스(Eucleides)에게 기하학을 속성(速成)으로 가르쳐 달라고 하자 '기하학에는 왕도가 없다'고 말한 데서 유래했다.

 유클리드가 말한 왕도는 페르시아 제국이 사르디스(Sardis)에서 바빌론(Babylon)을 거쳐 수사(Susa)까지 말(馬)을 타고 90일 걸리던 거리를 7일 만에 주파할 수 있게 뚫은 고속도로를 지칭하기도 한다. '유클리드 기하학'은 오늘날 수학으로 발전했고 '왕도는 지름길'로 의미가 확장됐다. 왕(王)이라도 모르면 배워야 하고 공부에는 지름길이 없다.

영국(英國)에도 그런 왕이 있었다. 엘리자베스 2세 여왕의 아버지 조지 6세(Albert Frederick Arthur George)는 세기의 스캔들로 왕위를 포기한 형 에드워드 8세 대신 왕좌에 올랐지만, 권력과 명예 모든 것을 가지고도 한 가지 두려운 게 있었으니 대중 앞에서의 '말더듬'증이었다. '버티(Bartie, 조지 6세 애칭)는 대중 앞에 서면 말을 더듬는, 국왕으로서는 치명적인 약점을 가지고 있었다.

그는 이를 고쳐보려 괴짜 언어 치료사 라이오넬 로그(Lionel George Logue)를 만나 기상천외한 치료법과 피나는 훈련으로 말더듬증을 극복했다. 그리고 마침내 2차 대전을 일으킨 '달변의 선동가' 아돌프 히틀러에 맞서 감동의 명연설로 영국민의 단결과 결사 항전을 이끌어냈다. 이 실화는 라이오넬의 손자가 책으로 쓰고 2019년 영화 '킹스 스피치(King's Speech)'로 만들어져 오스카 트로피를 쓸어 담았다.

조양호 회장은 영화를 실화로 만들었다. 조양호 회장은 밴쿠버 동계올림픽, 소치 동계올림픽 유치를 성공으로 이끈 명 스포츠 컨설턴트 테랜스 번즈(Terrence Burns, 헬리오스 파트너스 CEO)를 프레젠테이션(PT) 총감독으로 영입했다. 한국 캠프에서는 야단이 났다. 밴쿠버와 소치 편에서 두 번이나 평창에 패배를 안겨준 적장(敵將)으로 '우리 약점을 다 알고 있어 위험하다'고 보고 반대가 극심했다. 조양호 회장은 '평창의 약점과 패인을 누구보다 잘 알고 있기 때문에 적절한 사람'이라는 논리였다.

'삼수생(三修生)' 평창 캠프에 합류한 번즈는 '어떻게 올림픽을 치를 것인가(How)가 아니라 왜 올림픽을 치러야 하는가(Why)를 메시지로 던지자'고 했다. 남북 평화를 넘어 한국뿐 아니라 올림픽 운동(Olympic Movement) 전체를 포괄, 지구적 메시지 '새로운 지평(New Horizons)'은 그렇게 탄생했다.

문제는 메시지를 전달할 프레젠터(Presenter)였다. 유치 위원장인 조양호 회장은 스스로 '무대 울렁증'이 있다고 토로할 만큼 프레젠테이션을 걱정했다. 킹스 스피치의 버티(조지 6세)처럼 조양호 회장의 스피치 공부가 절실했다.

"사람들 앞에 나서서 말하는 게 두렵습니다. 사람들을 말로 설득하는 것은 더 자신 없고요, 평창 유치는 국가적 대업이고 나의 소망입니다. 도와주시오."

첫 프레젠테이션 장소인 멕시코 아카풀코 ANOC(Association of Nati onal Olympic Committee, 국가 올림픽 위원회 총연합회) 총회를 두 달 앞둔 시점이었지만 'PT의 미다스손' 번즈와 나승연 대변인은 조양호 회장의 처절한 눈빛과 진실한 말에서 가능성을 보았다.

평창(Pyeongchang) 95표 중 63표로 대승

조스 스피치(Cho's Speech) 프로젝트가 시작되었다. 영어 발음 교정은 기본이고 말하는 속도와 강약을 조절하고 감정을 넣어 억양을 바꾸는 법, 단상에서의 시선 처리와 손짓, 몸짓 하나까지 배우고 훈련했다.

조양호 회장의 스피치 공부는 여기에서 그치지 않았다. 자비를 들여 〈킹스 스피치의 무대〉인 런던까지 날아가 연설 전문가에게 일주일에 세 번 혹독한 맨투맨 트레이닝도 받았다. 그만큼 절박했다. "내가 프레젠테이션을 못해서 평창이 떨어졌다는 얘기를 듣는 일은 없어야 한다."

영화 속 버티(조지 6세)가 그랬던 것처럼 평생 한 번도 안 해봤을 법한 '고함 지르기'도 '우스꽝스러운 스트레칭'도 마다하지 않고 시키는 것 이상으로 열심히 했다. 혼자서도 아침부터 저녁까지 틈날 때마다 배운 대로 맹훈련을 했다. 시작할 때 '〈킹스 스피치〉의 주인공이 된 것 같다'는 소감은 훈련 강도가 높아지면서 '주인공 심정을 알겠다'로 바뀌었다. 명 연설집 〈링컨처럼 서서 처칠처럼 말하라〉를 외우다시피 하고 명언의 케네디와 담대한 오바마의 연설을 듣고 따라 하기를 반복하며 그들처럼 '서서' 말했다.

어느덧 청산유수처럼 말하다가 갑자기 파도가 바위에 부닥치듯 멈추고 화살을 시위에 감아쥐듯 소리를 입안 가득 응축했다가 이때다 싶으면 터뜨리듯 강한 악센트를 쏘는 기술도 터득했다. 원고에만 눈을 주지 않고 중대한 대목에서 잠시 정적을 유지하며 청중을 향해 시선을 던지는 여유도 생기고 손짓과 몸짓도 훨씬 자연스러워졌다. 번즈의 무리한 요구에도 불평 한마디 없이 연습에 몰두하고 해외 전지훈련까지 한 결과였다. 굳은 표정이 좀처럼 풀어지지 않는 것은 손자(孫子)가 도와주었다. 원고 한 켠에 손자 사진을 넣어두었더니 자신도 모르게 미소를 머금게 된 것이다.

최후의 프레젠테이션인 더반(Durban) IOC 총회 직전 번즈가 '프레젠터 중 가장 큰 발전을 이루었다'며 '그만하면 충분하다'는 데도 조양호는 '더 연습하자'고 채근하며 끝장을 보았다. 실전처럼 훈련한 조양호 회장은 훈련한 대로 싸울 준비가 되어 있었다.

결전의 날 조양호 회장의 스피치는 '버티'의 스피치가 영국민의 결사 항전을 이끌어내듯 IOC 위원들의 지지를 모았고 평창은 95표 중 63표나 획득하며 대승을 거두었다. IOC 위원들과 전문가들은 '평창의 유치는 프레젠테이션의 승리였다'며 '그중 조 위원장의 스피치는 역대 최고였다'고 입을 모았다. 인천공항에 도착한 조양호 회장은 제일 먼저 반긴 손자를 안고 볼을 부비며 미소를 지었다.

모르는 것은 묻고 듣는 것이 공부다

조양호 회장은 '더반 PT'를 통해 '평창의 기적'을 만든 동시에 무대 울렁증까지 극복했다. 단점 자체보다 위험한 것은 단점을 알지 못하는 것이고 단점을 알면서도 배워서 극복하지 않는 것은 단점을 알지 못하는 것보다 위험하다.

한 편의 영화 같았던 조양호의 '킹스 스피치'는 자기 단점을 아는 것에서 시작됐다. 번즈도 '현명한 사람들은 자신이 모르는 게 뭔지 알고 그걸 아는 사람의 말을 들을 줄 안다. 조 위원장은 〈킹스 스피치〉의 버티 같았다'고 말했다. 모르는 게 뭔지 알고 그걸 아는 사람의 말을 듣는 것, 그것이 바로 공부다.

조양호 회장은 스스로 밝힌 대로 처음 보는 사람에게 낯을 가리고 언론으로부터도 '샤이(Shy, 수줍음을 많이 타는)하다'는 평가를 들었다. 친분이 있는 사람이 아니면 꼭 필요한 말만 하는 데다 무뚝뚝한 말투와 표정 때문에 처음 본 사람은 권위적이고 냉소적인 인상을 받기 쉬웠다.

조양호 회장은 젊을 때도 술, 담배는 해본 적이 없었다. 유학을 마치고 처음 한국에 들어왔을 때 술을 못 마시니 사람들과 잘 어울리지 못해 오해를 사기도 했다.

"미국에서 평창 동계올림픽 유치에 성공하고 식사하러 한국 식당에 갔는데 사람들이 아빠를 알아보고 몰려와 악수를 청했어요. 당황한 아빠는 머쓱하게 웃으며 식당을 나오셨죠. 부끄러워서 그러신 건데 오해한 사람들도 있었죠."

조현민 ㈜한진 사장의 얘기다. 심이택 전 부회장은 '조양호 회장을 한 번도 만나본 적이 없는 사람과 딱 한 번 만나본 사람은 같은 반응이다. 하지만 두 번 이상 만나 얘기를 나눠 본 사람은 전혀 다른 이미지를 갖게 된다'라며 '조 회장은 첫인상에서 본의 아니게 손해를 보는데 그것은 타고난 성격 탓일 수도 있지만, 학창 시절 겪은 고독과도 무관하지 않다'고 말했다.

조양호 회장은 경복고 2학년 때 미국 유학을 떠났다. 장남이 일찍 넓은 세상을 경험하길 바란 부친 조중훈 창업회장의 뜻이었다. 조중훈 회장 자신도 어린 나이에 배를 타고 일본과 중국을 오가며 세계 문물을 섭렵했다.

고교생 조양호 회장의 유학 생활은 사막처럼 외롭고 망망대해처럼 막막했다. 보스턴에서 차로 1시간 반쯤 떨어진 애쉬번햄(Ashburnham)에 있는 쿠싱 아카데미(Cushing Academy)에 한국 학생은 조양호 회장뿐이었다. 쿠싱 아카데미는 1865년 보스턴의 성공적인 사업가인 토마스 파크멘 쿠싱(Thomas Parkman Cushing)에 의해 설립되었으며 우수한 동문들을 많이 배출한 명문 보딩스쿨이다.

대놓고 차별하지는 않았지만, 말이 통하지 않아 친구들과 어울릴 엄두가 나지 않았고 수업도 따라가기 힘들었다. 워싱턴 카운티 북쪽 퍼트넘(Putnam)에 있는 고모 집에서 통학했는데 보스턴보다도 부촌인 퍼트넘은 주민 대부분이 백인이었고 동양인은 거의 없었다. 영어는 좀처럼 늘지 않고 말할 사람도 딱히 없으니 말수까지 줄어들었다. 경복고 친구들과는 단절되었고 쿠싱 아카데미에서는 친구를 사귈 수 없어 어디에도 속하지 못하는 경계인(境界人)처럼 혼란스러웠다. 경계인이란 오랫동안 소속되었던 집단을 떠나 다른 집단으로 옮겼을 때 원래 집단의 사고방식이나 행동 양식을 금방 버릴 수 없고 새로운 집단에도 충분히 적응되지 않아서 어정쩡한 상태에 놓인 사람을 말한다.

쿠싱아카데미의 교정은 눈물 나게 아름다웠는데 조양호 회장은 그래서 더 외로움과 향수병(鄕愁病)으로 우울한 날이 많았다. 낯을 가리고 무뚝뚝함으로 오해를 사게 된 것도 그때부터 시작되었을 것이다.

고독(孤獨)이 불러온 공부에의 몰입

고독이란 혼자라고 느껴 외로운 것을 말한다. 한진그룹 임원들은 조양호 회장이 어린 시절 '혼밥'을 추억하며 자책하던 것을 들은 적이 있다.

"부모님 초청 행사 때 친구들이 엄마, 아빠와 즐겁게 식사하는 동안 베트남에서 온 편지와 용돈을 아버지 대신 앞에 놓고 혼자 밥을 먹을때 절대 울지 않으려고 했는데 편지와 용돈에 자꾸 눈이 가 눈물이 나더군. 장남이라 일찍 철이 들어 사업으로 바쁜 아버지를 이해하면서도 그날의 외로움은 오래도록 잊히지 않더라고. 그럴 때마다 다짐했지. 내 아이들은 혼자 밥 먹게 하지 않겠다고 말이야. 그런데 나 역시 아이들을 유학 보내게 되고 일 때문에 그 옛날 나처럼 외롭게 만들고 말았지."

조양호 회장의 무대 울렁증도 어쩌면 쿠싱 아카데미 시절 외로움이 원인이었을지 모른다. 외로움은 조양호 회장에게 무대 울렁증을 안겨 주었을지 몰라도 학구열(學究熱)을 높여 준 것은 분명하다. 조양호 회장은 이역만리에서 친구 하나 없이 외로움을 달래고 극복하는 데는 공부만 한 것이 없다고 생각했다. 책상 앞에 앉으면 모든 잡념이 사라지고 차분해지는 것을 느꼈다.

공자(孔子)는 학이(學而) 편에서 말했다. 배우고 때때로 익히니 즐겁지 아니한가(學而時習之 不亦說乎)라고 말했다. 이 말을 곱씹어 보면 고독과 공부의 함수관계를 볼 수 있다. '몰입의 기쁨'을 아는 사람은 공부가 즐겁다.

조양호 회장은 그것을 잘 알고 있었다. 조양호 회장이 평생 영어 공부를 계속했고 임직원은 물론 체육인들에게 "영어 공부하시오." 하며 독려한 것도 쿠싱 아카데미 시절 소통의 간절함에서 비롯된 것인지도 모른다.

'공부'의 어원도 절대 고독에 있다. '공부(工夫)'는 불도(佛道)를 닦는 '주공부(做工夫)'에서 유래한 말로 참선(參禪)에 진력하는 것을 가리킨다. 〈선어록(禪語錄)〉에 공부의 방법이 나온다. '공부는 간절하게 해야 하며 공부할 땐 딴생각을 하지 말아야 하며 앉으나 서나 '의심'하는 것에 집중해야 한다'

조양호 회장은 이 공부 방법을 잘 알고 잘 실천한 사람이다.

"어릴 땐 말이 더 없었대요. 누가 와서 '엄마 계시냐?'고 물어도 대답을 하지 않아 '저놈은 돌부처냐' 했더니 그제야 쳐다보며 '돌부처가 말을 하나요? 사람이니까 말을 하지' 했다더군요."

아내 이명희(李明姬) 전 일우재단 이사장은 조양호 회장을 살아있는 부처 같다고 회상한다.

조양호 회장은 퇴근 후 집에서도 한번 앉으면 좀처럼 일어날 줄 몰랐다. 저녁 식사를 하고 2층 서재로 올라가 컴퓨터 하고 책 보고 사진 정리하다 10시쯤 내려오는 게 일상이었다.

"가끔 '뭐 좀 줘' 하는 데 너무 바쁠 땐 '당신이 좀 갖다 드세요' 하면 안 드시고 말았죠. 왔다 갔다 하며 번잡스러운 걸 무척 귀찮아 했어요. 성격은 급한 데 행동은 빠르진 않았죠."

조현민 ㈜한진 사장은 '몰입의 기쁨'으로 아버지를 설명한다.

"아빠에겐 사진이든 여행이든 스포츠든 어떤 관심사든 모든 것이 취미를 넘어 '중요한 일'이었죠. 무슨 일이든 손에 잡으면 몰입하고 배우고 익히셨어요. 세계 어디를 가든 풍경과 문물과 사람을 배우는 데 열정적이셨죠. 호기심 많은 아이처럼요. 몰입의 기쁨과 행복을 아셨기에 위기의 순간에도 지치거나 좌절하지 않고 지속가능한 경영을 하실 수 있었죠."

조양호 회장은 범처럼 노려보고 소처럼 걷고(虎視牛步) 통찰력으로 꿰뚫어 보며 성실하고 신중하게 경영했다.

65

항공 전문가 오너(Owner) 조양호

조양호 회장은 전문성, 식견, 예측력 등에서 타의 추종을 불허하는 항공 전문가이자 오너다. 지창훈(智昌薰) 전 대한항공 사장은 조양호 회장을 세계 항공인 중 최고로 꼽았다.

항공업계 어디에도 오너십 경영을 유지하며 50년 가까이 성장한 항공사는 없다. 보잉과 에어프랑스도 사장, 회장이 몇 차례나 바뀌었지만, 대한항공(KAL)은 탄탄한 오너 리더십으로 지속 성장해 왔다. 조양호 회장은 2011년 언론과의 인터뷰를 통해 '한국 경제는 오너십 있는 기업들이 과감한 투자로 끌고 나가야 한다'며 오너 없는 기업들은 장기 투자를 하지 않고 단기 이익만 노리고 경영해 경쟁력이 떨어진다며 오너십 경영의 장점을 역설하기도 했다.

세계 항공업계 최고 경영자 중 조양호 회장처럼 조종, 운항, 장비, 부품 정비, 구매 등 전 분야에서 전문성과 식견을 갖춘 이는 극히 드물다. 조양호 회장은 에어쇼(Air Show)나 항공 박람회가 열릴 때마다 빠짐없이 해외로 나가 보잉, 록히드마틴, 에어버스 등 메이저 제작사의 신제품을 꼼꼼히 체크했다.

조양호 회장은 항공기를 구입할 때 파격적으로 값을 낮추었는데 항공기에 관해 제작사 전문가들보다 뛰어난 식견이 있었기에 가능했다. 항공기 제작사들이 조양호 회장 앞에서는 장삿속을 전혀 발휘하지 못했다. 신형 항공기의 성능을 누구보다 빨리 간파해 괜찮다고 판단되면 가급적 빨리 도입했는데 초기에는 사려는 항공사가 거의 없어 값을 깎을 수 있기 때문이다. 하지만 아무리 탐이 나도 첫 번째로 도입하지는 않았는데 안정성도 놓치지 않았던 것이다.

A380을 도입할 때도 그랬다. 경쟁사들보다 앞서 구입해 값을 깎으면서도 이후 발생할 유지보수 조건도 최대한 유리하게 했다. 늦게 A380을 도입한 경쟁사들은 값은 값대로 지불하고 유지보수 비용도 더 많이 내게 되었다.

항공 운송 시스템을 정확히 이해하는 엔지니어

조양호 회장은 1974년 대한항공에 몸담은 이래 45년 넘게 항공, 운송 사업 외길을 걸었다. 정비, 자재, 기획, 정보통신, 영업 전 분야를 섭렵하며 실무까지 겸비했는데 항공·운송 시스템을 정확히 이해하는 엔지니어이기도 했다. 국내외를 막론하고 항공, 운수 분야에서 조양호 회장 수준의 전문가를 찾기도 쉽지 않다.

입사 후 미국 법인에서 근무하며 서던 캘리포니아대(USC)에서 MBA 과정까지 마친 조양호 회장은 1979년 귀국해 정비 담당 이사, 자재 담당 이사, 시스템 담당 이사로 세 개 분야를 맡았다. 정비 본부장을 맡은 지 일주일 뒤 자재 부문을 겸직했고 6개월 후에는 시스템 부문까지 맡았다. 조중훈 창업회장은 장남 조양호가 김포 정비 본부에 상주하면서 전문성을 키우도록 했다.

이광사 전 대한항공 부사장은 당시 정비사(과장 직무 대리)였는데 그때 조양호 회장을 만났다. 부장 한 명과 차장, 과장으로 구성된 보좌역이 있었는데 해당 업무는 물론 법무 등에 전문성이 있는 인사도 포함됐다. 3개 부서를 혼자서 감당하려면 전문가의 도움이 필요했다. 시내 본사 본부와 시스템부도 수시로 드나들며 업무를 챙겼다.

당시 보잉(Boeing)에 대형기를 24대나 발주한 상태였는데 조양호 회장은 미국에 있을 때부터 이를 주지하고 있었다. 엔진은 항공사가 선택했는데 제너럴일렉트릭(GE)과 프랫앤드휘트니(P&W) 중 어느 곳을 선택할지 결정하지 못한 채 시간만 보내고 있었다. GE는 군용기에, P&W는 상용기에 강했다. 롤스로이스는 성능이 뛰어나다고 알려졌지만, 본사가 있는 영국과 거리가 멀어 애프터서비스를 받기가 쉽지 않았다. 동남아 및 몇몇 항공사들이 고객이긴 했지만, 과거 영국 식민지였던 관계 때문이었다. 대한항공은 P&W에서 GE로 바꿔 보자는 분위기였다.

조양호 회장은 대리급인 이광사에게 언제까지 결정하면 엔진을 장착해 인도받을 수 있는지 임원들 앞에서 보고하도록 했다. 실무자 얘기를 직접 들은 것이다. 그리고 P&W 임원들을 불러들였다. 다시 이광사에게 영어로 브리핑하도록 하고 제때 엔진을 제작해 보잉에 납품할 수 있는지 즉석에서 확인했다.

조양호 회장의 판단은 빨랐고 P&W는 거래처를 놓치지 않으려면 대한항공이 제시하는 조건을 들어주어야 했다. 조양호 회장은 '공학도는 경영을 할 수 있지만 경영 전문자는 엔지니어링을 배우기 힘들다'고 말했다.

조양호 회장은 회장이 된 후에도 항공기 정비와 기술 분야에 관심을 기울였다. 항공 산업이 첨단기술의 집약체여서 항공기술에 대한 충분한 지식이 없다면 항공사를 경영하기 힘들다고 생각했다. 이종희 전 대한항공 사장처럼 엔지니어 출신 경영층도 적지 않았다. 대한항공은 엔지니어 출신들의 위상이 높다. 조양호 회장도 '대한항공은 엔지니어들이 어느 기업보다 우대받는 것이 사실이다'라고 인정했다.

왜 클라우드(Cloud)를 하지 않는가

2000년대 후반 대한항공 전산팀 임원이 IBM에 찾아와 '회사 그룹웨어와 스마트폰을 연동해 달라'고 했다. 국내에 블랙베리나 아이폰이 나오기도 전이었다. 그 임원은 조양호 회장의 지시를 받고 왔다.

조양호 회장은 '왜 우리는 클라우드를 하지 않느냐'며 전산팀 임직원을 다그쳐 모든 시스템을 클라우드로 바꾸기로 했다. 클라우드의 의미는 컴퓨터 통신망이 복잡한 네트워크 및 서버 구성 등을 알 필요 없이 구름과 같이 내부가 보이지 않고 일반 사용자는 이 복잡한 내부를 굳이 알 필요도 없이 어디에서나 구름 속의 컴퓨터 자원으로 자기가 원하는 작업을 할 수 있는 시스템이다. 한국 IBM 담당자들은 '대한항공이 새로운 IT 기술이나 트렌드를 경영에 접목하는 속도가 우리가 따라가지 못할 정도로 빠르다'고 혀를 내두른다.

대한항공 전산시스템은 국내 IT 활동의 효시다. '컴퓨터'란 단어조차 생소했던 1975년 컴퓨터 예약 시스템을 도입했다. 국내 최초로 전산시스템을 구축한 대한항공은 'IT 사관학교'라 불렸다. 2000년대까지 국내 대기업 IT 담당 임원들 가운데 대한항공 출신이 많았던 것도 그래서다.

대한항공은 남들보다 빠르게 IT 인프라를 구축한 덕에 급증하는 항공 수요와 다양한 고객의 요구를 맞출 수 있었다. 대한항공이 일찌감치 전산시스템에 눈을 뜨게 된 것은 '얼리 어답터 조양호'의 추진력 덕분이다.

조양호 회장은 1960년대 말 미국 유학 시절 컴퓨터를 처음 접했다. 귀국 후 경영 수업을 받으면서 IT를 항공에 접목하는 데 집중했다. IT를 통해 업무 전산화, 표준화를 추진하는 과정에 획기적인 전환점이었지만 내부적으로 사원들의 반발도 컸다. 업무에 방해가 된다며 컴퓨터를 복도에 내놓는 부서도 있었다. 조양호 회장은 '불편하다고 환경의 변화를 받아들이지 않으면 발전이 없다'며 밀어붙였다.

조양호 회장은 1981년부터 4년간 시스템 담당 상무를 맡으면서 과감한 투자로 전산화의 기틀을 만들었다. 이를 통해 축적한 기술과 경험을 토대로 항공편 예약은 물론 여행 정보까지 관리하는 종합 항공 예약 시스템인 토파스(TOPAS)를 개발했다.

토파스는 여행사들로부터 각광받았다. 1980년대 후반 국내시장 공략에 나선 미국, 유럽의 항공 예약 시스템에 맞서며 혁혁한 공을 세웠다. 토파스는 국내 대학 항공 관련 학과의 필수 과목이 됐다.

조양호 회장은 1989년 '한진정보통신'을 설립하며 육·해·공 물류그룹의 중추가 되는 정보통신망을 구축했다. IT 인프라를 통해 운항, 객실, 정비 경영을 유기적으로 융합시켰다. 남다른 IT 프로세스를 통해 타 항공사들을 이끌었다.

조양호 회장은 IT 신기기가 나오면 누구보다 빨리 접하는 '얼리 어답터'다. 2000년대 초 전산부에서 그들도 생소했던 PDA (Personal Digital Assistant, 개인정보단말기)에서 E-메일을 보게 해달라고 요청하기도 했다. 미국 출장 중 국내에 카 내비게이션이 치고 나왔을 때 국내 전용 차량 기사에게 제품을 장착하라 지시해두고 귀국 1주일 전부터 틈만 나면 깨알 같이 적힌 제품 설명서를 외워 두었다가 인천공항에 내려 차에 오르자마자 모든 기능을 확인해 볼 정도였다.

'컬러링(Coloring, 단조로운 전화 대기음을 가입자가 원하는 음악이나 다양한 소리로 바꿔 들려주는 통신 부가서비스)'이 처음 나왔을 때도 조양호 회장은 누구 보다 먼저 휴대전화에 최애 곡 'Top of the World'를 설정했다. 페이스북(Facebook, 소셜미디어)도 경영진 중에 가장 먼저 시작했는데 병석에서도 마지막 순간까지 글을 올렸다. 촬영한 사진이 너무 많아 막내딸에게 계정을 알려주고 올려달라고 한 적도 있다.

조양호 회장 덕분에 자녀들도 얼리 어답터가 됐다. 조현민 ㈜한진 사장은 '어릴 때 아빠 무릎에 앉아 컴퓨터 게임으로 체스를 배웠는데 아빠가 더 몰입하셔서 아빠가 출근하시고 나서야 혼자 즐길 수 있었다'라고 했다. 또 '1990년대 초 초등학교 때 PC로 단편소설을 썼는데 아버지가 무척 좋아하시면서 미국 출장에서 돌아오실 때 레이저 프린터를 사다 주셨다'라며 '덕분에 숙제를 프린트해서 제출했다'고 했다. 국내엔 잉크젯 프린터도 없을 때였다.

지금은 사라진 소니(Sony) 베타 테이프, 레이저 디스크 같은 웬만한 기기가 다 있었는데 조양호 회장의 최애 영화 〈탑건〉을 온 가족이 모여 레이저 디스크로 몇 번이나 봤다고 한다.

㈜한진이 투자해 설립한 '휴 데이터스'도 조양호 회장의 영향이 절대적이었다. 조현민 사장은 '택배 차량에 카메라를 설치해 자율주행을 위한 도로 정보를 수집하는 획기적인 사업으로 어릴 때부터 아버지의 'GPS 사랑'을 보고 자란 것이 모티브가 됐다'고 했다.

IT에 대한 조양호 회장의 관심은 대한항공 전체로 확산됐다. 임원 교육에 IT 과정이 개설됐고 직원들 사이에 스마트폰 같은 IT 기기 교육 과정이 인기였다.

IT를 활용해 생산성을 높이고 의사결정이 신속하게 이루어졌다. 대한항공은 세계 항공업계의 'IT 전도사'가 됐다. 조양호 회장은 국제 항공 운송협회(IATA, The International Air Transport Association) 회의에서 전 항공사가 E-티켓을 하루빨리 도입할 것을 주장했다. 그 결과 지금은 세계 모든 항공사가 E-티켓을 사용하게 됐다.

대한항공에서는 모든 승객의 짐을 전자태그(RFID, Radio Frequency Identification, 무선식별) 시스템으로 처리하는 것도 도입했다. 전자태그 위치를 추적해 수화물 분실이 획기적으로 줄어들었다. 고객 관계에서도 IT 비중은 크게 늘어났다. 홈페이지를 개선하고 모바일 애플리케이션을 개발해 모바일 환경에서도 항공권 예매에서 체크인(Check-in, 탑승 절차)까지 모든 절차를 쉽게 할 수 있게 했다.

조양호 회장의 IT 혁신의 핵심은 '선택과 집중'이었다. 대한항공은 국내 기업 중 가장 먼저 토탈 IT 아웃소싱을 도입했다. 1999년 한국IBM과 10년 장기 IT 아웃소싱 계약을 체결한 후 계속 연장했다. 조양호 회장은 데이터센터를 직접 운영할 필요가 없다고 판단했다. 당시로서는 대단한 발상이었다.

필요한 IT 프로젝트에 맞춰 하드웨어나 소프트웨어를 사용해 역량을 집중하기 때문에 비용 예측이 가능했다. IBM이 대한항공에 제공한 것은 온디멘드(On Demand) 서비스로 데이터센터 운영은 물론 필요한 네트워크 애플리케이션 등을 적시에 IBM에 아웃소싱했다. 새로운 프로젝트가 떨어지면 일주일 안에 기기나 인력을 제공했는데 IBM에서 새 기기가 개발될 때도 대한항공에 먼저 도입을 건의할 때가 많았다.

IT 아웃소싱은 경영진의 신뢰와 IT 이해도가 없으면 힘들다. 대한항공 경영진은 IT 트렌드에 대한 거부감이 전혀 없게 됐다. 조양호 회장의 IT 투자로 대한항공은 나이를 먹을수록 젊어졌다. 보수적 이미지에서 젊고 감각적인 회사로 신선미가 넘치게 됐다. A380 같은 신형기에 디지털 정보를 원활히 제공하기 위해 항공기와 지상 간 디지털 무선 정보통신 환경을 구축하는 것부터 탄소 배출량에 대한 데이터를 집계하고 관리하는 녹색 IT도 추진했다. 조양호 회장은 '다양한 데이터를 상세하게 분석해 집중할 분야를 파악해야 급변하는 환경에 전략적인 대응을 할 수 있다'고 강조했다.

조양호 회장은 차세대 항공기 부품 제작에 적극적으로 참여해 항공기 제작 산업의 첨단화를 주도했다. 대한항공은 보잉(Boeing)사의 친환경 차세대 항공기 B787 국제 공동 개발에 참여해 후방동체, 날개 구조물, 윙팁(Wing Tip) 등 6가지 부품을 설계부터 제작까지 맡았다. 대한항공은 보잉으로부터 최우수 협력업체로 선정되기도 했다.

B787은 대한항공에 큰 의의가 있었다. 이 기종의 가장 중요한 부품 하나인 윙팁을 대한항공이 만들었다. 윙팁은 항공기의 날개 끝을 말한다. 윙팁의 형상은 항공기의 유도항력에 많은 영향을 미치기 때문에 중요한 설계 요소 중 하나다. B787의 윙팁은 유선형으로 휘어져 있어 만들기 힘든 데 대한항공이 설계에서 제작까지 전 과정을 책임졌다. 탄소복합소재로 만든 부품을 자체적으로 설계하고 제작할 수 있는 회사는 세계에서 두세 군데 되지 않는다. 우리나라가 비행기 부품을 제작할 수 있다는 것 자체가 놀라운 일이다.

2012년에는 아태 지역 미 전투기 F-16 성능 개량 사업자로도 선정됐다. 대한항공이 최고의 기술력을 가진 항공사로 인정받지 않고서는 깐깐한 미 공군 협력사로 채택될 수 없었을 것이다.

항공우주 사업 광고를 만들 때 조현민 ㈜한진 사장이 '언젠가 우리도 비행기를 만들면 좋겠다'고 하자 조양호 회장은 '대한항공이 항공기 한 종을 만드는 것보다 모든 항공기에 대한항공 부품이 들어가는 게 더 좋다'고 말했다고 한다. 조현민 사장은 '그 말씀을 떠올릴 때마다 많은 생각을 하게 된다'라고 했다. 평생의 반려자이자 여행의 길동무였던 이명희 전 일우재단 이사장도 조양호 회장의 '디지털 사랑'에 감탄하곤 했다.

"2004년 겨울, 제네바에서 체르마트로 가던 중 영화사 '파라마운트' 로고에 나오는 삼각산이 보이는 지점에서 갓길에 차를 대고 내려 셔터를 눌렀어요. 체르마트 가는 길은 하나인데 남편은 굳이 내비게이션으로 보며 갔어요. 인공위성 수신이 잘 안돼 어느 집 차고로 들어가기도 했지요. 사진에 취미를 붙인 것도 디지털카메라 때문이었어요." 이 이사장의 회고다.

조양호 회장은 누가 운전하는 차든 뒷좌석에 앉는 법이 없었다. 조수석에 앉아 이것저것 살펴보려는 게 더 큰 이유였다. 조현민 사장의 말이다.

"2017년 부모님을 모시고 운전할 때였어요. 아빠는 전기차 모니터가 넓고 지도가 커서 무척 신기해하셨죠. 그땐 지도가 북쪽으로 고정돼 있어 아빠가 설정을 바꿔 보겠다고 조작하시니까 뒤에서 엄마가 '애 신경 쓰이니 그만하세요'라고 하셨어요. 아빠가 돌아가시고 얼마 안 되어 지도가 업데이트(Update) 됐는데 아빠 생각이 많이 났어요." 조현민 사장의 회고다.

66

18년간 IATA(국제항공운송협회) 집행 - 전략정책위원 대활약
(서울을 세계 항공 산업 수도로 바꿔)

조양호 회장은 폭넓은 글로벌 인맥과 해박한 실무 지식으로 세계 항공업계를 이끌었다. 조양호 회장은 18년간 IATA(International Transport Association) 최고 정책 심의·의결 기구인 집행위원회(BOG, Board of Governans) 위원을 지냈다. 국제항공운송협회는 120개국 287개 민간 항공사가 가입되어 있는 항공 관련 국제협력 기구다. 국제 항공업계의 정책 개발, 규제 개선, 업무 표준화 등 항공 산업 발전과 권익을 대변하며 회원사들의 안전 운항 감시 프로그램도 운영한다.

조양호 회장은 2014년부터는 31명의 집행위원회 위원 중 별도 선출된 11명으로 구성된 전략정책위원회(SPC, Strategy and Policy Committee) 중 4곳의 핵심 위원으로 참여하는 등 세계 항공업계를 이끌었다.

국제항공 전반을 주도하는 IATA에서 가장 중요한 행사가 매년 각국을 돌며 개최하는 연차총회(AGM, Annual General Meeting)

이다. 회원사 최고 경영진, 항공기 제작사와 유관업계 등 1,000여 명의 항공계 유력 인사가 참석하는 항공업계 최대 행사로 전 세계 항공업계 주요 관계자들이 참석해 항공 산업의 트렌드와 변화를 모색하는 다양한 정보를 교환하는 만큼 세계 항공업계를 관통하는 정책과 철학이 결정되는 중요한 행사다. '항공업계 UN 총회로 불리는 연차총회를 개최하는 것은 그 나라 항공 산업의 세계적 위상을 방증한다. IATA 연차총회를 사상 최초로 서울(Seoul)에 유치한 주역이 조양호 회장이었다.

2018년 시드니에서 알렉산드레 주니악(Alexandre de Juniac) IATA 사무총장은 '서울'을 차기 연차총회 개최지로 발표하면서 '한국은 세계 항공 운송과 물류 허브로 항공 산업 전략을 수립하고 예측하는 데 최적화된 곳'이라고 극찬했다. 대한항공(KAL)이 성공적으로 연차총회를 개최하는 동안 서울은 '세계 항공 산업의 수도'로 탈바꿈하게 될 것이라고 기대감을 나타냈다.

연차총회 서울 개최는 대한민국 항공 산업의 위상을 전 세계에 드높이는 쾌거였다. 전 세계 항공업계의 이목이 대한민국에 집중되었기 때문이다. IATA 연차총회 서울 개최는 대한항공 50년 역사와 위상이 만들어낸 결과였다. 1969년 아시아 11개 항공사 중 11위로 제트기 1대와 프로펠러기 7대로 시작한 대한항공은 2019년 B777 42대, B787-9 9대, B747-8i 10대 등 166대의 항공기를 보유한 글로벌 항공사로 우뚝 섰다. 비상의 중심에 조양호 회장이 있었다.

대한항공에게 IATA 연차총회 서울 개최는 특별한 의미가 있다. 창립 50주년을 맞는 해이자 IATA 가입 30주년을 맞는 기념비적인 해에 연차총회를 주관하고 주관 항공사 최고 경영자가 의장이 되는 룰(Rule)에 따라 조양호 회장이 서울 연차총회 의장을 맡게 됐기 때문이다.

　대한항공의 연차총회 서울 개최는 세계 항공업계 '리더' 역할을 시험할 절호의 기회였다. IATA 연차총회는 개최국의 정치, 경제, 문화, 관광 등에 미치는 파급 효과가 크다는 점에서 큰 기대를 모았다. 대한민국의 역동적인 경제 성장과 관광 경쟁력을 알릴 기회라는 점에서 2018년 평창 동계올림픽 유치 위원장과 조직 위원장 경험이 있는 조양호 회장은 IATA 서울 총회 의장 적임자였다. 조양호 회장은 관광 붐을 일으켜 부가적인 경제적 효과와 일자리 창출까지 이어지도록 민간 외교관 역할도 함께 수행할 각오로 임했다.

　2019년 6월 1일 서울 삼성동 코엑스(COEX) 컨벤션센터에서 대한민국 항공사(史)에 한 획을 긋는 IATA 서울 연차 총회(75회)가 화려한 막을 올렸다. 하지만 조양호 회장은 그 자리에 참석하지 못했다. 개최가 두 달도 채 남지 않은 4월 8일 타계했기 때문이다. (독자들이여, 이 책에서는 조양호 회장의 부음에 대해서는 별도 장(章, Chapter)에서 다룰 것이다.)

　연차 총회 서울 개최를 위해 마지막 혼신의 힘을 쏟고 서울 유치가 확정되었을 때 누구보다 기뻐한 조양호 회장은 정작 〈세계 항공산업의 수도, 서울〉이란 작품만 남기고 무대 뒤로 사라진 것이다. 역사란 언제나 이런 안타까운 일을 반복한다. 인류가 겪는 숙명이다.

　6월 1일 첫날 참석자들의 등록 절차를 시작으로 6월 2일 개막식이 열렸다. 개막식에서 조양호 회장의 삶과 업적을 추모하는 영상을 상영하고 전 세계에서 온 항공인이 조양호 회장을 추모하며 묵념하는 시간을 가졌다. 이어 장남 조원태(趙源泰) 한진 그룹 회장이 조양호 회장을 대신해 IATA 서울 연차총회 의장으로 선출됐다.

　조원태 회장은 '이번 총회가 항공업계의 기회라는 선물이 어디 있는지, 그것을 둘러싼 위기라는 포장을 잘 뜯어내고 풀어내는 시간이 되기를 바란다'며 '우리 항공업계가 발견한 기회와 가능성들이 고객은 물론 인류의 더 나은 미래에 기여하길 소망한다'고 밝혔다.

이후 IATA 연간 활동 보고, 집행위원회 활동 보고, 재무제표를 비롯한 2019년 IATA 결의안을 승인하는 과정이 진행됐다.

IATA 집행위원회 신임 위원 선출, 2020년 열릴 76회 연차총회 개최 장소와 시기에 대한 논의도 이뤄졌다. 항공 산업의 도전과 기회 등 세계 항공 운송 산업을 분석하고 전망하는 다양한 세션도 진행됐고 '여행의 디지털 변혁에 따른 항공사들의 미래', '항공 교통 관리 문제', '항공 산업의 미래와 지속 가능성', '디지털 기술을 통한 고객 만족도 최적화 방안', '장애 승객 수송 방안' 등 폭넓은 의제들이 다뤄졌다.

IATA 연차총회 서울 개최로 대한민국은 더 이상 세계 항공 산업의 변방이 아니라 중심이 됐다. 주니악 IATA 사무총장의 1년 전 예언대로 연차 총회가 열리는 서울은 3일 동안 '세계 항공 산업의 수도'가 됐다. 전 세계 항공 산업계의 거물들이 대거 한국을 찾게 됨에 따라 비약적으로 발전하는 대한민국 항공 산업에 대한 인지도도 높아졌다.

특히 최첨단 시설과 편의성, 환승 경쟁력을 갖춘 인천공항 제2 터미널의 자연스러운 노출로 동북아 허브공항의 경쟁력을 전 세계에 알리는 계기가 됐다. 4차 산업 시대를 맞아 최첨단 유관 산업 분야까지 외연을 넓혀 발전하는 계기도 마련했다. IATA 서울 연차총회는 세계 항공업계의 트렌드를 바꾸는 중요한 매머드급 이벤트이자 대한민국 국격을 한층 높이는 터닝 포인트가 됐다.

대한항공이 2019년 세계 항공 산업 트렌드를 이끌어 가는 리

더 역할을 하면서 대한민국 항공 산업의 위상은 한층 높아졌다. 대한항공은 IATA 연차총회 직후 스카이팀 회장단 회의(Sky Team Governing Board)도 개최했다. 2020년은 스카이팀 창립 20주년으로 2019년 회의는 스카이팀의 전략과 방향을 수립하는 중요한 회의였다. 대한항공이 굵직한 국제 행사를 잇따라 주최하면서 세계 항공업계의 리더(Leader) 역할을 확고히 하는 한 해가 되었다.

전사(戰史), 방산(防産)에도 깊은 관심

대한항공 홍보실장을 지낸 신무철은 '조양호 회장은 최전방과 베트남에 복무한 것에 큰 자부심을 갖고 있었다'고 말했다.

1970년 미국 유학 중 귀국해 입대한 조양호 회장은 강원도 화천 육군 7사단(칠성 부대) 수색 중대에서 복무했다. 수많은 계단을 오르내려야 하는 비무장 지대에서 복무하다 베트남에 파병돼 꾸이년(Quy Nhon, 퀴논)에서 1년 가까이 위생병으로 근무하고 수색 중대로 돌아와 제대했다. 우근민(禹堇敏) 전 제주지사가 내무반 동기였다.

2013년 겨울 조양호 회장은 화천 칠성 부대를 방문해 제설기(除雪機) 7대를 기증하면서 '베트남에서 돌아와 전역할 때까지 눈 치우는 게 제일 힘들었다'고 토로했다.

조양호 회장은 얼리 어답터로 컴퓨터와 카메라에 관심이 많은 것으로 알려졌으나 그에 못지않게 몰입한 분야가 전사(戰史)와 무기 체계였다. 조양호 회장은 전투기와 잠수함을 비롯해 신형 무기 체계를 모두 꿸 정도의 군사 전문가였다. 베트남 참전까지 한 군 체험이 '얼리 어답터' 조양호 회장이 전사와 무기 체계에 관심을 갖게 한

동기가 됐다.

조양호 회장은 1984년 발간된 톰 크랜시의 테크노 스릴러 〈The Hunt for Red October〉를 읽고 감명을 받았다. 톰 크랜시는 미국의 유명 군사 소설가이다. 그는 '레인보우 식스'를 비롯한 여러 전설적인 밀리터리 게임 시리즈를 만들었다.

조양호 회장이 심취해 읽은 '붉은 10월 함(艦)'은 함장 마르코 알렉사드로비치 라마우스 대령이 소련에 환멸을 느끼고 미국으로 망명을 시도하는 내용으로, 소설이지만 붉은 10월 함의 제원과 성능이 정밀하게 기술되어 있어 몇 번을 탐독했다. 이 소설을 비롯해 신무기와 신기술을 다룬 원서들을 방위산업진흥회(방진회)에서 번역한 것도 회장을 맡고 있던 조양호 회장의 지시였다.

〈The Hunt for Red October〉는 영화로도 만들어졌는데 개봉하는 날 조양호 회장은 막내딸을 데리고 극장으로 달려갔다. 조현민 ㈜한진 사장은 '아버지가 키가 크셔서 좌석이 불편하셨을 텐데도 무척 신나 하시며 보셨다'고 회고했다.

조양호 회장은 2004년 방진 회장을 맡아 한국 방위 산업 경쟁력 강화에도 앞장섰다. '방산보국(防産報國)'의 가치를 토대로 방위 산업 생산 물량 확보에 힘을 쏟은 조양호 회장은 방산 육성에 기여한 것에 자부심과 보람을 느꼈다.

첨단 무기를 개발할 때도 미래를 내다보고 선택과 집중을 했다. 국민 세금을 함부로 써서는 안 되고 얼마 안 가 공개될 기술에 매달리면 효과도 없고 중소 협력사들까지도 도산하게 된다고 경고했다. '이미 개발한 후에는 뒤처진 것이고 후진 무기를 우리도 쓸 수 없고 수출할 수도 없다. 모든 걸 국산화하는 것은 시대에 맞지 않으며 살 건 사고 핵심적인 기술을 집중개발해야 한다'는 것이 조양호 회장의 방산에 대한 철학이다.

조양호 회장이 방진 회장을 맡은 14년 동안 4조 원대이던 국내 방산 매출액은 14조 원대로 3배 이상, 수출은 4억 달러에서 32억 달러로 8배나 증가했다. 171개 회원사도 600개를 돌파했다.

조양호 회장은 한·불 경제협력위원회 회장으로 프랑스 인사들로부터 '한국에 가면 '지평리 전투 승전 기념관'을 찾는다'는 얘기를 듣고 〈뉴욕 타임스〉 기자가 쓴 〈The Clodest Winter〉에 기술된 6.25 격전 중 하나인 '지평리 전투'에 관심을 갖게 됐다. 지평리 전투는 1.4 후퇴 때 경기도 가평에서 랄프 몽크라르 장군이 이끄는 프랑스군 600여 명이 3만 중공군을 격퇴한 대승으로 중공군의 남하를 저지한 최초의 전투였다.

조양호 회장은 어느 주말 양평을 가보았는데 지평리 전투 당시 UN군 지휘소로 사용된 '지평리 양조장' 건물 관리인은 '주말에 어느 노인이 모자를 쓰고 평소 아무도 찾지 않는 기념관 곳곳을 관람했는데 예비역 장성인가 보다 했다'고 했다. 조양호 회장은 시설이 형편없는 기념관을 역사적 가치에 비해 손색이 없이 업그레이드 하기로 결심하고 지자체와 국회의원을 만나고 회장을 맡고 있는 방위산업진흥회 회원사들을 설득해 재원을 마련해 기념관을 지금의 모습으로 탈바꿈시켰다.

'우리 영공(領空, Air Space)에서 제3국이 돈 벌고 있다니!'

조양호 회장은 인도 출장에서 돌아오는 길에 대만을 지나 제주 상공을 지날 때 갑자기 홍보실장에게 '아카라 후쿠에'를 아느냐고 물었다. 홍보실장은 들어는 보았으나 자세히 알지는 못했다.

제주 남단 회항 항로(Corridor)는 인천 비행 정보 구역(FIR, Flight Information Region)에 속하는 구역인데 중국(中國)이 일본 측과 교신하고 있었다. FIR은 국제 민간항공기구(ICAO)가 항공교통 관제를 위해 각 나라가 담당하는 공역을 나눈 것이다. 게다가 우리나라 공역(空域)에 대해 상하이 관제소가 관제를 맡으면서 항공사에 통행료까지 요구하고 있었다. 지상에서라면 자기 소유 땅을 지나면서 엉뚱한 사람에게 통행료를 주면서 지나는 꼴인 것이다.

중국이 한국보다 늦은 1970년대 유엔(UN) 국제 민간항공기구(ICAO, International Civil Aviation Organization) 가입 당시 일본을 오가는 최단 거리 노선이 필요하다며 ICAO에 불만을 표시했다. ICAO는 1983년 한·중·일 3국 간의 합의를 이끌어 내면서 상하이의 FIR의 아카라에서 인천 FIR을 지나 후쿠오카 FIR에 위치한 후쿠에까지 구간 '아카라-후쿠에 회랑 항로(A593)'를 신설했다.

중국은 한국 공역을 통과함에도 인천 관제소와 교신하는 것을 반대해 ICAO는 동경 125도(SADLI 지점)를 중심으로 서쪽은 중국이, 동쪽은 일본이 관제하는 것으로 중재했다. 그런데 동경 125도 기준, 서쪽으로 약 99km까지는 인천 FIR에 해당한다. 문제는 제주 남단 회랑 항로는 한국 공역인데도 중국이 동경 125도부터 인천 FIR을 벗어날 때까지 관제를 맡아 항공사 측으로부터 관제서비스 이용료를 징수하는 것이었다.

대한항공(KAL)만 해도 2018년 초 기준 5년간 129억 원을 중국에 지불했다. 이 구간은 280NM(약 515km)의 상대적으로 짧은 거리에서 관제 주파수가 두 차례나 변동되고 한국-동남아 편이 증가해 교차 지점에서는 사고 위험이 높아지고 있었다. 교차 지점의 항공기 운항 대수는 한 해 19만 대에 달했다. 하지만 우리 정부는 알면서도 큰 관심을 가지지 않았고 국민들은 전혀 알지 못하고 있었다.

조양호 회장은 이 문제를 해결하기로 결심했다. 대한항공을 비롯한 우리 항공사들의 부당한 손실도 손실이었지만 우리 영공에서 우리가 관제권을 갖지 못하는 상황을 바로잡으려 했다. 주권 국가로서 법률적, 외교적 차원의 문제였다.

조양호 회장의 문제 제기로 언론을 통해 공론화되자 정부도 적극적으로 사태 해결에 나섰다. ICAO의 도움을 받아 제주 남단 회랑의 안전 문제를 해결하기 위한 한·중·일 특별 회의를 2018년 10월 개최했는데 ICAO 측은 '항공 회랑의 정상화가 필요하다'며 인천 FIR 내 관제권에 관해 수정이 필요하다는 입장을 밝혔다. 결국 일본은 제주 남단 회랑 항로 관제권을 한국에 모두 이관하기로 했고 중국도 원칙적으로 이관하기로 합의했다. 정부도 하지 못한 영공 되찾기를 조양호 회장이 해낸 것이다.

모두가 조양호 회장의 항공 노선과 그 역사에 대한 통찰력과 문제 해결 능력에 감탄했는데 정작 조양호 회장은 자신의 역할을 드러내지 않고 언론과 정부에 공을 돌렸다.

67

네 사람의 멘토(Mentor)와
지식 만찬(晩餐, Dinner)

조양호 회장의 배우려는 욕구는 대단하다. 1968년 보스톤의 쿠싱(Cushing Academy)을 졸업한 조양호 회장은 귀국 후 인하대 공업경영학과를 졸업했다. 대한항공 미주 법인 근무 시절 서던 캘리포니아대(USC) 경영 대학원에 다녀 1979년 석사 학위를 받았다. 1988년에는 인하대 경영대학원에서 박사 학위를, 1998년 미국 엠브리리들 항공대학(ERAU)에서 항공 경영학 명예박사 학위를 받았다. 2006년 우크라이나 국립항공대(UNAU)에서 항공경영학 명예박사 학위를 받았다.

2009년 국내 첫 외국인 경영대학장에 취임한 라비 쿠마르(Ravi Kumar) 카이스트(KAIST) 경영대학장은 2005년부터 한국 기업을 조사하고 연구했다. 쿠마르가 한국 기업에 관심을 갖게 된 건 USC에서 조양호 회장을 만나 교분을 나누면서다. 쿠마르는 조양호 회장의 학구열과 공부한 것을 경영에 접목하는 방식에 주목했다. 조양호 회장의 권유로 인하대에서 안식년을 보내기도 한 쿠마르는 '남들이 알아주지 않아도 노여워하지 않는' 조양호 회장의 공부법을 잘 알고 있었다.

조양호 회장이 취임 후 '화물 분야에서 최고가 되겠다'고 했을 때 세계 항공업계는 비웃었다. 하지만 세계 항공업의 침체기에도 공격적으로 시장을 확보한 전략으로 대한항공 화물을 세계 최고로 올려놓았다. 2000년 이후 노후기를 포기하고 신형 화물기를 도입해 가파른 성장세를 보이는 중국 시장(中國市場) 공략에 역량을 집중한 것은 적절한 선택이었다.

미국 사람들은 전문 경영인이 필요하다고 하지만 한국에서는 실력을 갖춘 오너 경영인이 과감하고 신속한 의사결정을 할 수 있다며 '제대로 공부한' 오너 경영인의 위력을 실감하고 높게 평가했다.

1980년대 초 전무가 된 조양호 회장은 최고 경영자가 되기에 자신에게 부족한 점이 무엇인지 잘 알고 있었다. 정비, 자재, 운항 등 현장에서 실무 경험을 쌓으며 항공 분야에서 누구보다 전문성을 키웠지만, 세상이 어떻게 돌아가는지는 잘 모른다고 생각했다. 모르면 배워야 한다.

조양호 회장은 이상우(李相禹, 서강대 정치외교학과 교수, 한림대 총장), 조동성(趙東成, 서울대 경영학과 교수, 인천대 총장), 유재천(서강대 신문방송학과 교수, 상지대 총장), 이홍구(李洪九, 서울대 철학과 교수, 국무총리) 네 교수를 멘토로 초빙했다. 조양호 회장은 한 달에 한 번 멘토 4인방과 저녁 식사를 하며 정치, 경제, 사회, 문화, 국제 등 각 분야 이야기를 경청했는데 나중엔 날카로운 질문도 하고 심도 있게 대화하는 수준에 이르렀다.

'지식의 만찬'은 2년 넘게 지속됐다. '모르는 분야에 투자하지 않는다'라는 선대 때부터 내려오는 원칙은 역설적으로 '투자해야 할 분야라면 공부를 해서 완벽하게 이해해야 한다'로 바뀌었다.

'2018년 평창 동계올림픽 유치위원장'을 맡은 후 IOC에 제출하는 500쪽 분양의 '후보 도시 파일(Bid Book)'을 달달 외울 정도로 공부한 것도 그래서였다. 주변에서 '저러다 쓰러지면 어떡하나' 걱정했지만, 조양호 회장의 학구열을 말릴 사람은 없었다.

  조양호 회장은 공부로 얻은 통찰로 한국 최고의 먹거리, 볼거리, 즐길거리를 제공하겠다는 '베스트 오브 코리아(Best of Korea)' 개념과 산악 지역의 동계올림픽 전통과 세계 최상급 대도시 라이프 스타일을 동시에 즐기게 하겠다는 '베스트 오브 보스월즈(Best of Both Worlds)' 개념을 만들어 냈다. 평창의 차별성을 강력하게 어필한 아이디어는 IOC 위원들의 표심을 잡는 데 큰 역할을 했다.

  조양호 회장은 공부하는 경영자였다. 오너와 전문 경영인을 불문하고 조양호 회장만큼 공부에 열중한 경영자는 없을 것이다. 조양호 회장에겐 눈에 보이는 것, 귀에 들리는 것, 손에 닿는 것 모든 것이 공부의 대상이었다. 항공과 물류는 말할 것도 없고 전쟁사(史)와 무기 체계, 스포츠와 정보통신기술(ICT), 여행과 사진에 이르기까지 한 번 손에 잡으면 끝까지 파고들었다. 관심은 연구로 심화됐고 취미는 특기로 발전했다.

  조양호 회장에게 경영은 공부와 다름이 없었다. 공부하는 것이 경영이고 경영하는 것이 공부였다. 조양호 회장에게 배우고 때때로 익히는 것(學而時習之)은 터득한 이론을 시시각각 변하는 시장 환경과 경영 현장에서 입증하는 과정이었고 그것은 역시 기쁨(不亦說乎)이었다.

  조양호 회장의 학구열은 자신을 넘어 전 회사에 확산됐다. 조양호 회장은 공부의 필요성과 목적을 뚜렷하게 보여주고 전 직원에게 각인시키는 최고 공부 책임자(CSO, Chief Study Officer)이기도 했다. 임직원들에게 틈만 나면 '공부'를 외쳤다.

이유성 전 대한항공 스포츠단장은 40년 가까이 근무한 대한항공을 떠나 만성 적자였던 골프장 '우리들 CC'를 환골탈태시켜 화제가 되었는데 그렇게 할 수 있었던 비결로 조양호 회장의 공부 독려를 꼽았다.

"회장님은 체육인이 제대로 직무 교육을 받으면 어떤 것이든 잘 할 수 있다고 믿는다며 부지런히 공부하라고 하셨습니다. 그때 공부해 두었던 것들이 지금까지 큰 도움이 되고 있습니다."라고 회고했다.

임원 모두 서울대 단기 MBA 프로그램 이수

조양호 회장의 '공부 리더십'으로 대한항공을 비롯한 한진그룹은 회사이면서 거대한 학교가 됐다.

2003년 서울대 '호암 교수 회관' 컨벤션센터에서 30여 상무보급 임원 전원이 참석한 가운데 임원 경영 능력 향상 과정(KEDP, Korean Air Executive Development Program) 수료식이 열렸다. 연초 승진한 신규 임원 전원을 서울대 경영대에 위탁해 3개월간 MBA(경영학 석사) 수준의 단기 연수를 시키고 나서 맞이한 수료 소식이었다.

조양호 회장이 단상에 올랐다.

"회사가 어려운 가운데서도 신규 임원들에 대한 교육 투자가 회사의 미래에 대한 최선의 대비책이라고 판단했습니다. 이 과정을 통해 향상시킨 경영 능력과 지식이 현업에 접목돼 대한항공이 초일류 항공사로 거듭나는 데 밑거름이 되리라 확신합니다."

KEDP 개설은 '급변하는 경영 환경에 대응하기 위한 전략 수립과 문제 해결력을 향상시켜야 한다'는 조양호 회장의 의지와 결단에 따른 것이었다. 소사장 제도 도입 이후 전문경영인 중심의 자율 경영 체제 정착을 위해 임원 능력을 향상시키려는 목적도 있었다.

KEDP는 3개월 동안 경영학의 필수 과목을 배우는 기초 과정, 전략적 의사결정과 조직관리 능력을 갖춘 리더를 육성하는 심화 과정, 분야별 전문 지식을 국제 수준에 정착시키는 운용 과정을 통해 미래 경영자를 양성하는 데 초점을 맞추었다.

리더의 통찰력을 키우기 위해 인문, 사회, 과학 등 최신 트렌드 관련 특강도 마련했다. 서울대 교수들을 비롯해 해당 분야 전문가 등 국내 최고 수준의 강사 40명이 260강좌에 참여했다.

조양호 회장은 첫 시행한 KEDP의 성과를 보고 신규 임원의 교육 프로그램으로 정착시켰다. KEDP는 항공, 물류 사업 분야에 특화된 내용을 중심으로 사례 토론과 프로젝트 연구 방식으로 임원들이 현업에서 맞닥뜨리는 현안들에 대한 해결책을 찾아가도록 했다. 실제 업무상 문제를 해결하면서 학습하는 액션 체험(Action Learning) 방식으로 경영 능력을 향상시킬 수 있었다.

KEDP는 서울대 경영대가 운영하는 산학협력 프로그램 중 강도 높기로 유명하다. 하루에 80분짜리 수업을 5교시에 걸쳐 소화해야 하고 3개월 안에 두 개의 연구 주제를 지도교수에게 제출하고 예비 발표, 중간발표, 최종 발표를 거쳐 마지막에는 소속사 최고 경영자가 참관하는 가운데 결과물을 평가받아야 해서 교육 과정 내내 긴장의 고삐를 늦출 수가 없다. 처음엔 새벽에 일어나 예습하고 저녁 시간에 복습을 해도 따라가기가 쉽지 않았지만 협업에서 궁금했던 문제들에 대한 해결책을 조금씩 배워나가고 교수들도 그들의 관심

주제를 콕 집어 주어 유익했다.

2022년까지 KEDP를 이수한 임원은 모두 261명으로 대다수가 중추적 역할을 담당하는 핵심 인재가 되었다. 과정이 끝난 후에도 관심 분야를 더 깊이 공부한 임원도 있었다.

조양호 회장은 KEDP에 참가하는 임원들을 업무에서 제외시켰는데 수업에만 전념케 하기 위해서였다. 국내 대기업 가운데 신규 임원 전원을 현업에서 빼내 교육시키는 일은 초유의 일이었다.

조양호 회장은 교육 투자를 놓고 계산기를 두드리지 않았다. 2007년 금융위기로 전사적으로 허리띠를 졸라맬 때도 우수 직원들을 해외 MBA 과정에 보내는 것을 포함한 교육 투자만큼은 한 푼도 줄이지 않았다. '무한궤도의 미래가치를 두고 수익률을 따지는 것은 무의미하다'

조양호 회장의 교육 투자관이다.

대이은 인재(人才) 교육

"인재를 키우는 것은 내게 가장 보람 있는 일이다. 교육은 백년(百年)대계이고 육영 사업은 무한궤도와 같다. 나는 '기업은 인간'임을 마음에 새겨 두고 인재 양성에 애썼다."

조중훈 창업회장의 인재 육성에 관한 어록이다.

창업주 조중훈 회장은 인하대, 한국항공대를 반석 위에 올려놓는 등 교육 사업에 헌신했다. 조중훈 회장의 공부론은 시공(時空)을 초월한다. '공부엔 때가 없다. 학교에서만 하는 것도 아니다' 국내 최초의 사내(社內) 대학인 정석(靜石) 대학은 그런 공부론에서 탄생했다.

정석(靜石)은 조중훈 창업회장의 아호이다. 정석대학의 전신은 가정형편 등으로 대학 진학을 못 한 직원들을 위해 1988년 그룹 내 설립된 '한진산업대학'이다. 설립 첫해 5,600여 고졸 직원이 입학 경쟁을 벌일 정도로 많은 관심을 불러일으켰다.

1991년 1회 졸업식 때 조중훈 창업회장은 '대졸 직원과 한진산업대학 졸업 직원을 동등하게 대우하겠다'고 선언했다. 한진산업대학이 성공하면서 다른 대기업들도 사내 대학을 설립하자 교육부는 1999년 사내대학 학위를 인정하는 법안을 도입했고 한진산업대학은 '학위 인정 사내 기술대학'으로 인가받았다.

한진산업대학은 2000년 '정석대학'으로 명칭을 바꾸고 학사 학위와 전문 학사 학위 과정을 운영하기 시작했다. 조양호 회장도 아버지 조중훈의 교육 철학을 이어받아 정석대학에 애정과 노력을 쏟았다. 정석대학의 국제 경쟁력 확보를 위해 외국어와 IT 활용 비중을 높이고 현장 실무 과정도 확대했다. 이론을 실무에 적용할 때 발생하는 문제점을 파악하고 개선 방안을 도출하는 창의성 교육도 한층 강화했다.

조양호 회장은 아무리 바빠도 정석대학 졸업식에는 반드시 참석했다. 늦게 배움의 기회를 얻어 주경야독으로 받는 감격스러운 졸업장의 무게가 결코 가볍지 않음을 알았기 때문이다. 조양호 회장은 졸업생들의 손을 일일이 잡아주며 용기를 북돋아 주고 기쁨을 같이 했다.

정석대학은 2023년까지 4,000여 명에 가까운 졸업생을 배출했다. 정석대학은 학사 학위(경영학, 산업공학, 항공시스템공학)와 전문 학사 학위 (항공시스템공학과) 등 4개 과정을 운영하고 있다. 운영비와 재학생 학비 전액을 지원하고 졸업생에게는 성적에 따라 호봉 승급을 주고 우수 졸업생에겐 승진 때 가산점을 부여한다. 정석대학 졸업생 중에는 박사 학위를 취득하고 임원까지 승진한 사례도 여럿 있다.

조양호 회장은 교육을 통한 인재 양성에 최선의 노력을 했다. '경영의 기본은 사람이며 사람의 변화는 결국 올바른 교육으로부터 시작된다'는 것이 그의 신념이다.

신입사원 필기 시험 대신 면접 비중 강화

조양호 회장은 신입사원 채용 때 직무능력 검사 필기시험을 폐지하고 자기소개서와 면접 비중을 강화했다. 객실 승무원 채용 시험에서는 '상황별 대응 면접'으로 기내 돌발 상황 대처 능력과 순발력, 서비스 직무 적합성을 다각도로 평가했다. 승객의 요구가 과도한 상황에서 어떻게 대처하는 지도 면밀하게 살펴보고 평가에 반영했다.

다양한 인재 양성 제도도 정착시켰다. 그 중 '경력 개발 제도'는 개인별 경력 개발 단계를 설정해 체계적으로 성장하도록 하는 프로그램이다. 신입사원은 '항공맨'의 자질 함양을 위한 집중교육을 거친다.

항공사 사업과 운영 전 분야를 망라한 항공운송 기본 과정, 서비스 실무 교육과 조직인의 기본 자질 교육으로 구성된 입사 교육을 이수한 이후 직무역량 강화를 위한 직종별 전문 교육을 받는다. 입사 후 필수적으로 현장 업무 경험을 하게 되며 조직원으로서 조속한 적응을 위해 선배 지도 사원의 도움을 받을 수 있는 '멘토링 제도'를 운영했다.

입사 1년이 지나면 '리프레시(Refresh) 과정'을 통해 직무 이해도를 높이고 스스로 경력 개발 경로를 모색한다. 역량을 갖춘 실무자와 중간 관리자를 해외 취항지로 파견해 향후 해외 관리자 자원으로 양성하는 한편 신규 취항 후보지에 지역 전문가를 파견해 시장 조사와 취항 가능성을 검토하는 제도도 운영했다.

부장급 관리자를 양성하기 위한 AMS(Airline Management School) 과정도 진행했다. 항공사에 특화된 전문 지식과 경영 마인드, 관리역량을 겸비한 관리자 육성을 위해 진행되는 교육 프로그램으로 현업에서 배제되어 오롯이 한 달간 교육에 집중하게 하는 핵심 관리자 양성 프로그램으로 교육 이수 후 직원들의 만족도가 매우 높다.

사내 공모로 선발된 직원들에게 USC, MIT, 인하대 등 국내외 대학 MBA뿐 아니라 물류 전문 대학원, 로스쿨(Law School) 등에 입학할 기회를 주어 이 과정을 이수한 직원들이 사내 곳곳에서 핵심 인재로 실력을 발휘한다.

조양호 회장은 양성 평등주의자이기도 했다. 조양호 회장은 양성 평등주의 인사 철학으로 우수 여성 인력이 경력 단절 없이 일할 수 있도록 했다. 객실 승무원이 임신과 육아를 위해 장기 휴직한 후에도 빠르게 업무에 적응하도록 매달 차수별로 복직 교육을 진행해 경력 단절이나 업무 공백 걱정 없이 비행에 참여하도록 했다. 자녀 2명 출산으로 3년 7개월간 휴직하고 돌아온 승무원도 이 교육에 참여한 후 무리 없이 비행 업무에 수행한 경우도 있다.

조양호 회장의 교육 투자는 한진맨 전원을 '샐러던트(Saladent, Salary man Student)', 즉 공부하는 직장인으로 만들었다.

68

조종사(Pilot) 라이선스를 획득한 조양호

　조양호 회장은 경영학(Business Administration)을 '경영의 원리가 아니라 이룩한 성과를 정리한 것에 불과하다.'며 '선대 회장은 누구보다 책을 많이 읽으셨는데 대부분 인문서였고 경영서는 없었다'고 회고한 적이 있다. 조양호 회장에게 경영은 경영학 이론대로 하는 것이 아니라 경험을 충분히 축적하고 과학적으로 분석하며 체계적으로 정리해 사업과 기업을 지속 가능케 하는 것이었다. 조양호 회장은 조중훈 창업주처럼 '사업'을 잘할 수 없음을 잘 알고 있었다.

　"선대 회장은 사업을 예술이라고 하셨다. 나는 사업을 예술의 경지로 끌어올린 아버지의 능력과 창의력을 따라갈 수 없다. 내가 할 수 있는 것은 창업자가 이룩한 성과를 극대화하고 성장, 발전하도록 시스템을 만드는 일이다."

　조양호 회장은 다른 오너 2세들과 달리 사업가보다는 경영자의 길을 충실하게 걸었고 어느 사업가, 기업가보다 전진하고 비상(飛翔)했다. 부친의 사업을 물려받았지만, 기업보다 부친이 사업을 일으키고 키우며 쌓은 '경험(Experience)'을 더 큰 자산으로 받아들였기에 가능한 결과였다. 오랜 세월 이어진 경영 수업은 아버지의 경험을 연구하고 분석하고 실습하는 과정의 연속이었다.

조중훈 창업회장 역시 혹독할 정도로 장남 조양호 회장을 단련했다. 한 한진그룹 전 임원은 "조양호 회장님은 결재할 보고서를 매(Eagle)의 눈으로 보았다"라며 '글자 하나 숫자 하나까지 놓치지 않았는데 그런 디테일한 통찰은 조중훈 선대 회장에게서 경영 수업을 받으면서 체득한 것'이라고 했다.

조중훈 창업회장은 중요한 보고서는 반드시 조양호 회장을 거쳐 올라오도록 했는데 조양호 회장이 놓친 부분이 발견되면 불호령이 떨어졌다. 아버지가 수시로 자신을 테스트하고 있음을 알고 있는 조양호 회장은 전 부문을 완전무결하게 체크할 수밖에 없었다.

조양호 회장은 임원들도 자신처럼 전문성을 갖추고 업무를 꿰뚫고 있기를 바랐다. 보고하는 임원이 첫 페이지를 설명하고 있는데 조양호 회장은 이미 중간 부분까지 꼼꼼히 읽고 질문해 임원은 어느 대목인지조차 몰라 허둥대며 얼버무리기 일쑤였다. 부서 실무자들이 작성한 보고서를 대충 훑어보고 들어왔다가는 여지없이 지적을 받고 호통을 들었는데 너무 당황한 나머지 임원은 나가기 전 노크를 하기도 하는 장면이 벌어지기도 했다. 조양호 회장은 '나는 보고받는 선수다. 세 마디만 들어봐도 보고자가 사안을 알고 있는지 알 수 있다'고 했다.

조양호 회장은 '장남의 자격'이 아니라 '경영자의 자격'을 갖추기 위해 끊임없이 자신을 연마했다. '기업을 물려받는 것이 아니라 자격을 갖추고 가꾸어 나가는 것이다. 아무리 2세라도 경영할 자격이 없으면 기업을 이끌 수 없다'고 조 회장은 말했다.

조양호 회장은 1974년 입사(25세) 이래 항공 운송의 외길을 걸었다. 항공 운송의 전문가 중 전문가였다. 정비, 자재, 기획, IT, 영업 등 전 부문을 섭렵하며 항공 운송 시스템을 정확하게 파악하고 이해했다. 조종사 라이센스를 획득했을 뿐 아니라 엔진 소리만 듣고도 항공기 정비 상태를 알 수 있을 정도였다. 국내외를 통틀어도 조양호 회장 이상의 경험과 통찰을 가진 항공 운송 전문가는 없다.

"현대는 전문 경영인 시대다. 실무를 모르면 의사결정을 내릴 수 없다. 업무 내용을 정확히 파악한 후 합리적인 결정을 내릴 능력은 경영자의 기본 조건이다. 특히 항공사는 전문적인 식견 없이 권위만으로는 경영권을 행사할 수 없는 특수 업종이다. 운항과 정비에서 기내식 서비스까지 전문 분야가 많아 한두 사람에 의해 운영될 수 없고 각 분야 전문가들이 책임지고 협업해야 한다."

조양호 회장은 항공운송업을 오케스트라(Orchestra)에 비유하며 최고 경영자(CEO)는 시스템을 잘 만들고 원활하게 돌아가도록 모든 사람이 각자 역량을 발휘하도록 조율하는 지휘자가 되어야 한다는 이른바 '시스템 경영론'을 제시했다.

"임직원들이 수십 년간 축적한 규정과 매뉴얼을 충분히 이해하고 반복 훈련을 통해 생활화해야 한다. 이를 토대로 정확하고 단호하게 위기를 관리해야 한다."

'나를 따르라'가 아닌 '따를 수밖에 없는 환경 조성'

조양호 회장은 어떤 전문 경영인보다 전문성을 갖춘 오너 경영자였다. 그렇게 쌓은 전문성을 기반으로 자신만의 경영 철학을 구축했다. 조양호 회장이 경영 수업을 마칠 즈음 대한항공은 창업기와 비교할 수 없을 정도로 외연이 커지고 업무가 복잡해졌다. 창업기의 영감과 모험만으로는 밀고 나갈 수 없음을 조양호 회장은 잘 알고 있었다. 세계 항공시장의 치열한 경쟁을 뚫고 위기를 관리하면서 거듭나려면 과학적이고 체계적이며 합리적인 경영이 절실하게 요구되었다.

리더(Leader)는 '나를 따르라', '하면 된다'를 외치는 대신 구성원 전체가 '따라갈 수밖에 없고', '될 수밖에 없는 구조와 환경을 만들어야 한다', '창업기에는 선대 회장처럼 뛰어난 '리더'가 이끌어가야 하지만 나는 아버지처럼 완벽한 사람이 아니므로 시스템을 만들어야 한다'

흔히들 사람들은 조양호 회장이 수성(守成, Make-up)을 잘 해서 성공을 거두었다고 평가하지만 조양호 회장의 수성은 보다 치열한 노력의 결과였다. 조양호 회장은 '원칙'이라는 주춧돌 위에 '노력'이란 기둥을 세우고 어떤 공격에도 무너지지 않는 견고한 성(城)을 쌓듯 시스템을 만들어나갔다. 지나온 길을 냉정하게 점검하고 현장 업무의 본질을 꿰뚫는 통찰의 수성! 그래서 조양호 회장의 시스템 경영은 역설적이다. 과거를 돌아보며 미래를 내다봤고 더 높이 날기 위해 더 움츠리는 역학 구조를 설계했다. 가끔은 후퇴하는 것처럼 보였지만 실은 뒤로 전진하고 있었고 좀처럼 드러내지는 않았지만 실은 깊이 비상하고 있었다.

'청기와 장수는 필요 없다'

조양호 회장이 경영 일선에 있던 30여 년, 대한항공(KAL)과 한진그룹은 숱한 위기에 직면했지만 위기를 완벽하게 극복했을 뿐 아니라 더 높게 비상했다. 그 비결을 '조양호의 리더십'이라고 하지만 정작 조양호 회장은 그런 평가를 달가워하지 않았다.

조양호 회장이 가장 듣기 싫어하는 말이 '그 사람 없으면 안 된다'였다. 조양호 회장은 '없으면 안 될 사람'을 '청기와 장수'로 명명했다. 청색의 단단한 기와를 만들어 큰돈을 번 사람이 제조비법이 유출될까 봐 자식에게도 노하우(Know-how)를 알려주지 않고 세상을 떠난 후 맥이 끊기고 말았다는 교훈을 말한 것이다. 조양호 회장은 동료들과 공유하지 않는 '청기와 장수'를 용납하지 않았다.

조양호 회장에게는 '누가'보다 '모두'가 중요했다. 몇몇 유능한 사람에게 의존하면 그 사람이 없을 때 업무가 지속될 수 없고 기업의 존립도 어려워진다. 그 사람이 없으면 대신할 사람이 있어야 하고 대신할 사람이 없어도 조직과 업무가 돌아가도록 시스템이 구축되어 있어야 한다. 그것이 바로 조양호 회장이 주창한 '시스템 경영'이다.

조양호 회장의 시스템 경영은 9.11 테러 이후 글로벌 기업들이 앞다퉈 도입한 'BCM(업무 연속성 관리, Business Continuity Management)에 비해 선진적이고 포괄적이었다. BCM은 재해나 사고로 업무가 중단되지 않도록 전사적인 정책과 시스템을 수립하고 관리하는 것으로 경영진이 차량이나 항공기로 이동할 때 분산 탑승하는 것도 BCM 중의 하나다. 조양호 회장의 시스템 경영은 BCM이 필요하지 않을 만큼 어떤 사람에 의해서가 아니라 시스템으로 돌아가도록 조직을 근본적으로 바꾼 것이다.

조양호 회장은 부서 이기주의나 독불장군을 용납하지 않았다. '다른 부서까지 포함한 전체 프로세스를 파악하고 의사결정을 해야 하는데 항공업은 특히 그렇다. 시스템으로 움직여야지 뛰어난 한두 사람에 의존해서는 안 된다. 시스템에서 움직이고 시스템으로 작동하게 하라'

서용원 전 한진 대표는 '조양호 회장은 스페셜리스트보다 제너럴

리스트를 선호했다' '1만 명을 먹여 살리는 한 명의 천재를 키우는 것보다 1만 1명이 소통하며 효율적으로 업무를 수행할 시스템을 만드는 쪽을 택했다'고 말했다.

2012년 임원 세미나에서 조양호 회장이 대한항공 배구팀 '점보스'를 극찬한 것도 그래서였다. "점보스가 좋은 성과를 내는 것처럼 어느 한 사람, 한 부서가 잘한다고 되는 것이 아니라 기내, 운송, 예약 등 전 부서가 조화를 이뤄야 하며 이를 위해서는 팀워크가 필요하다."

조양호 회장의 시스템 경영은 고객과 현장을 향하고 있었다. '현장'은 절대 안전을 지상 목표로 하는 항공수송업에서 필수 요소이자 고객과의 접점이다. 아울러 항공사의 생명은 서비스이고 최상의 서비스야말로 최고의 항공사를 평가받는 길이다.

'저가 항공사가 아니라 저비용 항공사다'

조양호 회장은 진에어(Jin Air) 출범 때도 고객 중심 시스템을 강조했다. 조양호 회장은 세간의 '저가(低價) 항공사'라는 표현을 '저비용(低費用) 항공사'로 바로잡았다. LCC(Low Cost Carrier)를 직역해도 저비용 항공사가 맞다.

조양호 회장은 '비용을 줄여 발생한 수익은 승객에게 되돌려 주어야 한다. 비용을 줄여 고객이 지불하는 요금을 낮춰 주는 것이 저비용 항공사의 존재 이유이자 역할이다'

수익을 많이 내는 것이 아니라 고객에게 최대한 많은 수익이 돌아가도록 시스템을 만드는 것인데 저비용 항공업계에서 찾아볼 수 없는 획기적인 것이다.

조양호 회장은 국익까지 생각했다. 감정적인 경쟁이 아니라 데이터에 근거한 시장 분석과 수요 예측으로 노선을 개척하도록 했다. 진에어가 성장하려면 국내선만으로는 한계가 있었다. 눈에 들어온 곳은 사이판(Saipan)이었다. 사이판은 전체 115.39km²의 면적과 함께 서쪽의 태평양에 있는 마리아나 제도에 속하는 열대 섬의 하나로 북마리아나 제도의 가장 큰 섬이자 수도이다. 사이판은 아시아나항공의 단독 노선이었다. 그동안 아시아나항공은 대한항공이 개척한 노선마다 따라 들어가 저가 공세로 승객을 뺏어 갔다. 김재건 당시 진에어 대표는 아시아나항공 단독 노선인 사이판에 취항해 역공하려고 했다. 하지만 조양호 회장은 '같은 나라 항공사끼리 제 살 깎는 경쟁을 해서는 안 된다'라며 '어렵더라도 국내 항공사가 들어가지 않은 노선을 개척하라'고 했다. 그렇게 해서 뚫은 노선이 라오스(Laos)였다.

조양호 회장은 원칙과 기준에 따른 시스템 경영을 강조하면서도 유연성을 잃지 않았다. 시스템도 사람이 만드는 것이고 아무리 잘 만든 시스템도 완벽할 수는 없고 계속 진화해나가야 한다고 생각했다. '합리적인 의사결정과 정보 공유로 즉각적인 대응 체계를 수립하라. 문제가 있으면 보고하고 협업하라. 실수는 있을 수 있다. 그래서 항공사 운영은 크로스 체크가 필요하다. 언제든 위기에 봉착할 수 있으므로 '플랜B'를 만들어 두어야 한다. 쓰던 안경을 벗고 새 안경으로 갈아쓰는 자세가 필요하다. 앉아서 보고만 받지 말고 현장을 챙겨라'

의사결정 '수직'에서 '수평'으로

조양호 회장은 1989년 팀(Team)제를 도입했다. 시스템 경영의 일환이었다. 변화에 능동적으로 대응하고 관리 중심에서 벗어나 조직과 인력 운영의 유연성을 확보하기 위한 조치였다.

회사가 커지면서 각 부서의 팀이 폭증해 조직이 비대해지자 책임을 위, 아래, 옆으로 전가하는 경향이 농후해지고 복지부동 풍조가 만연해지자 조양호 회장은 1995년 부서제를 폐지하고 업무 프로세스를 단축하고 기능이 중복되는 팀을 통합해 '대(大) 팀제'를 재편했다. 업무 특성과 기능이 중복되는 팀을 그룹으로 묶어 조직을 간소(Slim), 수평(Flat)화하고 의사 결정 단계를 축소한 것이다.

1997년엔 BU(Business Unit)제를 도입했는데 작고 효율적인 본사 조직을 구축하기 위해 임원과 부서장이 관장하던 분야를 BU로 통합하고 기능별 소 팀제를 하나의 업무 프로세스 단위로 통합해 생산성과 효율성을 극대화했다. 2000년대 들어서는 지금의 본부장 책임 경영 체제로 전환했다.

주(駐) 코트디부아르 대사를 지낸 박윤준은 2018년 평창 동계올림픽 조직위원회에서 국제국장으로 일하면서 조양호식 소통의 진면목을 보았다.

'조양호 위원장이 부임하기 전 옆 부서에서 무엇을 하는지조차 알지 못했다. 중요 사안은 위원장에게만 보고하고 감추기 바빴다. 조양호 위원장은 조직위의 의사결정 구조를 '수직'에서 '수평'으로 바꾸었다. 가장 큰 현안이 무엇인지, 시급히 해결할 것은 무엇인지 모든 걸 공론화해 토론하자 부서끼리 쉬쉬하던 것이 사라졌다. 부서 간 격론이 벌어지기도 했는데 조양호 위원장은 그 시간을 충분

히 보장해 주었다. 이런 게 '조양호식 경영'이구나 생각했다'

조양호 회장은 시스템 경영을 위해 인사제도도 계속 혁신했다. 조직 내부에 만연한 관료주의와 연고주의, 무사안일주의를 개선하기 위해서였다. 대한항공과 한진그룹은 조양호 회장의 시스템 경영으로 사람에 충성하는 사람보다 시스템에 따라 움직이고 시스템을 개선하는 사람이 승진하고 대우받는 인사제도가 정착했다.

서용원 전 한진 대표는 '우리는 현장에서 시스템이 어떻게 움직이는지, 흐름에 문제점이 없는지를 파악해 어떻게 개선할지를 보고해야 했다'고 말했다.

조양호 회장은 '필요한 나무가 되려면 스스로 가지를 쳐야 한다'며 정기 인사뿐 아니라 시스템에 필요한 인재가 있으면 그때그때 인사를 단행했다. 조양호 회장의 시스템 경영에서는 학연이나 지연 같은 인맥이나 줄서기는 구조적으로 발붙일 수 없었다.

69

일본항공(JAL)보다 잘 만든 매뉴얼

조양호 회장은 완벽주의자였다. 조양호 회장이 원칙과 기준을 명확히 한 것도 시스템 경영의 핵심이었다. 조 회장은 무슨 일을 하든지 원칙과 기준을 세우고 추진하라고 했다. '안전'에서는 특히 그랬다. 사람의 감이나 주먹구구로 판단하는 것이 아니라 데이터를 분석해 명확한 원칙과 기준을 세우고 체계적이고 과학적인 안전 운항 시스템을 구축하도록 했다. 조종사를 비롯한 운항 인력 인사도 상명하복이나 인맥, 줄서기가 발붙이지 못하게 했다.

대한항공이 2000년 이후 인명 무사고 기록을 이어가고 있는 것도 조양호 회장의 원칙과 기준을 중시한 안전시스템 경영 덕분이다. '적당주의에서 사고가 발생한다. 안전에는 협상이란 없다. 안전과 바꿀 수 있는 것은 아무것도 없다'

조양호 회장이 평창 동계올림픽 조직 위원장을 맡고 있을 때 보좌했던 신무철 전 대한항공 홍보실장은 조양호 회장이 원칙과 기준을 얼마나 중시했는지를 보여주는 일화를 들려주었다.

평창 동계올림픽 때 기업마다 홍보관을 짓는데 대한항공도 당연히 참여했다. 5층짜리 건물을 짓기로 했는데 조양호 회장은 다른 기업들과는 달리 '컨테이너를 쌓아 지으라'고 지시했다. 컨테이너로 지으면 다음 행사 때도 재활용할 수 있는 것이다. 중간보고 때 공사 중인 사진을 본 조양호 회장은 진노했다. 시공업체에서 컨테이너를 그대로 쌓지 않고 철골 프레임을 썼기 때문이다. 시공업체는 하중을 견디지 못할 것으로 판단하고 임의로 설계를 수정한 것을 조양호 회장은 용납하지 않았다.

'컨테이너만으로 충분함이 입증돼 그렇게 결정한 것인데 불필요한 철근을 덧대 자원을 낭비하고 재활용도 힘들게 만들었다'며 당장 철거하라고 했다. 결국 올림픽 기간에 가장 크게 후원한 대한항공만 홍보관이 없게 됐는데 손실을 감수하면서도 원칙과 기준을 지키려는 조양호 회장의 확고한 의지를 단적으로 보여준 사건이었다.

산업공학을 전공한 조양호 회장은 경영을 '공학(工學, Engineering)'이라고 생각했다. 이광사 전 대한항공 부사장은 기내 사업본부 건물을 지을 때 조양호 회장에게서 이전에 미처 알지 못한 사실을 배웠다.

"부지가 넓다고 이런 식으로 건물을 하나씩 지으면 무질서해지고 비효율적으로 된다. 배치도를 그려 보잉(Boeing)사에 전달하라."

항공기 제작사의 시스템 엔지니어들에게 자문을 구한 것이다. 이광사 부사장은 '그때 접근 방식이 과학적이고 체계적임을 알았다'며 '그것이 바로 시스템 경영이었다'고 말했다.

대통령 전용기를 임대할 때도 경호실에 '기준을 만들어 주었다' 지창훈 전 대한항공 사장은 '회장님은 엔진이 두 개가 아닌 네 개를 장착해야 한다'고 했다며 '엔진이 두 개인 항공기일 경우엔 엔진 하나가 꺼지면 절차에 따라 인근 공항에 내려야 하는데 그곳이 적성국이면 어떻게 할 거냐는 이유에서였다'고 말했다.

조양호 회장의 시스템 경영은 매뉴얼(Manual)로 형상화되었다.

대한항공 창업기 운항 매뉴얼에는 'KAL' 대신 'JAL'로 오기된 문장이 많았는데 그것은 일본항공(JAL) 매뉴얼을 참고해 만든 탓이었다.

대한항공은 1969년 대한항공 공사를 인수해 항공사를 시작할 때 인력 교육이나 운영 노하우 매뉴얼 등을 일본항공에서 배웠다. 항공산업 불모지에서 이륙한 후발주자의 궁여지책이었지만 언제까지나 그럴 순 없었다. 조양호 회장은 시스템 경영의 일환으로 오랜 세월 축적한 데이터와 선진 글로벌 항공사들의 매뉴얼을 집대성하도록 지시했다.

2012년 일본항공이 조종사 70여 명의 교육을 맡아달라고 부탁해오기도 했다. 1952년 출범한 롤모델 항공사였던 일본항공이 도움을 요청하면서 두 항공사의 위상이 역전된 것이다.

관행(慣行)은 용납되지 않아

관행이란 사회에서 오래전부터 해오던 대로 하는 것을 말한다. 조양호 회장은 기준과 원칙이 없이 관행으로 이루어지는 것을 용납하지 않았다.

승무원 진급 때 결과만 가져와 결제해달라고 하자 '어떤 기준으로 승무원의 업무 성과를 평가했는가'라고 물었는데 당시 그런 기준이 있을 리 만무했다. 비행 스케줄에 따라 랜덤으로 승무원을 배치했으므로 누가 누구를 어떻게 평가하는지 알 수 없었다. 잘 알지도 못하면서 형식적으로 좋은 점수를 주거나 사무장의 개인적인 좋고 나쁨에 따라 고과를 매길 수도 있다.

조양호 회장은 '일정 기간 지속적으로 함께 근무하며 충분히 인사 고과를 할 수 있도록 체계적인 팀 구성을 하라'고 지시했다. 실무진의 반대가 심했다. 랜덤으로 하지 않으면 힘든 노선에 투입된 승무원들에게 불이익이 생길 것이란 이유에서였다. 조양호 회장은 '힘든 노선이면 근무 환경을 개선할 일이지 랜덤으로 배치할 일이 아니다. 업무 강도와 기여도를 종합적으로 평가해 인사고과에 반영하라'고 했다. 랜덤(Random)이란 '무계획적인', '닥치는 대로'를 말한다. 이후 승무원 조 편성은 체계적으로 이루어졌고 승무원 평가 역시 투명해졌다.

조양호 회장은 대리점 영업에도 문제점을 지적했다. 특정 대리점에 과도한 좌석을 할당하는 것에 제동을 건 것이다. 실무진은 '많이 팔기 때문에 많이 배정했다'고 했지만, 조양호 회장은 '많이 주니까 많이 파는 것'이라고 진단했다. 이런 논리는 조중훈 창업회장을 닮았다. 조중훈 창업회장은 신규 노선을 개척할 때 '그곳에 비행기를 보내지 않기 때문에 수요가 없는 것이지 수요는 그곳에도 있다'고 했다.

'어떤 대리점이 얼마나 판매하는지 객관적인 평가에 근거해 물량을 할당하라'고 했다. 역시 시스템 경영의 원칙이었다. '일우(一宇) 사진상'을 제정할 때도 조양호 회장은 기존 사진작가들과 차별화된 원칙과 기준을 가지고 상(賞)의 취지와 방향을 분명히 했다. '연령을 제한하지 말고 경력을 보라. 유명 작가가 아니라 알려지지 않았지만 잠재력이 있는 작가를 발굴하라'

지원이 필요한 작가를 지원해야지 유명한 작가에게 굳이 상을 줄 필요는 없다. 사진 작가상도 무조건 작가를 발굴해 상을 주는 것이 아니라 취지와 방향에 맞게 합리적이고 효율적인 시스템을 만들어야 한다고 생각했다.

조양호 회장은 국제적으로 인정받는 평론가와 큐레이터, 에디터 등을 초빙해 심사하도록 했는데 천재 작가로 알려진 스테판 쇼어

(Stephan Shore), 뉴욕 메트로폴리탄 미술관 큐레이터 제프 로젠하임(Jeff Rosenheim) 등이 심사위원으로 참여했다. 서류 심사를 통해 24명을 가려내고 일대일 면접으로 '주목할 작가' 2명을 선정했는데 상은 몇몇 작가만 받을 수밖에 없지만 국제적인 심사위원들이 일대일로 평가와 조언을 해 가급적 많은 작가에게 혜택이 돌아가도록 한 것이다. 획기적인 시도였다.

조양호 회장은 일우 사진상 수상작이 세계 무대에서도 인정받는 데 방점을 두었다. 상금과 출간에 그치는 것이 아니라 유명 작가를 발굴하려는 취지가 실질적으로 목표를 달성할 수 있는지를 본 것이다. 수상작을 사진집으로 출간했을 때 세계 유명 서점에 비치될 수 있는지까지 체크했다.

그러한 노력의 결과 일우 사진상 프로젝트를 진행한 신수진 교수(서울대 미술학과)는 문체부 차관으로부터 연락을 받기도 했다. 문체부가 해외 유명서점에서 일우재단이 만든 사진집이 판매되는 것을 발견하고 해외 출판과 판매가 어떻게 가능했는지 자문을 요청한 것이다. 그 후 문체부에 국제 출판을 지원해 주는 사업 프로젝트가 만들어지기에 이르렀다.

조양호 회장은 사진집 출간 기념회 때 많은 게스트 앞에서 신수진 교수에게 작품을 평가하라고 했다. '회장이라도 전문가의 평가를 받아야 한다'며 공정의 원칙을 지킨 것이다.

석태수 전 한진칼 대표는 경영기획실장 때 조양호 회장이 '비행기가 얼마나 더 필요할지 검토해 보라'고 하면 '지금도 충분하고 지금 있는 비행기를 최대한 활용하는 것이 재무적으로 안정적'이라고 보고했다. 경영기획실장으로서 그럴 수밖에 없었는데 조양호 회장은 결국엔 석태수의 현실적인 의견보다 "아니야, 지금 사야 해." 하며 원래 생각대로 신형 항공기를 구매했다.

석태수는 제동을 거는 보고서에 단 한 차례도 사인을 해주지 않는 조양호 회장이 섭섭하기도 했다. 석태수는 '뜻대로 하실 거면서 왜 나에게 검토하라고 하시는지 몰랐다'며 '하지만 지금의 대한항공을 보면 회장님의 판단이 결국 적중했음을 인정할 수밖에 없다'고 말했다.

조양호 회장은 참모들이 보지 못하는 미래를 보는 총명한 눈을 가지고 있었다. 그 후로도 언제나 보수적일 수밖에 없는 석태수에게 '검토하고 의견을 보고하라'고 했는데 지금 와 생각해 보니 멀리 내다보고 과감하게 투자하면서도 반대 의견을 경청하며 안정성을 견지한 것이다. 가속 페달을 밟을 수 있는 것은 브레이크 시스템이 확실하기 때문이다. 브레이크가 고장 난 자동차는 달릴 수 없다. 조양호 회장은 나아가면서도 언제라도 멈출 수 있도록 견제할 시스템을 만들어 놓았던 것이다. 이 또한 시스템 경영이었다.

누구보다 정이 많았지만 일에서는 원칙과 기준이 분명했다. 이석우 변호사는 대한항공 법률 고문과 사외이사로 일할 때 친구 사이라도 판사 출신답게 중립적이고 객관적으로, 때로는 비판적인 의견을 제시했는데 조양호 회장은 가급적 받아들였다.

"원칙을 중시하고 감언이설을 싫어해 정도 경영, 준법 경영을 하려고 애썼죠. 그래서 회사는 더욱 탄탄해졌고요. 1997년 외환위기와 2007년 세계 금융위기를 예측하고 '기회'로 삼는 것을 보고 임원들은 물론 기업인 친구들도 모두 감탄했죠."

조현진 ㈜한진 사장이 들려준 '골프 일화'에서도 한 치의 오차도 허용하지 않는 원칙주의자의 면모를 엿볼 수 있다.

"퍼팅한 공이 홀 근처에서 멈췄어요. 한 타 받고 끝내도 되는데 아빠는 임원이 '오케이!' 하자 '이게 무슨 오케이야?' 하시더니 다시 퍼팅을 하셨다죠. 너무 아빠다워서 엄청 웃었어요."

70

스포츠(Sports)는 우리를
하나로 만드는 힘을 가졌다

'스포츠는 우리를 하나로 만드는 무한한 힘을 가졌다. 스포츠는 우리의 삶에 희망을 주고 평화를 정착시킨다' 조양호 회장의 스포츠 관(觀)이다.

2011년 KEPCO 45(한국전력 배구팀)와 치르는 마지막 홈 경기가 열리는 점보스(Jumbos)의 홈구장 인천 도원 시립 체육관에 배구단 유니폼을 입은 조양호 회장이 나타났다.

점보스는 1969년에 창단된 대한항공 남자 배구단(Incheon Korean Air Jumbos)으로 한국 배구연맹에 속한 프로 배구단이다. 모기업은 대한항공이며 구단주는 조원태(현 한진그룹 회장)이다. 모기업 회장이 체육관에 온 것도 창단 후 처음이었고 그룹 회장이 배구장을 찾은 것도 V리그 사상 초유의 일이었다.

조양호 회장이 같은 시각 열린 전국 경제인 연합회 회장단 회의도 뒤로 하고 경기장을 찾아온 것은 2005년 프로배구 출범 이후 중하위권에 맴돌던 점보스의 우승과 시즌 1위 등극이 확정됐기 때문이다. 그때까지 6년간 계속되오던 삼성화재, 현대캐피탈 양강 체제를 허문 것이다. 점보스가 3대 1로 승리하자 정규리그 1위를 자축하는 대형 현수막이 걸렸고 축포가 터졌다. 조양호 회장은 우승 기념 티셔츠를 입고 코트로 내려가 선수들과 일일이 악수하고 꽃목걸이를 걸어주었다.

조양호 회장의 배구 사랑은 유별났다. 선수들이 부담을 느낄까봐 경기장에는 자주 나오지는 않지만 TV로 점보스의 경기를 꼬박꼬박 챙겨봤고 선수단을 격려할 때는 한명 한명 이름을 불러주며 몸 상태를 묻고 칭찬했다.

1969년 창단한 해군 배구단을 대한항공이 인수해 재창단한 남자 배구단은 2005년 배구 대중화를 위해 창설된 프로배구 원년을 맞아 '점보스'라는 새 팀명으로 출범했다.

조양호 회장은 배구단을 키우기 위해 2005년 3월 탁구단을 맡고 있던 이유성을 스포츠 단장으로 발령냈다. 점보스가 하위권에 맴돌고 있던 때였는데 선수단 환경이 너무 안 좋았다. 점보스는 인천 용현동에 있는 인하대 체육관에서 더부살이를 하고 있었다. 게다가 서울 내발산동 사원아파트 테니스 코트 뒤에 숙소가 있어 서울과 인천을 오가며 훈련하다 보니 교통 체증으로 훈련시간보다 이동시간이 더 걸렸다. 선수들이 제대로 훈련하고 생활할 시설을 만들어 주는 것이 급선무였다.

2007년 한국 배구연맹(KOVO) 컵 마산대회 때 1995년 종별 선수권 대회 우승 이후 12년 만에 전국대회 정상에 오르자 조양호 회장은 "선수들이 마음 놓고 훈련할 전용 체육관을 지으라."고 지시했다. 배구단 전용 체육관은 경기도 용인 신갈연수원 내 1,056m²에 2008년 5월 완공됐다.

이유성 단장은 태릉 선수촌에 새로 지은 선수 숙소를 답사해 그대로 짓도록 했다. 체육관 옆에 선수단 숙소와 체력 단련장도 마련했다. 경부고속도로 신갈 분기점에 가까이 있어 선수단의 원정 경기 이동도 편리해졌다. 훈련장 벽에는 '우연한 승리는 있어도 우연한 패배는 없다'고 적힌 현수막이 걸려 있었다.

이후 조양호 회장은 점보스를 전폭 지원해 주었고 점보스는 삼성화재와 현대캐피탈의 양강 틀을 깨고 우승했다. 이후 대한항공은 프로배구 V리그 정규리그에서 다섯 차례나 우승했고 챔피언 전에서도 세 번이나 정상에 올랐다.

선수 전원 가족 동반 하와이 여행 보너스

2018년 점보스는 챔피언 결정전 4차전에서 챔피언이 됐다. 2005년 프로배구 출범 이후 챔피언 결정전에 네 차례나 올랐지만 모두 준우승에 그쳤었다. 대한항공 점보스가 사상 최초로 챔피언에 등극한 데는 구단, 코칭 스태프, 선수에 이르기까지 최정상을 향해 뛸 수 있도록 전폭적으로 지원한 조양호 회장의 역할이 컸다.

2017년 봄 시즌에서 우승한 박기원 감독에게 조양호 회장이 말했다.

"내년에는 챔프전 우승해서 하와이 다녀와야지!"

1년 전 챔피언 결정전에서 우승하면 배구단 전원에게 가족 동반(4인) 하와이 여행을 보내주겠다고 한 약속을 기억하고 있었던 것이다.

2018년 최종 우승한 점보스 단원 30여 명과 가족 120여 명을 하와이로 보내주었다. 박기원 감독은 "덕분에 집에서 한동안 어깨에 힘 좀 주고 다녔다."라고 회고했다. 단원 대부분이 처부모를 모시고 갔다 왔다는 얘기를 들은 조양호 회장은 한 차례 더 하와이 여행을 다녀오도록 파격적인 배려도 했다.

점보스 선수들은 은퇴 후에도 원하면 대한항공 직원으로 근무할 수 있게 했다. 프로 선수는 계약이 끝나면 갈 곳이 없다. 회사에서 다른 팀을 알선해 주거나 다른 분야로 취업할 길을 적극적으로 열어 주었다. 점보스 선수들은 자발적으로 팀에 헌신했는데 에이스들은 큰돈으로 유혹해도 다른 팀으로 가지 않았다. 오히려 점보스는 다른 프로팀에서 계약이 만료된 선수들이 가장 이적하고 싶어하는 팀이 됐다.

조양호-조원태 대(代) 이은 배구 사랑

배구(排球, Volley Ball)는 1895년 미국 매사추세츠 홀리오크(Holyoke)에 있는 YMCA의 체육부장 윌리엄 모건(Willam G. Morgan)에 의해 고안되었다. 당시 모건은 과격한 농구보다 유연한 구기 종목의 필요성을 느껴 흥미 있고 남녀노소가 적당한 운동으로서 함께 즐길 수 있는 대중적 운동을 모색하는 데 심혈을 기울였다.

배구의 초기 명칭은 미노넷(Minonette)으로 불리었다. 테니스에서 힌트를 얻어 테니스 네트를 체육관 중앙에 6피트 6인치 높이에 설치하여 시험하였고, 미국 매사추세츠 스프링필드의 할스테드(Dr. Halstead) 박사가 볼을 네트 위로 넘겨 날려 보내는 게임을 창안해 낸 후부터 'Volley Ball'이라는 명칭이 붙게 되었다.

배구가 올림픽 종목으로 처음 채택된 대회는 1964년 제18회 도쿄 올림픽이다. 스포츠 해설가 최천식 인하대 배구팀 감독은 선수 때부터 조양호 감독과 각별한 인연이 있었다. 인하부중 1학년 때 배구를 시작해 인하사대부고, 인하대를 졸업하고 1987년 재창단 2년

째인 대한항공 배구단에 들어온 최천식은 조양호 회장의 유별난 배구 사랑을 기억하고 있다. 조양호 회장은 이따금 배구단을 초청해 식사도 함께 하고 격려금도 주었는데 1989년 어느 날 최천식에게 '초등학생인 아들이 배구에 관심이 많으니 시간을 보내며 배구 이야기를 해줄 수 있겠느냐?'고 요청했다. 그 인연으로 조원태 회장(현 한진그룹 회장)은 배구에 관심을 갖게 됐다.

조양호 회장은 평창 동계올림픽 유치위원장과 조직 위원장을 맡고 나서 스포츠 공부를 더 일찍 했더라면 좋았을 거라는 아쉬움이 컸다. 장남 조원태(당시 대한항공 사장)에게 점보스 구단주를 넘어 한국 배구연맹(KOVO) 총재를 맡아보라고 권유한 것도 그래서였다.

2017년 4월 프로배구 13개 구단장은 KOVO 총회에서 만장일치로 조원태 사장을 총재로 추대했다. 40대 젊은 기업인이 6대 KOVO 총재에 취임한 후 한국 프로배구는 양적, 질적으로 급성장했다. 경기 실황을 중계하는 TV 시청률과 관중이 모두 증가하고 특히 여자부가 성장했다. 프로 스포츠 후발주자인 배구가 성장한 데는 조원태 회장의 공이 컸다. V리그 인기 향상과 발전에 크게 기여했다.

조원태 회장은 대한항공 경영 노하우와 시스템을 KOVO에 적용했는데 ERP(전사적 자원관리)를 도입해 대기업 재무회계 프로세스를 스포츠 운용에 정착시켜 효율적이고 투명한 예산 운용과 관리가 가능케 한 것은 스포츠계의 모범 사례로 꼽힌다. 그룹 웨어를 도입해 연맹 내 각 부서와 업무를 협의하고 구단들과의 소통도 활성화했다. 팀 간 전력 평준화를 위해 트라이 아웃, FA 등급제(ABC 등급제) 등을 도입해 리그를 활성화했는데 V리그에도 국제 기준과 동일하게 포지션 명칭을 변경하고 선수 정원 증대, 팀 태블릿 사용, 비디오 판독 기준 확대 등 새로운 경기제도를 도입했다. 유소년 배구 클럽도 확대했다.

'팀보다 훌륭한 선수가 없고 국가보다 위대한 리그는 없다. 국가대표팀 선전이 리그와 구단을 발전시키는 원동력이다' 조원태 총재의 철학이다. 조원태 총재의 혁신으로 한국 프로배구는 동계 최고의 프로 스포츠로 정착했다.

2010년 KOVO는 조원태 총재의 연임안을 만장일치로 통과시켰는데 조원태 총재를 팬들과 배구계가 바라는 많은 희망사항을 현실화할 적임자로 평가한 것이다. 조원태 총재는 '신생팀 창단과 리그 선진화에 주력해 프로 배구가 국민에게 더욱 사랑받도록 노력하겠다'고 화답했다.

프로 배구도 수지 불균형이 커 모기업에 기댈 수밖에 없는 구조다. 조원태 총재는 연맹과 구단의 수익 창출 증대를 위해 구단별 티켓팅, 상품화 등을 통합하는 등 프로 배구가 매력적이고 재밌는 프로 스포츠로 거듭나 미국 MLD, 영구 EPL처럼 규모의 경제를 실현하는 데 도전하고 있다. 조원태 회장은 2023년 전 구단 만장일치로 3연임 총재가 됐다. 3연임은 KOVO(대한 배구연맹) 사상 처음이다.

'다투지 않는다' 약속하면 맡겠다

2008년 봄 대한탁구협회는 극심한 몸살을 앓고 있었다. 오랜 기간 동안 형성된 파벌로 사분오열돼 있었고 선수들은 2004년 협회장직 공석이 9개월 동안이나 이어진 후 추대된 회장의 전횡을 더는 두고 볼 수 없어 촛불시위까지 하며 퇴진 운동을 전개하고 있었다. 그러면서 탁구계를 이끌어 줄 새로운 리더를 간절하게 기다리고 있었다.

분쟁 끝에 회장 파와 반대 파가 합의에 이르렀고 전임 회장이 사임하며 해결의 실마리가 보였다. 탁구인들은 대한항공 스포츠 단장 이유성을 찾아가 조양호 회장을 신임 회장으로 추대하도록 도와달라고 요청했다. 탁구인들은 평소 대한항공 탁구팀으로부터 조양호 회장이 합리적이고 체계적으로 스포츠 경영을 한다는 얘기를 듣고 있었다.

1991년 지바 세계탁구 선수권 대회 때 남북 단일팀 여자 대표팀 코치로 단체전 금메달 획득으로 이름을 떨친 이유성은 탁구계 싸움을 지켜보면서 마음이 아팠던 터라 조양호 회장에게 탁구인들의 소망을 전달했다. 현정화, 유남규 등 국가대표 지도자들도 조양호 회장을 찾아가 회장을 맡아 달라고 간청했다. 조양호 회장은 신중했다.

1973년 창단한 여자부 최강 실업팀을 모범적으로 이끌어 2000년 시드니올림픽부터 2004년 아테네올림픽, 2008년 베이징올림픽까지 3회 연속 메달을 획득하는 데 기여하며 대한민국의 위상을 높였지만, 이해관계가 얽혀 있는 탁구협회를 맡는 것은 또 다른 문제였다. 다른 재계 오너들이 회장 자리를 고사한 것도 그래서였다.

조양호 회장은 이유성 단장에게 탁구협회의 문제점들을 면밀히 검토하도록 지시했다. 탁구계는 물론 체육계 사정에 정통한 이유성은 협회의 고질병인 이권 다툼을 상세히 보고했다. 조양호 회장은 탁구계 인사들에게 '서로 싸우지 않는다고 약속하면 회장을 맡겠다'며 '필요하면 지원도 아끼지 않을 것'이라고 했다.

회장 추대 위원회는 만장일치로 조양호 회장을 20대 탁구협회장으로 추대했다. 남자 탁구 대표팀 코치 유남규는 '신임 회장께서 국가대표뿐 아니라 유소년, 청소년 팀에도 많은 지원을 해주시길 기대한다'고 말했다.

멈출 줄 모르고 표류하던 탁구협회는 신임 회장 영입으로 반전의 발판을 마련했다. 베이징올림픽을 석 달 남짓 앞둔 7월 28일 탁구협회장에 취임한 조양호 회장은 처음부터 개혁을 추진하지는 않았다. 코 앞에 닥친 올림픽에서 성과를 거두기 위해서였다.

베이징에서 돌아온 조양호 회장은 협회의 시스템을 갈아엎다시피 했다. 이유성에게 '실무 부회장'을 맡겨 인사 혁신부터 하도록 지시했다. 어느 세력에도 치우치지 않는 공정한 인사로 불만을 잠재우면서 서로 경쟁하도록 했는데 일종의 '탕평책'이었다.

조양호 회장은 석 달에 한 번 코칭 스태프, 선수들과 허심탄회하게 대화를 나누면서 애로사항과 문제점들을 개선해 나갔다. 조양호 회장의 개혁으로 자금 운영은 투명해지고 기술위원회에 비디오 판독 시스템을 도입해 과학적인 훈련이 가능해졌다. 조양호 회장은 '탁구계 화합'과 '선수 경기력 향상'이라는 두 마리 토끼를 다 잡았다.

'승민아, IOC 위원까지 계속 도전해라'

조양호 회장은 스포츠 발전을 위해서는 사람에게 투자해야 한다고 강조했다. '젊은 피가 필요하며 유럽같이 체육인 출신의 젊은 선수 위원층이 확대돼야 한다'고 역설했다. 선수들에게 항상 '시합만 하지 말라. 성적이 다가 아니다'고 강조했다.

유승민이 2008년 모스크바, 2012년 런던과 파리에 갔을 때도 '시합이 끝나면 그곳 문물을 보고 느끼고 오라'고 했다. 유승민은 IOC 위원에 도전하려는 마음은 있었지만 실행에 옮길 만큼 자신감은 없었다. 유승민은 IOC 위원이 된 후 '세상은 보이는 것보다 넓다. 시야를 넓히면 식견이 생긴다'며 '도전할 용기를 북돋워 주신 분이 회장님이셨다'고 회상했다.

유승민은 서던 캘리포니아대(ISC) 유학 수속을 밟던 중 인천 아시안게임 대표팀 코치를 맡아달라는 말에 유학을 포기하고 지도자의 길에 들어섰다. 평창 동계올림픽 조직 위원장을 맡은 조양호 회장이 유승민을 평창으로 불렀다. 노트북을 열더니 유승민에게 '영문으로 된 기산데 해석해 보라'고 했다. "평소 회장님께서 영어 공부를 열심히 하라고 해서 한다고는 했지만, 얼핏 봐도 스포츠가 아닌 생소한 미술 분야인 데다가 회장님 앞에서 독해를 하자니 진땀을 뺐습니다."

테스트를 계기로 유승민은 다시 영어 공부에 매진했는데 국제 올림픽위원회(IOC) 위원에 도전하고 당선된 데는 영어가 결정적이었다. 조양호 회장은 유승민이 IOC 선수 위원이 되도록 지원했다. 친분 있는 IOC 위원들에게 유승민 선수를 추천하는 한편 유승민의 영어 면접도 도왔다.

조양호 회장은 평창 동계올림픽 준비위원회 발족 리셉션에 유승민을 불렀다. 사람들 앞에서 '유승민이 반드시 IOC 위원이 되어야 한다'고 말했다. 조양호 회장의 적극적인 후원으로 유승민은 2016년 브라질 올림픽에서 IOC 선수 위원으로 당선됐는데 유승민은 면접에서 최고점을 받았다. 누구보다도 조양호 회장이 기뻐했다.

유승민은 IOC 위원이 되고 나서 조양호 회장으로부터 메시지를 받았다. '우쭐대지 말 것, 사람 조심할 것'

그 후에도 조양호 회장은 틈날 때마다 유승민의 페이스북에 댓글을 남겼는데 유승민은 조양호 회장이 늘 보고 있다고 생각하니 글을 올리는 것이 조심스러웠다.

한 번은 하와이 전지훈련 중 조만간 찾아뵙고 인사드리겠다는 메시지를 보내드렸는데 훈련을 마치고 LA로 오라고 해서 일식당에서 밥을 사주셨다. 조양호 회장은 장장 4시간 넘게 자신이 영어 공부를 하며 어려웠던 점들을 비롯해 콧대 높은 IOC 위원들을 상대하면서 겪은 시행착오까지 허심탄회하게 들려주었다. 유승민은 한마디 한마디를 경청하느라 맥주 한 잔밖에 마시지 않았는데도 녹초가 돼 호텔 방에 올라와 그대로 곯아떨어졌다.

"4시간짜리 맨투맨 수업은 중국 선수 10명과 대적한 것보다 강도가 높았다. 회장님은 내가 도전할 때마다 응원을 아끼지 않으셨는데 언제나 마지막에 'Fight on'이라는 단어를 쓰셨다." 유승민은 훗날 USC에서 공부할 때 그 단어가 USC의 응원 구호인 것을 알게 됐다.

하루는 유승민이 조양호 회장으로부터 메시지를 전달받았는데 팔 슈미트(Pal Schmitt) 헝가리 IOC 위원이 유승민에게 메일을 보냈는데 답장이 없어 알아봐 달라는 것이었다. 경험이 부족해 해외에서 들어오는 메일 대부분이 스팸 메일함으로 들어가고 있는 것을 몰랐던 유승민은 자신의 실수를 알게 됐다.

2018년 국제 탁구연맹 회장이 방한했을 때 조양호 회장은 유승민에게 '제대로 의전하라'며 헬기까지 내주어 한나절에 부산 경기장을 둘러보고 대전에서 회의까지 마칠 수 있었다. 유승민의 체면을 한껏 올려준 것이다.

최초의 기업 단위 스피드스케이팅 창단

조양호 회장은 평창 동계올림픽 유치에 뛰어든 2011년 동계 스포츠에도 투자가 필요하다고 생각했다. 이유성 단장에게 동계 스포츠 중 어떤 종목이 좋을지 알아보도록 했다. 알아본 결과 스피드

케이팅(Long-track Speedskating)이었다.

2010년 밴쿠버 동계올림픽 금메달리스트로 일약 스타덤에 오른 이승훈, 모태범에게 주목하게 됐다. 스피드스케이팅 선수들은 지방자치단체 소속이어서 안 그래도 비인기 종목인데 소속 브랜드 파워가 약해 대중성이 더욱 떨어졌다. 조양호 회장은 8년 동안 올림픽을 준비하면서 평창에서 대한민국 선수가 금메달을 획득하려면 빙상팀을 만들어야 한다고 판단했다.

조양호 회장은 배구단과 탁구단에 이어 2011년 스피드스케이팅(빙속) 팀을 창단하고 이승훈과 모태범을 영입했다. 사상 최초로 지방자치단체가 아닌 기업(企業)이 스피드스케이팅 실업팀을 창단해 한국 동계 스포츠에 힘을 보탠 것이었다.

박성인 대한 빙상경기연맹 회장은 조양호 회장의 빙상팀 투자의 의지를 보고 한국체대 소속 선수들을 보내면서도 스카우트비를 한 푼도 받지 않았다. 조양호 회장은 코칭 스태프와 훈련 장비, 숙소 등 스피드스케이팅 성장을 위해 투자를 지속했고 두 선수는 마침내 성과로 보답했다.

이승훈은 2018년 평창 동계올림픽 남자 스피드스케이팅 매스 스타트 금메달과 팀추월 은메달을 목에 걸었다. '의미가 없다'는 소리를 듣던 조양호 회장의 7년 투자가 빛을 내는 순간이었다. 조양호 회장은 이승훈, 모태범에게도 영어 공부를 하라며 지원을 아끼지 않았다.

2014년 인천 아시안게임 때 탁구는 수원에서 경기를 치렀는데 단체 경기가 끝나고 한국팀, 중국팀, 북한팀에게 시상한 조양호 회장이 외쳤다.

"나도 이제 체육인이야!"

정현숙 선수도 그 소리를 들었다.

"결코 지나친 말이 아니었다. 회장님은 정말로 스포츠를 사랑한 스포츠인이 맞다. 회장님은 스포츠에 발을 들여놓으신 후 스스로 막중한 책임감을 느끼신 것 같았다."

'나도 체육인이야!'는 그런 노력에 대한 보람이 응축된 한마디였다. 조양호 회장은 탁구인들에게 가장 존경받는 탁구인이었다.

71

조양호 회장의 영면(永眠)

(독자들이여, 우리는 여기서 안타깝지만, 조양호 회장의 별세 소식을 전할 수밖에 없다.)

조양호 회장의 할머니, 그러니까 조중훈 창업회장의 어머니는 태천즙(太天楫) 여사다. 이명희 전 일우재단 이사장은 신기한 이야기를 들려주었다.

"내가 궁금한 건 못 참는 성격이라 시할머님 함자를 옥편에서 찾아봤는데 '즙'이 '노(젓다)'란 뜻이어서 놀랐어요. 창공(天)에서 노(楫) 젓는 것이 비행기잖아요. 아들이 항공 사업을 일으킨 건 숙명이었나 봅니다. 시아버님(조중훈 창업회장) 고향이 '용유도'인 것도 놀라워요. 인천국제공항 활주로가 영종도와 용유도를 이어 만들어진 걸 보면요."

조양호 회장은 효자였다. 아버지의 위대한 역사를 배우며 닮고 싶어 했다. 끊임없이 변화와 혁신을 추진하면서도 선친이 만든 대한항공 로고(Logo Type, 시각디자인)를 바꾸지 않은 것도 그래서였다. 분가해서도 다섯 식구가 다 부암동에서 저녁을 먹고 집으로 갔다. 토요일엔 4형제 가족이 다 모여 저녁을 먹었다. 아버지의 해외 출장 때 공항에 나가지 않은 적이 없었고 자신이 해외 나가서도 시간 맞춰 안부 전화를 했다. 삼남매에게도 유학 중 주말마다 할아버지, 할머니에게 전화를 드리라고 했다.

조현민 ㈜한진 사장의 이야기다.

"할아버지께서 입원하셨을 땐 아빠, 엄마는 매일, 저흰 주말마다 병원으로 갔어요. 할아버지 돌아가신 후에도 아빠는 퇴근길에 할머니부터 뵙고 집에 오셨고 주말엔 모두 가서 함께 점심을 먹었어요."

이명희 전 일우재단 이사장은 보태니컬 아트(Botanical Art, 식물의 실제 모습에 기반을 두고 예술적으로 표현된 그림) 작가다. 그림만 그리는 게 아니고 꽃의 생태를 관찰하고 기록한다. 이 전 이사장은 남편 조양호 회장을 들국화 '구절초(九節草)'에 비유했다. 구절초란 아홉 번 꺾이는 풀, 또는 음력 9월 9일에 꺾는 풀이라는 뜻에서 유래했다. "물 없는 땅에서도 계속 피고 지며 잘 사는 게 그 사람 인생과 닮았어요." 조양호 회장은 99점짜리 남편이었다.

폐(肺)가 약해 운동으로 땀을 내고 심호흡도 해야 하는데 운동할 시간도 없었지만, 너무 힘들어 못 했다. "평창동에 살 때 산책 좀 하자 하면 가긴 했는데 돌아올 때는 택시를 타야 했지요. 폐가 아니라 심장이 문제인 줄 알았죠. 도쿄에 가자고 했는데 USC 의사를 끝까지 믿었죠. 폐가 문제인 줄 알았다 해도 완치되는 약이 없다더군요."

2019년은 조양호 회장이 고희(古稀)를 맞고 대한항공이 창립 50주년을 맞는 데다 역사적인 IATA(국제항공운송협회, International Airtransport Association) 서울 총회가 개최되는 해였다.

"세 가지가 겹치는 2019년을 무척 기다렸어요. 그리고 은퇴하려고 했죠. 은퇴 후엔 사진작가들과 여행을 다니고 싶다고 했어요. 목공예(木工藝, Wood Craft)도 하고 싶다며 집에 공방도 하나 만들어 달라 했지요."

그렇게 쉬며 살려고 했는데 그 해가 마지막이 될 줄은 몰랐다.

"하기야 사진도 목공예도 일처럼 몰입했을 테니 쉴 틈이 없었을 거예요."

2001년 사진 달력 서문에 쓴 글이 새롭다.

"요즘 손자들을 보며 세상 사는 법을 다시 배우고 있습니다. 선친이 아이들과 그랬듯이 나도 손자들과 함께 세상 구경 나설 날이 기다려집니다. 그때 카메라를 통해 보는 세상이 다양한 의미로 다가온다는 것을 알게 되겠지요."

2018년 12월 파리 출장 때 임원들 눈에 조양호 회장의 몸이 안 좋아 보였다. 몬트리올에서 열린 IATA 총회에도 참석하지 못하고 제2의 고향인 LA로 갔다. 병상에서도 조양호 회장은 노트북을 손에서 놓지 않았다. 집무실에서처럼 수시로 올라오는 보고서를 읽고 결재란에 사인을 하고 코멘트도 달았다.

이 달일까, 다음 달일까. 임원들이 퇴원 후 복귀일을 점치던 어느 날 장남 조원태 사장은 여느 때처럼 결재를 받기 위해 조양호 회장에게 이메일을 보냈다. 짧은 답장이 왔다.

"더 이상 내게 보내지 말고 네가 잘 판단해서 결재하거라."

그것이 마지막 메시지 임을 조원태 사장은 알지 못했다. LA공항에서 운구를 마치고 나서야 아버지가 돌아가셨음을 절감했다. 이수근 부사장에게 당부하는 조원태 사장의 목소리가 떨렸다.

"회장님 마지막 비행입니다. 잘 모셔주시기 바랍니다."

45년 동안 하늘길을 개척하기 위해 수백 바퀴는 돌았을 만큼 지구가 작았던 코스모폴리탄(Cosmopolitan, 세계인)의 마지막 비행은 건너고 있는 태평양보다 평온했다.

세계 항공업계의 슬픈 날

조양호 회장은 2019년 4월 8일 미국 캘리포니아 로스앤젤레스 한 병원에서 별세했다. 조양호 한진그룹 회장의 별세 소식에 해외 각계에서도 애도와 추모의 메시지가 나왔다. 토마스 바흐 국제 올림픽위원회(IOC) 위원장은 '매우 비통하다'며 '평창 동계올림픽 조직 위원장으로 재임 중 고인의 헌신은 대회 성공에 크게 이바지했다'고 추도했다. 세르미앙 응 싱가포르 IOC 위원은 '조 회장은 나의 친구이자 신사였고 포기하지 않는 사람(Fighter)이었다'라고 회고했다.

세계 280여 항공사 모임인 국제항공운송협회(IATA)는 '조 회장은 지난 20년간 IATA 최고 정책 심의·의결 기구인 집행위원회 위원으로 활동하며 세계 항공업계가 나아가야 할 길을 제시하는 데 공헌했다'라면서 '오는 6월에 열리는 연차총회에 그의 빈 자리가 크게 느껴질 것'이라고 말했다.

대한항공과 조인트벤처를 출범시킨 델타항공의 에드 바스티안 최고 경영자(CEO)는 '조 회장은 세계 항공업계의 권위자이자 델타에는 대단한 친구였다'고 고인을 회고했다.

싱가포르, 일본, 체코, 베트남, 중화항공, 알이탈리아 등 외국 항공사들과 보잉, 에어버스 등 항공기 제작사 GE, 롤스로이스 등 항공기 엔진 제작사에서도 '세계 항공 산업계의 슬픈 날'이라는 추모 메시지가 나왔다. 조 회장의 모교인 미 남가주(USC) 완다 오스틴 총장은 '고인은 성공한 비즈니스맨이자 우리 대학이 아시아 대학들과 연계를 강화하는 데 헌신한 USC 가족'이라고 말했다.

필자는 필자 소속사 장대환 매경미디어그룹 회장과 함께 조양호 회장의 초청을 받아 김포 신사옥(OC, Operation Center)에 간 일이 있다. 조양호 회장은 점심 후 신사옥 4층에서 아래층을 내려다보며 점보기를 가리키며 빌딩 안에서 대형 여객기가 안전 점검을 받는 것은 세계 최초라며 자랑스러워하던 모습을 잊을 수가 없다.

조양호 회장님의 명복을 빕니다.

백인호

매일경제 편집국장,
MBN 대표이사,
YTN 사장,
가천대 초빙교수

<저서>
장편소설 『삼성오디세이아』
『현대오디세이아』
『자동차왕 정몽구 오디세이아』
『SK 오디세이아』
『LG 오디세이아』
『롯데 오디세이아』
『삼성 오디세이아』

대한항공 오디세이아

발행일	2025년 3월 15일
지은이	백인호
펴낸이	박상영
펴낸곳	도서출판 정음서원
주 소	서울특별시 관악구 서원7길 24, 102호
전 화	02-877-3038
팩 스	02-6008-9469
신고번호	제 2010-000028 호
신고일자	2010년 4월 8일
ISBN	979-11-94270-03-4 03320
정 가	23,000원

값 23000 원
ISBN 979-11-94270-03-4

ⓒ 백인호, 2025

※ 이 책은 저작권법에 보호받는 저작물이므로 저작권자의 승락 없이
임의로 전재 및 복제할 수 없습니다. (문의: qqtalk38@naver.com)

※ 잘못된 책은 바꾸어 드립니다.